KB196051

괴물을
기다리는 사이

괴물을 기다리는 사이

What
My Bones
Know

수천 개의 트라우마에서
나를 구하는 여정

스테파니 푸 지음
송섭별 옮김

곰출판

추천의 말

솔직하고 엄밀하게 과거에 다가가는 책. (…) 큰 감동을 불러일으키며 우리를 빠져들게 만든다.

—〈뉴욕타임스〉

이 책의 해피엔딩은 구원과 다름없다. 풍성하고, 유쾌하고, 세심하다. (…) 어린 아이는 거부당하지만 (…) 그 아이의 시선 언저리에는 여전히 빛나는 가능성이 보인다.

—〈USA 투데이〉

연구자의 예리한 시선과 다큐멘터리 제작자의 가혹함으로 많은 이들이 겪는 비밀스러운 고통을 주저 없이 파헤친 책.

—〈NPR〉

PTSD는 많은 이들에게 익숙하다. 그러나 스테파니 푸의 강렬한 데뷔작은 장기간 반복적으로 경험하는 트라우마에 의해 발생한 '복합 PTSD'에 주목하게 만든다. 부모로부터 상상할 수도 없는 신체적, 정서적 학대를 경험한 스테파니 푸에게 복합 PTSD란 고통스러울 만큼 익숙한 것이다. 스테파니 푸가 특히 대단한 점은, 자신이 겪은 정서적 상처의 영향을 완화하는 데 그치지 않고 더 나은 삶을 살기 위해 나아갔다는 것이다. 저자에게 복합 PTSD란 다각적인 전선에서 맞서 싸워야 하는, 계속되는 전투였다. 《괴물을 기다리는 사이》는 내면의 "괴물"을 죽일 수 없다면, 최소한 다스리겠다는 그의 목표를 이루기 위해 시도한 다양한 치료들을 담고 있다. 트라우마의 맥락을 아는 것은 치유에 도움이 된다. 부모의 역기능을 깊이 파고든 저자는 다음 세계로 전해지는 문화적 트라우마라는 매혹적인 발견에 도달한다. 이해를 위한 탐구에는 공감이 따른다. 그러나 《괴물을 기다리는 사이》가 가진 가장 매력적인 점이자, 독자들에게 영감을 주는 이야기가 되는 까닭은, 이 책이 인간의 영혼이 지닌 탁월한 회복탄력성을 다시 한번 일깨워 준다는 점이다.

—에린 코디첵, 아마존 편집자

트라우마 생존자들 중 많은 이들이 내면에 뭐라 말할 수 없는 날카로운 것—있지만, 동시에 없는—무언가를 지니고 다니는 것 같다는, 형언할 수 없는 감정을 설명하려 애쓴다. 그러나 《괴물을 기다리는 사이》에서 스테파니 푸는 그 감정을 더욱더 자세하게 풀어낸다. 뛰어나고 가슴 아픈 이 회고록은 우리를 복합 PTSD의 여정 속으로 데려가 자기 발견을 향한 저자의 분투를 보여주며, 치유를 간절히 바라는 이들에게 진정한 희망을 가져다준다.

—로리 고틀립, 《마음을 치료하는 법》 저자

스테파니 푸의 우습다가도 충격적이고, 두렵다가도 초월적인 여정은 오로지 복합 PTSD를 가진 이들뿐 아니라 하나뿐인 이 삶에서 성장하고 충실히 존재하고자 하는 모두에게 필요한 이야기다.

—제니 오델, 《아무것도 하지 않는 법》 저자

재미있고도 비극적이며, 주저 없이 솔직한 동시에 가차 없이 희망적인 이 책은 보석 같은 책이다.

—에드 용, 《내 속엔 미생물이 너무도 많아》 저자

저자는 저널리스트의 시선으로 트라우마와 그 여파를 꼼꼼히 들여다본다. 나는 페이지를 넘기며 눈물을 흘렸다. 놀라운 문학적 노고를 목격하고 있음을 알았다. 복합 PTSD를 가진 사람들에게는 삶을 바꾸는 결정적인 책이 될 것이다.

—에즈메이 웨이준 왕,《The Collected Schizophrenias》저자

《괴물을 기다리는 사이》는 뛰어난 승리다. 스테파니 푸의 이 아름다운 회고록은 어린 시절 트라우마로 인해 타인과의 연결, 사랑, 그리고 목적을 좇을 능력을 영원히 잃은 것이 아닐까 두려워하는 이들을 위한 빛이고 치료제다. 희망을 간절히 바라는 모두가 반드시 읽어야 할 책.

—크리스티 테이트,《지나친 고백》저자

저자의 단단한 결의를 증명하는 이 책은, 되찾는 행위인 동시에 "내가 여기에 있다"라는 대담하고 도전적인 선언이기도 하다.

—캣 초우,《Seeing Ghosts》저자

트라우마 연구를 위한 중요한 한 걸음인 동시에, 장르를 뛰어넘는 대단한 예술적 성취다. 스테파니 푸의 영리한 스토리텔링, 그리고 강력하고, 유쾌하고, 공감 가는 목소리는 복합 PTSD를 읽고 싶은 주제로 만들어준다.

—뮤지션 캐슬린 해나

심리상담사나 정신과 의사를 방문해 어떤 조언을 듣고 나올 때, 그것에 동의하고 신뢰하면서도 우리는 마음속으로 사실 이렇게 속삭인다. 하지만 당신들은 겪어보지는 않았잖아. 자기비난, 해리, 무력감, 불안, 우울, 분노, 유기 공포, 갖가지 중독, 그 모든 것을 뒤에 업은 채 괴물처럼 다가오는 트라우마가 얼마나 생생한 실체를 지녔는지, 그것이 얼마나 우리

의 일상을 통제하고 뒤흔드는지 직접 언어화해 줄 사람을 오랫동안 기다려 온 것 같다. 한 호흡으로 읽을 수 없을 만큼 때론 잊고 싶은 기억과 감정을 건져 올리고 "어째서 나는 다른 사람들처럼 될 수 없는 걸까" 하는 물음 앞에 함께 무너지지만 이 책은 분명한 희망이다. 듣고 판단하는 이들이 아니라 매번 상처의 근원으로 다이빙하는 이가 이제 두려움에 떠는 어린 아이가 아닌 "어른의 것"이 분명한 우리의 "손"을 향해 힘껏 던져주는 구명 튜브. 그것에 의지해 '나'라는 심연의 깊이를 느껴보는 것만으로도 우리는 괴물들과의 거리를 "재조정"해 안전해질 수 있다. 그러므로 저자가 말하듯 "이 책은 해피엔딩"이다. 당신의 삶도 당연히 그렇다.

—소설가 김금희

이 치유기는 "뒤집어 보지 않은 돌은 없다(leave no stone unturned)"는 표현이 한 권의 책이 된 것만 같다. 저자가 자신의 트라우마를 발견한 뒤 치유와 회복을 위해 시도하지 않은 방법은 없다. 학대당한 어린 시절의 문을 열어 아직도 벌어진 상처의 안쪽을 후벼 파고 새너제이의 모범 소수자 아시아계 가정을 방문한다. 실망만을 안겨준 아버지를 만나고 말레이시아로 돌아가 뼛속에 새겨진 선조의 역사를 돌아본다. 심리학과 뇌과학과 유전자학을 탐구한다. 그뿐인가? 회복 요가 수업, 숨 치료 워크숍을 다니고 감사 일기를 쓴다. 실수하고 반성하고 기록한다. 이 모든 숨 가쁜 과정을 거치며 스테파니는 나아졌을까? 해답을 얻었을까? 가까스로 희미한 통찰을 얻고 반짝 기운을 내지만 언제나 다시 제자리로 돌아오는 것만 같다. '마침내'는 없고 '그러나'만 계속되는 여정 속에서 헤매다 지치기도 한다. 그러면서도 일하고 사랑하고 책을 뒤지고 새로운 상담사를 찾는다.

그 사이, 우리는 실감 나는 일화와 대화로 구성된, 때론 유머러스한 저자의 글에 빠져든다. 생소한 듯 익숙한 복합 PTSD라는 괴물에 대해

서서히 파악하고 나 또한 이 괴물에 속할지 모른다는 사실 앞에서 잠시 당황해 과거를 뒤적인다.

그러나 궁극적으로 이 책이 말하는 건 아침에 어김없이 눈을 뜨는 우리 또한 조금이라도 덜 아프기 위해 저자처럼 내가 닳아지도록 애써볼 수밖에 없다는 것. 그래야 삶이 예상치 못한 순간에 던져주는 행복을 온전히 받아낼 수 있다는 것이다. 또한 나를 구원하는 것이 오로지 나 혼자만을 구원하는 것이 아님을 깨달았을 때, 가능성으로 가득한 또 다른 여정이 시작된다는 것이다.

—번역가 노지양

성장기에 누적된 트라우마로 인해 스스로의 가치를 입증하기 위해 지나치게 애쓰고, 작은 실수에도 자책하며, 무슨 일을 해내도 충분하다 느끼지 못한 누군가가 진료실 문을 두드린다면, 나는 정말 애썼다는 말을 해주고 싶다. 그리고 당신에게 필요한 것은 더 많은 노력이 아니라 휴식과 주변의 지지임을 강조하며 치료를 권할 것이다. 물론 치료적 관계를 맺는 것조차 그에게는 쉽지 않을 수 있다. 그는 '내가 증상을 너무 과장한 건 아닐까, 정말 쉬어도 되는 걸까'와 같은 자기검열과 불안에 휩싸일 수 있고, 치료자의 말에 민감하게 반응할 가능성도 크며, 의지하고 싶다는 욕구와 신뢰의 어려움 사이에서 혼란을 경험할 수도 있다. 복합 트라우마가 자아상, 대인관계 패턴, 스트레스 대처 방식에 남긴 광범위한 영향으로 인해, 말들은 무력하거나 앞서가고 감정은 흩어지거나 억압된다.

스테파니 푸의 이 용감한 치유기는 무력한 말과 흩어진 감정을 그러모으고 고통스러운 기억을 되살려 복합 PTSD의 정서적 풍경을 우리에게 보여준다. 이 자체가 자신과 비슷한 경험을 한 이들과 그 주변인들에게는 엄청난 지지와 사랑이 담긴 행위라고 생각한다. 나는 이 책을 단숨에 두 번 읽었다. 스테파니가 함 박사와 함께 상담 내용을 재분석하고 솔직하게 대화하는 장면에서는 일종의 통쾌함마저 느꼈다. 두 사람의 치료동맹은 '회복은 관계를 통해 이루어진다'는 나의 믿음에 확신을 더해주었다. 두려움을 무릅쓰고 자신에게 슬픔과 불안을 포함한 모든 감정을 허락하며, 사람들을 믿고 사랑하고 돕는 스테파니의 삶에 진심 어린 축복과 응원을 보낸다. 그리고 상담실에서 좌충우돌 실수하고 오해하고 사과하고 또다시 노력하는, 사랑하는 치료자와 내담자들 모두와 함께 이 책을 다시 읽고 싶다.

—정신건강의학과 전문의 안주연

내 가족이 되어준
조이, 캐시, 더스틴, 마거릿에게

작가의 말

저와 마찬가지로 복합 PTSD(Complex Posttraumatic Stress Disorder, 복합 외상 후 스트레스 장애)를 앓는 이들에게 전하는 말: 트라우마를 다룬 책이 트리거가 되고 고통스러울 수 있다는 것을 압니다. 저 역시도 이런 책들을 여러 권 읽으면서 힘들어했으니까요. 하지만 제가 어디에서 왔는지 독자들이 이해할 수 있도록, 제가 어린 시절 겪은 학대 경험을 나누는 게 저에게 꼭 필요한 일이라고 생각했습니다. 이 책의 1부는 읽기 힘들겠지만, 그래도 시도해 보시기를 부탁드립니다.

하지만, 책의 어느 부분에서건 몇 페이지를 건너뛴다고 해서 여러분을 쉽사리 재단하지는 않을 거예요. 스포일러가 되겠지만 이것 하나만큼은 약속하고 싶습니다.

이 책은 해피엔딩으로 끝나요.

차례

프롤로그

"진단명을 알고 싶어요?"

나는 눈을 깜빡이며 심리치료사를 쳐다본다. 그는 고요한 치료실에 앉아 나를 바라보고 있다. 하늘하늘한 커튼을 통해 햇살이 스미고, 새들이 소란하게 우짖는 소리가 창문 너머에서 들려오고, 아마도 평온한 분위기를 위해 가져다 놓았을, 큼지막한 대리석 위로 물이 퐁퐁 솟아나는 작은 분수가 있는 치료실이다. 안쪽 벽에는 시 〈데시데라타Desiderta〉가 쓰인 액자가 걸려있다. **당신은 나무와 별처럼 우주의 아이다. 당신은 여기 있을 자격이 있다.**

하지만 내가 정말로 **여기** 있는 것은 아니다. 따스한 치료실은 샌프란시스코에 있고, 나는 뉴욕의 춥고 어두컴컴한 3.3평방미터 크기 사무실에서 컴퓨터의 작은 창을 통해 심리치료사와 대화를 나누고 있다. 내가 그 시의 존재를 알고 있는 건, 심리치료사가 인제 와서 나에게 진단명을 알려준다는 게 믿기지 않는 것과 같은 이유다. 난 지난 8년간 같은 사람에게 치료를 받아왔으니까.

이 책에서 서맨사라고 부를 이 심리치료사와 처음 상담을 시작한 것은 내가 샌프란스코에 살면서, 딱 샌프란시스코 사람들이나 겪을 만한 문제 때문에 도움이 필요했던 스물두 살 때였다.

첨단기술을 좋아하는 INTJ 너드 남자친구와의 관계 때문이었다. 서맨사를 만나게 된 건 행운이었다. 신랄하면서도 영리하지만, 다정했다. 내가 남자친구와 헤어진 뒤엔 긴급 상담을 위한 시간도 기꺼이 내줬고, 처음으로 혼자 해외여행을 가기 전에는 겉표지가 가죽인 아름다운 여행 노트를 선물해주기까지 했다. 대화 주제는 금세 남자친구 문제를 뛰어넘어 한 달씩 이어지는 우울 발작, 친구, 일, 가족에 대한 나의 그칠 줄 모르는 불안감까지 다루게 되었다. 나는 서맨사가 너무 좋아서 스물여섯 살 때 머나먼 뉴욕으로 온 뒤에도 스카이프로 대화를 계속했다.

오늘의 상담은 내가 집중력 부족에 대해 불만을 토로하는 것으로 시작했다. 서맨사는 나에게 긍정적인 시각화visualization를 하고, 안전한 곳에 있는 나 자신을 찬란한 빛을 품은 강력한 존재로 상상해 보라고 권했다. 하지만 나는 이런 일을 하는 게 늘 진부하게 느껴진다. 그다음에는, 매주 그렇듯 나 자신에게 너무 가혹하게 굴지 말라는 말이 이어진다. "스테파니는 자신이 생각하는 것보다 더 생산적인 사람이에요." 그러면서 서맨사는 내가 눈을 굴려대는 걸 무시한다. "지난번에도 이런 우울감에서 애써 빠져나왔잖아요. 이번에도 분명 빠져나올 수 있어요."

하지만 바로 그게 문제다. 난 애쓰는 게 피곤하다. 더는 애쓰고 싶지 않다. 나한테는 덤웨이터(식기 운송용 소형 승강기—옮긴이), 에스컬레이터, 아니면 공중에 둥둥 뜬 무지개색 약물 구름이 필요하다. 뭐가 됐건, 날 훌쩍 들어 올려 정서적 안정으로 데려다줄 그 무엇이 필요하다. 날 고쳐줄 그 무엇이.

나는 열두 살 때부터 불안과 우울에 시달렸다. 고통은 날카로운 송곳니를 가진 짐승이고, 나는 그 짐승과 백 번은 맞서 싸웠으나, 완전히 무찔렀다 생각할 때마다 다시 살아나 내 목에 달려들었다. 그러나 요 몇 년 사이, 나는 이 싸움이 시시하기 짝이 없다고 생각하게 됐다. 그러니까, 밀레니얼 세대인 20대는 누구나 극심한 스트레스에 시달리지 않나? 우울증이란 그저 인간의 조건을 간단하게 표현한 말에 지나지 않는 건 아닐까? 신경증의 수도인 뉴욕에서 불안하지 **않은** 사람이 있기나 할까?

하지만 그건 서른 살이 되기 전까지의 일이다. 변덕스럽던 친구들은 하나둘씩 서른 살이 되면서 정신적 여유를 찾아갔다. 친구들은 이제 다른 사람들이 어떻게 생각하는가에 신경 쓸 에너지가 더는 없어서 그저 자신의 삶에 적응한 거라고 했다. 친구들은 베이지색 리넨 바지를 사고 아이를 낳았다. 나는 나한테도 그 성숙하고 고양된 침착함이 찾아오기를 기다렸지만, 서른 살이 된지 몇 달이 지났는데 달라진 게 있다면 되려 신경 쓰는 일이 더늘었다는 것뿐이었다. 나는 쇼핑 카트를 정리하는 일에, 심리적 응급처치에, 남의 말을 귀 기울여 듣는 일에, 항상 내가 일을 망쳐버린다는 사실에 신경을 썼다. 온갖 일들에 신경을 썼고 그런 나 자신이 지긋지긋했다.

그래도 친구들 말 중 맞는 것도 있었다. 난 너무 피곤하다. 지구에서 살아온 30년 중 절반은 슬픈 채로 보냈으니까.

지하철을 타고 출근하는 길, 아마도 신경증을 앓고 있을, 차분하게 휴대폰을 들여다보는 사람들을 보면서 생각한다. 내가 저 사람들과 다른 건 아닐까? 어쩌면 나한테 무슨 문제가, 그것도 엄청나게 큰 문제가 있는 게 아닐까? 지난주, 나는 그 답을 찾아보려고 WebMD(미국의 의료 정보 사이트—옮긴이) 웹사이트에 들어가 온갖 정신질환을 검색하며 내게 익숙하게 느껴지는 증상들을 찾아봤다.

심리치료가 끝날 무렵, 평소처럼 이어지는 격려의 말이며 긍정적 확언에 진력이 났을 때, 나는 용기를 끌어 올려 내가 인터넷에서 찾은 진단명에 관해 물어본다. "제가 양극성장애일까요?"

서맨사는 웃는다. "양극성장애는 아니에요. 그건 확실해요." 서맨사가 내게 물은 건 이때였다. "진단명을 알고 싶어요?"

나는 "저기요, 빌어먹을 10년이나 심리치료를 했는데, 당연히 빌어먹을 진단명을 알고 싶죠"라고 고함지르지는 않는다. 심리치료사가 적절한 의사소통법을 알려준 덕분이다. 고마워요, 서맨사.

그 대신 나는 "네, 당연하죠"라고 답한다.

서맨사의 턱에 힘이 들어가더니 그의 눈이 나를 똑바로 바라본다. "스테파니는 어린 시절로 인한 복합 PTSD(C-PTSD, Complex Posttraumatic Stress Disorder, 복합 외상 후 스트레스 장애)를 앓고 있고, 그게 지속적인 우울과 불안으로 발현되는 거예요. 당신과 같은 배경을 지닌 사람이라면 PTSD를 피할 수 없죠."

"아, 그렇군요. PTSD." 내 어린 시절은 형편없었으므로, 그 정도는 짐작했다.

"그냥 PTSD가 아니에요. 복합 PTSD죠. 일반적인 PTSD는 보통 트라우마를 겪은 순간에서 기인하는 반면, 지속적인 학대를 경험한 복합 PTSD 환자의 경우 트라우마가 장기간, 수년에 걸쳐 일어나고요. 아동학대는 복합 PTSD의 흔한 원인이에요." 거기까지 말한 서맨사의 눈길이 스크린 구석을 향한다. "아, 시간이 다 됐네요! 나머지는 다음 주에 이어서 이야기하죠." 그가 말했다.

스카이프 창을 닫자마자 나는 구글 창을 연다. 복합 PTSD라는 말을 처음 들어봤기 때문이다. 놀랍게도 검색 결과는 별로 없다. 위키피디아에 들어간 다음, 참전용사가 겪는 트라우마와 복합 PTSD가 관련 있다는 내용의 정부 웹사이트로 옮겨간다. 증상 목록을 읽는다. 아주 길다. 그런데 이 목록은 의학 문서라기보다는 내 삶을 다룬 전기 같다. 감정 조절이 어려움. 사생활을 지나치게 많이 공유하고, 잘못된 사람들을 신뢰하는 경향이 있음. 침울한 자기혐오에 시달림. 인간관계를 유지하기 어려움. 학대 가해자와 건강하지 못한 관계를 맺고 있음. 공격적인 성향을 지닌 반면 타인의 공격은 받아들이지 못함. 전부 사실이었다. 전부 나였다.

글을 계속 읽을수록 나라는 사람이 가진 모든 측면이 병의 증상인 심각한 결함들로 축소되는 기분이었다. 나는 이 병이 어디까지 번져있었는지 몰랐다. 그것이 내 정체성을 얼마나 완전히 사로잡고 있었는지도 몰랐다. 내가 원하는 것들을, 내가 사랑하는 것들을, 내가 말하는 방식을. 내 열정, 두려움, 뾰루지, 식사 습관, 마시는 위스키의 양, 남의 말을 듣는 방식, 세상을 바라보는 방식에 이르는 모든 것, 정말 모든 것이 이 병에 감염되어 있다. 나의 트라우마는 내 피를 타고 솟구치며 뇌가 내리는 모든 결정에 영향을 미친다.

이 병이 가진 총체적인 영향력 때문에 나는 슬픔으로 미쳐버릴 지경이 되고 만다. 나는 오랫동안 새로운 삶을 만들려고 온 힘을 다했다. 부모가 나를 양육한 방식과 완전히 다르게 살기 위해서. 그런데 별안간, 내가 살면서 마주한 모든 갈등, 모든 상실, 모든 실패와 약점의 뿌리가 무엇인지 알 수 있게 된 것이다. 그 뿌리는 바로 나였다. 나는 정상과는 거리가 멀다. 나는 내 삶의 비극들이 지닌 공통분모다. 나는 교과서에 나올 법한 정신질환의 예시다.

음, 이제야 다 설명이 되는군, 하고 나는 생각한다. 내가 업무에 집중하기 어려웠던 건 당연해. 내가 사랑했던 사람 중 많은 수가 나를 떠난 것도 당연해. 명문대학교에 들어가서, 잘 자라 좋은 교육을 받은 사람들 틈에서 성공할 수 있다고 믿은 게 틀렸던 것도 당연해. 왜냐하면, 인터넷에 묘사된 대로라면 복합 PTSD를 가진 사람은 완전히 망가진 사람들이니까.

사무실의 오렌지색 벽이 나를 향해 점점 좁혀져 들어온다. 여긴 내가 있을 곳이 아니다. 내가 있을 곳은 어디에도 없다. 나는 내가 온종일 일할 수 있는 사람이라는 사실을 스스로에게 입증하기 위해 몇 시간 더 자리에 앉아있으려 애쓰지만 컴퓨터 화면

이 눈에 들어오지 않는다. 문밖에서 들려오는 동료들의 웃음소리가 자칼의 웃음소리 같다. 나는 외투를 낚아챈 뒤 쌀쌀한 바깥으로 달려 나간다. 그러나 바깥에 나왔는데도 탈출할 수가 없다. 걷는 걸음마다 한 단어가 머릿속에 울려 퍼진다. 망가졌어. 망가졌어. 망가졌어.

지난 10년간, 열심히 달려가면 과거를 따돌릴 수 있다고 생각하며 살았다. 하지만 오늘, 나는 달리는 걸로는 아무것도 해결되지 않는다는 사실을 깨닫는다. 무언가 다른 일을 해야 한다.

이 사태를 바로잡아야 한다. 나 자신을 바로잡아야 한다. 여태까지 누락, 완벽주의, 거짓 해피엔딩에 기대고 있었던 나의 이야기를 다시 바라봐야 한다. 더는 믿을 수 없는 화자여서는 안 된다. 흔들리지 않는 정밀한 시선으로 나 자신을, 내 행동과 욕망을 바라봐야 한다. 내가 스스로를 위해 만들어낸, 언제든 산산히 부서질 수 있다며 나를 위협해대는 조심스러운 삶을 찢어 열어야 한다.

그리고 나는 어디서부터 시작해야 하는지 안다.

모든 악당의 구원 서사는 그의 탄생에서부터 시작하는 법이니까.

1부

남은 건
지지직거리는 소음뿐

1장

가족과 함께 찍은 영상 중 내가 버리지 못한 테이프가 네 개 있다. 내 벽장 맨 위 칸, 깊숙한 구석에 숨겨진 테이프다. 영상을 볼 수는 없다. 요즘 세상에 VCR 기기를 갖고 있는 사람이 있기나 할까? 그럼에도 내 어린 시절의 마지막 유물로 간직해 오던 그 테이프들은 드디어 쓸모를 찾는다.

내가 과거를 짊어진 채 살아가는 사람이라는 건 알고 있었지만, 나에게 과거는 기분, 그리고 플래시백flashback으로 존재한다. 치켜든 손, 꽉 깨문 혀, 공포에 사로잡힌 순간. 복합 PTSD 진단을 받은 뒤, 나는 과거를 속속들이 살펴볼 필요성을 느낀다. 그래서 VCR 플레이어를 빌려 와 퍼즐처럼 복잡한 플러그와 코드를 끼워 맞춘 뒤 첫 번째 테이프를 넣는다.

영상의 시작은 크리스마스다. 빨간 벨벳 원피스를 입은, 큼직한 흰색 레이스 목깃에 목이 완전히 가려지고, 일자 앞머리를 무겁게 늘어뜨리고, 뒷머리는 쫑쫑 땋은 네 살짜리 여자아이가 보인다. 그 애는 나지만, 낯설게 느껴진다. 아이의 코는 내 코보다 넙적해 보이고, 얼굴은 더 둥글다. 그리고 그 애는 행복해 보인다, 불가능할 만큼 말이다. 하지만 아이가 열어본 선물 속 장난감

들은 빠짐없이 기억난다. 아, 저 파란색 확대경도,《마법의 스쿨
버스》책도 정말 좋아했었다. 조개 모양 청록색 폴리포켓을 어떻
게 했더라? 어디로 간 거지?

　테이프는 다음 장면으로 넘어간다. 이제 아이는 채소 그림 콜
라주로 가득한 꾸러미를 든 채 우리 집 거실에 무릎을 꿇고 앉아
있다. 유치원 과제였던 식품 피라미드를 보여주는 어린 내가 영
국식 억양으로 말하는 걸 듣고 나는 놀란다. "오렌지에는 비타
민C가 들어 있어요." 아이가 웃으며 말하자 귀여운 보조개 두 개
가 쏙 들어간다. 저 보조개도 지금의 나한테는 없다.

　다음 장면은 부활절, 아이는 소파를 기어 다니며 플라스틱 달
걀을 찾아 조그만 플라스틱 바구니에 담고 있다. 어린 시절 내가
살던 집도 낯설어 보인다. 벽은 아무것도 없이 황량하고, 거실은
어색할 정도로 작다. 나는 머릿속으로 연도를 되짚어 보다가, 영
상이 찍힌 시점은 우리가 미국으로 온 지 2년도 되지 않았던 때
라는 걸 깨닫는다. 색칠한 중국식 병풍, 컨트리클러터에서 산 장
식품들, 액자에 든 바틱 프린트(인도네시아의 전통적인 염색 기법, 또
는 그 기법으로 문양을 넣은 섬유 ─옮긴이)와 업라이트 피아노로 집
안을 채우기 전. 우리 집에 있는 것은 말레이시아에서 배로 운송
해 온 라탄 가구, 그리고 그 위에 놓인, 달걀 하나도 숨기기 어려
울 정도로 얄팍한 꽃무늬 쿠션들이 전부다.

　마지막으로 장면이 바뀌고, 카메라는 내 어머니와 그 아이를
비춘다. 두 사람은 우리 집 앞마당, 분홍색과 노란색으로 만개한
장미 덤불 앞에 있다. 큼직한 버튼다운 셔츠와 청바지 차림에 맨

발인 어머니는 참 예쁘다. 어머니는 차분하고 자신감 넘치는 태도로 비눗방울을 불고 있다. 아이는 비눗방울을 잡겠다고 잔디 위에 비뚜름한 원을 그리며 뛰어다니면서 숨도 못 쉬고 웃어댄다. 결국 아이는 외친다. "나도 해볼래, 나도 해볼래." 어머니는 아이를 무시한다.

어른인 내 자아는 영상 속 어머니의 행동을 재단할 준비를 완전히 마쳤다. 어머니를 미워할 준비를 끝냈다. **못 하게 하겠지. 내가 할 수 없을 거라고 생각하니까.** 그러나 그때, 어머니는 어린 내 입가에 비눗방울 막대를 대준다. 내가 너무 세게 입김을 부는 바람에 비눗물은 흩어져 버린다. 그러자 어머니는 막대를 비눗물에 다시 한번 적셔서, 내가 제대로 할 때까지 다정하게 격려해 준다. 마침내 비눗방울 하나가 하늘로 둥둥 떠오른다. 그 장면은 너무 지나친 동시에 하나도 충분하지 않게 느껴진다. 잠깐만―저 여자는 누구지? 저 걱정 하나 없는 삶은 뭐야? 내 어린 시절은 저렇지 않았어. 저건 이야기의 전부가 아니야. 더 보여줘. 그러나 테이프는 거기에서 끊기고, 이대로 끝이다. 남은 건 지직거리는 소음뿐이다.

내 부모님은 본국을 탈출하려고 미국으로 온 것이 아니다. 잘 살아보려고 온 것이다.

우리 가족이 말레이시아를 떠나 캘리포니아에 정착한 건 내가 두 살하고도 반일 때였다. 아버지는 휴렛팩커드 엔지니어였고, 회사는 지역 이동 혜택의 일부로 실리콘밸리의 주택 계약금을 내줬다. 아버지 입장에서 미국행은 일종의 귀환이었다.

어린 시절 아버지는 말레이시아의 작은 주석 탄광촌인 이포 Ipoh에서 가장 똑똑한 아이였다. 집은 가난했지만 돈이 생긴다 해도 할아버지가 노름으로 탕진해 버렸다. 아버지는 할아버지처럼 자라나지 않았다. 영특하고 투지도 있었다. 수학과 영어 교과서에 실린 문제를 다 푼 뒤 도서관에 가서 영어로 된 교과서 문제까지 다 풀어버렸다. 그렇다고 아버지가 공부만 하는 것도 아니었다. 갈색 피부를 가진 다른 남학생들과 운동장에서 럭비를 하며 몸으로 어울렸다. 아버지는 사람들이 좋아하는 아이이면서 똑똑하기까지 했다. 그야말로 전도유망한 청년이었다.

하지만 아버지가 미국에 있는 여러 대학교에 편지로 장학금 관련 문의를 했을 때, 대학 측에서는 시간 낭비라고 통보해 왔다. 외국인 학부생에게 주는 장학금은 없다고 했다.

그러다가 아버지가 SAT 시험에서 만점인 1600점을 받았다. 그 시절 그 점수는 뛰어난 학업성취도를 뜻했다. SAT 만점은 가난, 그리고 말레이시아에서 탈출할 수 있는 티켓이나 마찬가지였다. 부잣집에 시집을 간 아버지의 누나가 미국 대학교에 지원할 돈을 빌려줬다. 아버지는 지원한 모든 학교에 합격했고, 모든 학교로부터 전액 장학금을 약속받았다.

평생을 열대지방의 더위 속에서 살아온 아버지는 목도리와 코트로 온몸을 꽁꽁 싸맨 학생들이며 서리가 낀 낡은 건물들, 붉게 물든 단풍 사진이 실린 아이비리그 대학교들의 안내 책자를 보고 겁을 먹었다. 반면 스탠퍼드대학교의 안내 책자에는 탱크톱과 반바지를 입은 학생들이 푸른 잔디 위에서 프리스비를 던지는 사진이 실려있었다. 아버지가 스탠퍼드대학교를 택한 건 바로 그 사진 때문이었다.

"넌 동부 해안에 살 뻔했단다." 아버지는 종종 그렇게 말씀하셨다. "네가 캘리포니아 아이가 된 건 그 빌어먹을 프리스비 때문이지."

아버지는 대학을 졸업한 뒤 석유시추선 엔지니어로 일하며 전 세계를 여행한 뒤 말레이시아로 돌아가 정착했다. 어머니를 만난 것은 은행에서였다. 어머니는 은행 창구 사무원이었다. 아름답고 매력적이었다. 아버지는 스물여섯 살로 당시 기준에서 늙은이나 다름없었다. 할머니는 아버지더러 얼른 결혼 상대를 찾으라고 잔소리를 해댔다. 어머니와 아버지는 두 달간 연애한 뒤 결혼했다.

그렇게 내가 태어났다. 그 해, 말레이시아 국왕이 자신의 서투른 퍼팅을 보고 웃은 캐디를 골프채로 쳐서 살해했으나 아무런 처벌도 받지 않았다. 아버지는 폭력과 부패가 두려웠다. 우리 가족은 말레이시아에서 차별받는 종교적·인종적 소수민족인 중국계 말레이인이었다. 아버지가 어렸을 때, 아버지의 삼촌, 어머니, 그리고 큰누나는 쿠알라룸푸르에 살았는데, 이때 쿠알라룸푸르 인종 항쟁이 일어나 수백 명의 중국인이 학살당했다. 내 고모는 아슬아슬하게 회사를 떠나 중국인 동네에 있는 안전가옥을 찾았다. 이곳에서 아버지의 가족은 며칠이나 숨어 지냈고, 경찰과 연줄이 있는 친구가 가져다준 음식 덕분에 굶지 않을 수 있었다. 바깥에서는 스쿨버스를 타고 학교에 가던 아이들까지 학살당했다.

아버지는 미국의 무한한 자유와 풍요를 알았다. 말레이시아가 내 미래를 제약하리라는 사실도 알았다. 우리가 말레이시아에 남아있으면 내 직업도, 학업도 결국 제한되리라는 것을 알았다. 그러니 나 역시 아버지의 야심 찬 발자취를 좇아 해외로 눈을 돌리게 될 것이라 생각했다. 그렇다면 지금 떠나는 게 낫지 않을까?

그렇게 우리는 새너제이San José로 와서 좋은 학교들이 많은 동네의(그럼에도 나를 최고의 학교에 보내기 위해 우리 가족은 주소를 거짓으로 등록했다) 데크와 수영장이 딸린 집에 살게 되었다. 아버지는 포드 스테이션왜건을 샀고, 어머니는 탤벗 스웨터 세트를 샀다. 부모님은 예전에 쓰던 말레이시아 가구로 새집을 장식했지만, 나한테는 연철로 만든 미국식 퀸사이즈 침대를 사줬다. **스테파니**라는 이름을 가진 소녀에게 딱 맞지 않나? 두 사람이 내게 스테파니라는 이름을 붙인 건 그것이 "왕관을 쓴 자"라는 의미를 가진 이름이어서였다.

토요일이면 부모님은 편안한 교외 동네의 장점을 한껏 즐겼다. 테크 뮤지엄, 칠드런스 디스커버리 뮤지엄, 아니면 해피 할로우 파크 같은 곳에 나를 데리고 갔다. 어머니는 학부모회의 다른 어머니들을 들들 볶아 우리 지역 최고의 교육적 활동을 알아내는 데 긴 시간을 썼다. 할 일이 다 떨어지면 뒷마당 수영장 옆에서 친한 말레이시아 주재원 친구들과 아이들을 초대해 바비큐 파티를 했다. 어머니는 꿀을 발라 구운 닭요리를 만들었고 닭 다리는 늘 내 몫이었다.

토요일은 즐겁게 노는 날이었다. 일요일은 참회하는 날이었고.

일요일이면 우리는 교회를 찾았다. 아버지는 넥타이를 매고, 어머니와 나는 둥그런 어깨패드가 붙은 똑같은 꽃무늬 원피스를 입고 교회에 가서 우리만 빼고 모두 백인인 신자들과 함께 〈내 구주 예수님〉을 불렀다. 예배가 끝나면 중국·베트남식 다이너에 해당하는 뉴퉁키에 갔고 나는 매번 1번 메뉴인 모듬쌀국수를 주문했다. 집에 가면 어머니는 표지에 내 손글씨로 〈일기장GERNAL(-JOURNAL의 오기—옮긴이)〉이라는 제목이 적힌 노란색 스프링노트 앞에 나를 앉혀놓았다. 어머니가 그날의 일기 주제를 썼다.

샌타크루즈 비치 보드워크에서 보낸 시간에 대해서 써볼 것. 무엇을 했나? 무엇을 보았나? 아침부터 밤까지, 하루의 일을 최대한 흥미롭게 써볼 것. 단정한 글씨로 쓸 것!

이 숙제는 딱 한 페이지였는데도 한 시간 넘게 걸렸다. 나는 여섯 살이었고 구슬 달린 식기매트를 만지작거린다든지, 벽에 걸린 아필레라(칠레 여성들의 조각보 공예—옮긴이) 속 펠트로 만들어진 작은 라마와 토마토를 꾹꾹 찔러 본다든지, 반대쪽 페이지에 정교하게 만화를 그리느라 집중하기가 어려웠다. 그러다 한참이 지나서야 어머니가 내준 주제에 집중했다.

안뇽, 여러분! 나는 그렇게 썼다. 나름대로의 일탈인 셈이었

33

다. 평소에는 일기 첫머리를 늘 **일기장에게**라는 말로 시작했지만, 그날은 새로운 목소리를 내보고 싶었다.

토요일에 나는 샌타크루즈 보드워크에 갔다. 첫 번째로, 표를 사려고 줄을 서야 했다. 첫 번째로, 케이브 트레인 놀이기구를 탔다. 별로 안 무서웠다. 우리는 타임머신에 들어가서 원시인들이 춤을 추고 낚시하고 몸을 씻고 곰과 싸우는 모습을 보았다. 그다음에는 대관람차를 탔다. 너무 높아서 엄마랑 같이 타야 했다.

흠, 나는 생각했다. 조금 더 신나는 내용을 넣는 게 좋을 것 같았다. 어머니가 힘들게 데려가 준 이곳에서 내가 얼마나 재미있는 시간을 보냈는지 보여줄 수 있도록 말이다.

그다음에는 개구리 게임을 두 번 했다. 한 번 성공해서 상품을 받았다! 그다음에는 트램폴린이라는 걸 탔다. 점프해서 재주넘기하는 데 성공했다! 그다음에는 또 했다! 거기 있던 아줌마가 나한테 엄청 잘good한다고 했다! 음 엄청 재미있는 시간이었다!

일기를 마무리하면서, 도입부의 발칙한 인사말을 한 번 더 강조해야겠다는 생각이 들어서 이렇게 썼다. **있잖아! 첫 부분이 다른 걸 눈치챘어? 그냥 재미로 한 거야. 사랑을 담아, 스테파니.**

쭉 훑어봤더니 꽤 잘 썼다는 생각이 들었다. 나는 어머니를 불렀다. 어머니는 내 일기장 앞에 앉아 빨간 펜을 들었다. 나는 제자리를 지키며―어머니 왼쪽에 서서, 몸 앞에 양손을 가지런히 모으고―어머니가 내 일기를 교정하는 모습을 지켜봤다. 어머니는 내 일기에 빨간색 엑스자, 동그라미, 취소 선을 죽죽 그었다. 빨간 펜이 자국을 낼 때마다 명치를 얻어맞는 기분이 들어서 나중엔 숨이 잘 쉬어지지 않았다. **안 돼, 난 너무 멍청해. 아, 안 돼.**

일기 검사가 끝나자 어머니는 한숨을 쉬었다. 페이지 맨 밑에 어머니가 평가를 적어넣었다.

"'첫 번째로'라는 말은 단 한 번만 쓸 것. '그다음에는'이 너무 많음. 그다음에는 대관람차를 탔다. 그다음에는 개구리 게임을 두 번 했다. 다른 표현을 써볼 것. 잘well했다. 엄청 잘well했다. 잘good이 아님!"

그러더니 어머니는 페이지 위쪽에 큼직하게 점수를 휘갈겨 썼다. C-였다. 어머니가 내게 말했다. "지난 두 번의 일기에서, 이미 **'그다음엔'**이라는 표현을 줄이라고 말했잖니. 더 흥미롭게 쓰라고도 했지. 너 좀 덜떨어진 거 아니니? 게다가 마지막에 재미로 했다는 이건 대체 무슨 소리냐? 이해가 안 되는구나."

"잘못했어요." 그러나 어머니는 이미 서랍 안을 뒤지고 있었고, 나는 두 손을 내밀었다. 어머니가 플라스틱 자를 머리 위로 들어 올렸다가 내 손바닥을 세게 내리쳤다. **찰싹.** 나는 울지 않았다. 우는 모습을 보면 어머니가 한심하다며 또 때릴 테니까. 어머니는 일기장을 덮었다. "내일 이 주제로 다시 써라."

일기 쓰기의 목적은 글쓰기 실력을 키우는 것이었으나, 한편으로는 잘 꾸려진 내 어린 시절을 보존하는 것이기도 했다. 어머니는 내가 어른이 되면 일기장을 애틋한 마음으로 넘겨보며 감상적인 기억에 젖기를 바랐다. 하지만 오늘날 이 일기장을 다시 읽어보니, 어머니의 사명은 실패한 게 틀림없다. 나는 샌타크루즈 여행도, 사자 춤도, 멘도시노 여행도 기억나지 않는다. 기억 속에 생생하게 남은 것은 오로지 내 손바닥을 내리치던 투명한 플라스틱 자뿐이다.

여행의 주제는 "성장"이었는데, 우리는 머지않아 그것이 '2차 성징'이라는 뜻임을 알게 됐다.

내가 속한 걸스카우트단은 지금까지 이런 여행을 해본 적이 없었다. 오두막 여행을 어머니와 함께하는 것은 처음이었다. 하지만 그날은 특별한 시간, 처음을 위한 시간이었다. 우리는 열한 살이었고 많은 것들이 변하고 있었다.

토요일 오후, 다 같이 차를 타고 오두막으로 갔고 저녁 식사를 마친 뒤에는 게임을 했다. 픽셔너리(그림으로 단어를 설명하는 게임—옮긴이) 게임을 하는 내내 어머니들이 그린 괴발개발 그림을 보고 웃었다. 그다음에는 어머니들이 소파에서 어머니들만의 대화를 나눴고 그 사이에 우리는 복도 맞은편으로 가서 우노 게임을 했다. 대부분 헐렁한 옷을 입고 덩치가 큰 다른 어머니들에 비해 내 어머니는 매력적이었다. 영어를 잘 못하는 다른 두 명의 아시아인 어머니들은 수줍어서 눈에 띄고 싶지 않다는 듯한 구부정한 자세였다. 그러나 청바지에 티셔츠 차림이 너무나 잘 어울리던 내 어머니는 대쪽 같이 꼿꼿한 자세로 방 안을 호령했다. 아침마다 테니스를 한 탓에 어깨와 팔에는 근육이 잡혀있었다. 완벽하게 동그란 퍼머머리가 꼭 후광 같았다. 높고, 새가 지저귀는 것 같은, 말레이시아식 영국 억양이 묻어있는 어머니의 목소리가 낯설었다. 복도 맞은편에 있는 내 귀에도 어머니의 목소리가 갈라지는 것이 들렸지만, 어머니가 무슨 말을 할 때마다 곧이어 웃음소리가 터지는 것을 보면 다른 사람들은 이상하게 생각하지 않는 것 같았다. 남자들은 어머니가 고집스럽고 완강한 점이 매력적이라 생각했고, 여자들은 어머니가 마음씨 좋고 애교 있다고 생각했다. 어머니는 막 도착한 이민자들을 날개 아래 품고 그들에게 갈비, 마가리타, 추수감사절 저녁 식사가 무엇인지 알려주는 그런 사람이었다(하지만 어머니는 언제나 칠면조를 살 때 고기가 퍽퍽하다며 이를 보완해 줄 베이징덕도 함께 샀다).

한편, 여자아이들의 이야기 주제는 엔싱크로 옮아갔다. "난 백스트리트보이스가 더 좋아." 내 말에 걸스카우트 단장의 딸은 코웃음을 쳤다. "백스트리트보이스는 어린애들이나 좋아하는 거 아니야?" 다른 아이들이 고개를 끄덕이더니 나를 외면했다. 나는 우리끼리 귀신 이야기를 하며 놀려고 친한 친구 한 명을 끌고 일찍 2층침대로 갔지만, 자리를 떠나기 전 어머니가 다른 어머니들과 연락처를 주고받고 만날 약속을 잡는 모습, 다들 어머니가 내민 종이에 이름을 쓰는 모습이 보였다.

다음 날엔 온종일 사춘기와 관련된 활동을 했다. 아침 식사를 마친 뒤에는 월경이 무엇이고 어떻게 대처해야 하는지를 배웠다. 우리가 지켜봐서 몸을 꿈지럭거리는 가운데 대장이 생리대와 탐폰을 가져와 사용법을 시연해 보였다. 그다음에는 각자의 어머니와 트러스트폴(상대가 나를 받아줄 것이라 믿고 뒤로 넘어지는 활동—옮긴이)을 했고, 둥글게 모여 앉아 사춘기에 대한 감정을 나눴고… 분명 다른 활동도 있었을 텐데, 모든 게 너무 민망했기에 기억에서 대부분 지워버렸다. 그중에서도 가장 손발이 오그라들던 것은 대장이 가져온 커다란 종이 두루마리를 바닥에 펼쳐놓은 뒤에 했던 활동이었다. 우리가 종이 위에 눕고, 어머니들은 우리 몸의 윤곽선을 마커펜으로 종이에 따라 그렸다. 그다음에는 어머니와 딸이 함께 앞으로 우리 몸에 일어날 변화를 그 윤곽선 안에 그려 넣어야 했다. 가슴팍에는 유방을 그리고, 겨드랑이 털과 음모도 그려 넣는 것이었다. 나는 웃기고 싶은 마음에 겨드랑이에서 구리구리한 냄새가 풍기는 걸 구불구불한 초록색 선으로 표현하고 행운을 상징하는 하와이식 조개 목걸이도 그려 넣었지만, 그래도 이 활동이 얼마나 끔찍한 것인지를 외면할 수는 없었다. 내 미래의 가슴에는 젖꼭지가 없었다. 우리 중 누구도 감히 젖꼭지를 그려 넣지 못했다. 그저 포도 향기가 나는 보라색 마커펜으로 큼지막한 U자를 두 개 그렸을 뿐이다.

나는 어머니가 이 활동을 백인들이 하는 헛짓거리라고 조롱하길 기다렸지만, 어머니는 꼭 그들의 일원이라도 된 것처럼 활동 내내 모든 걸 열심히 했고, 웃었고, 나를 놀려대기도 했다.

그 뒤에는 모두 둥글게 늘어서서 옆 사람과 손을 잡았다. 단장이 기타를 꺼내자 우리는 영화 〈지붕 위의 바이올린〉에 나오는 노래 〈선라이즈, 선셋〉을 부르면서 함께 왼쪽 오른쪽으로 몸을 흔들었다. 어제까지만 해도 어린 아이였던 딸이 언제 성숙한 여성으로 피어났나 하는 내용의 향수 어린 가사를 가진 노래였다.

어머니들은 다들 노래를 하다 눈가가 촉촉해져서는 딸의 머리를 쓰다듬고 정수리에 입을 맞췄다. 다들 어머니의 품에 쏙 파고들어 안겼다. 내 어머니는 나를 건드리지조차 않고 혼자 서서 요란하게 울었다. 어머니는 집에서 수도 없이 울었지만—그것도 몸을 반으로 접다시피 구부린 채 흉하게 흐느꼈다—남들 앞에서는 결코 우는 법이 없었기에 나는 당황했다.

내가 어른이 되는 걸 어머니가 저렇게 고통스러워한다면, 어른이 되지 말아야겠다. 그 순간이 이후 몇 년간의 내 행동을 결정했다. 월경을 시작했을 때는 어머니에게 말하는 대신 팬티 속에 휴지를 욱여넣고 피 묻은 옷은 다락에 숨겼다. 가슴이 나오기 시작하자 가슴을 숨기려고 가슴을 동여매고 헐렁한 티셔츠를 입은 뒤 등을 구부정하게 하고 다녔다. 어머니는 노트르담의 꼽추 같다며 내 등짝을 철썩 후려쳤다. 하지만 나는 어머니를 기쁘게 해줄 수 있다면, 내가 영원히 어머니의 것임을 보여줄 수 있다면 무슨 일이든 할 수 있었다. 중요한 건 그뿐이었다.

노래가 끝난 뒤 우리는 각자의 어머니를 끌어안았고, 어머니들은 눈물을 훔치고 우리를 꼭 안아줬다. 그리고 숙소로 가서 짐을 챙겨 집으로 갔다. 어머니는 울어서 아직도 얼굴이 벌겠지만 나는 어머니가 그저 언짢은 기분만 느끼는 건 아니었으면 했다. 이 이상한 의식 덕분에 어쩐지 우리가 한결 가까워질 수 있기를 바랐다.

불행하게도, 집으로 돌아오는 차 안에는 침묵만 흘렀다. 나는 내내 조바심을 내며 갈라진 입술의 각질을 잡아 뜯었다. 어머니가 폭발한 건 집에 도착해서 차에 실은 더플백을 내릴 때였다.

"오늘 아침 식사할 때, 너 애슐리가 나이프 쥐는 법을 보고 잔소리하더라. 기억나니? 햄을 그렇게 자르면 안 된다고 했잖아. 애슐리 어머니가 빤히 보고 있는 앞에서 말이다! 왜 그랬니?" 어머니가 쏘아붙였다. "네가 뭐라고 남들에게 이래라저래라하는 거야? 너 아주 재수 없어 보이더라."

나는 어안이 벙벙해져 대답했다. "모르겠어요… 애슐리가 나이프를 이상하게 쥐고 있었어요. 그런 식으로는 햄이 잘리지 않을 것 같아서, 도와주려고 그랬던 것 같은데요?"

"도와주다니, 하!" 어머니가 고함을 내질렀다. "그래, 참 큰 도움이 되더라. 여행 내내 네가 너무 부끄러워서 참을 수가 없었다. 픽셔너리 게임을 할 때도 넌 어떻게든 이기겠다고 죽자고 달려들더라. 남들이 네 그림을 못 알아보면 덩치만 큰 어린애처럼 기분 나빠했지. 다들 불편해했어. 다들 널 빤히 쳐다봤다고. 널 보고 있자니 딱 죽었으면 좋겠다는 생각이 들더라. **얘 내 딸 아니에요**, 하고 싶었어."

2층침대 위 칸에서 몸을 벌떡 일으켰다가 천장에 머리를 쿵 찧은 기분이었다. 지금 이런 말을 한다고? 정말로? 다른 것도 아니고, **어머니와 딸의 유대감을 다지는 여행**에서 막 돌아온 지금?

"잘못했어요. 몰랐어요."

"당연히 몰랐겠지. 너는 생각이라는 게 없잖아, 안 그래? 내가 아무리 **생각 좀 하라고** 해도 매번 생각 없이 행동하지. 학교 친구들이 널 왜 싫어하는지 알겠다."

"픽셔너리 게임할 때 행동은 죄송해요. 나이프 일도요. 저는 그저… 자, 이렇게 해봐, 그런 생각이었어요. 애슐리 엄마가 기분

40

나빠하시는 것 같지는 않았어요. 화가 나신 것 같지 않았지만…."

"참 나." 어머니의 입이 가느다란 실선이 되었고, 눈도 실눈으로 변했다. "네가 나보다 더 잘난 줄 아는구나? 어디서 말대꾸야?"

"전 그냥 죄송하다고 말하려던 것뿐이었어요! 정말이에요! 잘못했어요. 그냥, 이번 주말이 지나면 다 괜찮아질 줄 알았어요."

"네가 자꾸만 내 **체면을 구기는데** 대체 뭐가 괜찮아지겠어!" 어머니가 빽 소리를 질렀다.

분명 걸스카우트단의 다른 친구들 중, 이 순간 자기 어머니의 고함을 듣고 있는 아이는 아무도 없을 터였다. 노래를 부르는 동안 자기 어머니에게 편안하게 몸을 기대고, 어머니가 자신을 안아줄 거라고 **기대하던** 그 애들의 모습이 떠올랐다. 하지만 어머니의 말이 맞았다. 다른 아이들은 나를 싫어했다. 내가 괴상하다고, **오버한다고** 했다. 내가 픽셔너리 게임을 할 때 지나치게 경쟁심을 부렸나? 정말로 다들 날 빤히 쳐다보고 있었나? 왜 난 몰랐을까? 내가 일을 망치고 있다는 걸 난 왜 모를까? 내가 하는 일은 모조리 다 실수일까? 눈에 눈물이 차올랐다.

"울지 마!" 어머니가 소리 질렀다. "네가 우는 얼굴은 정말 꼴보기 싫게 생겼다. 그 퉁퉁하고 납작한 코가 네 아버지를 똑 닮았어. **분명히 말했다, 울지 마!**" 그러면서 어머니는 내 뺨을 철썩 후려쳤다. 두 손으로 얼굴을 가렸지만, 어머니는 억지로 내 손을 끌어내려 뺨을 연신 때리고 또 때렸다. 그리고는 주저앉아 흐느끼기 시작했다. "너 때문에 내 인생은 망했어. 너 같은 건 낳지 말았어야 했는데. 너 때문에 체면이 얼마나 구겨지는지 모르겠다. 네가 하는 일은 모조리 다 부끄러워."

"죄송해요, 엄마. 죄송해요." 내가 말했다.

어머니는 삶이 불만족스러웠던 것 같다. 살림 솜씨가 꼼꼼하
긴 했으나 마지못해서 하는 편이었고, 요리사로서는 게을렀다.
오후 시간에 학교 회계담당자로 자원봉사를 하며 계산기를 두드
리고 스프레드시트를 채우는 쪽을 더 좋아했다. 때로 어머니는
아버지에게 자신이 은행에서 일할 수 있을까 하고 물었다. 아버
지는 언제나 어머니의 말을 무시했다. "고작 고졸인 당신을 누가
써주겠어?"

그러나 그것은 내가 성인이 된 뒤에야 한 추측이다. 지루한
주부들이 나오는 드라마를 보고 부모님의 결혼생활에 투사한 뒤
꿰맞춘 가설이다. 어린 시절 나는 어머니가 왜 늘 슬픈지 정확히
알았다. 어머니는 자신이 비참한 삶에 시달리는 원인을 분명히
했으니까. 바로 나였다.

내가 **여태까지** 내 어린 시절에 대해 비밀로 해왔던 사실. 나는
맞으면서 자랐다. 어머니는 나를 아주 많이 때렸다. 말을 할 때
어머니의 눈을 바라보지 않는다고 때렸으면서, 반항적인 눈빛으
로 쳐다본다고 또 때렸다. "트리샤(동남아시아에서 흔히 교통수단으
로 사용하는 삼륜차—옮긴이) 끄는 사람"같이 한 다리를 세우고 앉
는다고, 아니면 **돈 해브 어 카우, 맨**Don't have a cow, man(심슨 가족의

42

바트 심슨이 자주 쓰는 말로 '화내지 말라'는 뜻—옮긴이) 같은 미국식 속어를 쓴다고 맞았다. 한번은 우편으로 온 어머니의 〈피플〉 잡지 비닐 포장을 뜯었다며 30분 동안 테니스 라켓으로 두들겨 맞은 적도 있었다. 어머니가 손, 젓가락, 내 장난감 같은 것들로 나를 그리 심하지 않게 때릴 때도 있었다. 하지만 플라스틱 자나 대나무 지팡이가 부러질 때까지 매타작을 하고도 나를 탓할 때가 있었다. **네가 하도 멍청해서 내가 이런 짓을 하게 됐다!** 어머니가 고함을 질렀다. 그리고 천장을 올려다보며 신을 향해 울부짖었다. **제가 어쩌다가 저렇게 배은망덕하고 쓸모없는 자식을 낳았을까요? 저 애가 제 인생을 망쳤어요. 도로 거둬 가주세요! 저 흉한 얼굴을 쳐다보기도 싫습니다!**

어머니가 나에게 진력이 난 나머지 나를 신에게 영영 돌려보내려 마음먹는 일도 1년에 몇 번꼴로 일어났다. 계단 꼭대기에서 포니테일로 묶은 내 뒷머리를 휘어잡은 뒤 아래로 내동댕이친 것이다. 내 손목에 식칼을 가져다 댄 적도 있었고, 내 고개를 뒤로 젖히고는 목의 부드러운 살갗에 차디찬 칼날을 댄 적도 있었다. 나는 미친 듯이 잘못했다고 빌었지만, 어머니는 내가 진심이 아니라고, 혀를 따버리기 전에 닥치라고 고함을 질렀다. 그러나 입을 다물면 어머니는 내가 뉘우칠 줄 모른다고 했다. 그래서 또다시 빌기 시작하면 내 사과는 아무런 가치가 없다고, 게다가 울어서 얼굴이 흉해졌으니 넌 죽어야 한다고 했다. 그래서 나는 어머니가 또다시 말을 하라고 고함을 칠 때까지 입을 다물고 있었다. 우리는 그렇게 빠져나올 수 없는 덫에 걸린 채 몇 시간씩 보냈다.

어머니의 목소리가 늘 새가 지저귀는 소리 같았던 것은 아니다. 나에게 고함을 하도 지른 나머지 목이 상해서 높고 쉰 목소리가 났다. 의사는 성대가 파열된 거라며 조심하지 않으면 목소리를 완전히 잃을 수도 있다고 했다. 어머니는 그 말에 끄떡도 하지 않았다.

사람들은 어린 시절 이런 학대를 당하는 게 어떤 기분이었느냐고 묻는다. 심리치료사가, 낯선 사람이, 파트너가 묻는다. 편집자들도 묻는다. **당신에게 있었던 일을 자세하게 쓰고 있군요.** 그들은 여백에 이렇게 메모를 남긴다. **그런데, 그 당시의 기분은 어땠나요?**

나한테 그런 질문은 늘 터무니없는 것으로 들린다. 어떤 기분이었는지 내가 어떻게 알지? 아주 오래전 일이다. 나는 너무 어렸다. 하지만 추측해보건대, **더럽게 나쁜 기분**이었겠지.

나는 무슨 짓을 해도 기분을 맞춰줄 수 없는 어머니가 미웠던 것 같다. 그럼에도 어머니를 사랑했기에, 분명 죄책감도 느꼈을 테고, 무서웠을 것이다. 두들겨 맞을 때 한없이 울었던 게 기억나지만, 아파서는 아니었다. 아픔에는 익숙했으니까. 나는 어머니가 하는 말 때문에 울었다. 입술을 깨물고, 손톱으로 손바닥 살을 꾹 찔렀지만, 어머니가 나한테 멍청하다, 흉하다, 필요 없다고 말할 때 도저히 눈물을 삼킬 수가 없었다. 코를 들이마시면 어머니는 역겹다며 또다시 뺨을 갈겼다.

때리는 것도, 비난을 퍼붓는 것도 끝이 나면 그다음은 쉬웠다. 나는 눈물 흘리기를 멈추고 창밖을 내다보았다. 아니면 돌아가서 《베이비시터스 클럽》 시리즈 책을 읽었다. 나는 그 일을 뒤에 남겨두고 앞으로 나아갔다. 한번은 심하게 두들겨 맞고 나서 힘들었던 적이 있다. 숨이 딸꾹질하듯 빠르게 깔딱깔딱 쉬어지고, 도저히 폐에 충분히 공기를 들일 수 있을 만큼 진정되지가 않았다. 이제 와 생각하면 아마 공황발작이었던 것 같다. 하지만 그때 내가 기이하게 멍한 상태로 나 자신을 바라보고 있었던 게 떠오른다. "진짜 이상하다." 나는 생각했다. "이게 무슨 일이지? 재밌다!"

그런데 내가 그런 기분을 어떻게 해야 했던 걸까? 어딘가에써 두었어야 했나? 온종일 자리에 앉아 생각에 잠겼어야 했나? 어머니한테 내가 어떤 기분인지 이해하고 공감받기를 기대했어야 하나? 말도 안 되는 소리. 내 감정은 중요하지 않았다. 그건 아무 의미도 없었다. 만약 나에게 여리고도 감상적인 감정이 있었더라면, 어머니가 수시로 나를 죽이려 든다는 사실이 얼마나 끔찍한지 깊이 생각했더라면, 매일 아침 어머니와 함께 아침 식사를 할 수 있었을까? 밤에는 소파에 앉아 어머니를 따뜻하게 끌어안아 줄 수 있었을까? 그럴 리가.

내가 **내** 감정을 챙기는 데 마음을 다 써버린다면, 어머니의 감정을 담을 자리가 남아있었겠는가? 내겐 어머니의 감정이 더 중요했다. 어머니의 감정에 더 큰 의미가 있었으므로.

어머니는 침대 옆 협탁에 큼직한 초록색 엑세드린 진통제 약통을 두었다. 편두통 때문이었다. 어머니는 약통을 탈출구로 삼고 그 자리에 두었다.

나를 엄청나게 심하게 때리고 난 뒤 심한 공황발작이 찾아오면 어머니는 바닥에 엎드려 몸을 둥글게 말고 몸을 앞뒤로 흔들었다. 한참 뒤, 건조해 바작바작 부서질 것 같은 침묵 속에서 어머니는 나 때문에 인생을 망쳤다고, 그러니 이제는 약을 전부 삼키고 다 끝내야겠다고 속삭였다. "안 돼요, 엄마, 제발요." 나는 애걸복걸하면서 어째서 어머니가 계속 살아야 하는지, 어째서 우리가 어머니에게, 어머니의 온갖 희생에 감사하는지, 어째서 어머니가 이 세상에 꼭 필요한 좋은 사람인지 구구절절 늘어놓았다. 때로는 이 방법이 통했다. 통하지 않을 때면 어머니는 나를 무시하고 침실에 들어가 문을 잠가버렸다. 어머니는 내가 911에 신고해 당신이 살아나기라도 하면 내 목을 칼로 그어버릴 거라고 했다. 그래서 나는 문밖에 앉아 문에 귀를 바짝 대고 어머니의 숨소리에 귀를 기울이며, 어느 시점이 되어야 내 목숨을 희생하고 어머니의 목숨을 구해야 할 가치가 있는지를 결정하려 애썼다.

나는 어머니가 낮잠을 잘 때마다 감시하기 시작했다. 침실에 몰래 숨어 들어가 어머니를 내려다보며 눈꺼풀 아래 안구가 움직이는지, 숨소리가 규칙적인지 확인했다.

하지만 내가 그 조짐을 알아차리지 못한 적이 한 번 있었다. 이유는 모르겠지만 내가 망쳐버렸다. 어머니는 약 한 통을 전부 삼켜 진짜 자살을 시도했다.

이렇게 심각한 자살 시도가 언제였는지 잘 기억나지 않는 건, 자잘한 시도들의 횟수가 너무 많아서다. 아마 어머니가 며칠간 집에서 보이지 않았고, 아버지가 어머니는 잠시 홀리데이 인에서 호캉스를 보내고 돌아올 거라고 알려줬던 때였던 것 같다. 시간이 흐른 뒤에야 어머니 친구로부터 그때 어머니가 정신병원에 하루 입원했다고 알려줬다. 약을 몇 알 먹고 24개들이 하이네켄 맥주 한 궤짝으로 그것들을 전부 내려보낸 뒤 18시간 동안 잠에서 깨지 않았던 그날 밤, 어쩌면 어머니는 정말로 자살할 생각이 있는지도 모르겠다. 다음 날 아버지와 나는 어머니의 침대 옆에서 있었다. "엄마는 한참 잘 거야. 이런 걸 숙취라고 한다. 넌 가서 텔레비전 보든지 할 일 하거라." 잠시 후 아버지는 이렇게 말한 뒤 자리를 떠났다. 그러나 나는 그 자리에 한참을 더 서서 어머니를 지켜본 뒤에야 발끝으로 살금살금 자리를 떠났다.

하지만 사라지지 않는 손상은 남았다. 다량의 엑세드린을 먹은 탓에 생긴 어머니의 위궤양은 끝끝내 낫지 않았다. 그 뒤로 어머니는 심한 복통을 앓을 때마다 나를 탓했다.

어머니가 자살 시도를 내 탓으로 돌릴 때, 내가 어떤 기분이었느냐고? 말할 수 없었다. 그건 아주 어린 아이가 감당하기에는 너무 큰 감정이니까. 하지만 이것 하나만큼은 안다. 매일 밤, 자기 전 나는 무릎을 꿇고 똑같은 기도문을 만트라처럼 끝없이 읊었다. "하느님, 부탁이에요. 제가 이렇게 나쁜 아이가 아니게 해주세요. 엄마 아빠를 행복하게 해줄 수 있는 아이가 되게 해주세요. 절 착한 아이로 만들어 주세요."

2장

중학생이 된 나는 잠을 자지 않았다.

일주일에 테니스 수업을 세 번, 중국어 수업을 두 번 받고, 피아노 연습에다가 걸스카우트 활동까지 했다. 갖가지 활동에 학교며 숙제까지 하다 보면 하루에 12시간씩 공부해야 했다. 게다가 그나마 남은 시간에 해야 하는 다른 활동도 있었다. 바로 부모님의 중재자 노릇을 하는 것이다.

내가 여태까지 말로만 들어왔던 야망에 찬 아버지, 자신과 가족을 빈곤에서 끄집어내 희망찬 미국에서의 미래를 위해 열심히 노력했던 사람은 어린 시절 나와 함께 살았던 그 아버지와는 달랐다. 내게 주어진 건 그 사람의 껍데기가 전부였다.

아버지는 하루에 8시간을 일한 뒤, 탈출구 삼아 골프장으로 향했다. 집에 있을 때 아버지는 진절머리 나는 가족의 의무를 수행해야 하는 때가 오기 전까지 최대한 오랫동안 텔레비전 앞에서 썩어가는, 반만 존재하는 유령이었다. 때로 나는 아버지가 미국의 유리천장에 가로막혀 야망을 빼앗긴 게 아닐까 생각하기도 했다. 내 아버지 같은 아시아 남성이 보잘것없는 중간관리자 이상으로 승진할 수 없게 만드는 유리천장 말이다. 하지만 당사자

에게 직접 묻는다면 아버지는 내 어머니 때문에 자기 영혼이 납
작해진 거라고 대답했을 것이다.

어머니의 기분을 받아주는 역할을 하는 게 나뿐만은 아니었
다. 어머니는 아버지가 입을 벌리고 음식을 씹는다고, 땀을 너무
많이 흘린다고, 말이 너무 많다고, 또는 말이 너무 없다고 폭언을
퍼부었다. 아버지에 대해 말하자면, 아버지는 배려심 없이 함부
로 말했고 어머니가 느끼는 심각한 불행을 도저히 이해하지 못했
다("텔레비전 보고 테니스 치는 것 말고는 하는 일도 없잖아. 대체 뭐가 불
만이야?"). 두 분은 돈 때문에 싸웠다. 어머니는 렉서스를 사고 싶
어 했고, 아버지는 그럴 돈은 없다고 했다. 두 분은 아버지가 우리
를 미국으로 데려와 눈치 없는 궤일로(gweilo, 하얀 유령이라는 뜻으
로 백인을 비하하는 광둥어 속어 —옮긴이)들이나 어머니를 이름으로
부르는 버릇없는 아이들과 더불어 살게 했다고 싸웠다. 그러고
나면 싸움이 심각해져서 비누받침이 방 안을 날아다니고, 끔찍한
위협이 오고 가고, 둘 중 하나가 집을 떠나버렸다. 나는 어두운
차고에서 덜덜 떨며 부모님이 집으로 돌아오기를 기도했다.

나는 모든 것에 미약한 질서라도 부여하는 역할을 맡기로 했
다. 일요일에 부모님이 늦잠을 자려고 하면 부모님을 억지로 교
회에 데려갔는데, 우리가 집안의 평화를 유지하려 얼마나 진지하
게 애를 쓰는지 하느님께 보여드리기 위해서였다. 아버지가 바닥
에 벗어 던진 옷가지를 어머니가 발견하고 고함을 지르기 전에
내가 먼저 치웠다. 어머니가 아무 이유 없이 화를 내면, 나는 아
버지가 어머니의 분노를 눈감아줄 수 있도록 내가 끔찍하게 못

된 짓을 했다고 거짓말한 다음 어머니에게 사줄 위로의 선물 아이디어를 전했다. "엄마 잘못이 아니에요. 그냥 제가 잘못해서 그래요. 전 최악이에요. 전 악마라고요." 나는 아버지에게 그렇게 말했고, 나도 내 말을 믿었다. 그러면 아버지는 "대체 너는 왜 그러냐? 잘 좀 하면 안 되냐?" 했다.

시간이 지나자 나도 내가 지어낸 이야기를 믿게 됐다. 그래서 나는 학교에서든, 어디에서든 부담스러운 아이가 되지 않도록 실제로 더 잘하려고 노력했다. 1마일 달리기 기록을 경신하려고, 학교생활에 흠 하나 내지 않으려고, 성적표를 A로 가득 채우려고 노력했다.

그래봤자 나는 아이였다. 완벽해지려고 싸우고, 협상하고, 노력하면서 살아갈 수는 없었다. 나는 놀아야 했다. 쉬어야 했다. 그래서 나는 이 문제를 다른 문제들과 마찬가지 방법으로 해결했다. 놀 수 있는 시간을 **만들었던** 것이다. 잠자리에 들기 전에 슈다페드(에피드린과 유사한 구조를 가진 코감기약으로 교감신경을 흥분시켜 약간의 각성 효과를 유도한다—옮긴이)를 한 알 먹으면 되는 일이었다. 잠을 안 잘 수 있는, 어린이용 각성제라고나 할까. 거의 매일 밤, 부모님이 침실로 가는 소리가 들리면 나는 가족용 컴퓨터가 있는 곳으로 몰래 다가가서 새벽 4시까지 인터넷을 돌아다녔다. 팬픽을 엄청나게 많이 읽고, AOL 채팅방을 돌아다니고, 〈스타워즈〉 게시판에서 내 **진짜** 친구들과 대화를 나눴다. 맞다, 나는 학교에서 선생님이 영화를 틀어줄 때마다 잠들었다. 그렇다, 중국어 어휘가 한 단어도 제대로 떠오르지 않았고, 앉았다 일어날 때는 현기증이 났고 살짝 고꾸라지기도 했다. 하지만 다 감당할 수 있었다. 그래야 했으니까.

어느 날 컴퓨터 앞에 앉아 로그인을 하는데, 무심코 프린터에 눈길이 갔다. 싸구려 토너로 인쇄해서 픽셀과 줄무늬가 다 드러난 여자 사진이 있었다. 금발에 구릿빛 피부를 가진 여자는 해변에 앉아있었는데, 그 여자의… **젖꼭지**가 가려질 수 있게 전략적으로 가슴에 색칠해 놓은 완벽한 두 개의 동그라미만 빼면 완전히 벌거벗고 있었다. 나는 프린터 트레이에서 사진을 낚아챘다. 얼른 주변을 둘러봤다. 쓰레기통에 버리면 어머니의 눈에 띌 테고, 어머니는 수시로 내 책가방 검사를 하니 가방에 넣을 수도 없었다. 하지만 우리 집 서재에는 높이가 2미터나 되는 크고 튼튼한 나무 책장이 있었다. 내 기억에 그 책장은 한 번도 움직인 적이 없다. 나는 프린터에 놓여있던 사진을 책장 뒤에 숨겼다.

엄청나게 화가 나기 시작했다. 나는 평생 동안 어머니의 희박한 이성을 지켜주고 부모님의 결혼생활을 유지하려고 경계를 늦추지 않았다. 그런데 아버지가 어떻게 이토록 생각 없이 행동할 수가 있나? 하지만 이 사태 또한 내가 전부 통제할 수 있었다. 나를 AOL 계정 관리자로 설정한 뒤 아버지 계정의 자녀 보호 설정을 바꿨다. 이제부터 아버지는 13세 소년에게 적합한 콘텐츠만 볼 수 있다.

며칠 뒤, 어머니가 내 방으로 쿵쾅쿵쾅 들어왔다. "대체 우리 돈을 다 어떻게 한 거냐?" 어머니가 고함을 지르더니 내 뺨을 갈겼다. **왜 아버지가 온라인 은행 계좌에 접속할 수가 없는 거야? 무슨**

짓을 한 거냐? 네가 우리 집 돈을 전부 날려버린 거냐? 청구서 지불은 어떻게 하라고? 주택담보대출금은 또 어쩌고? 도대체 무슨 미친 짓을 벌인 거냐! 아차, 거기까진 생각하지 못했다. 내가 정말 돈을 다 날려버린 걸까? 숨이 가빠졌다. 하지만 왜 그랬는지 어머니에게 도저히 말할 수가 없었다.

"5분만 주시면 해결해 놓을게요." 나는 더듬더듬 말을 이었다. "이유가 있었거든요, 죄송해요."

"해결하라는 게 아니다. 앞으로 절대 인터넷은 금지야. 6개월 동안 전화도 쓰지 마. 또 6개월간 외출 금지다. 친구도 만나지 마. 텔레비전이나 영화도 안 돼. 앞으로 **멍청한 짓거리로**"―어머니가 또 한 번 내 뺨을 갈겼다―"**시간**"―어머니가 내 무릎을 발로 차는 바람에 나는 바닥에 쓰러졌다―"**낭비하는** 대신 공부나 해라!"―어머니는 바닥에 쓰러진 내 배에 발길질을 퍼부었다. "비밀번호 당장 내놔!"

인터넷은 내가 **이런 일**에서 탈출할 수 있는 유일한 피신처였다. 어머니가 인터넷을 앗아가면 내가 무슨 짓을 하게 될지 알 수 없었다. 나는 이미 밤늦은 시간 부엌칼을 손으로 만져보며 손목을 그으면 얼마나 아플지, 내일 아침 내가 칼을 가방에 슬쩍 넣어 학교에 가면 엄마한테 들킬지 생각하기 시작한 이후였다. 한번은 몰래 집을 나서 딜런 클리볼드와 에릭 해리스(콜럼바인 고등학교 총기 난사 사건의 범인들―옮긴이)의 시신 사진이 실린 〈내셔널 인콰이어러〉 한 부를 산 적도 있었다. 모든 게 더는 견디기 힘들게 느껴질 때면 그 사진을 보며 마지막 선택지인 자살을 상상했다.

단 하나의 위안거리를 빼앗기느니 차라리 죽는 게 나을 것 같았다. 그래서 나는 태어나서 처음 싸늘한 목소리로 "싫어요" 했다.

"뭐라고?" 어머니가 고함을 질렀다. "이 버르장머리 없는 놈. 넌 아무짝에도 쓸모가 없어. 끔찍하고 흉물스러운 괴물 같으니. 대체 널 뭣 하러 낳았는지 모르겠다!" 어머니는 또다시 내 몸에, 얼굴에, 정수리에 주먹을 날렸다. 그러더니 머리카락을 붙잡고 그대로 나를 질질 끌고 방을 나와 계단으로 내려간 뒤 모퉁이를 돌았다. 어머니는 서재 안, 컴퓨터 앞에 씩씩거리며 앉아있는 아버지 앞으로 나를 밀쳤다.

"비밀번호를 말해." 어머니가 말했다.

아버지는 나를 잘 때리지 않았지만, 때릴 때면 인정사정없었다. 나는 과호흡을 하며 정신없이 말했다. "제가 고칠게요. 비밀번호는 말 안 해도 돼요." 하지만 내가 말을 마치기도 전, 아버지가 벌떡 일어나 내 멱살을 잡고 바닥에 내던져 버렸다. 그리고는 쓰러진 나를 일으켜 서재 맞은편 키 큰 책장들, 벌거벗은 여자 사진이 숨겨진 그 책장들을 향해 내동댕이쳤다. 아버지가 책장을 그러쥐더니 말했다. "비밀번호 말하지 않으면 이 책장을 네 위로 밀어버리겠다. 널 으스러뜨려 버릴 거야."

"싫어요." 나는 애원했지만 곧바로 입을 다물었다. 부모님은 **싫어요**라는 말을 싫어했으니까. **싫어요**는 말대꾸였다. **싫어요**는 내가 말할 권리가 없는 말이었다. 나는 부모님이 내게 또다시 달려들어 때리고 발로 차고 손목을 비틀고 욕설을 퍼붓는 동안 잇몸이 피투성이가 된 채로 가만히 있었다. 밤이 늦어 우리 모두 피곤해졌다. 이제 부모님은 거실에 쓰러진 나를 내려다보며 서 있었다. 나는 너무 지쳐서 바닥에 엎어져 흐느끼며 나지막하게 중얼거렸다. **너무해요. 너무해요. 나쁘게 굴려던 게 아니었어요. 두 분을 지켜드리려고 한 일이었다고요. 너무해요.**

그때, 아버지는 골프 가방이 있는 곳으로 가서 주먹보다 더 크고 단단한 머리가 달린 골프채를 꺼냈다. **"어서. 비밀번호. 말해!"** 고함을 지르는 아버지의 얼굴은 잔뜩 일그러져 모르는 사람 같았다. 아버지가 골프채를 들더니 내 머리를 향해 힘껏 내리쳤다. 나는 몸을 굴려 간신히 피했다. 우리 집에는 분홍색 꽃이 그려진 파란 쿠션으로 덮인 라탄 스툴이 하나 있었다. 부서진 건 내가 아닌 그 스툴이었다.

골프채가 가운데에 내리꽂히자 스툴이 반으로 쩍 갈라졌다. 나는 포기했다. 부모님께 비밀번호를 말했다. 잠자리에 들기 전, 나는 베개 밑에 칼을 숨겼다. 혹시 모르니까.

3장

눈을 감고 미국에서 보낸 어린 시절을 생각하면, 떠오르는 건 맞아서 부어오른 상처와 주먹을 꽉 쥐느라 하얗게 변한 손마디가 전부다. 긍정적인 것을 떠올리려면 열심히 생각해야 한다. 아마도 텔레비전으로 〈세일러문〉을 보는 나, 가필드가 그려진 큼직한 티셔츠를 입은 나, DDR을 하는 나, 런처블 피자를 먹는 나. 그건 그렇고, 런처블 피자는 정말 맛있었는데.

하지만 말레이시아에서 보낸 어린 시절의 기억은 조각난 파편이 아니다. 그 시절을 생각하면 마치 순간이동이라도 한 것처럼 감각의 온 세계가 내 앞에 펼쳐진다. 윗입술에 맺히던 땀, 도로의 소음, 그리고 냄새들 – 휘발유 냄새, 연기가 피어오르는 프라이팬 냄새, 푹푹 썩어가는 정글에서 밀려오는 짙은 나무 냄새다.

나는 말레이시아를 사랑했으니까. 콜로니얼 양식의 연립주택들이며 가게들 앞쪽을 지나가는 우수관을 사랑했다. 노점이나 가게들에 자리한 라탄 차양이, 냉동고를 뒤져 라임 바닐라 아이스크림을 찾던 게 좋았다. 몬순이 오는 시기에 사촌들과 베개싸움을 하는 게 좋았다. 어둠 속에 쪼그리고 앉아있다가 번개가 번쩍하며 우리가 숨어있던 자리를 밝히면 베개로 서로의 얼굴을 때려댔다. 말레이시아의 음식이 좋았다. 라드를 잔뜩 넣은 진한 맛의 검은 국수, 향이 강하고 매콤한 새우국수, 아삭거리는 통통한 이포 숙주와 부드럽고 미지근한 하이난 닭요리 같은 음식들은 전부 새파란 플라스틱 접시에 담긴 채 선명한 오렌지색 젓가락, 그리고 큰 컵에 든 차가운 여즈yeo's 두유나 형광색이 나는 키카포 조이 주스와 함께 나왔다. 자동차 뒷좌석에서 안전벨트를 안 해도 되는 게 좋았고, 온종일 사촌들과 컴퓨터게임을 하는 게 좋았다. 내가 유창하게 쓸 수 있는 모국어가 좋았다. 그 우아한 간결성(**칸 라!**), 감탄사들(**알라막! 아이요오! 아이야! 왈라오 에!**), 이 언어가 차용해 온 다양한 언어(말레이어: **톨롱!**, 광둥어: **세이 로르!**, 타밀어: **포다아!**), 재미있고도 난해한 문법(**너무 어두워! 밝은 것으로! 와, 그렇게, 응?**)이 좋았다.

하지만 무엇보다도, 내가 말레이시아를 사랑한 건 말레이시아가 나를 사랑했기 때문이다.

어린 시절 우리는 2년에 한 번꼴로 말레이시아 순례길에 올랐는데, 겨울방학에 2주 정도 다녀올 때도 있었고, 여름방학에 두 달 정도 다녀온 적도 있었다. 나는 말레이시아로 가기 몇 달 전부터 열대지방에서 아무렇지도 않게 뛰어놀 수 있도록 더위에 단련되는 훈련이라며 점심시간마다 현기증이 날 정도로 뜨거운 캘리포니아의 아스팔트 도로에 드러누웠다.

말레이시아는 마음의 안식처였다. 잠시 쉬어갈 수 있는 안전한 곳이었다. 부모님은 친척들과 함께 있으면 쾌활해졌다. 웃고, 식사하고, 절대 싸우는 법이 없었다. 부모님 사이에 개입하려 마음 쓸 필요가 없으니, 얼마든지 아이답게 굴어도 좋았다. 나는 사촌들과 함께 우리만의 마법 세계로 달려갔고, 밥을 먹으라고 부를 때가 아니면 그 누구도 우리를 방해하지 않았다. 그곳에서 우리는 왕처럼 지냈다.

그리고 그 누구보다 사랑받는 아이로 선포당했던―찬양받았던!―나는 왕 중의 왕이자 그중에서도 최고의 우두머리였다. 케이크를 한 조각 더 얻어먹는 식으로 사랑받는 아이가 아니었다. 가족 모임에 가면 다들 나를 보고 자세를 고치고는 "아, 스테파니가 최고지" 하는 식으로 사랑받는 아이였다. 고모들은 사촌들에게 "스테파니를 좀 닮아봐라"라고 했다. 내가 영리한 데다 얌전하기 그지없다는 것이다. 나는 사고를 치는 일이 거의 없었으며 갖고 싶은 장난감은 뭐든 얻을 수 있었다. 나를 가장 싸고도는 분은 우리 가족의 대장인 아버지의 이모였다. 우리는 모두 그분을 '앤티'라고 불렀다.

앤티는 내 이모할머니였는데, 키가 150센티미터도 되지 않고 거의 보이지 않는 눈으로 발을 끌며 집 안을 돌아다녔지만 성질이 불같은 할머니였다. 때때로 주먹으로 식탁을 쾅 친 다음에 요즘은 품질 좋은 람부탄이라고는 눈에 띄지 않는다며 고래고래 불평하기도 했다(나이가 든 뒤 앤티는 늘 좋은 과일을 찾아다녔다). 또, 태연한 표정으로 극단적인 연기를 하는 데도 도가 튼 분이었다. 한번은 내게 어린 시절 이야기를 해주면서 앤티가 어릴 때는 시험에서 0점을 받으면 가족이 학교에 벌금을 내야 했다고 알려줬다. 나는 잠깐이지만 깜짝 놀랐다. 정말일까? 내가 잘못 들은 게 아닐까? **"벌금을 낸다고요?"** 내가 물었다.

그러자 앤티는 마치 무언가에 빙의된 사람처럼 별안간 온몸을 곧추세우더니 두꺼운 안경 뒤의 두 눈을 크게 뜨고 입을 쩍 벌린 채로 두 손을 덜덜 떨며 펄쩍 뛰었다. **"왓 라, 유!"** 앤티는 살인자에게 욕을 퍼부을 때나 어울리는 격렬한 어조로 나한테 고함을 쳤다. **"그래, 그래야지! 벌금을 내라!"** 그러더니 갑작스레 연기를 시작했던 것과 마찬가지로 순식간에 차분한 모습으로 돌아오더니 낄낄 웃으며 이야기를 이어갔다.

앤티는 그런 분이었다. 정말 유별나지만, 그분의 본성은 물론 분노와 슬픔에도 유쾌한 장난기가 스며들어 있었다. 한번은 마작을 하던 중 큰 소리로 방귀를 뀌었는데, 그 일을 가지고 너무 크게 웃는 바람에 결국 바지에 오줌을 지린 데다, 화장실까지 급히 달려가는 길에도 계속 웃느라 온 사방에 오줌을 줄줄 흘린 적도 있었다.

앤티는 우리 가족 모두를 보살펴 주는 분이었다. 아버지가 어릴 때, 할머니(앤티의 언니)는 이포에 있는 집에서 두어 시간 떨어진 쿠알라룸푸르의 유리공장에서 작업반장으로 일하게 되었다. 그래서 할머니는 쿠알라룸푸르에 아파트를 빌려 주중에는 그곳에서 지내고 주말에만 아이들을 만날 수 있었다. 할머니가 없을 때는 앤티가 조카들을 맡아 돌보았다. 그 당시 앤티는 아기를 골반에 걸친 채 어르면서 비서 일을 했고 부업으로 대부업까지 하고 있었다. 그렇게 살아간 덕에 조카들에게 집을 두 채나 사줄 돈을 모을 수 있었다. 아버지와 고모들은 모두 앤티를 제2의 어머니라 생각했고, 내가 일곱 살 때 할머니가 돌아가시자 집안의 여성 우두머리 자리로 올라간 것은 앤티였다. 앤티는 내게 오냐오냐하는 데 그 권력을 썼다.

내가 방으로 들어가면 앤티는 "호 과아이, 호 과아이" 하면서 내게 다가왔다. 정말 얌전하고 착한 아이라는 뜻이다. 당신이 드시던 수프 그릇에서 어묵을 꺼내 내게 먹였다. 나에게 마작을 알려주며 손을 쓰다듬어 주셨다.

다른 어른들도 내 눈이, 보조개가 예쁘다며 칭찬을 늘어놓았다. 고모들은 부드러운 소고기 육포, 커리팝(커리맛 소를 채워 튀기거나 구운 페이스트리─옮긴이), 버터 파인애플 타르트, 열 가지도 넘는 다양한 맛의 꾸웨이(전분과 코코넛 밀크로 만든 떡과 비슷한 간식─옮긴이) 같은, 내가 좋아하는 먹거리를 사러 먼 시장까지 가기도 했다. 나에게는 화가가 꿈인 사촌이 한 명 있었다. 연습 삼아 그린 그림들이 책장 하나를 가득 채울 정도였다. 내가 등장해 낙서를 시작하자 다들 모여들어 내 타고난 재능을 칭찬하기 시작했다. 사촌은 발을 쿵쿵 구르며 뛰쳐나갔고 그 뒤로 며칠이나 나와는 말도 하지 않았다.

언젠가 어머니가 나를 데리고 은행에 있는 귀중품 금고로 가서 빨간 벨벳 상자에 담긴 보석들을 조심스럽게 살피며 하나를 골랐다. "네 할머니가 우리 가문에서 내려오는 옥 중에 제일 좋은 걸 너한테 주셨다. 그리고 네가 가장 사랑받는 아이니까 언젠가는 이 보석들을 전부 물려받을 거다." 어머니는 그렇게 속삭이더니 내 목에 금목걸이를 하나 걸어주었다. 목걸이 줄에는 빨간 루비 눈이 박힌 토끼 모양 순금 펜던트가 달려있었다. "네가 아기일 때 너한테 주신 거야. 토끼해에 태어난 아이니까 토끼를 주신 거지!"

"그런데 왜 제가 제일 사랑받아요? 제가 뭘 했길래요?" 내가 물었다.

"아주 간단한 이유란다." 어머니가 대답했다. "네 아빠가 이 집의 장남이고, 네가 네 아빠의 장녀니까. 그러니까 당연히 네가 제일 사랑받지." 그 말은 꼭 에이미 탠(중국계 미국인 작가로 중국 이 민자 가정 내 모녀들의 갈등과 화해를 다룬《조이 럭 클럽》을 썼다 ─ 옮긴 이) 소설에나 나오는 말 같아 믿기지가 않았다.

앤티와 단둘이 시간을 보낼 때 나는 가장 특별해진 기분이 들 었다. 늦은 오후 모두가 낮잠을 자고 있을 때면, 나는 앤티의 손 가락 사이에서 쪼개지는 즙 많은 깍지콩 줄기의 소리를 따라 대 리석 바닥 위를 맨발로 걸어가서는 궁둥이에 복잡한 무늬가 새 겨지는 라탄 의자에 앉았다. 나도 앤티와 함께 깍지콩을 쪼갰다. **"호 과아이, 아가, 호 과아이."** 앤티는 나긋나긋한 목소리로 내게 말했다. "이 할머니를 도와주는 건 너밖에 없구나, 참 착한 아이 야." 앤티는 이포에서 보낸 어린 시절, 얼굴을 알 수 없는 증조할머니들이며 망고를 서로 먹겠다고 자매들끼리 싸워대던 이야기를 해주셨다. 그러다가 아주 먼 옛날 앤티의 어머니로부터 전해들은 중국의 옛 지혜를 말씀해주시기도 했다. 이번 생에서 가장 중요한 건 낙관이라고, 앤티는 강조했다.

"하늘이 무너지거든 이불 삼아 덮어라." 앤티는 늘 그렇게 말씀하셨다. "큰일은 쪼개 작은 일로 만들고, 작은 일은 아무것도 아닌 일로 만들거라. 누가 너한테 잘못을 하거든 절대 가슴에 묻어두지 말고 잊어버리려무나. 눈물을 흘리면서도 웃으려무나. 고통은 삼켜야 한다."

나는 건성으로 들으며 고개를 끄덕였지만, 낮잠에서 깬 사촌들과 함께 놀려고 달려갈 때 잠옷을 입은 늙은 조상들의 흑백사진 같은 기억이며 그분들의 우스꽝스러운 말씀은 기억 속 저편으로 흐릿해지고 말았다. 그 시절 나는 앤티가 나에게 내 근원이 어디인지 알려주려 하는 거라 여겼다. 맥도날드 음식을 먹는 미국인 자아가 조금이라도 더 중국인으로 남아있을 수 있도록 말이다. 그 시절 나는 앤티의 말씀 속에 숨겨진 동기를 조금도 눈치채지 못했다. 내가 살아남기 위해 필요한 지혜들을 전해주려는 동기 말이다.

4장

열세 살 때 어머니는 나를 데리고 나가 내가 제일 좋아하는 새우완탕면을 사주더니 이렇게 말했다. "미안하구나, 하지만 더는 못 참겠다. 네 아빠와 이혼하련다." 이번에는 아무리 울고 빌어도 소용없었다. 어머니가 단단히 마음먹은 뒤였으니까. "우리가 이혼한 뒤에 누구랑 살고 싶은지 잘 생각해 보려무나." 어머니는 그렇게 말한 뒤 나를 집에 데려다주고 더플백 하나에 짐을 싸서 떠나버렸다.

며칠 동안 눈을 뜨는 순간부터 새벽 3시까지 어머니의 핸드폰으로 전화를 걸었다. 어머니는 평일 자정에 딱 한 번 전화를 받았다. "난 괜찮으니 이젠 전화하지 마라." 어머니의 목소리에서 위험할 정도의 해방감이 느껴졌다. 배경에서 시끄러운 소리가 들렸다. 음악 소리도 들렸다. 술집인가? 그때 어머니가 전화를 끊었다. 나는 다시 전화를 걸었다. 받지 않았다. 일주일이 지나자 나는 더 이상 전화하지 않게 되었다.

어머니는 두 달 뒤 옷을 챙기러 집에 잠시 돌아왔다. 어머니의 차가 차고로 들어가는 소리를 듣고 나는 1층으로 달려 내려갔다. "어떻게 지냈니?"라든지, "보고 싶었다"라든지, 적어도 "안녕"이라는 말을 듣고 싶었지만, 어머니는 그저 집 안으로 들어와 현관 근처에 둔 고양이 화장실만 내려다봤다. "내가 없는 동안 고양이 똥도 안 치웠냐?" 어머니가 고함을 질렀다. "이 똥 무더기 좀 봐라! 내가 뭐든지 다 해야 하니? 대체 넌 뭐가 문제냐?" 어머니는 나를 부엌으로 질질 끌고 가더니 젓가락 두 짝을 움켜쥐고 나를 때렸다. 어머니가 또다시 팔을 들어 올리자 나는 말했다. "그만 때려요, 계속 때리면 엄마랑 같이 안 살 거예요." 그러자 어머니는 얼어붙은 듯 꼼짝도 하지 않았다. 처음으로 나와 어머니 사이에 힘의 균형이 바뀐 것이다. 내가 시소에서 갑자기 내려버리는 바람에 어머니가 굉장한 기세로 바닥에 내리꽂힌 것처럼. 어머니는 집을 박차고 나가버렸지만, 그때 나는 이미 내 결정이 끝났다는 걸알았다. 내 마음속, 어머니를 향해 열려있던 무언가가 닫혀버렸고 그것은 다시는 열리지 않을 터였다. 아버지도 엉망진창인 건 마찬가지였지만, 아버지에게는 내가 필요했다. 아버지는 다시는 날 때리지 않겠다고 약속했고, 나는 그 말을 믿었다. 한편 어머니는 우리가 없어도 상관없었다. 둘 중 어느 쪽을 택해야 할지 명백했다.

2주 뒤 어머니가 다시 집에 돌아와 나를 부엌으로 부르더니 이렇게 알렸다. "스테피, 난 새 남편을 찾았다. 그 사람은 집도 큰데, 네가 따라오면 아주 떵떵거리며 살 수 있을 거다. 그래, 누굴 택할 거니? 나를 따라올래, 아니면 네 아빠랑 같이 살래?"

나는 무표정한 얼굴로 대답했다. "아빠랑 살고 싶어요."

"후회하게 될 거다." 어머니는 그렇게 대답했고, 그게 어머니가 내게 남긴 마지막 말이었다.

어머니가 떠난 뒤 아버지는 바닥에 드러누워 보내는 날이 태반이었다. 나는 아버지를 보살피고, 살살 구슬려 침대에 가서 자게 하고, 일어나라고 고함을 질러 깨웠다. 아버지는 패배자처럼 느릿느릿 움직였고 내가 시계를 보며 지금 당장 출발하지 않으면 학교에 지각할 거라고 하면 어깨를 축 늘어뜨렸다. 나는 아버지와 영화를 보거나 쇼핑을 하거나 〈반지의 제왕〉 이야기를 떠들며 고통을 잊게 해주려고 애썼다. 그럼에도 아버지가 눈물이 가득한 눈으로 나를 보며 "난 인생을 낭비했다"라고 할 때가 종종 있었다.

"아니에요, 그렇지 않아요." 나는 아버지의 손을 잡으며 말했다. "아빠는 맨손으로 여기까지 왔잖아요. 미국으로 와서 성공했잖아요! 또, 제가 있잖아요?"

"하지만 네 엄마랑 애초부터 결혼을 하지 말았어야 했어. 내가 제정신이 아니었지. 왜, 왜 했을까? 어쩌면 네 엄마는 동성애자일 수도 있어." 아버지는 생각에 잠겼다. "아마 줄곧 날 속이고 바람을 피웠을 거다."

"어차피 아빠는 엄마를 그렇게 좋아하지도 않았잖아요. 늘 떠나겠다고 협박했으면서."

"하지만 내가 떠나는 일은 없을 거다. 우린 중국인이잖니. 우리 가문에서 절대 이혼이란 없다. 너무나도 수치스러운 일이야. 우리 집안에서 이혼한 건 나뿐이다."

"아빠, 아직도 살아갈 날이 많잖아요. 아빤 정말 똑똑하고 재미있는 사람이라고요. 게다가 엄마와 결혼생활을 하면서 시들어가고 있었잖아요. 엄마는 정말 재미없어요! 자, 이제 아빠도 쿨하게 변신할 차례예요. 쇼핑하러 가요!" 나는 그렇게 말한 뒤 팔짝 팔짝 뛰며 아버지의 손을 잡아끌었다. 나는 아버지를 설득해 쇼핑몰까지 차를 몰게 하고, 또 억지로 토미 바하마 하와이언 셔츠를 입어보게 시켰다. 아버지가 앵무새나 종려나무 잎이 그려진 알록달록한 셔츠를 입고 빙글 돌면 나는 손뼉을 짝짝 쳤다. "이것 보라니까요, 정말 젊어 보이죠? 이게 진짜 아빠 모습이라고요!" 그러면 아버지도 기분 좋게 웃으며 신용카드를 꺼냈다.

그 뒤로 2년간 우리는 이런 식으로 버텼다. 집을 팔고 훨씬 작은 아파트로 이사하게 된 바람에 어머니를 떠올리게 하는 물건들을 전부 버렸는데, 그러다 보니 가진 물건을 대부분 버리게 된 셈이었다. 어머니의 장식용 도자기 인형들, 가족 앨범, 피아노, 라탄 가구, 바틱 프린트, 티크목 서랍장과 그 안에 들어있는 침구들, 《마법의 스쿨버스》 책들까지. 나는 새집에 둘 가죽 소파, 크롬 조명기구, 티키 머그컵을 골랐다. 그러고 나니 마치 열네 살짜리가 사는 독신자 아파트 같은 꼴이 되었다. 따지자면 사실과 별로 다르지도 않았지만 말이다.

내가 아버지에게 우스꽝스러운 새 이메일 주소를 만들어주자 아버지는 토를 달지 않고 받아들였다. 아버지가 친구나 가족 간의 갈등을 겪을 때면 내가 상담 상대가 되어줬고, 업무상의 결정에도 조언을 해줬다. 심지어 아버지와 친구들의 술자리에 동석해 '열다섯 살짜리 아이가 취한 티를 내지 않고 술을 몇 잔이나 마실 수 있을까?' 같은 술자리 게임의 소재가 되어주기도 했다. 이혼하기 전 아버지는 나를 **노이노이**라는 애칭으로 불렀다. 여자아이를 다정하게 부르는 애칭이었다. 이혼 후에는 나를 그 호칭으로 부른 적이 없다. 나는 더 이상 아이가 아니라 아버지의 보호자가 되었으므로.

하지만 나쁘기만 한 건 아니었다. 이런 엉망진창인 상태가 어떤 면에서는 안도감을 주기도 했으니까. 깨어있는 모든 순간을 정교하게 조직한 뒤 우리가 생산적으로 살고 있는지 매 같은 눈으로 감시하거나 행동을 조심하라고 잔소리하는 사람이 없는 건 처음이었다. 우리는 책임감이라고는 없는 두 대학생처럼 새로 얻은 자유를 극한까지 만끽했다. 밤늦게까지 청소년관람불가 등급 영화를 보았다. 나는 방과 후 수업을 전부 그만두었고, 수업에서 낙제하기 시작했으며, 개목걸이를 닮은 목걸이를 하고 미니스커트를 입었고, 입까지 험해져서는 지금까지 오랫동안 마음에만 품고 있었던 온갖 노여운 욕설을 내뱉고 다니기 시작했다. 더는 신을 믿지도 않았다. 양 손목에도, 수업 교재를 넣는 바인더에도 사악함을 나타내는 오망성을 마커펜으로 그려 넣었다. 선하고 도덕적인 사람으로 살아와서 얻은 거라고는 망가진 가족뿐이었다. 그러니 정반대로 살아갈 셈이었다.

때늦은 사춘기를 겪고 있던 아버지 역시 여태까지 줄곧 나와 허물없이 친한 사이로 지내왔다고, 지금까지는 개구리였지만 마법이 풀리면서 애초의 왕자 모습으로 돌아왔다고 믿게 만들려고 애를 썼다.

나는 교양을 쌓기 위해 아버지에게 샌프란시스코의 미술관이며 서점들에 데려가달라고 했다. 아버지는 나를 하이트애시버리에 데려다줬고 심지어는 나를 데리고 헤드숍(대마초 관련 용품들을 파는 가게 — 옮긴이)에 들어가 반들거리는 유리로 만든 봉(대마초 흡입용 물담뱃대 — 옮긴이)을 보고 '우와' 하고 감탄하게 해주기까지 했다. 아버지는 결혼했더라면 좋았을 예전 여자친구들 이야기, 대학 때 볼케이노라는 이름을 가진 친구와 마약에 흠뻑 취했던 이야기까지 전부 해줬다. 여태까지는 차 안에서 어머니가 틀어놓은 부드러운 록 음악을 들었지만 이제는 집에 가는 길이면 핑크플로이드의 음악을 크게 틀어놓고 "헤이! 티처! 리브 뎀 키즈 얼론!" 하고 따라불렀다.

이유는 잘 모르겠지만 나는 아버지를 "아빠dad"가 아니라 "풉 도그Poop Dawg"라고 불렀다. 내가 "풉 도그!" 하고 고함을 지르면 아버지는 "왜?" 하고 마주 고함을 질러왔고 친구들은 재미있다며 배를 잡았다.

아버지와 내가 유대감을 맺는 가장 소중한 시간은 저녁 식사를 할 때였다. 아버지는 요리를 못했기 때문에 식사를 할 때마다 나를 데리고 외식을 하러 나갔다. 그렇게 칠리스에서 케사디아를 앞에 두고 우리 둘 중 하나가 이야기를 시작했다. 우리는 "엄마"라는 말은 입 밖에 내지 않았다. 어머니의 이름을 입에 올리지도 않았다. 우리는 그냥 "그 사람"이라고 지칭했다.

"**그 사람**은 나한테 절대 이런 걸 못 먹게 했을 거다. 지방이랑 나트륨이 너무 많다면서. 골골대는 건 자기인 주제에 남들 건강을 걱정했지." 아버지가 내뱉었다.

"개 같은 년." 내가 너무 큰 소리로 말하는 바람에 다들 고개를 돌려 이쪽을 쳐다봤지만 아버지도 나도 전혀 개의치 않았다.
"틈만 나면 내가 샐러드를 남겼다고 저녁밥을 못 먹게 한 거 기억나요?"

"미안하구나, 기억이 안 난다. 정말 지독한 여자였어."

"나쁜 년, 걸레 같은 년이었어요! 수프에 들어있는 가이란이 먹기 싫다고 했을 때 젓가락으로 1시간이나 얻어맞았던 이야기 제가 했었나요?"

아버지는 잇새로 숨을 쑵 하고 들이쉬었다. "몰랐던 게 미안하구나. 한참 전에 헤어졌어야 했는데." 아버지는 그렇게 중얼거렸고, 나는 그 말이 거짓말인 걸 알았지만, 그래도 괜찮았다.

나는 **미움**이 슬픔의 해독제라는 걸 금세 알게 되었다. 안전한 감정은 그것 하나뿐이었다. 미움은 학교에서 울음을 터뜨리게 만들지 않는다. 미움은 취약하지 않다. 미움은 효율적이다. 미움은 비굴하게 굽신거리지 않는다. 미움은 순수한 힘이다.

복도에서 누가 내게 부딪치기라도 하면 나는 반격하듯 몸을 부딪쳤다. 어느 촐라(스페인계와 아메리카원주민 혼혈 ─옮긴이) 여학생이 나를 째려봤을 때, 나는 그 애가 나를 욕하고 다니는 걸 알고 있었기에 그 애를 걸레라고 불렀다. 그러자 그 애는 내 머리카락에 침을 뱉었고, 나는 언덕 끝에 서 있는 그 애 뒤로 몰래 다가가서 테니스 라켓으로 세게 때려 언덕 밑으로 떨어뜨리려 시도했다(다행히도 실패했다). 어떤 여자애한테는 페인트 통을 집어 던지기도 했다. 수학 시간에 어떤 남자애가 나를 고스족이라고 부르자, 나는 뒤로 돌아앉아 "난 고스족이 아니야" 하면서 그 애의 뺨을 후려쳤다. 또 어떤 아이가 "anno Domoni(서기, A.D.)"라고 써야 할 것을 "Ab Dominal(복부라는 뜻을 가진 abdominal로 잘못 쓴 것―옮긴이)"라고 썼을 때는 몸이 반으로 접힐 정도로 웃어대며 그를 모자란 놈이라고 놀렸다. 뭐야, 왜, 쫄았어? 됐어, 꺼져버려.

오래지 않아 학교 아이들이 나를 무서워하게 되었다. 어디를 가든 소문이 나를 따라다녔다. 내가 마약을 거래한다는 소문이 돌았다. 마약 중독자라는 소문. 뒷마당에서 닭을 제물로 바치는 마녀라는 소문. 학교 애들이랑 전부 자고 다니는 걸레라는 소문. 그 소문들 중 진짜인 건 아무것도 없었지만 어차피 고등학교에서 진실 따위를 신경 쓰는 사람은 아무도 없었다. AIM 메신저에서 정체불명의 가짜 계정이 내게 **지독하고 짜증 나는 사이코**라는 메시지를 보내자 나는 이렇게 답장을 보냈다. "짜증 난다는 게 무슨 뜻인데? **짜증 난다**는 게 대체 무슨 소린지나 설명해 봐." 하지만 그 사람은 "ㅋㅋㅋㅋㅋㅋㅋ 됐다 미친년 웃기네"라고 하더니 로그아웃 해버렸다. 그래서 나는 정상인으로 보이려는 노력을 하는 대신 두 배로 분노를 표출하며 더 괴상한 사람이 되기로 했다.

어른들 사이에서 지내는 아버지 역시 나보다 나을 게 없었다. 형편없던 전처 욕을 그치지 않는 바람에 몇 없는 친구들도 아버지를 등졌다.

곧 아버지와 나는 세상에 둘만 남은 신세가 되었고, 우리의 부글부글 끓는 미움은 갈 곳이 없어 서로를 향했다.

5장

아버지의 입에서 처음으로 내가 어머니랑 똑같다는 말이 나온 그 밤, 아버지는 평생 묻어두었던 분노를 터뜨렸다. 어머니가 떠난 지 고작 두 달이 지났을 때였다. 아직도 가끔 어머니가 내 이름을 고래고래 외치는 소리가 들리는 것 같았다. 점심시간, 학교 운동장에서 벌떡 일어서서 어머니가 나를 잡으러 온 게 아닌가 두려워하며 공포에 질려 뒤를 돌아보기도 했다.

나는 아버지의 비난을 참아줄 마음이 없었다. 아버지를 향해 고함을 질렀다. "닥치세요. 난 그 사람이랑 하나도 안 똑같아요. 그 사람이 나한테 무슨 짓을 했는지 알잖아요. 그 사람이 우리한테 무슨 짓을 했는지도 알잖아요. 그 사람이 평생 나를 못살게 굴었는데 한 번도 지켜주지 않았던 주제에 어떻게 감히… 어떻게 **감히** 날 그 사람이랑 비교해요? 지금 한심하고 불쌍한 아빠를 돌봐주는 사람이 대체 누군데요?"

아버지는 이렇게 대답했다. "아, 이제 네 엄마가 너를 왜 미워했는지 알겠다. 왜 집을 나간 건지도 알겠어."

"제가 싫으면 마음대로 하세요." 나는 그렇게 내뱉고는 자리를 박차고 나왔다. 반스 스니커즈를 꿰어신고 대문을 활짝 열고 온 힘을 다해 달렸다. 돈도, 먹을 것도, 외투도 없었지만 상관없었다. 어떻게든 될 터였다. 갈 곳, 도와줄 사람은 어떻게든 생길 것이다. 나는 아이니까. 사람들은 아이들을 돌봐주잖아. 원래 그래야 하는 거잖아. 한 발을 다른 발 앞에 딛으며 달리기만 했다. 그것만큼은 내가 할 수 있었다.

아버지는 나를 따라오려 했다. 고함치는 소리가 들렸다. "기다려, 돌아와, 멈추라고!" 하지만 내 다리는 멈추지 않았고, 머릿속은 맑았다. 차고 상쾌한 공기가 폐에 들어차는 순간 나는 밤이 되었다. 분명 사라질 수 있을 것 같았다.

그런데 그 순간 비명이 들렸다. 속에서부터 터져 나오는, 찢어지는 듯한 울부짖음이었다. "내 발! 내 발! 발을 다쳤어!" 아버지는 맨발로 아스팔트 위를 달려온 것이다.

나는 그대로 반 블록쯤 더 달린 것 같다. 하지만 곧 내 발이 느려지더니, 멈췄다. 잠깐 그 자리에 서서 블록이 끝나는 곳을, 큰길을 달리는 차들을 바라봤다. 우리가 사는 동네에서는 늘 마른 잡초와 따뜻하게 달아오른 보도블록 냄새가 났다. 길가에 늘어선 종려나무 우듬지 뒤로 짙은 남색의 땅거미가 내리기 시작했다. 곧 깜깜해질 터였다. 난 어디로 갈 셈인 거지?

아버지는 아직도 작게 끙끙거리는 소리를 내고 있었다. 나는 왔던 길을 걸어 돌아갔다. 아버지는 두 손으로 한쪽 발을 감싸고 꽉 움켜쥐고 있었다. 집으로 돌아간 나는 아버지를 욕실로 데려갔다. 아버지가 바닥에 주저앉아 신음했다. "피가 너무 많이 나는구나." 나는 상처 연고를 꺼낸 뒤 아버지에게 손을 치워보라고 했다. 아버지는 숨을 힘겹게 들이쉬며 시키는 대로 했다. 다친 곳을 살펴봤다. 베인 상처는 연필에 달린 지우개보다도 작았다. 피부가 찢어진 것조차 아니었다. 피도 나지 않았다. 나는 아무 말 없이 아버지를 빤히 쳐다봤다. 나를 똑바로 보기를 기다렸지만, 아버지는 나를 보지 않았다. 나는 아버지의 머리통을 향해 상처 연고를 집어 던지고 내 방으로 들어가 문을 쾅 닫았다. 사냥용 나이프를 꺼내 엄지손가락의 통통한 부분을 길게 베었다. 그러면서 나는 움츠리지도 않았다.

고등학교 2학년 때는 아버지가 일주일에 세 번꼴로 집에서 잤던 것 같다. 다른 날에는 새로 생긴 여자친구의 집에서 밤을 보냈다. 하지만 아버지는 그 사람을 여자친구라고 부르지 않았다. "친구"라고 했다. "친구 차를 빌려왔다." "친구 애들을 봐주고 있다." 마치 매일 밤 우습게 생긴 잠옷을 입고 팝콘을 먹으며 파자마 파티를 하는 절친한 친구라도 사귄 것처럼 말이다. 아버지가 누군가와 사귀는 걸 내가 원치 않는다는 것도 아버지는 알았다. 트라우마가 너무 심해서 당장은 내 인생에 어머니 비슷한 사람을 감당할 수가 없다고 이미 말했던 것이다. 그래서 아버지가 생각한 해결책은 우리 둘을 만나지 않게 만들고 자기의 생활도 둘로 나누는 것이었다. 절반은 나와, 절반은 그 사람과. 아버지는 원하는 걸 모두 가진 기분이었다. 나는 또다시 버려진 기분이었고. 아버지가 처음 사라지기 시작했을 때, 나 역시 사라지기 시작했다. 나는 굶기 시작했고 체중은 43킬로그램까지 떨어졌다. 그러나 오래지 않아 나는 아빠와 나 둘이서 세상에 맞서고 있는 게 아니라는 사실을 받아들이게 됐다. 이제 나는 혼자였다.

끝의 시작을 알린 그날은 유독 화창했다. 나는 열여섯 살, 고등학교 3학년으로 올라가기 직전이었고, 아버지는 나를 차에 태우고 집으로 가고 있었다. 말싸움의 주제가 무엇이었는지는 기억나지 않지만, 싸움이 점점 고조되더니 아버지의 눈빛이 거칠어지는 위험한 수준까지 간 것은 알 수 있었다. 아버지가 땀을 흘렸다. 엔진이 점점 빠르게 돌아갔다.

"하지 말아요." 나는 경고했지만, 아버지는 으스스할 정도로 높은 목소리로 웃기만 했다.

"너무 늦었어. 너무 늦었다고." 노래하는 것 같은 목소리였다. 아버지는 신호를 무시하고 달렸다. 두 번째 신호도 마찬가지였다.

어떤 상황이 펼쳐질지 알 수 있었다. 아버지가 처음 그 행동을 했던 건 내가 열 살 때였다. 식당 뉴삼키에 갔다가 부모님이 싸움을 시작했고, 어머니는 성이 나서 자리를 박차고 나와 나를 데리고 집으로 걸어갔다. 아버지가 우리 옆에 차를 세우더니 고함을 쳤다. **"안 타면 죽여버릴 줄 알아!"** 잔인하고 뒤틀린 목소리, 탁구공처럼 이리저리 뛰는 두 눈. "타라." 어머니는 내키지 않은 듯 그렇게 속삭이며 나를 차에 태웠고, 내가 문을 채 닫기도 전에 아버지는 시속 100킬로미터가 넘는 속력으로 스쿨존을 지나쳤다.

"우린 죽을 거야. 다 죽어버리자. 난 자살할 거다. 전부 데리고 같이 자살할 거야. 더는 이렇게 못 산다." 아버지의 목소리는 딴 사람 같았다. 영화 대사를 따라 하는 것 같은 그 목소리에 담긴 드라마가 내심 짜증스러웠다.

"하지 마요, 아빠." 내가 울먹였지만 아버지는 닥치라며 고함을 지르더니 방향을 홱 틀어 반대 차선에 들어섰다. 마치 내 죽음을 알리는 오케스트라처럼 경적이 요란하게 울렸다. 그러나 충돌하기 직전, 아버지는 마지막 순간에 다시 방향을 틀더니 페달을 짓밟아댔다. 왼쪽, 오른쪽, 왼쪽, 오른쪽, 브레이크, 액셀러레이터, 그러는 바람에 내 고개가 앞으로 불쑥 튀어나왔다가 다시 등받이에 부딪히기를 반복했다.

혹시 모르는 상황을 대비해 나는 온갖 신들을 떠올려 봤다. 알라신, 부처님, 예수님. 그다음에는 이렇게 많은 신을 떠올린 데 대해 예수님께 용서를 빌었다. 신은 단 하나뿐이어야 하잖아, 하지만 이해하시죠, 예수님? 나는 양손을 든 채 버텼다. 차가 뒤집히기라도 하면 머리를 보호하기 위해 천장을 밀어야 할 테니까. 잠깐만, 아기는 긴장하지 않기 때문에 높은 데서 떨어져도 살아남는다는 말을 들었던 것도 같다. 그럼 나도 온몸의 힘을 풀어야 하나? 차에서 뛰어내려야 하나? 비명을 질러야 하나? 죽음이란 내가 해결할 수 없는 문제 아닌가?

우리는 무사히 집에 도착했지만 그때 아버지가 짓던 표정과 오싹한 목소리는 영영 잊히지 않았다. 이혼한 뒤 또다시 그 표정을 보자 겁이 났다.

어머니가 떠난 뒤 아버지는 나를 때리지 않았지만 차에 태운 채 위협을 일삼았다. 차 안에서 싸우게 되면 아버지는 땀을 흘리고 벌벌 떨며 차창에 김이 서릴 때까지 거친 숨을 뱉었다. 그다음에는 신호등을 무시했고, 안전벨트가 내 가슴을 조여 숨이 막힐 정도로 거칠게 브레이크를 밟고, 절벽 끄트머리를 위태롭게 달리면서 내내 미친 사람처럼 웃어댔다. "이제 우리 둘 다 죽어버리자." 아버지는 웃으며 그렇게 노래했다. "더는 살기도 지치니 죽어버려야겠다. 너 같은 나쁜 년도 같이 죽자." 우리는 그렇게 열 번도 더 죽을 뻔했다. 그때마다 나는 빌고 애원하고 우리가 살아야 하는 온갖 이유를 들며 아버지를 달랬다. 그럼에도 자꾸만 그런 일들이 일어났다. 처음에는 아주 가끔, 그 뒤에는 두 달에 한 번꼴로, 그러다가 더 자주.

하지만 그 아름다운 여름날, 나는 기도하지도 공황에 빠지지도 않았다. 심장은 쿵쿵 뛰었지만 묘하게 차분한 기분이었다. 나는 그저 말없이 손잡이를 꽉 잡고 기다렸다.

결국 아버지는 어쩔 수 없이 빨간 불에 정차한 다른 차들 뒤에 서야 했다. 급브레이크를 밟자 우리의 몸이 붕 떴다. 안전해지는 순간 나는 문을 벌컥 열고 안전벨트를 거칠게 푼 뒤 내려버렸다. 아버지는 그대로 출발했다.

내가 내린 곳은 허허벌판이었다. 새너제이의 황량한 언덕들 사이, 길 양쪽에 비탈과 잡초밖에 없는 곳이었다. 나는 새로 산 집을 향해 느릿느릿 걸었다. 집으로 가는 길은 온통 오르막이었다. 머리 위에서 태양이 내리쬐고 있었지만 몸이 떨렸다. 지금까지 살려달라고 빌었던 게 몇 번이나 되는지 세어보려 했지만 잘 되지 않았다. 운이 다하기까지 얼마나 남았을까? 아버지가 빨간 불을 지나치다가 SUV 차량과 측면충돌하는 순간이 오기까지.

집에 돌아갔을 때 무엇이 기다리고 있을지 몰라 나는 최대한 느리게 걸었다. 잡초 때문에 재채기가 났다. 길가 도랑에 소형 카트가 버려져 있는 게 보였다. 뭐야, 멋지잖아. 나는 카트를 끌어 내 집까지 끌고 갔다.

집에 도착한 나는 집 옆쪽을 향해 난 나무 대문을 열고 카트를 밀고 들어갔다. 쌓여있던 연장이 눈에 들어온 건 그때였다. 지금까지는 그것들이 그 자리에 있는 줄 몰랐다. 예전 집주인이 장작 무더기 옆 손수레에 놓고 간 낡고 녹슨 연장들이었다. 쇠스랑. 삽. 도끼.

완벽한 소품이었다. 도끼가 분명 메시지를 전달해줄 거라고 생각했다. 만약 아버지가 여전히 화가 나 있다면 당장 그만두라는 뜻을 확실하게 전할 수 있을 터였다. 나는 도끼를 두 손에 들고 무게를 가늠해본 뒤 뒷문을 열고 들어갔다. 아버지는 텔레비전을 크게 틀어놓은 채 그 앞에서 잠들어 있었다. 나는 조용히 내 방으로 들어갔다.

금세 밤이 왔다. 너무 겁이 나서 냉장고에 먹을 게 있는지 확인하러 내려가 볼 엄두조차 나지 않았다. 어차피 아무것도 없을 가능성이 컸다. 그래서 나는 저녁을 굶었다. 울지 않았다. 그저 마구 뒤틀리는 마음으로 씩씩거리며 침대에 앉아있었다.

여태까지 수도 없이 죽음과 직면했던 경험 덕분에 나는 그게 어떤 기분인지 잘 알았다. 어느 시점이 지나면 짐승 같은 미칠듯한 공황이 몸에서 사라지고 불길한 고요함이 감돈다. 끝을 받아들이게 된다. 희망을 완전히 버린다. 그리고, 희망과 함께 이성도 사라진다.

그날 밤, 아버지 방에 들어가서 침대에 누운 그를 내려다보게 되기까지의 사정이 그것이다. 나는 아버지가 잠든 모습을 바라보고, 쩍 벌린 입을, 평온한 얼굴을 자세히 살폈다. 그리고는 벗겨져 가는 아버지의 머리통에 명중하게 될 각도로 우아한 곡선을 그리며 도끼를 힘껏 들어 올린 뒤 비명을 내지르기 시작했다.

이불 속에서 몸부림을 치며 잠에서 깬 아버지는 나를, 도끼를, 자신이 처한 안타까운 상황을 바라보더니 공포의 비명을 질렀다. 아버지의 목숨을 위협하는 기분이… 만족스러웠다고 고백하자니 부끄럽다. 그렇게 큰 힘을 가진 기분이. 그만한 통제감을 느끼는 기분이. 아버지는 온몸을 뒤틀었고, 나는 아주 오랜만에 처음으로 아무것도 두렵지 않았다.

"어때요?" 나는 내가 잘 아는 으스스하고 감정 없는, 연쇄살인마 같은 목소리로 나직하게 말했다. 그 목소리가 내 입에서 나오는 걸 듣자니 짜릿했다. "반대 입장이 되어보니 기분이 어때요? 죽음을 눈앞에 둔 기분 말이에요. **자기를** 죽이려는 사람 앞에 있으니 기분이 어떠냐고요."

아버지가 낑낑거리는 소리를 냈다.

"대답하라고요!" 나는 괴성을 질렀다.

"안… 안… 안 좋구나! 기분이 안 좋아!" 아버지의 턱이 덜덜 떨리고 있었다. **너무 드라마틱하네.** 나는 생각했다. **내가 저 입장일 때 난 훨씬 더 위엄을 지켰는데.**

"지금이라도 이 도끼로 아빠 머리를 내려찍을 수 있어요. 대갈통을 쪼개놓을 수 있다고요. 뇌가 다 튀어나올 때까지, 눈알이 침대 밑으로 굴러갈 때까지 내리칠 수 있어요. 그렇게 되고 싶어요? 제가 그러기를 바라요?"

"아… 아… 아…."

"그러길 바라느냐고요!"

"아니! 아니다!"

"알았어요. 그러면 한 가지만 확실히 하자고요. 앞으로 **절대** 내 목숨을 가지고 위협하지 마요. **절대로요.** 알아들었어요?"

"그래."

"알아, 들었느냐고, 물었어요."

"그래!"

"절대 내 몸에 손대지 마요. 손끝 하나도 대지 말라고요. 빌어먹을 속도 제한도 절대 넘겨서는 안 돼요. 운전은 **제대로** 해요. 나를 벌주는 수단으로 차를 이용하지 마요. 끊임없이 죽음을 두려워하면서 자라는 게 어떤 기분인지 알아요? 그래서 지금 아빠 눈앞에 있는 끔찍한 괴물이 된 거잖아요. **아빠가, 나한테** 그런 짓을 해서 벌어진 일이에요."

"그래, 알았다. 알았다고."

"내가 언제 그 입 나불거려도 된다고 했어요? 좋아요. 이제 말해봐요. 앞으로 또 날 위협할 거예요? 네?"

"아니! 안 할 거다! 맹세하마. 미안하다. 정말, 정말로 미안하다. 내가 잘못했어."

"안 미안하잖아요."

"제발! 앞으로는 절대 안 그러겠다고 맹세한다니까."

"꿈도 안 꾸는 게 좋을 거예요." 나는 그렇게 말한 뒤 도끼를 내렸다. 아버지의 방을 나간 뒤 문을 쾅 닫고, 내 방으로 간 뒤 도끼를 품에 안고 잠들었다.

몇 달 뒤 아버지가 집을 나갔다.

아버지가 새로 산 집은 허허벌판 한가운데에 있었다. 학교까지는 차로 45분이 걸리는 곳이었다. 그러니 이제 이 촌구석에 나 혼자 남게 된 것이다. 애초에 두 사람이 살기에도 큰 집이었는데, 아버지가 나가고 나니 꼭 동굴처럼 황량했다.

겉에서 보면 이 집은 2008년 이전 주택 붐을 타고 급하게 쿠키 틀로 찍어낸 것 같은 〈어레스티드 디벨롭먼트〉(못말리는 패밀리Arrested Development, 2003년 폭스TV에서 방영을 시작해 컬트적 인기를 누린 가족 풍자 시트콤 —옮긴이)를 연상시키는 모양이었다. 하지만 집 안을 들여다보면, 내가 라임그린색과 보라색 같은 선명한 색으로 방을 다 칠해버렸다. 방 하나는 비워놓고 더러운 옷을 집어 던져 놓는 용도로 썼다. 뒷마당에는 고장 난 분수대가 있었는데, 분수대에 고인 시커먼 물에는 거대한 예루살렘 귀뚜라미 사체가 가득했다. 한번은 내가 마당에서 크고 두꺼운 빨간색 방습지로 홈커밍 댄스파티를 알리는 팻말을 만들고 있는데, 바람이 불어 팻말이 귀뚜라미 웅덩이로 날아가 버렸다. 웅덩이가 엄청나게 역겨웠던 나머지 나는 팻말을 꺼내지 않고 그곳에 버려두었다. 시간이 지나자 종이가 서서히 분해되며 웅덩이의 물은 핏물처럼 불길한 색을 띠게 됐다.

아버지는 일주일에 며칠씩 내가 학교에 가 있는 틈을 타서 집에 찾아와 부엌 조리대 위에 닭구이나 스시롤을 두고 갔지만, 바깥에 오래 둔 음식을 먹고 식중독에 걸린 뒤에는 아버지가 갖다 놓은 음식은 전부 버렸다. 생필품을 사기 위한 직불카드를 받았지만 아버지는 내 소비 내역을 매일 확인하고 내가 40달러 이상 쓸 때마다 전화를 걸어 고함을 질렀다. 나는 그런 일로 갈등을 빚고 싶지 않았기 때문에 등하교를 위해 차에 기름 넣을 때 외에는 카드를 거의 쓰지 않았다. 헬시초이스에서 나온 전자렌지용 식품들을 가게에서 잔뜩 훔쳐와 끼니를 해결했다.

한번은 1층에서 큰 소리가 들리길래 누군가가 우리 집에 침입했다고 생각했다. 바지도 입지 않은 채 큼직한 티셔츠 하나만 걸치고 이웃집으로 달려가 경찰에 신고해달라고 빌었다. 경찰이 와서 더러운 집을 샅샅이 뒤졌다. 그들은 온 사방에 널린 옷가지, 바닥에 버려진 냉동 치킨버거 포장지, 작은 테이블 위에 쌓인 컵이며 오래된 플라스틱 음식 용기를 찾아냈지만 침입자는 찾아내지 못했다. 그럼에도 나는 그날 밤을 뜬 눈으로 지샜다.

혼자 산 지 두 달쯤 지나자, 나는 이를테면 "계획을 세우기" 시작했다. 가게에서 면도날이며 수면제를 훔쳤다. 친구들은 대부분 졸업을 하거나 다른 곳으로 이사를 간 뒤여서 학교에서는 말을 섞을 상대가 없었다. 나는 내가 얼마나 죽고 싶은가 하는 이야기로 일기장 한 권을 가득 채웠고, 유서며 유언장을 수도 없이 썼다. 힘든 밤이면 아버지에게 전화했다. 아버지는 내 전화를 받는 법이 없었으므로, 나는 그를 발기부전과 비만에 시달리는 루저라고 욕하는 음성 메시지를 남긴 뒤 전화를 끊고 수면제 알약을 스무 개 세어 손바닥에 놓고는 삼켜버리겠다고 마음먹었다. 삼키면 뭐 어때? 인생을 살아갈 가치가 있다고 배운 적이 있기나 했나?

내가 쓴 유서 중 하나는 다음과 같은 내용이었다. **아버지에게—저를 발견한 게 제가 죽은 지 24시간이 지난 뒤였으면 좋겠네요. 작별 인사를 받을 자격이 없으니까.**

6장

내가 자살하지 않은 이유는 세 가지였다.

첫 번째 이유는 내가 너무 겁쟁이라서였다. 나는 실패할까 봐 겁이 났다. 죽는 게 생각만큼 즐거운 일이 아닐지도 몰라서 겁이 났다.

두 번째 이유는 내게 남은 두 명의 친구, 더스틴과 캐시였다. 그해 초 할머니가 돌아가셔서 더스틴은 힘들어하고 있었다. 그 애를 더 힘들게 만들 생각을 하니 죽고 싶은 생각이 사라졌다. 캐시와 나는 4학년 때부터 제일 친한 친구였다. 이제는 캐시가 어머니와 함께 로스앤젤레스로 이사해 버려서 장거리 절친이 되었지만 말이다. 우리 둘 다 굉장히 괴롭게 하루하루를 버티고 있었으므로, 우리는 삶의 협약을 맺었다. 자살 협약과 반대되는 것이었다. 그럼에도 가끔은 내가 죽어도 더스틴과 캐시가 별로 신경 쓰지 않을 거라는 생각이 들 때가 있었다. 그들에게 보내는 작별 편지에는 이렇게 썼다. **너희들은 괜찮을 거야. 멋진 석양을 볼 때면 내가 떠오르겠지만, 곧 잊을 수 있을 거야.**

세 번째 이유는 저널리즘이었다.

나는 3학년 때 학교 신문사에 들어갔다. 저널리즘 선생님은 나를 꽤 마음에 들어했는데, 웬만한 일에는 만족할 줄 모르고 트집 잡기를 일삼는 괴팍한 사람이었기 때문에 나는 특별해진 기분이 들었다. 겨울에 다른 부원들이 원고의 틀을 짜고 있을 때 선생님이 나를 자기 자리로 부르더니 나에게 "신랄한 유머 감각"이 있다고 했다. 그러더니 내게 데이브 배리의 칼럼 여러 편을 읽어 보라고 하고, 나와 함께 칼럼의 구성과 기법을 분석했다. 선생님의 코칭을 받아가며 나는 학교 행정을 풍자적으로 비판하는 칼럼을 여러 편 썼다. 4학년이 되자 선생님은 나를 편집장 자리에 올려줬다. 그날의 일기에는 기쁨이 아니라 안도감만이 담긴 이런 글이 쓰여 있다. **다행이다. 편집장이 되었으니 이젠 자살하지 않아도 된다.**

4학년을 절반쯤 보냈을 무렵 나는 매달 두 개의 칼럼을 쓰게 됐다. 하나는 학교 신문에 쓰는 편집장 칼럼이었고, 다른 하나는 지역 주간지에 쓰는 〈틴 신Teen Scene〉이었다. 그 신문사에서 나는 표면상으로는 인턴으로 일하고 있었지만 때로는 1면 기사를 쓰기도 했다. 이 1면 기사를 통해 나는 우리 학군에서 일어난, 수백만 달러의 지원금을 잃게 된 거대한 금융 스캔들을 알렸다.

새너제이의 〈머큐리 뉴스〉에서는 그 비리를 다루지 않았다. 〈샌프란시스코 크로니클〉 역시 그 문제를 건드리지조차 않았다. 나는 그 스캔들을 취재한 유일한 기자였다. 예산 회의에 빠짐없이 참석하며 분노에 찬 메모를 했고, 교사, 학부모, 학생, 그리고 의심스러운 지역단체장들과 경찰 간부들을 만나 수십 건의 인터뷰를 녹취했다. 그리고 모두가 떠난 뒤에는 테이블로 다가가서 이사회 위원들을 위해 지자체에서 준비한 엘 폴로 로꼬 음식들 중 손대지 않은 것들을 모두 집어 들었다. 나는 차 안에서 가늘게 썬 양상추들을 온통 흘려가며 음식을 입에 집어넣었다. 며칠에 한 번 그런 것들로 배를 채우는 신세였기 때문에 영양성분에 대해서는 그리 신경 쓰지 않았다.

회의가 있는 밤이면 나는 밤 9시에나 집으로 돌아온 뒤 두 군데 신문에 실을 기사를 썼다. 학교 신문에 실릴 교사노동조합을 다루는 기사를 썼고, 그 기사를 보수적인 주간지에 싣기 위해 자제되고 회의적인 버전으로 고쳐 썼다. 그다음에는 수학, 물리, 영어 숙제를 했다. 오전 6시에 차를 몰고 학교로 가서 온종일 펼쳐지는 쪽지 시험, 연습 문제지, 사소한 드라마들 사이에 앉아있다가, 하루가 끝날 무렵이면 편집장의 임무를 시작했다. 레이아웃 디자인을 전체 수정하고, 매디에게 깜찍한 클립아트를 넣어야 한다고 다시 한번 말해주고, 두 번째 안을 가져오라며 제니를 돌려보내는 일이었다. 집에 오면 오후 6시였고, 그대로 침대에 쓰러진 뒤 자정에 다시 깨어 아침 6시까지 숙제를 했다.

나는 그렇게 저널리즘의 힘을 알게 됐다. 잘못된 것을 바로잡고 세상을 변화시키는 힘뿐 아니라, 고통에 시달리는 내 머리를 제대로 기능하는 기계로 바꾼 힘이기도 했다. 나는 저널리즘의 여러 가지가 좋았다. 사람들이 그것을 내가 제일 잘하는 일이라고 생각한다는 점이 좋았다. 세상으로 나갈 이유를 만들어 준다는 점도 좋았다. 마치 새로운 종을 채집하기 위해 정글로 나아가는 탐험가처럼. 그리고 또 저널리즘이 퍼즐이라는 점도 좋았다.

증거를 늘어놓고 가장 중요한 것에서부터 덜 중요한 것 순으로 배열한다. 그 거꾸로 뒤집힌 피라미드는 한심하리만치 짧은 주의 지속 시간과 혼란에 맞서는 힘이었다. 온갖 감정, 부당함, 심지어는 비극마저도 목적을 지닌 것, 통제할 수 있는 것으로 만들어낼 방법을 찾을 수 있었다.

할 일을 다 마쳤고 마감도 끝낸 주말이면 나는 괴롭기 짝이 없는 시간을 보냈다. 아무도 나를 파티에 초대해주지 않았다. 어차피 파티에 가봤자 분위기만 침울하게 만들었을 테지만 말이다. 나는 이제 기사를 쓴다는 목적과 정교하게 계획한 질문지 없이는 사람들과 대화하는 능력을 잃고 말았다. 그 대신 〈식스 피트 언더〉와 〈섹스 앤드 더 시티〉를 연달아 보았다. 차를 몰고 중고품 가게로 간 다음 그곳에서 산 옷가지를 화방에서 훔친 도구들을 이용해 개조했다. 스웨터 소매로 레그워머를 만들고, 스카프를 벨트로 만들었다. 그러다 보면 머릿속이 엉망진창이 됐다. 이상한 소리가 들렸다. 죽음을 상상하고, 울다가 잠들었다. 그러나 눈을 뜨면 월요일이었고 다행히도 해야 할 일이 생겼다.

처음 내 가치를 알려주는 포트폴리오를 만들어 준 것은 저널리즘이었다. 또, 평점 2.9라는 끔찍한 점수로 캘리포니아대학교 샌타크루즈 캠퍼스에 들어갈 수 있게 해준 것도 저널리즘, 특히 편집장이라는 위치였다. 그리고 나를 졸업식 무대에 설 수 있게 해준 것도 저널리즘이었다.

졸업식은 시내의 커다란 경기장에서 열렸고, 수천 명의 학부모며 가족들이 익명의 얼굴로 그곳을 가득 채우고 있었다. 그중에 내 아버지는 없었다.

모두 모자와 가운 차림으로 들떠 있었다. 우리는 벌써부터 고등학교 시절이 그리웠고, 그래서 너그러운 마음으로 오래된 친구를 끌어안고, 미워하던 상대조차도 눈물로 용서했다. 그러나 내 눈에서는 눈물 한 방울 나지 않았다. 다른 아이들이 "신난다! 드디어 해냈어, 살아남았다!" 하고 외치는 소리가 들렸다. 나에게 살아남았다는 것은 말 그대로의 의미였다. **난 여기 있어서는 안 되는데.** 머리 위 대형 스크린 속에서 웃고 있는 같은 반 아이들의 얼굴을 보면서 나는 생각했다. **난 죽어야 해.**

졸업식이 끝나고 모두가 경기장을 나가고 있는데, 1학년 담당이던 괴짜 영어 선생님이 내게 달려오더니 봉투를 하나 건넸다. 그 안에는 고등학교에 입학한 첫날, 선생님이 우리더러 쓰라고 했던 자기 자신에게 보내는 편지가 담겨있었다.

1학년 시절의 내 글씨는 어린 아이의 글씨체 같았다. 편지는 해골이 새겨진 핫토픽 노트에서 찢어낸 페이지에 쓰여있었다. 내용은 다음과 같았다. **졸업장을 받다니 대단하네. 고맙다는 말은 됐어.《르노어》8권. 시스템 오브 어 다운. 테러리스트의 공격. 넌 이따위 일들은 몇 년 동안 잊고 있었을 거야(아니면 바로 어제 생각했을지도 모르지. 상관없어). 뭐, 지금 네가 어떤 상태이건, 어떤 사람이건 간에, 넌 지금의 나보다 더 괜찮고, 더 똑똑하고, 더 음… 성숙한(킥킥) 사람이야. 넌 지난 4년간 아주 먼 길을 갔고, 무슨 일이 있었**

건 간에 나는 네가 자랑스러워.

그제야 눈물이 났다. 부모님이 날 자랑스러워하건 아니건 상관없었다. 난 내가 자랑스러웠고, 그것이야말로 가장 중요한 일이었다. **내가** 해냈으니까. 나는 혼자 힘으로 애써 이곳을 빠져나오는 데 성공했다.

7장

나는 끊임없이 성취를 좇았다. 그게 위로가 됐다. 대학 시절, 열 아홉.살도 되기 전에 유머 신문을 편집했고, 전국에 배포되는 여러 잡지에서 프리랜서 기자와 인턴으로 활동했고, 3학년 때는 젠더와 종교 강의를 맡았으며, 2년 반 만에 각종 우등상을 안고 졸업했다. 대학을 조기 졸업한 건 저널리스트 일을 시작하고 싶어서였다. 내가 원하는 일이 무엇인지 알고 그 일에 필요한 역량까지 이미 갖췄는데 문학 강의를 들어서 뭐 하나?

하지만 내가 조기 졸업한 또 다른 이유는 내가 캠퍼스에 있기를 바라는 사람이 아무도 없어서였다.

일을 하면서 나는 인터뷰, 기사 구성, 정치, 그리고 사람들에 대해 엄청나게 많은 것을 배웠다. 그러나 친절한 사람이 되는 법은 여전히 배우지 못했다.

캘리포니아대학교 샌타크루즈 캠퍼스에서 나는 교수대를 가까스로 탈출한 사람처럼 살았다. 골드슐라거(금박 조각이 들어있는 높은 도수의 리큐르―옮긴이) 샷은 있는 대로 들이켰고 식당에서는 치킨 너겟을 봉지째로 훔쳤다. 강의실 한가운데에 앉고 싶은데 사람들이 내 앞길을 막고 있으면 조심스레 통로를 옆걸음으로 걸어가는 법이 없었다. 책상 위로 뛰어올라 내가 앉고 싶은 자리까지 춤을 추듯 가버렸다. 유머 신문에서 가장 인기 많은 필자가 되고 싶은 마음에 극도로 멍청하고 혐오스러운 일들도 벌였다. 어떤 기사를 위해서는 알몸을 연상시키는 바디수트를 입고 마커펜으로 가슴과 음모를 그려 넣은 뒤 내가 전투적 페미니스트라고 선언하면서 캠퍼스 안을 뛰어다니며 가부장제의 억압에 대한 배상을 받겠다고 여러 카페에서 공짜 음식을 얻었다. 한 직원이 나를 서점까지 쫓아와서는 페미니즘을 외친다고 해서 슬림 짐 육포를 공짜로 얻을 자격이 생기는 건 아니라고 우기자 나는 "여성분, 눈을 좀 뜨세요! 이건 단순한 먹거리가 아니에요! 남성 지배를 나타내는 남근 상징이라고요!" 하고 비명을 지른 뒤 달아나 버렸다.

하지만 나는 용감해질수록 점점 더 분노에 찬 사람이 되어갔다. 예를 들면, 대학에서 처음으로 심각한 실제 여성혐오와 인종주의를 마주했을 때 나는 그 사태를 잘 받아들이지 못했다. 어느 백인 남자가 파티에서 내게 아시아인의 질은 비스듬하냐고 물었을 때. 또 다른 누군가가 내가 수동적인 일본인 여학생처럼 보이니 웃을 때 입을 가리지 말라고 했을 때. 교내 소프트볼 대회에서 3루를 돌아 나온 남학생이 내 엉덩이를 더듬자 내가 금속 배트를 들고 그를 쫓아 달리며 대가리를 부숴버리겠다고 협박하는 바람에 우리 팀원들이 나를 몸으로 저지해야만 했다. 나는 거칠었고, 나를 둘러싼 두려운 세상을 맹목적으로 헤집고 다니면서 그 과정에서 사람들에게 상처를 주었다. 그러면서 스스로를 보호하려면 이런 식으로 살아야 한다고 스스로에게 말했다. **나는 여자가 아니야, 나는 긴 칼이야**, 하고 나에게 말했다.

그중에서도 가장 수치스러운 일을 저지른 건 대학에서 가장 친했던 친구들 중 하나가 난소암 진단을 받았을 때였다. 암이라니, 친구는 아직 스물한 살도 되지 않았는데.

그 애와 나는 쿵짝이 잘 맞았다. 우리 둘 다 섹스에 대해서는 눈곱만치도 모르면서 공동으로 섹스 칼럼을 집필했다. (**질 방귀가 부끄러운가요? 다음부터는 침대 옆에 우산을 갖다 놓았다가 질 방귀가 나오면 남자의 얼굴 앞에서 펼치세요. 그럼 절대 모를 겁니다!**) 우리는 로스(미국 최대의 할인점 체인 이름—옮긴이)에서 함께 물건을 슬쩍했고 체육관에도 함께 다녔다. 술을 마시면 안 되는 나이였는데도 함께 술집을 들락거렸고 신분증을 검사할 때는 테이블 밑에 숨었다. 가라오케에 가면 엉덩이만 간신히 가리는 짧은 바지를 나란히 입고 함께 〈프리버드〉를 부르다 노래가 끝날 때 그 애가 나를 허공으로 들어 올리면 나는 두 팔을 날개처럼 파닥거렸다. 그러나 이 동맹 관계가 가장 필요했던 시점에 나는 그 애를 혼자 내버려두었다.

친구가 암 진단을 받았을 때 나는 그 애 옆에 있어줬어야 했다. 수프를 만들어주고 하루에 백 번씩 몸 상태를 묻고 함께 산책을 나가고 그 애에게 귀여운 신발을 훔쳐다 주고 그 애의 두려움에 귀를 기울였어야 했다. 내 모든 시간을 그 애한테 써야 했다. 그 애의 말을 들어주었어야 했다. 그러나 그러는 대신 나는 그 애의 집에 가서 소파에 벌러덩 드러누웠고, 그 애가 짧게 친 머리를 만지작거리는 사이에 이제 인종주의가 얼마나 끔찍한 것인지 알게 되었다는 따위의 이야기를 장황하게 늘어놓았을 뿐이다. 나는 그토록 괴로운 시간에 그 애의 고통을 다독여주는 대신 나의 고통을 안겨준 셈이었다.

몇 달 뒤 친구가 차도를 보이기 시작했을 때 그 애의 남자친구가 우리 집을 찾아왔다. "이 말을 네게 전하는 입장이 되어서 미안한데, 그 애는 더는 너랑 말을 섞고 싶지 않대." 나는 느닷없이 기습당한 기분이었다. 대체 어째서 이런 일이 벌어진 건지 알 수가 없었다. 나는 울면서 빌었다. "하지만 나는 그 애를 사랑하는걸! 대체 내가 무슨 잘못을 한 건데? 내가 어떻게 하면 돼?" 내가 물었다.

"넌 원래 그런 애니까 너한테 변하라고 말하고 싶지는 않대. 그냥 다른 데서 너답게 살면 돼." 그 애의 남자친구는 그렇게 말했고, 둘 다 나와 페이스북 친구를 끊었다. 나중에 친구의 페이스북 페이지에 들어가보니 우리가 포토부스에 들어가 과장된 포즈로 함께 찍은 사진과 함께 이런 글이 쓰여 있었다. **내가 항암치료를 받던 시절, 그러나 진정한 암 덩어리는 사진 속 바로 내 옆에 있었다.**

나쁜 년, 그때는 그렇게 생각했다. 이 잔인한 세상에서 믿을 사람은 아무도 없다고.

2학년 말쯤 되자 대학에서 친구보다 적이 늘어난 건 놀랍지도 않은 일이었다. 수많은 사람들에게 절교를 당하고 나니 내 삶 전체가 망가진 레코드처럼 느껴졌다. 아무리 빙빙 돌아도 제자리였다. 문밖으로 나서는 사람들의 뒷모습을 바라보는 수밖에 없었다.

악순환에서 빠져나갈 만큼의 자기 인식을 갖추기 전이었기에 나는 다시 수면제를 먹을까 생각하다가 결국 침대 발치에 위스키를 한 병 두고 마시는 정도로 합의를 보았다. 분주하게 살기 위해 원래의 시간표에 오전 수업을 5학점 추가하기도 했다.

왜 이런 일이 일어나는지를 이해하기까지는 2년이라는 시간이 더 걸렸다. 어느 날 밤, 대학을 졸업한 뒤로 살게 된 샌프란시스코의 좁아터진 방에 뜬눈으로 누워 있는데 문득 다른 모든 사람들한테 문제가 있는 게 아니라는, 인간의 본성과 그 배신이 문제인 게 아니라는 생각이 들었다. 어쩌면 문제는 **나**였는지도 몰랐다.

얼마 전 스물두 살 생일을 맞은 나는 기념으로 친구들과 가라오케에 갔다. 어떤 남자가 나에게 작업을 걸기에 꺼지라고 했다. 그러자 그 남자는 자기가 차고 있던 배지를 들어 보였다. "경찰관에게 그런 식으로 말할 텐가?" 그날 밤은 혼란과 눈물바다로 변해 버렸다. 내가 체포되는 걸 막으려고 친구들이 내 등 뒤에서 손을 꽉 잡고 놓지 않았다. 내가 분노를 참지 못하고 또 한 번 사고를 치고 말았던 거다. 그게 내 잘못인가? 경찰관이 내 분노의 대상이 되어 마땅한 이유가 있는가? 그런 질문을 해봤자 아무런 소용도 없었다. 중요한 건 그다음에 있었던 일들이었다. 꽉 다물린 친구들의 입술, 피곤한 눈, 어째서 나와 함께하는 밤들은 매번 재난으로 끝을 맺느냐고 묻는 듯한 표정.

그렇게, 수많은 것들을 망가뜨린 뒤에야 나는 내가 자신에게 이런 짓을 저질렀다는 사실을, 그리고 그 이유는 타인이 내게 이런 짓을 저질러왔기 때문이라는 사실을 알게 되었다. 내 분노는 **자신들의** 분노에 스스로를 활활 태워버린 두 사람을 비추는 거울인 셈이었다. 내가 이미 어느 정도 망가진 인간이 되었다는 것을, 그리고 이 길을 그대로 나아간다면 나 역시 그들로 변해버릴 것이라는 사실을 이제는 알 수 있었다.

하지만 분노가 나의 동력인 지금 어떻게 그 분노를 놓아줄 수 있을까? 내 분노는 나의 힘이었다. 나를 보호해주는 것 역시 분노였다. 분노가 없으면 나는 발가벗겨진 듯 슬픈 사람이 되지 않을까?

결국 나는 내게서 분노를 모두 씻어내기로 마음먹었다. 이 악순환에서 빠져나가는 유일한 방법은 급진적인 용서의 행위뿐이었다. 그렇게 나는 내가 미워하는 사람들을 하나하나 꼽으면서 그들이 어떤 고통을 겪는지 모른다고 스스로에게 말했다. 그들의 관점으로 세상을 보려고 노력했다. 또, 그들이 최선의 삶을 살기를 빌어주었다.

어느 날은 타코 식당에 갔다가 술 취한 남자가 새치기해 끼어들더니 음식을 주문한 다음 그냥 가버리는 장면을 목격했다. 그 남자를 향해 한심하고 무례한 **대머리**라고 고함을 지르고 싶은 욕망으로 온몸이 활활 타는 것만 같은 기분이었다. 고함을 지르지 않는 것은 밥그릇에 밥을 한 덩어리 남기는 것, 돈을 내지 않고 떠나버리는 것처럼 끝마치지 못한 일이나 구현되지 못한 정의처럼 느껴졌다. 그럼에도 나는 생각했다. 고함을 지른다고 무엇이 이루어지나? 나는 그 감정을 놓아버렸다. 평범한 사람이 되려고 단단히 마음먹었다.

크나큰 용서를 위한 여정의 일부로, 나는 아버지에게까지 전화를 걸어 샌프란시스코에서 저녁 외식을 하자고 청했다. 아버지가 이사를 위해 짐을 처분하는 과정에서 발견한 물건들 이야기를 늘어놓는 내내 차분하게 귀를 기울였다. 프랭클린 D. 루스벨트의 서명이 있는 편지라든지, 페르시아산 고급 러그 같은 것들이었다. 나는 대화 속에 내가 해낸 성취에 관한 이야기도 슬며시 밀어 넣으려 노력했다. 아버지가 내 말을 제대로 듣지 않더라도 실망하지 않으려 애썼다.

분노를 놓아버리기로 결심한 지 몇 달 뒤, 나는 더 잘 사랑하는 법을 배우려 심리치료사 서맨사를 만나기 시작했다. 서맨사는 내게 건강한 소통 방식을 차근차근 가르쳐줬다. 소리 지르는 대신 귀를 기울이기. 차분하고 절제된 말투로 자기 주장하기. 서맨사가 알려준 기술로 무장한 나는 내 분노를 밀가루 반죽처럼 주먹으로 때려서 납작하게 만들어 버리는 연습을 했다. 200번 정도 연습하니 반사작용처럼 눈의 초점이 풀리고, 목소리가 평탄해지고, 갈등으로부터 멀어져 천장 가까운 어딘가를 둥둥 떠다녔다. 그렇게 나는 분노를 놓아주었다.

서맨사는 내가 어머니로부터 배운 행동을 되풀이하고 있기에 자꾸만 악순환에 빠지는 것임을 알 수 있도록 도와줬다. 어머니의 목소리가 여전히 내 머릿속을 떠나지 않았던 것이다. 그래서 나는 어머니를 지우려 끈질기게 노력했다. 더는 많은 것을 요구하지 않게 되었다. 갈등에 휘말리더라도 평화적으로 끝을 냈다. 다른 이들의 말에 조금은 더 귀를 기울일 줄 알게 되었다. 복수심이 아니라 친절함을 위해 더 노력했다.

기적적인 일이었지만 효과가 있었다. 사랑스럽고 믿음직한 이들이 내 곁에 점점 늘어났다. 토요일 밤마다 어렵잖게 파티에 참석했다. 언제나 초대를 받았기 때문이다. 또, 내가 열었던 성대한 루프톱 파티에도 다들 참석해 줬고, LCD 사운드시스템의 〈올 마이 프렌즈〉가 울려 퍼지자 수십 개의 팔이 나를 꼭 끌어안았고, 우리는 신나게 춤을 추며 발아래 샌프란시스코를 내려다보며 노래를 고래고래 따라 불렀다. 그 노래가 슬픈 노래라는 사실을 깨닫기에는 너무도 젊고 순진하던 시절이었다.

노래가 끝나자 친구들이 나를 놓아주었고, 나는 술에 취한 채 난간 쪽으로 걸어갔다. 우리 집 옥상에서 보이는 시빅 센터와 베이 브리지의 전망은 근사했고, 나는 흐릿하게 반짝이는 널찍한 샌프란시스코의 풍경을 내려다보며 왕이 된 기분을 느꼈다. 그 순간만큼은 과거를 모두 극복한 기분이었다. 나는 오로지 의지의 힘으로 이 사랑을 **얻어냈다**. 드디어. 나는 치유되었던 것이다.

사람들에게 내 인생 이야기, 내가 어린 시절 학대를 당하고 버려졌지만 지금은 모두 괜찮다는 이야기를 하면 다들 내 말을 믿는다. 안 믿을 이유가 없으니까. 모두가 해피엔딩을 좋아하는 데다가, 내 이력은 대단히 훌륭하다. 내겐 친구도 있고, 멋진 아파트도 있고, 귀여운 옷도 있고, 401(K) 퇴직연금(미국의 직장에서 제공하는 퇴직연금으로 고용주가 일정 한도까지 은퇴자금을 보장해준다—옮긴이)이 보장되는 직장도 있었다. 또, 당연히, 눈부신 경력도 있었다. 내가 치유되었다는 사실에 그 무엇보다 신뢰성을 심어주는 것이 바로 나의 경력이었다.

우리는 역경의 상황에 잘 적응한다는 의미로 회복탄력성을 지녔다는 말을 한다. 그 사람은 "정서적 강인함"을 지닌 강한 사람이다. 하지만 그 정서적 강인함을 어떻게 정확히 측정할 수가 있나?

과학자와 심리학자들이 내놓은 회복탄력성이 강한 사람들의 사례연구에는 개인적인 비극을 극복한 뒤 인상적일 정도의 자기통제 재능을 보여주는 가정주부 같은 사람은 등장하지 않는다. 그런 연구에 등장하는 사람은 살아남아서 의사, 교사, 심리치료사, 동기부여 연설가처럼 눈부신 사회 구성원이 된 사람들이다. 지금까지 알려진 대로라면 회복탄력성은 확인할 수 없는 내면의 평화를 측정하는 척도가 아니다. 회복탄력성이란 성공의 유의어일 뿐이다.

그렇기에 나 역시 끝내주는 회복탄력성을 갖춘 사람이 된 것이다. 선한 프로테스탄트 미국인처럼 나는 일을 통해 스스로를 구원하고자 했다.

나는 2008년 대침체기에 대학을 졸업했고 또래 친구 중 누구도 일자리를 구하지 못했다. 나는 몇 군데 신문사에서 무급 인턴으로 일했지만 내가 일하는 신문사들마다 폐업 수순을 밟았다. 다행히 나는 〈디스 아메리칸 라이프This American Life〉라는 스토리텔링 라디오 프로그램에 흠뻑 빠지게 되었다. 모든 에피소드에 울고 웃다가, 결국 나는 〈겟 미 온 디스 아메리칸 라이프Get Me On This American Life〉라는 나만의 팟캐스트를 만들게 되었다. 크레이그리스트(개인 광고나 중고품 판매, 구인 등을 할 수 있는 웹사이트의 이름—옮긴이)에서 동행인을 구해 포르노 컨벤션이나 중세 전쟁 재연 행사에 참석한 뒤 언젠가 〈디스 아메리칸 라이프〉의 관심을 끌 만한 스토리를 구성해 보려 애썼다.

지구상에서 제일 큰 팟캐스트를 만드느라 바쁜 운영자들은 청취자가 고작 열다섯 명에 불과한 나의 팟캐스트에 관심을 기울일 시간이 없었지만, 그래도 내 보잘것없는 팟캐스트에 관심을 보인 곳이 있었다. 오클랜드에 갓 신설된 스토리텔링 중심의 공공 라디오 프로그램인 〈스냅 저지먼트Snap Judgment〉였다. 그들은 처음에 나를 유급 인턴으로 고용했는데, 나는 첫 출근 날 20개의 스토리를 제안했다. 3개월이 지나자 내가 이 프로그램의 절반을 만들고 있었고, 그렇게 이곳의 제작자 자리에 오르게 됐다.

〈스냅〉에서 나는 매주 50시간에서 70시간 일했다. 주중에도 늦게까지 일했고 주말에도 일했다. 그리고 방송 전날인 수요일 밤이면 21시간씩 일했고 운이 좋으면 새벽 4시까지, 그렇지 않으면 아침 7시까지 회사를 떠나지 못했다. 나는 그래픽 디자인과 웹 콘텐츠까지 떠맡았다. 짧은 영상도 만들었다. 또 수백 개의 스토리를 제작했다.

나는 이 쇼를 처음부터 만들어간 사람이었다. 방송국은 2개에서 20개로, 250개로 늘어났다. 매주 내가 하는 이야기를 듣는 청취자가 50만 명이 넘었다. 나는 베이에어리어의 첨탑을 서서히 타고 올라가 샌프란시스코의 유명인사가 되는 수순을 차근차근 밟고 있었다. 최고의 공연이며 축제, 행사 티켓을 공짜로 얻어서 애피타이저를 핸드백 속에 넣어 왔다. 언덕 위 저택이나 오페라 극장에 초대를 받아 가면 유명인들이 내게 악수를 건네며 **내 팬**이라고 말해왔다.

자, 봤지? **이게 바로** 회복탄력성이야. 나는 그것이 **치유**라고 생각했다.

8장

사랑을 주고받았음에도, 성공했고 행복했음에도, 심지어 서맨사에게 이제는 치료를 종결해도 될 것 같다고 말하기까지 했음에도, 어딘가… 딱 떨어지지 않는 구석이 있었다. 대체로 괜찮았다. 정말 그랬다. 그저, 때때로 내게 그 **느낌**이 찾아온다는 것만 빼면.

어느 날 나는 오전 7시에 눈을 떴다. 전날 지우지 않은 화장이 베갯잇에 얼룩져 있었다. 나는 스물다섯 살이었고 전날 온종일 열리는 유명한 음악 페스티벌에 갔던 터라 온통 글리터투성이었다. 페스티벌에 다녀온 뒤에는 친구의 아파트에 가서 모든 맛의 포 로코(알코올과 카페인이 함유된 에너지 음료, 오늘날은 판매가 금지되었다 ─옮긴이)를 전부 마시면서 콧수염 기른 남자들이 부엌 식탁에 앉아 웃음 가스(흡입 시 기분이 좋아지고 붕 뜨는 느낌을 받는 이산화질소 환각제 ─옮긴이)를 들이마시는 모습을 구경했었다.

하지만 지금은 아침이고 음악은 없고, 오로지 침묵뿐이었다. 그 침묵에 내 두피 아래 어딘가가 지끈거리는 기분이 들었다. 나는 전날 밤 있었던 좋은 일들을 떠올려 보려 애썼다. 오랜 친구들과 춤을 추었던 것, 새로운 친구들과 내밀한 고백을 나누었던 것, 그리고 내게 주어졌던 VIP 출입증들을 생각했다. **증거, 증거, 내**

가치를 증명하는 증거들. 난 멋져, 난 강해, 난 괜찮아, 난 괜찮아.

하지만 자꾸만 무언가 찝찝했다. 꼭 무언가를 잊어버린 기분이었다. 마치 과거에 벌어진 어떤 일이 조만간 나를 끝장낼 것만 같은 기분. 나는 그 위험의 정체를 찾아 머릿속을 들쑤셨다. **파티가 끝날 무렵 내가 만취했었나? 무슨 말실수를 한 건 아니겠지? 친구를 너무 심하게 놀리거나 들볶았나?** 끝없는 의문에 30분간 시달린 끝에 나는 침대에서 일어나 이메일을 확인했다. 일요일이라 해도 일을 좀 하면 좋을 테니까. 나는 그렇게 몇 시간을 때우면서 오전 10시가 될 때까지 시계를 흘끔거렸다—사회적으로 용인될 정도로 늦은 시간이겠지? 그제야 친구들에게 문자 메시지를 보냈다. "어젯밤 진짜 재밌었어! 집에는 무사히 갔어? 으으으 숙취 너무 심하지? 사실 마지막이 기억이 잘 안 나! 혹시 나 무슨 바보짓 했니?"

답장을 기다리는 동안 심장이 너무 뛰어서 덜덜 떨렸다. 샤워를 마친 뒤 손톱을 톡톡 두드리고 방 안을 서성거렸고, 진정되지 않는 불안이 점점 고조되던 찰나였던 1시간 뒤, 마침내 한 친구가 잠에서 깨 답장을 보냈다. "장난 아니었지, 어젯밤은 진짜 마법 같았어! 초대해준 은혜 평생 안 잊을게! 음 바보짓이라니 무슨 뜻이야? 평소보다 더 바보 같았다는 뜻? 키키키 농담이야, 사랑해." 그제야 나는 숨을 내쉬어 지금껏 폐 안에서 토네이도처럼 요동치던 벌떼를 내보낼 수 있을 것 같았다. 비로소 내가 **공포**라고 부르던 그것을 내보낼 수 있었다.

공포는 까다로운 라디오 스토리를 편집할 때, 아니면 내가 파티에서 무언가 짜증을 유발하는 말을 해버렸을 때, 또 친구에게 페르시아가 어디인지 모른다고 고백했다가 친구가 내가 1등급 멍청이라도 된다는 표정으로 얼굴을 찌푸리며 "이란이잖아" 했을 때 스멀스멀 솟아올랐다. 다른 사람들은 이런 순간을 전혀 느끼는 것 같지 않았다. 그들은 실패 사이로 재주넘기를 하면서 결국 두 발로 단단하게 땅을 딛고 섰다. 하지만 내가 실수를 할 때면 두려움이 눈 앞을 가려버리는 바람에 몇 시간, 심지어 온종일 내가 저지른 실수 말고는 아무것도 보이지 않았다. 그럼에도 이런 순간들은 위스키를 들이켜고 푹 자면 대개 지나갔다.

그러다가 더 큰 공포감이 찾아왔다—몇 시간, 며칠, 또는 몇 달에 걸쳐 공포가 부풀어 오르고 깊어져서 마치 수면 아래 거대한 검은 그림자가 비쳐 보이는 물 위를 걷는 기분이었다. 그 공포감의 근원을 알고 싶은 마음에 물속으로 얼굴을 담가보아도 떠오르는 것은 그저 평범한 추측이 전부였다. **내가 게을러서** 아니면 **내가 직업상의 실수를 저질러서**라든지 **돈을 너무 많이 써서** 아니면 **좋은 친구가 아니라서**. 그 뒤에 나는 그 괴물을 만족시키기 위해 온갖 방식으로 온 힘을 다해 노력했다.

식당에 가면 나는 각 메뉴의 영양 성분을 분석하고 1달러 차이를 두고 고심했다. 햄버거를 주문하면 지방의 양이나 온실가스 배출량, 아니면 섬유질이 충분한지를 걱정하느라 정작 맛을 즐기지는 못했다. 옷장 문에 스티커판을 만들어 놓고 내가 프리랜서 작업을 더 많이 했을 때, 더 많은 예술을 창작했을 때, 프로그램을 위한 스토리를 더 많이 완성했을 때마다 스스로에게 주는 상으로 스티커를 붙였다. 언제나, 늘, **좋은** 사람이 되려고 애썼다. 그러나 공포가 극에 달했을 때면 무슨 일을 해도 나는 충분히 좋은 사람이 아니었다.

거대하고 시커먼 공포가 모든 걸 망가뜨리기 시작했다. 대체 무엇을 주어야 만족할지, 내게서 원하는 것이 무엇인지 알 수 없었다. 낮에도 갑자기 울음을 터뜨렸고, 머리카락이 뭉텅이로 빠지기 시작했으며, 사랑하는 사람들을 내게서 보호하기 위해 거리를 두어야 하는 건 아닌가 하는 생각이 들었다. 그 공포는 자꾸만 내가 모든 걸 망쳐버리기 직전이라고 말했으니까. 머지않은 어느 날 그것이 나를 덮쳐 모든 걸 빼앗고 날 죽일 거라고.

때로 공포가 **실제로** 닥쳐올 때가 있었는데—주로 남자와 관련된 상황에서였다. 나는 만나는 남자들과 썸을 탈 때는 자신감이 넘쳤다. 하지만 공식적으로 사귀기 시작하면 공포가 이명처럼 귀를 쟁 울렸다. 새로운 연애를 시작하고 첫 몇 달간은 자꾸만 비관적인 미래를 생각했다. 남자친구가 나를 짜증스러운 눈길로 보기만 해도 나는 빨리감기를 하듯 연애의 끝을 상상했다. 5년 뒤, 사랑이 모두 소진되고 분노만 남은 우리 사이에 끔찍한 가정 폭력이 벌어지는 장면이었다. 나는 자꾸만 확인을 원했고, 거울을 볼 때마다 칭찬거리를 찾느라 고심했다. **으, 피부가 엉망이잖아. 어떻게 날 사랑할 수가 있지? 아, 나 너무 멍청해. 그냥 날 차버려. 그래도 나 아직 좋아하지, 맞지?**

나는 상대의 도움을 원했고 전날 만났는데도 또 만나러 가도 되느냐고 물었다. 그다음에는 내가 애정결핍에 시달리는 거머리가 된 것 같은 기분에 겁에 질려 상대를 밀쳐냈다. 며칠간 잠수를 탔다가 돌아온 뒤에는 나를 방치한 상대에게 화가 났다.

결국 이런 가장 놀이에 남자들이 다들 지쳐 나가떨어져 버렸다. 그들은 한숨을 쉰 뒤 이렇게 말했다. "벌써 사랑한다고, 아름답다고 수도 없이 말했잖아. 그런데 그 말을 **또** 들어야 직성이 풀리겠어?" 그러면 나는 사과했다. 내 양육 과정에 문제가 있어서 그런 것 같다고 말하면 상대는 김이 샌 표정을 했다. 남자친구 중 하나는 내가 내 방에 걸어둔 '이 또한 지나가리라'라는 알록달록한 글씨가 쓰인 펼침막을 언급했다. 그러면서 내가 소유하고 있는 줄 알았던 그 힘이며 낙관주의는 어디로 갔는지 알고 싶어 했다. 처음부터 내가 그런 건 모두 극복했다고 말하지 않았던가? 그렇게, 상대가 나를 밀어낸다는 생각이 한 번 들고 나면 나 역시 그를 밀어냈다. 결정을 내리는 건 나여야 하니까, 곧 다가올 이별을 주도하는 사람은 내가 되어야 하니까. 그러다가도 상대방이 나를 영영 떠나겠다고 말하는 순간이면 나는 창피스러울 정도로 울고불고 매달리곤 했다.

내가 사귄 어떤 남자는 사이버펑크와 아포칼립스 창작물을 좋아했다(애초에 그곳은 샌프란시스코였던 데다가, 어린 시절 SF에 빠져 지냈던 덕분에 나는 남자들의 디스토피아적 이상형이 되어 있었다). 우리는 서로에게 소설을 써줬고, REI(아웃도어 용품점 ─옮긴이)에 가서 생존 물품을 샀고, 올버니 벌브의 돌무더기 속에서 컴뱃 부츠와 마체테로 무장한 모습으로 아포칼립스 콘셉트 사진도 찍었다. 그 남자가 섹시하다고 생각했던 스타일을 따라 내 머리 절반을 삭

발하기도 했다. 사귄 지 1년이 채 되지 않았을 때 그가 나를 사격
장에 데려갔는데 그곳에서 나의 저격 실력이 뛰어나다는 사실을
알게 된 나는 기쁨에 들떴다. 내가 쏜 총알 모두가 종이로 만든
사람 모양 표적의 머리통을 꿰뚫었던 것이다. 일주일 뒤 그 남자
는 나를 찼다. 나와 있으면 기가 죽어서라고 했다. 어느 날 아침
에 눈을 떠서 **자기** 머리도 쏴 죽여버릴지도 모른다는 생각에 겁
이 난다고 했다.

　나는 실연의 아픔으로 엉망이 되고 말았다. 3개월 동안 먹은
것이라고는 제임슨 위스키 몇 병과 콘플레이크 한 상자가 전부
였다. 하루에 콘플레이크를 작게 한 줌씩만 먹는데도 토할 것 같
았다. 체중이 너무 줄어서 갈비뼈가 사다리처럼 도드라졌고 척추
뼈 역시 피부를 뚫고 나올 기세였다.

　하지만 나는 문제를 다 해결했다고 생각했는데. 나는 온종일 스
스로에게 되뇌었다. **난 내가 괜찮은 여자가 됐다고 생각했어.** 기억
을 들쑤시고 또 들쑤시면서, 어째서 온 힘을 다해 노력하는데도
내 한가운데에 존재하는 끔찍하게 썩은 핵심이 내 방어를 뚫고
자꾸만 기어 나오는 걸까 생각했다. 내 입에서 나오는 모든 말,
내가 만드는 모든 순간이 의심스러웠다. 나는 어떤 사람이 되어
야 하는 거지?

　공포는 점점 거대해지며 나를 통째로 삼켜버리겠다고 위협했
다. 일을 마치고 집에 돌아오는 길에 공포가 나를 압도했다. 그 바
람에 시빅 센터의 깜깜한 골목에 숨어 축축한 벽에 몸을 기대고
슬픔과 두려움에 온몸이 마비된 채 가쁜 숨을 몰아쉬어야 했다.

그럼에도 나는 그 사태를 해결했다. 모든 공포의 파도를 해결했던 것과 똑같은 방식으로 말이다. 금요일에는 자정까지 야근을 했고, 일요일에는 오전 7시에 출근했다. 크리스마스에도, 새해 첫날에도 출근했다. 가끔은 일을 하던 중 뺨에 눈물이 흘러 모니터 화면이 잘 보이지 않을 때도 있었다. 다이어트 콜라를 몇 캔씩 내리 마신 다음 한국음식점에 가서 김밥을 사 와서는 김밥 두 줄을 온종일 나누어 먹으며 일을 좀 더 했다. 이메일을 확인하고, 테이프를 자르고, 음악을 기록하고, 그다음에는 아는 사람들 모두에게 문자 메시지를 보내고 다음 파티는 언제인지 물었다. 모든 게 괜찮다고, 내 인생은 아주 멋지다고, 나는 슬픈 게 아니라고 스스로에게 말하면서, 그저 이메일을 더 많이 보내고 매일 밤 새벽 2시에 잠들 수 있도록 위스키를 들이켰고, 발치에는 빈 술병들이 쌓여갔다. 나는 두 손이 빨개질 때까지 수건을 짜는 것처럼 나 자신을 비틀어 짰고, 이를 꽉 물고는 "괜찮아, 괜찮아, 괜찮아" 되뇌었다. 그러다 어느 날 아침 일어나면 내 선반 위에는 내가 감히 꿈조차 꾸지 못했던 새로운 포상이, 새로운 성취가 놓였고 그러면—드디어—모든 게 **정말로** 괜찮아진 것 같았다. 완벽했다. 그날만은. 적어도 1시간 동안은. 그러다가 또다시 공포의 촉수가 내 시야 언저리로 슬며시 드리워졌다. 그러면 모든 것을 처음부터 다시 시작해야 했다.

9장

그렇게, 나는 공포가 내게서 완전히 떠나버렸다고 스스로 확신할 수 있게 되었다. 그것이야말로 내 맹렬한 직업윤리를 추동하는 가장 큰 힘이었다. 그 공포 덕분에 2014년 나는 내가 꿈꾸던 직장인 세계 최대의 스토리텔링 라디오 프로그램 〈디스 아메리칸 라이프〉에 입사하게 되었다. 충성스러운 청취자를 수백만 명 보유한 데다가 벽에는 피보디상과 에미상이 한가득 걸려있고, 유명세가 대단한 나머지 〈새터데이 나이트 라이브〉와 〈포틀랜디아〉에서 패러디되기까지 한 프로그램이었다. 〈겟 미 온 디스 아메리칸 라이프〉를 시작한 뒤 실제로 〈디스 아메리칸 라이프〉에 입성하기까지는 고작 4년이 걸렸다. 입사가 확정된 순간 나는 비명을 질렀고, 성대한 파티를 열었다. 그리고 공공 라디오의 슈퍼스타가 되기 위해 뉴욕으로 이사했다.

처음에 뉴욕 생활은 만만치 않았다. 겨울 날씨에 적절한 코트도 양말도 없었다. 블랙아이스(도로 표면에 얇은 얼음 막이 생기는 현상 – 옮긴이)를 구별하는 법을 몰라 넘어져 엉덩방아를 찧곤 했다.

스물여섯 살이던 나는 내가 속한 웬만한 집단에서 가장 어린 사람이었다. 그리고 참 이상하게도, 갑자기, 나는 더 이상 회사에서 가장 열심히 일하는 사람이 아니게 되었다. 대체 뉴욕 사람들은 어떻게 죽지 않고 살아있는 건지 모를 노릇이었다. 이 사람들은 온종일 일을 했고, 퇴근하면 술을 마시러 간 뒤에 진탕 취한 채로 밤늦게 집에 가서는 다음 날에 일찍 일어나 또 일을 했다. 바에 가면 모든 사람이 처음 하는 질문은 "무슨 일 하세요?"였다. 상대가 성공한 사람이면 그들은 무심한 척했다. 그러나 그저 평범한 사람이면 **실제로** 무심했다. 모두가 직업이 있고, 부업이 있고, 강연을 다녔다. 다들 말도 안 되게 비싼 블랙 색 드레스sack dress를 입고 기하학적 디자인의 액세서리를 달고 다녔다. 이곳에서 나는 전혀 특별한 사람이 아니었다. 즉, 이곳에서는 내 공포를 잠재우기가 더욱 힘들어졌다.

나는 〈디스 아메리칸 라이프〉에서 온갖 일을 조금씩 했다. 스토리를 제안하고, 쇼의 얼개를 꾸리는 걸 도왔고, 보도를 했고, 내레이션을 맡았고, 다른 사람의 작업을 편집했고, 사운드 디자인도 많이 했다. 입사 후 첫 달에 나는 끝내주는 스토리를 제작했고 이 스토리에 덧붙인 음악 역시 최고였다는 평을 받았다. 그건 내가 스스로 자랑스러워하는 기술이었다. 〈스냅 저지먼트〉에서 일할 때 수백 곡의 음악을 편집하면서 **빠른 속도와 좋은 음악 취향으로** 유명했던 것이다.

그러다가 상사가 바뀌었다. 그는 내가 준비한 스토리를 5초 듣더니 되감았다. "이거 안 들려?" 그러면서 그는 다시 재생 버튼을 눌렀다. "이 테이프가 너무 빨리 치고 들어오잖아. 0.2초 빠르다고. 안 들려?" 그는 다시 한번 내 클립을 재생했다.

"그런 것 같기도 하네요. 네, 명심할게요. 죄송해요." 나는 대답했다.

"안 들린다고? 넌 대체 뭐가 문제야?" 그는 또 한 번 재생 버튼을 눌렀다. "이게 안 들린단 말이야? 믹싱을 잘한다더니? 하지만 여기 여백이 있어야지. 아니야, 아냐, 이건 안 돼." 그는 내가 만들어온 클립을 끊임없이 반복 재생했다.

"알겠습니다. 지금 당장 수정할게요. 죄송해요." 내가 말했다.

"으, 이런 식으로는 안 되지." 그는 마치 내 말이 안 들리는 듯 투덜거리며 같은 클립을 네 번 더 재생했다. "최악이야. 너무 빨라, 너무 빠르다고." 나는 끝없이 사과했지만, 몇 초 뒤 또 다른 실수가 등장했다. 그는 두 번째 실수에 대해서도 한참이나 잔소리를 늘어놓았다. 이번에는 내가 음악을 2데시벨 더 크게 만든 것이 문제였다.

내가 만든 클립은 10분짜리였다. 상사가 내 클립을 끝까지 듣기까지 **1시간 30분**이 걸렸고, 그 시간 내내 나에게 귀가 먹었느냐고 잔소리했다. 내가 울면서 방을 나가자 그는 당황한 기색이었다.

그날 이후로 상사는 내가 무능하다고 결론 내린 모양이었다. 회의에서 내가 무슨 의견이라도 낼라치면 나를 무시하거나 내가 틀렸다고 받아쳤고, 다른 제작자들은 입술을 깨물며 몸을 움츠리고 앉은 나를 동정의 눈길로 바라봤다. 말을 하기 위해서는 엄청난 용기가 필요했지만 가만히 있으면 상사는 왜 아무런 의견도 없느냐고 물었고, 내가 초조해져서 어떤 지점에 대해 장황하게 이야기를 늘어놓기 시작하면 그는 한숨을 쉬며 내 말을 가로막고 자기가 좋아하는 기자들에게 "네 의견은 어때?" 하고 물었다. 그 사람들이 내가 했던 말을 그대로 따라할 때조차 상사는 그들더러 예리한 지적이라며 칭찬을 퍼부었다. **내가 저 사람들만큼 의사 전달을 제대로 하지 못하는 걸까?** 그런 생각이 들었다. **내가 좀 더 거창한 단어를 쓰지 않는 게 문제일까? 내가 재치가 부족한가?** 나는 그들을 따라 하려 애썼다. 아이비리그 대학을 나온 부유한 집안 출신 기자들 말이다. 입사한 지 1년이 지나자 주요 스토리를 다 함께 편집할 때 내가 배제되기 시작했다. 동료들에게 함께해도 되느냐고 물으면 그들은 불안한 목소리로 미안하다고 했다. "알고만 있으라고 하는 얘긴데, X가 너는 안 하기를 바란다고 했어." 그중 한 사람이 내게 말해줬다. "네가 늘 엇나가는 의견을 내놓으니까 편집 속도가 더뎌진다고 말이야."

"하지만… 정말이야? 난 그 사람 의견에 90퍼센트는 동의하는 것 같은데. 게다가 나보다 더 공격적인 다른 사람들도 있잖아." 그러나 내 말을 들은 동료는 그저 어깨만 으쓱했다. "미안." 그 말을 남기고 동료는 복도를 달려갔다. "나 벌써 늦었거든."

또 어느 날에는 말레이시아 잡지의 한 사진기자가 말레이시아 디아스포라를 이루는 용감한 여성들을 다루는 기사를 위해 내 사진 촬영을 하러 회사를 찾았다. 상사는 말 그대로 그 사진기자를 문전 박대해 내보낸 뒤 내가 "우리 회사의 브랜드를 대표하기에 부적절한" 사람이라고 했다.

이 모든 일이 공포를 다스리는 데는 도움이 되지 않았다. 나는 왜 이 회사를 대표할 수가 없지? 내가 충분히 재미있지 않아서, 내가 충분히 전문적이지 않아서, 내가 충분히 지적이지 않아서인가? 나는 하이힐과 정장 바지를 입어보았다. 책을 더 많이 읽었다. 일도 더 많이 맡았다. 늦게까지 회사에 남고 일찍 출근했다. 상사가 내 스토리가 별로고, 지루하고, 진부하다고 해도 스토리가 방송될 수 있도록 노력했다. 시간이 갈수록 청취자 수가 늘어났다. 수십 명의 사람들이 내 스토리를 듣고 울었다거나, 내가 만든 에피소드를 제일 좋아한다거나, 올해 들은 것 중 최고라는 트윗을 올렸다. 나는 우리에게 에미상을 안겨준 쇼트 에피소드를 제작했다. 컬럼비아대학교에서 강의하기도 했다. 그런데, 아무것도 변하지 않았다.

그래서 나는 상사에게 개인적으로 잘 보이려는 노력을 시작했다. 농담을 더 많이 하고, 말투 또한 더 낮고 평탄한 억양을 가진 목소리로 바꾸었다. 연예, 음악, 이야기 취향도 바꿨다. **그가** 좋아하는 음악을 듣고, 그런 소재로 대화를 나누기 시작했다. 스트레스가 심한 날에는 그에게 케이크를 사다 줬고 그가 아픈 날에는 카이엔 샷(면역력을 증강시키기 위해 카이엔 페퍼, 생강, 레몬 등의 재료로 만든 음료—옮긴이)을 만들어 주었다. 아무 소용이 없었다. 어느 날 사무실에 들어갔더니 그가 내 쪽을 등지고 있기에 나는 그에게 인사를 건넸다. "안녕하세요?"

"어, 잘됐다, 그러잖아도 지금 뭐 하나 물어보려 했는데." 그는 그렇게 대답하더니 뒤를 돌아봤다. "아, **너구나.**" 그러면서 그가 비웃음을 날렸다. "뭐야?"

머릿속의 공포가 지속적인 히스테리가 될 때까지 자꾸만 커지는 와중에도 긍정적인 부작용은 있었다. 나는 더욱더 꼼꼼해졌다. 작업물이 나아졌고, 편집자로서의 내 능력도 나아졌고, 나는 내가 만든 모든 게 자랑스럽기 그지없었다. 다른 유명한 프로그램에서 나를 낚아채 가려 시도한 뒤 〈디스 아메리칸 라이프〉가 연봉을 인상해줬다. 그 덕에 나는 차마 말을 걸어볼 용기도 나지 않는 유명인들이 댄스플로어에서 더 용감하고 더 예쁜 젊은 여자들과 춤을 추는 그런 파티에 가서 값비싼 칵테일을 마시며 공포를 잠재웠다. 집으로 돌아가는 택시의 차디찬 차창에 뺨을 대고 잠들지 않으려 이어폰의 볼륨을 올렸다. **바닥에서 시작해서 우리 지금 여기에**(힙합 가수 드레이크가 2013년 발매한 곡 〈바닥에서 시작했어Started From the Bottom〉의 가사 —옮긴이).

공포는 내게 또 한 가지 선물을 주었다. 틴더와 오케이큐피드(온라인 데이팅 앱 —옮긴이)를 꾸준히 이용하게 만든 것이다. 공포는 내 외모가 시들어가고 있다고, 다크서클이 점점 더 짙어지고 있다고, 젊음의 매력을 잃어버리기 전에 어서 정착하는 게 좋겠다고 속삭였다. 그래서 나는 최악의 데이트를 끊임없이 이어갔다. 1년 반 사이에 50번. 데이트 경험을 극대화시킬 수 있는 기술도 찾아냈다. 프로필을 100번은 바꾸었다. 얼굴 사진을 썼다가, 뒤통수만 나온 사진으로 바꾸었다. 실제로 만나기 전 스카이프로 상대 남자를 점검했다. 싫은 남자를 잡초처럼 솎아내는 동시에 맥주값도 아끼려는 시도였다.

그러던 어느 날 나는 크리스마스트리를 옮기고 있는 귀여운 사진을 틴더 프로필에 올려둔 남자 조이와 매칭되었다. 조이는 처음부터 진국인 남자였다. 동네 바에서 처음 데이트를 한 뒤로 그는 내게 **하루도 빠짐없이** 문자 메시지를 보냈다. 밀고 당기는 게임 따위는 없었다. 그는 어디를 가든 나를 초대했다. 만난지 얼마 되지 않았을 무렵부터 거리낌 없이 내 코가, 내 손가락이, 내 두뇌가 마음에 든다고 했다. 내가 늘 불멸의 윤리라든지 아프로퓨처리즘Afrofuturism, 중국의 교통체증 같은 새로운 지식들을 찾아보는 게 멋지다고 했다. 우리는 그런 주제들을 놓고 도사dosa(쌀로 만드는 인도식 팬케이크 — 옮긴이)를 먹으며 몇 시간이나 토론하곤 했다. 그가 세상을 바라보는 관점은 매력적이고도 섬세했는데 그것은 한때 군인이었고 지금은 스피치와 토론을 가르치는 강사로 일하고 있다는 그의 개인사 덕분이었다.

나는 조이가 거의 모든 사람을 아우르는 공감 능력을 지니고 있다는 점이 좋았다. 내게는 이국적으로 들리는 퀸스 억양이, "잘 지냈어How ya **dough**-in?"라는 말투, 식품점에서 베이컨에그와 치즈를 파는 사람에게 "안녕하세요, 보스!" 하고 부르는 게 좋았다. 오래전 그가 아프가니스탄에서 라디오방송국을 운영했다는 것도 좋았다. 며칠씩 아야드 아크타르와 와산 샤이어의 책을 읽으면서 흑인이나 갈색 피부를 가진 학생들이 대회에 나가 읽을 만한 구절을 찾는다는 것도 좋았다. 나이 든 여성이 지나갈 수 있도록 문을 열어주고, 쓰레기를 내다버리는 일을 도맡고, 적어도 일주일에 한 번은 자기 부모님과 저녁식사를 한다는 점도 좋았다. 그렇기에 당연하게도 나는 내가 가진 미친 점들을 마음속 깊은 곳에 묻어버리고 그가 꿈꾸던 완벽하게 제정신인 여자인 척 굴었다.

사귄 지 3개월이 되었을 무렵 그가 나를 묘한 눈길로 바라보더니 말했다. "왠지 너한테는 아직도 손끝 하나 대서는 안 된다는 기분이 들어."

"뭐? 나한테 무슨 문제라도 있어?"

"모르겠어." 그는 미간을 찌푸렸다. "하지만 분명 뭔가가 문제라는 생각이 들어. 정확히 뭐가 문제인지는 **알 수** 없지만 말이야. 넌 뭘 불안해하는 거야? 어떨 때 초조한 기분을 느껴? 너를 알고 싶어, 좋은 점뿐 아니라 나쁜 점들까지도." 그는 맞은편 소파에 앉아 내 머리통에 구멍이 뚫릴 기세로 나를 빤히 바라봤다.

"하지만 내가 가진 불안감을 네가 감당하지 못한다면 어떡해? 내 나쁜 점을 네가 도저히 못 참겠다면?"

"그것도 도움이 되지 않아? 서로의 결점을 정말 참아줄 수가 없다면 시간 낭비하지 않고 정리하면 되지. 내가 네 물음에 정확한 답을 줄 수 있게, 네 문제를 알려줘."

논리적이었다. 이성적이었다. 두려웠다. 하지만 이 대화에서 빠져나갈 방도가 보이지 않았다. 위스키를 더 마시겠다고 하자 조이는 내게 좋은 위스키를 조금 더 따라주었다.

"좋아, 그럴게. 알고 싶어? **진짜** 알고 싶어? 그래, 지금 말해줄게. 일단, 나한테는 유기 콤플렉스가 있어. 그건 확실해. 어머니가 나를 떠났어. 그다음엔 아버지가. 그 뒤엔 모두가 날 떠났어."

"그래, 비슷한 상황을 겪은 친구들을 몇 명 알아. 정말 힘들지. 하지만 그 사람들을 잃은 게 네 잘못이 아니란 걸 네가 알았으면 좋겠어."

"당연하지, 뭐, 상관없어. 그리고 나는 끊임없이 안심시켜줄 사람이 필요해. 난 정말 정신적으로 불안하거든. 또, 누군가를 믿기가 힘들어. 때로는 일에 미친 듯이 매달리고." 그렇게 나는 영원에 가깝다고 느껴질 정도로 한참 동안 내가 느끼는 가장 큰 수치심을, 앞으로 적어도 몇 달은 더 숨기고 싶었던 사실들을 토로했다. 조이는 내 말을 듣는 내내 두려울 정도로 무표정한 포커페이스를 하고 있었고, 나는 내가 그에게 속아 내 무덤을 팠다고 생각했다. 내 말이 끝나자 그는 내가 저지른 실패들을 흡수하듯 잠시 침묵하더니 고개를 끄덕였다.

"좋아. 이게 다야? 그래, 됐어."

"'그래, 됐어'라니 무슨 뜻이야?"

"내 말은 '됐어, 해볼 만해'라는 뜻이야."

"그걸 어떻게 알아? 아닐 수도 있잖아."

"잘은 모르겠지만 수많은 사람들이 트라우마와 유기에 대한 공포, 분노를 지니고 있어. 네 문제들은 확실히 내가 감당할 수 있는 범위 내에 있다는 소리야. 말해줘서 고마워. 알게 되어서 다행이고, 우리가 함께 잘 해결해 볼 수 있을 것 같아."

"하지만 넌 지쳐버릴걸. 그러니까, 나도 내 문제를 해결하려고 계속 애써볼 거야. 약속할게."

"그래, 그것도 다행이야, 고마워." 그는 어깨를 으쓱하더니 이렇게 덧붙였다. "그런데, 어떤 일들은 영영 극복하지 못한 채 남겨둬도 괜찮아."

어떤 일들은 영영 극복하지 못한 채 남겨둬도 괜찮아. 알게 된지 한 계절도 채 지나지 않은 남자가 고작 30분 만에 평생 그 누구도 내게 해주지 않은 일을 해줬다. 내 모든 죄를 받아가 용서해버린 것이다. 그는 끊임없는 발전을 요구하지 않았다. 궁극적인 완벽한 상태 같은 것은 없었다. 그는 내가 지금 그 자체로도 충분하다고 확언했고, 그 말에 담긴 무게에 깜짝 놀란 나는 입을 다물었다. 조이는 공포의 반대편에 있는 존재였다.

2개월 뒤 조이가 같이 살자고 했다. 우리는 1주년 기념일에 동거를 시작했다. 그는 계속 함께할 미래라거나 우리의 아이들 이야기를 했다. 지금까지 만난 남자들 중 나와 결혼을 생각한 사람은 조이가 처음이었다. 이전 남자들은 나와 8개월 뒤의 여행계획조차도 함께 꾸리고 싶어 하지 않았으니까. 그런데 조이는 40년 후 우리가 시니어 센터에서 어떤 동아리에 가입하는 게 좋을지까지도 생각해 보는 사람이었다. 셔플보드 게임 동아리가 좋을 것 같다나?

그렇게, 나는 나도 모르게 완벽한 삶을 살고 있었다. 꿈꾸던 직업, 꿈꾸던 남자, 친구를 통해 편법으로 얻어낸, 임대료 상한선 규정이 있는 널찍한 아파트. 우리에게는 고물차가 한 대 있었고, 올리브오일은 고급품으로 샀다. 집을 합친 뒤에도 각자의 그래픽 노블 서재가 따로 있었다. 동물보호소를 찾아가 작고 행복한 가족을 꾸렸다. 나, 조이, 그리고 장난기 많은 고양이 한 마리로 이루어진 가족이었다.

그리고, 당연히, 공포가 찾아왔다.

그렇다, 공포는 떠나지 않고 머물렀고 매일같이 내 가슴을 새까맣게 물들였다. 그럼에도 나는 나와 공포가 공존할 수 있을 거라 생각했다. 어떻게 보면 모든 게 공포 덕분이지 않은가? 따지고 보면─공포가 균형추 역할을 해준 것이다. 어떤 일들은 영영 극복하지 못한 채 남겨둬도 괜찮다고 조이도 말하지 않았나?

모든 게 이대로 계속될 수 있을 것만 같았다.

모든 것이 괜찮다고 믿을 수 있게 해줬던 단 한 가지를 잃지 않았더라면.

내가 일자리를 잃지 않았더라면.

10장

2017년 말, 나는 아침마다 사무실로 출근한 뒤 코트를 걸어두고 자리에 앉아 울었다. 정확한 이유는 알 수 없었지만 애써 생각해보면 의심스러운 것들이 독을 품은 공기처럼 피어올랐다. 내 기량 부족, 쓸모없음, 인종주의, 민주주의의 타락 같은 것들. 하지만 그날 아침, 나는 공포의 이유 중 가장 그럼직한 것을 알아내려 애쓰는 대신 그런 건 시간 낭비라고 결론내렸다. 어서 마음을 가라앉힌 뒤 출근을 하고 일을 하는 평범한 사람 노릇을 해야 했다. 그래서 나는 트위터를 열어 스크롤을 내리기 시작했다. 그건 마치 해초가 가득한 바다를 헤엄치면서 말 많은 사람들의 종말론적인 예측이라든지 멍청한 사람들이 대통령이 남긴 더 멍청한 트윗에 대해 격론을 벌이는 걸 고통스레 헤치며 고양이 동영상을 간절히 찾아다니는 일 같았다.

로봇청소기에 올라탄 고양이. 그걸 보자 마음이 진정되기 시작했다. 부엉이와 함께 있는 고양이. 그러자 설명할 수 없는 슬픔이 가시고 그저 내면이 죽어버린 기분으로 바뀌었다. 보호자와 재회한 고양이. 음, 젠장, 또 눈물이 났다. 다시 처음으로 돌아왔다. 뚱뚱한 친칠라. 뚱뚱한 개구리. 뚱뚱한 퍼그에게 생긴 뚱뚱한 갑상선종. 그렇게 1시간이 흘러갔다. 모니터 아래쪽에 붙여둔 포스트잇을 노려봤다. 내가 끌어낼 수 있는 가장 낙관적인 생각을 적어놓은 포스트잇이었다. **어차피 다른 누구도 행복하지 않다.** 끊임없는 고통으로 가득한 세상에서 그 누가 진정으로 행복할 수 있을까?

나는 5분 내로 생산성을 되찾아야 한다고 스스로에게 말했다. 그러다가 10분, 그러다 결국 정오가 가까워지는 바람에 나는 다이어트 콜라와 함께 점심을 먹었고, 그러자 일할 에너지가 생겼다. 하고 있던 작업의 초안을 구상한 뒤 두어 시간 동안 매달리다가, 누군가가 경찰의 총에 맞는 동영상을 보다가 황급히 창을 닫았다. 아까보다 피로는 가셨지만 퇴근 시간이었다. 나는 자리에서 일어나 코트를 챙겨서 사무실을 떠났다.

그 해는 유독 길었다. 2016년 대선 주간, 나는 그 소식을 보도하는 데 너무 몰두한 나머지 우리에게 벌어진 일을 이해할 시간이 없었고… 1월에 트럼프가 대통령으로 취임했을 때는 폭탄이 떨어진 기분이었다. 그 주 주말, 나는 친한 친구 두 명과 함께 우리가 좋아하는 카페에 가서 햄버거와 감자튀김을 주문했다.

"미국이 인종주의 국가인 건 알고 있었어. 놀랄 일도 아니지." 한 친구가 말했다. "하지만 인종주의가 **얼마나** 심한지는 몰랐던 것 같아. 그들은 우리가 여기 있길 원치 않는 모양이야." 테이블에 앉은 우리는 모두 이민자였다.

"트럼프가 직접투표로 당선된 게 아니라는 걸 잊지 마." 다른 친구가 감자튀김에 케첩을 찍으며 끼어들었다. "대부분의 사람들은 우리가 여기 있길 바란다고. 우린 이 나라 사람이야."

"그런데 내가, 음, 조지아주 시골 같은 곳에 갔을 때 개인적으로 알고 지내는 이민자가 아무도 없다는 사람들을 만난 적이 있었단 말이지." 내가 덧붙였다. "그 사람들은 우리가 이 나라에 속하는지 아닌지 몰라. 우리를 **모르니까.** 그 사람들에게 우리가 인간이고 자신들과 비슷한 싸움을 하며 살아간다는 것을 알려주는 것, 그리고 이분법에서 벗어날 수 있는 대화를 만들어내는 것이 우리가 할 일이라고 생각해."

두 친구 모두 입을 다물었다. 다른 테이블의 포크가 접시에 부딪치는 소리가 견디기 힘들 정도로 크게 울려 퍼지는 것만 같았다. 그러다가 잠시 후, 한 친구가 천천히 입을 열었다. "스테파니, 너는 유색인에게 너무 많은 책임을 지우는 것 같아. 이런 난장판을 만든 장본인도 아니잖아. 그건 지나친 감정노동이라고. 누군가는 해야 할 일일지 몰라도 내가 할 일은 아니야."

"내 생각도 마찬가지야." 다른 친구도 말했다. "각자가 감정적으로 그렇게 느끼지 않는 이상, 어째서 그게 모든 사람이 할 일인지 모르겠어. 위험할 수도 있다는 생각이 들어. 건강하지 않은 것 같기도 하고."

나는 내 의견을 철회할 수가 없었다. 가속도가 붙은 것만 같았다. "이제 그건 모두가 할 일이라고!" 내가 고함을 질렀다. "다른 대안이 있어? 내전이라도 벌이길 바라? 이런 식으로 각자 파벌을 나눠서 서로 말도 섞지 않으면서 살면 안 된다고! 이건 내가 할 일이고, 너희들이 할 일이기도 해. 해야만 하는 일이야! 그러지 않는다면 치러야 할 대가가 너무 크다고!"

그날의 브런치는 내가 두 친구와 나눈 마지막 식사였다. 그날 이후 친구들은 내 문자 메시지에도, 전화에도 답하지 않았다. 내가 틀렸다. 그들은 그 무엇도 해야 할 **의무가** 없었다.

그럼에도 나는 내가 장담했던 대화를 이어가려 노력했다. 경찰, 국경수비대원, 그리고 과거에는 KKK 단원이었고 지금은 백인우월주의자로 살고 있는 사람과 몇 시간씩 통화했다. 대놓고 백인우월주의를 드러내는 사람 속에서 아주 작은 인간성이라도 찾아보겠다고 있는 대로 애를 쓴 끝에 상대는 이렇게 대화를 끝맺었다. "당신은 정말 착하고 똑똑한 여성인 것 같군요. 하지만 인종 전쟁이 벌어진다면 난 1초도 망설이지 않고 그쪽 머리를 쏠 겁니다." 나의 시도가 미국에서의 인종 관계를 '퍽이나' 개선시킨 셈이었다.

백인우월주의자를 라디오에 출연시키는 것은 나 자신에게도, 유색인 청취자들에게도 정서적 테러리즘이자 KKK의 의도를 적극적으로 퍼뜨리는 일임을 깨달았다. 그러나 내 상사는 오로지 인종차별을 향해 터뜨리는 분노만을 듣고 싶어 했다. 이제는 통념을 거스르는 정치적 관점이 담겨있지 않는 한 내가 제안하는 인간적 기쁨과 기벽에 관한 이야기에 흥미를 보이는 사람은 아무도 없었다. 또, 모두가 그런 종류의 저널리즘이 얼마나 중요한지를 떠들어댔다. 빌어먹을 슈퍼볼 광고조차도. 그래서 나는 그

중요성을 받아들이기로 한 뒤 자꾸만 스파이더맨의 대사를 떠올렸다. "큰 힘에는 큰 책임이 따른다." 매일, 온종일 뉴스를 들여다보며 모든 상황을 해소할 만한 정치적 스토리의 소재를 찾아 헤맸다. 상사는 내 제안을 단 하나도 통과시키지 않았다.

2018년 초, 내 불안감은 극에 달하고 말았다.

1월, 나는 다른 사람들과 함께 있을 때 이상한 행동을 하기 시작했다. 친구 한 명이 카술레(강낭콩과 소시지 등을 넣은 프랑스식 스튜−옮긴이) 파티를 열어 더치 오븐 가득 익힌 고기와 콩을 준비해 놓고 흥청망청 놀 만한 사람들을 잔뜩 초대했다. 나는 사워 크림과 시판 분말을 사용해 만든 프렌치 어니언 딥을 준비해 갔는데, 트러플 오일을 넣은 치즈 딥, 포트와인으로 졸인 닭간 파테 옆에 놓이니 초라해 보였다. 대화의 주제가 〈루폴의 드래그 레이스〉(한 번도 본 적 없었다)에서 뉴욕의 명문학교인 스타이브센트 고등학교 시절 추억 이야기(난 캘리포니아 출신이었다), 나아가 르 크루제의 내열냄비까지 옮겨가자(그래, 난 노점에서 조리도구를 사는 사람이었다) 나는 이야기에 불쑥 끼어들려고 아시아인에 대한 농담을 했는데, 그 누구도 내 농담을 웃기다고 생각하지 않았다. 대화에서 쫓겨난 나는 치즈 딥과 파테가 놓인 곳으로 다가갔는데, 어쩌다 보니 그것들을 통상적인 예의 기준에 비해서도, 그리고 나의 유당불내증 기준에 비해서도 너무 많이 먹어버렸다. 결국 나는 혼자 구석에 틀어박혀 제이미 올리버 요리책을 읽으면서 조이가 파티를 떠날 준비가 될 때까지 방귀를 뿡뿡 뀌어댔다. 잠자리에 든 뒤에도 수치심, 후회, 방귀 생각으로 스트레스가 떠나지 않았다. 더치 오븐에 대해서는 생각하기도 싫었다.

〈디스 아메리칸 라이프〉에 다니는 내내, 나는 버릇처럼 동료의 사무실로 불쑥 들어가 같이 아래층으로 내려가 담배를 피우자고 제안했다. 비열한 상사에 대한 불만을 털어놓기 위해서였다. 하지만 어느 순간부터 내가 나타나면 동료들의 얼굴은 어두워졌다. 아, 나는 상대방을 지치게 하는 사람이구나. 남들에게 부정적인 말을 하지 않아야 마땅하겠지만, 사실 딱히 할 만한 긍정적인 말도 없었다. 그래서 나는 사무실 블라인드를 내려버린 뒤더는 동료들과 말을 섞지 않고 혼자만의 생활을 즐기기로 했다. 딱 한 번 어쩔 수 없이 동료들과 어울렸을 때, 나는 어느새 동료들을 붙잡고 멈추지 않는 기차처럼 끊임없이 불평불만을 늘어놓으며 징징거리고 있었다.

매일 지하철에서 〈더 데일리〉를 들으며 울기 시작했다. 공황 발작은 점점 길어졌고, 울음도 점점 통제할 수 없을 정도로 격렬해졌다.

2월 중순의 어느 날 상사가 나를 자기 사무실로 불렀다. 그러더니 지난주 방송분에서 내가 작은 실수를 했다고 말했다. 유치

찬란한 연주곡을 상사가 더 좋아하는 또 다른 유치찬란한 연주 곡으로 바꾸지 않고 그냥 놔두었다고 말이다. "정말 부주의해." 상사가 말했다. "넌 늘 이런 식으로 일 처리를 하지. 세부 사항에 는 주의를 기울이지 않아. 좀 더 노력해서 점점 더 꼼꼼해져야 해, 안 그러면…." 그가 고개를 설레설레 저었다. 안 그러면? 자 른다는 소린가? 애초에 지난주 방송분은 내가 할 일도 아니었다. 프로 툴(스튜디오에서 보편적으로 사용하는 전문가용 음성 편집 소프트 웨어—옮긴이)을 사용하는 법을 아는 사람이 없어서 마지막 순간 에 내가 제작을 떠맡게 된 거였다. 최근에 나는 연속해서 프로그 램 제작의 주도적인 역할을 해왔다. 몇 주씩 모든 스태프들을 집 중적으로 정교하게 조직해야 하는 일이었다. 애초에 극도의 스 트레스를 주는 그 역할을 상사가 내게 떠맡긴 것 역시 내가 그런 일을 무척이나 잘한다는 사실을 모르는 이가 없고, 내가 세부 사 항에 끊임없이 주의를 기울이는 사람이기 **때문에** 생긴 일이었다. 나는 상사 앞에서는 늘 분노를 참았지만 그날은 분노가 쓰나미 처럼 밀려와 도무지 참을 수가 없었다.

　"더는 못 하겠어요." 나는 그를 향해 쏘아붙였다. 상사가 일터 에서 눈물을 흘리는 걸 경멸한다는 사실을 알고 있는데도 새어 나오는 눈물을 참을 수가 없었다. "제가 하는 일은 다 틀린 거라 고 하시네요. 당신은 정말 폭력적인 상사고, 제 능력을 당연하게 여겨요. 당신이 절 미워하는 걸 스태프 모두가 알아요. 저를 대하 는 태도 때문에 제가 **불쌍하다**고 말한 스태프도 한둘이 아니었어 요. 일터의 모든 사람들에게 **동정받는** 게 얼마나 모욕적인 일인지 짐작이나 하시겠어요? 이젠 지쳤어요. 다 필요 없어요. 그만두겠습니다."

"일단, 어, 일단 진정하지." 그가 상체를 뒤로 젖히며 말했다. 이번에는 **그가** 허둥지둥하는 입장이 되었다. "널 미워하는 게 아니야. 그런 느낌을 받았다면… 미안하군. 못되게 굴었다니 정말 미안해. 나는 그저… 널 신뢰하기가 힘들었던 건데… 솔직히 말하면 난… 그러니까… 네가 처음 입사했을 때 네가 우리 회사에는 맞지 않다는 선입견을 가졌던 것 같군. 그냥, 네가 처음 이곳에 왔을 때 힘들어했으니까. 또, 이 프로그램을 시작한 순간부터 넌 정말… 다른 스태프들과는… **달랐거든.**"

"어째서 다른 제작자들에게는 저보다 잘해주세요?" 나는 직설적으로 물었다.

그러자 상사는 머뭇거리지도 않고 대답했다. "**그들은** 뛰어난 기자니까."

이제 움츠러드는 사람은 나였다. 분노가 사그라지고 그 대신 가슴이 미어져서 또 한 번 터져 나오려는 눈물을 간신히 참아야 했다. "저를 존중하지 않는 사람 밑에서 일을 할 수 있을 것 같지는 않아요." 나는 겨우 입을 열어 말했다. "죄송해요, 그만두겠습니다."

나는 내 사무실로 돌아와 방 안을 둘러보았다. 이런저런 물건이 너무 많았다. 비타민, 간식거리, 옷가지, 난방기, 담요―정말이지 이곳은 또 다른 집이나 마찬가지였다. 나는 커다란 상자 하나에 내 물건들을 있는 대로 쑤셔 넣은 뒤, 아직 오후 2시였는데도 곧바로 집으로 돌아와 침대에 누웠다. "다르다." 내가 다른 스태프들과 정말 **다르다고** 했다. 무슨 뜻이지? 내가 어떤 사람이 되었어야 하는 거지?

그날 저녁, 다른 상사가 전화를 걸어 돌아오라고 애원했다. 싸가지 없는 그 상사도 앞으로 내게 더 잘해줄 것이며 사과도 하기로 했다고 전해줬다. 나는 재능 있고 소중한 존재고 그 상사는 머저리다. 그러니까 그들에게 한 번만 더 기회를 주면 안 되겠느냐고. 그래서 나는 다음 날 다시 출근했고, 그다음 날도 마찬가지였다. 하지만 나는 매일 밤마다 사무실 서랍을 뒤져 핸드백 안에 개인 물건을 챙겼고, 그렇게 한 번에 립스틱 한 개씩 서서히 사무실을 비워갔다.

2월 중순, 나는 마지막으로 회사 파티에 참석했고, 내내 구석에서 귀만 열어놓은 채 서 있었다. 모든 게 또다시 시작이었다. 잔 부딪치는 소리, 환한 미소, 바에서부터 버터처럼 노란빛을 뿜어내며 새어 나오는 기쁨. 그런 감정들과 단절된 느낌은 오히려 생생한 안도감을 주었다. 어쩌면 다른 사람들 **역시** 이 세상에 대해 분노하고 있는 건지도 모르겠지만, 실제 삶에서 그들은 텔레비전 프로그램을 보며 웃고 떠든다. 인스타그램에 머핀 만드는 사진을 올린다. 부재중 전화에 잊지 않고 응답한다. 모두가… 대체로 괜찮았다. 만약 나 역시 다른 사람들 모두가 지니고 있는 분노와 우울의 조합에 시달리는 거라면, 어째서 매일 아침 지하철에서 우는 사람은 나뿐인 걸까? 어째서 나는 다른 사람들처럼 될 수가 없는 걸까? 어째서 공포는 나를 쫓아오며 내가 가는 곳마다 폐허로 만들어 버리는 걸까?

   2월 28일, 서맨사와의 상담에서 나는 그 모든 의문에 대한 답을 알게 되었다.

11장

"진단명을 알고 싶어요?" 내 모니터 화면에서 둥근 달처럼 빛나는 서맨사의 얼굴이 밝은 목소리로 물었다. 그러면서 그가 아주 태연한 말투로 "복합 PTSD"라는 말을 던졌기 때문에, 나는 그저 아, 그렇군요, 하듯이 어깨만 으쓱했다. 그게 **그 정도로** 중요한 거였다면 8년이 지나서야 말해줄 리 없었겠지? 심각해 봐야 얼마나 심각하겠어?

그날의 상담이 끝난 뒤 나는 검색을 시작했다. 위키피디아 페이지, 그다음에는 재향군인 웹사이트에 들어가서 증상의 목록을 찾았다. 복합 PTSD를 가진 사람은 직업과 관계를 유지하기 힘들어한다. 복합 PTSD를 가진 사람은 애정결핍에 시달린다. 복합 PTSD를 가진 사람은 모든 곳에서 위협을 느끼고 공격적이다. 알코올을 비롯한 중독에 빠지기 쉬우며, 폭력적이고, 충동적이고, 예측 불가능한 성향일 가능성이 크다.

증상은 대체로 나와 맞아떨어지는 것 같았다. 그러나 나를 경악하게 한 것은 '복합 PTSD를 가진 사람들은 "구원자를 끊임없이 찾으며" 평생을 보낸다' 같은 구체적이기 짝이 없는 증상들이었다. 대체 어떻게 알았지? 위키피디아 페이지가 짚어낸 그대로였다. 나는 현명하고 안정적이며 친절해 보이는 새로운 사람을 만날 때마다 그가 모든 것에 대한 해답이자, 마침내 암호를 풀어줄 새로운 절친, 내게 사랑받는 기분을 느끼게 해줄 바로 그 사람이 아닐까 생각했다. 여태까지는 그것이 괴팍하기는 해도 무척이나 개인적인 나의 성향이라고 여겼다. 그런데 그것이 애초부터 병의 증상이었다는 소리다.

웹사이트에서 본 것들은 증상이라기보다는 비난처럼 느껴졌다. 과학자와 의사들이 **복합 PTSD를 가진 사람은 끔찍한 인간입니다**라고 써놓은 거나 다를 바가 없었다.

괜찮아, 이제는 알았잖아. 나는 스스로를 다독이려 애썼다. **아는 건 힘이야. 이제 문제를 고칠 수 있잖아. 치유는 진단에서 시작해.**

하지만 죽음도 마찬가지 아닌가? 맙소사, 어쩌지?

내 손가락은 키보드 위를 미친 듯이 날뛰었다. "실화"+"복합 PTSD" **이렇게 검색하면 이야기가 나오겠지.** 난 온종일 이런 식으로 이야기를 찾는 사람이잖아.

검색어: "복합 PTSD를 앓는 유명인들" 나는 내가 혼자가 아니라는 걸 알고 싶었다. 검색어: "나는 복합 PTSD를 치유했다" 내가 치유될 수 있는 사람인지 알고 싶었다. 검색어: "복합 PTS-D"+"지금은 행복" 나 같은 상황인데도 직업을 유지하고, 요리를 하고, 자식들을 망쳐버리지 않은 여성들을 보고 싶었다. 대소변을 못 가리는 늙은 개를 입양하고, 착한 남편과 함께 살고, 〈리얼 심플〉을 정기구독하는 여성들, 재난에서 살아남아 이타적이고 사랑스러운 존재로 바뀐 여성들.

하지만 복합 PTSD를 앓는 유명인에 관한 검색 결과는 없었다. 적어도 내가 찾을 수 있는 한은 그랬다. 그 대신, 바버라 스트라이샌드가 공연 도중에 노래 가사를 잊어버린 뒤 PTSD를 겪는 게 분명하다는 글을 읽었다. "실화" 역시 별 도움이 안 됐다. 복합 PTSD로 고통받는 사람들이 이 아픔을 치유할 수 있는 방법을 제발 알려달라는 글을 쓰는 게시판을 발견했다. "나는 복합 PTSD를 치유했다"의 검색 결과는 두 개가 전부였다. 하나는 더 이상 연결되지 않는 링크였고 다른 하나는 자작시를 올리는 오래된 블로그의 한 구절이었다.

당연한 일이지만 그 어떤 영감도 주지 않는 결과들이었다. 이건 그저 살아남는 방법들에 불과했다. 충만한 삶을 누릴 방법은 나오지 않았다.

사무실의 흐릿한 오렌지색 조명 속에서 나는 몸을 웅크렸다. 어째서 이런 증상들이 이미 내 삶 속에서 발현되고 있는 거지? 나는 이미지들에 허리까지 풍덩 잠긴 채로 뒤뚱뒤뚱 걸으면서, 이미지를 하나씩 집어 들어 엉망이 된 내 삶의 맥락 속에서 다시 한번 살펴보았다. 상사 앞에서 감정을 터뜨린 것. 파티에서 내 문제를 떠들어댄 것. 끊임없이 동료들의 사무실 문을 두드린 것. 야구장에서 배트를 들고 한 남자를 쫓아 달린 것. 내가 만든 폐허가 온 사방에 널려 있었다. **다르다.** 나를 남들과 다르게 만든 것이 바로 이것이었다. 트라우마에 관한 유명한 구절이 떠올랐다. "상처받은 이들은 타인에게 상처를 준다." 나는 더 이상 아무에게도 상처 주고 싶지 않았다.

그날 나는 회사에서 조퇴했고, 다음 날도 마찬가지였다. 회사에 있는 모든 순간 나는 교회 예배에 몰래 들어와 조만간 온몸이 불에 활활 타버릴 뱀파이어가 된 기분이었다. 한편으로는 이지적이고 고상한 공간에 내 보잘것없는 트라우마를 끌고 왔다는 죄책감이 들었다. 또 한편으로는 이 공간이 나를 배신한 느낌이었다. 경력을 위해 온 힘을 다해 헌신했고, 내 정체성의 대부분을 일에 바치면서 친구들과 저녁 식사를 할 시간도 내지 못했고 밤늦게까지 일하느라 연애가 끝나도록 내버려뒀다. 일이 나를 존중받을 만한 존재로 만들어준다는 생각 때문이었다. 그러나 지금의 나는 제이 크루에서 산 바지를 입고 있다는 점만 빼면 10대 때와 하나도 달라지지 않은 미치광이였다.

3월, 나는 작가이자 심리치료사인 피트 워커Pete Walker가 쓴 《복합 PTSD: 생존을 넘어 번성에 이르기까지Complex PTSD: From Surviving to Thriving》의 일부분을 읽었다. 책에는 강박장애 도피 유형을 다룬 구절이 여러 번 등장했다. "행동하고 있지 않을 때는, 행동에 대해 걱정하고 계획을 세운다. (…) 이런 유형은 자극적인 물질 중독에 취약하며, 마찬가지로 일 중독이나 바쁨 중독에도 취약하다. 극심한 트라우마를 겪은 도피 유형들에게는 극심한 불안감과 공황장애가 나타날 수 있다."[1]

어쩌면 일은 내게 구원이 아니었는지도 모른다. 그것은 증상이었을지도 모른다.

더는 이 끊임없는 모욕감을, 과거를 반복하고 미래를 두려워하는 일을 참을 수 없었다. 복합 PTSD가 어떤 기분인지 알고, 이런 삶을 살아가는 다른 방법이 있다는 걸 증명해줄 누군가가 필요했다. 그래서 나는 또 한 번, 스토리를 찾을 수 있는 믿음직한 기법인 인터넷 검색을 시도했다.

소셜미디어에 이런 글을 올렸다. "혹시 제가 아는 사람 중에 복합 PTSD를 앓는 사람이 있나요?" 아무도 "좋아요"를 누르지 않았다. 트위터에서 딱 하나의 답변이 달렸다. "그게 뭔지 검색해봤는데😵 이런… 검색 결과대로라면 완전 별론데요😞."[2] 절망에 빠지기 직전, 마침내 답변을 받았다. 한 지인—몇 년 전 잠깐 함께 일한 적 있는 뛰어난 기자로 여기서는 레이시라는 이름으로 부르겠다—이 내게 쪽지를 보내온 것이다. "복합 PTSD 최고! 진단을 받기까지는 엄청나게 까다롭지만 원인이 밝혀진 뒤로 인생이 완전히 바뀌었어요. 진짜 치유되기 시작했다니까요!"

나는 충격을 받았다. 레이시가? 레이시는 책을 계약한 사람이었다. 텔레비전에도 종종 출연했다. 머리카락도 근사했고, 부유한 지역의 부유한 동네 출신이다. 우리 회사 사람들도 레이시를 대단한 사람으로 여겼다. "레이시도 이 진단을 받았다는 말에 제가 얼마나 안도감을 느꼈는지 상상도 못 할 거예요." 나는 미친 듯이 손가락을 놀려 답장을 썼다. "복합 PTSD를 가진 사람은 다들 엉망진창일 거라고 생각하고 절망하는 중이었거든요. 그런데 레이시는 진짜 완벽해 보이는걸요!"

"전혀 완벽하지 않아요! 그런 사람이 세상에 어디 있겠어요?

하지만 정말 많은 치유를 이루어냈다는 이야기를 전해주고 싶어서 답장한 거예요. 앞으로 헤쳐나가야 할 일들이 많다는 사실을 받아들여야 했지만, 그럼에도 급속한 호전을 겪어서 몇 년 전만 해도 상상할 수 없었을 만큼 나아졌어요." 그러면서 레이시는 자신의 전화번호를 내게 남겼다.

우리는 잠시 문자메시지를 주고받았다. 나는 내 가장 깊은 두려움을 나눌 만큼 레이시와 잘 아는 사이가 아니었고, 한편으로는 그에게 부담을 주고 싶지 않았다. 하지만 레이시의 느낌표로 가득한 경쾌한 메시지를 보자, 최소한 살아남는 것이 불가능한 것은 아니라는 걸 알 수 있었다. 이 병에도 분명 다른 측면이 있을 터였다. 탈출구가 존재할 테니, 찾기만 하면 된다.

레이시는 치유로 가는 길은 멀고도 험할 거라고 말했다. 지금까지 사람 구실 하는 법을 처음부터 다시 배우느라 얼마나 고생했나 생각하면 맞는 말 같았다. 나는 이제 내 우울에만 주목하는 사람이 아니라 다른 이들을 지지해줄 수 있는, 행복하고 강인하고 독립적인 사람이 되는 법을 배우고 싶었다. 더 나은 친구가, 파트너가, 가족이 되는 법을, 영영 끊어지지 않는 관계에 힘을 쏟는 법을 배우고 싶었다. 사람들이 떠나고 싶어 하지 않는 그런 여자가 되고 싶었다. 그리고 겹겹이 쌓인 트라우마와 상처, 일 중독 아래 숨겨진 내 장점들이 있다면 가능한 한 살려내고 싶었다.

레이시는 그러기 위해서 시간과 공간이 필요했다고 말했다. 어색하고 새롭고 고통스러운 발견을 참아내는 연습을 하기 위해 대낮에 긴 산책을 해야 한다고. 압도감과 슬픔이 닥쳐올 때는 잠시 책 쓰기를 그만둘 수 있는 능력이 필요하다고. "중요한 건 나 자신을 잘 **돌보는** 법을 배우는 일이었어요. 나 자신에게 친절하게 대해주는 것이요." 레이시 덕분에 나는 내가 무엇을 해야 할지 확신할 수 있었다.

바로 다음 날인 4월 1일, 나는 평생 바라왔던 직장에 한 달 뒤 퇴사하겠다고 공식적으로 알렸다. 상사에게 말했다. "이제부터 치유가 제 일이 됐어요."

2부

고통.
엄청나게 많은,
빌어먹을 고통

12장

나는 늘 신경쇠약을 동경했다. 뒤틀린 질투심에 차 〈처음 만나는 자유〉를 열심히 봤고, 유명인들이 재활시설에 들어가는 걸 보면 부러웠다. 엄청난 특권 아닌가. 삶을 방치하고, 일하기도, 멀쩡한 척하기도 그만두고 그저 **무너져** 버릴 수 있다는 특권. 슬픔으로 부어오른 뇌의 솔기가 터지도록 내버려 둔 채 매일 울고, 심리치료를 받고, 보기 좋게 손질한 정원에 앉아 명상적 침묵 속에서 레모네이드를 마시며 시간을 보내는 것 말이다. 나는 내 집 월세 내기도 빠듯한데.

나는 손질된 정원이나 종일 심리치료사가 상주하는 고급 시설에 들어갈 돈은 없었다. 그러나 10년간 끊임없이 일하면서 식당에서는 제일 싼 음식을 주문하고 중고품 가게에서 쇼핑을 한 덕에 마침내 몇 달간 일을 쉴 만한 자금을 모았다. 마침내, 나만의 번아웃을 얻은 것이다.

이 또한 웬만한 사람은 누릴 수 없는 엄청난 특권임을 안다. 또, 내가 읽은 PTSD 관련 도서 중 한 권은 첫머리에서부터 진단을 받은 뒤 일을 절대 그만둬서는 **안 된다고** 쓰여있었다는 것도 안다—생존자가 치유되기 위해서는 구조와 목적이 필요하기 때문이다.

　그러나 내가 읽은 책들에는 여전히 위험에 처해 있는 상황에서는 PTSD부터 진정으로 치유되는 것이 불가능하다고도 쓰여 있었다. 실제로 안전하지 못한 상황에서는 자신이 안전하다고 믿을 수가 없고, 내 업무환경은 매일같이 나를 위협했기에, 나는 사직할 수밖에 없었다. 뿐만 아니라 나는 집중력을 잃지 않았다고 스스로에게 말했다. 일을 그만둔 뒤에도 구조와 목적을 유지할 것이라고. 어쩌면 치유를 내 직업으로 삼으면 어느 때보다도 더 생산적이 될 수 있을지도 몰랐다. 운이 좋다면 완전히 치유된 뒤 2018년 말에는 트라우마를 다루는 새로운 팟캐스트 기업의 CEO가 될 가능성도 있었다. 그래서 나는 우선 좋은 저널리스트라면 누구나 할 법한 일을 했다. 조사를 시작한 것이다.

　복합 PTSD에 대한 지식을 얻기 힘든 건 그것이 공식적으로 존재하는 질병이 아니기 때문이다. "복합 PTSD"라는 이름은 상대적으로 최근인 1990년대 심리학자 주디스 허먼이 만든 말이다. 또, 정신 건강의 바이블이라 할 수 있는 정신질환 진단 및 통계 편람(DSM)에 공식적으로 수록된 것이 아니기에 존재하지 않는다. 이 책에 없다면 진짜가 아닌 것이다. 몇몇 정신 건강 전문가들이 2013년 개정된 DSM 5판에 복합 PTSD를 수록하고자 힘썼지만 DSM의 배후에 있는 얼굴 없는 결정권자들이 ─ 나는 이 정신과 의사 집단을 후드를 뒤집어쓴 채 희생양인 아역 스타를 둘러싸고 주문을 읊어대는 형체들로 상상한다－그것이 PTSD와 지나치게 유사하다고 결론내렸다. "복합"을 붙일 이유도, 두 가지를 구분할 필요도 느끼지 못했을 것이다. 그러나 미국 재향군인 관리국과 영국 국가보건서비스는 모두 복합 PTSD를 정식 진단명으로 인정했다는 사실은 언급할 가치가 있다.

이런 이유로 복합 PTSD에 대한 문헌은 많지 않다. 있는 문헌이라 할지라도 건조하고 따분하며 첨단기술 분야 종사자 수준의 친절함과 감성지능을 담아 쓴 것들이다. 그럼에도 나는 간절히 이 병에 대해 알고 싶었기에 책을 여러 권 샀다. 모두 인상파 화가들의 애매한 그림에 매력 없는 서체까지 더해진 표지를 가진 것들이었다. 그렇게 나는 한 번에 한 페이지씩 고통스럽게 책들을 읽어나갔다.

책을 읽고 알게 된 건, 트라우마 경험을 통과하며 살아갈 때 우리의 뇌는 주변에서 가장 큰 위협이 되는 것들을 학습해 무의식 속에 위험의 근원으로 입력한다는 것이다.

예를 들면, 차에 치인 경험이 있다고 하자. 뇌는 차가 급브레이크를 밟는 소리, 이쪽으로 다가오는 전면 그릴의 모습을 입력한다. 그것들은 아드레날린과 코르티솔처럼 심박수와 혈압을 상승시키는 스트레스 화학물질을 뿜어내 우리가 충돌의 충격과 아픔, 앰뷸런스 소리에 집중하게 만든다. 그러나 동시에, 뇌는 무의식적으로 수천 가지 다른 자극들을 입력한다. 안개 낀 날씨, 교차로에 위치한 크리스피크림 도넛 가게, 그 차의 색상과 제조사와 모델명, 당신을 친 남자의 중서부식 억양, 그가 입고 있던 울버린

이 그려진 파란 티셔츠 같은 것들이다. 뇌는 이런 자극들과 교통사고의 아픔이 가진 강력한 관계를 뇌 속에 새겨넣는다.

이런 연관관계는 뇌 속에 그날 느낀 감정들과 함께 저장된다. 그 일이 언제나 전체 서사와 함께 저장되는 것은 아니다. 뇌는 크리스피크림 도넛과 교통사고 사이의 논리적 연관관계까지는 입력하지 않는다. 그저 **크리스피크림 도넛. 위험.**이라고만 입력될 수도 있다.

그 결과, 글레이즈드 도넛이라거나 울버린이 그려진 파란 티셔츠를 보는 것만으로도 이유 없이 불안해질 수 있다. 뇌는 생사가 달릴 정도로 중대한 신호를 품은 패턴을 인식하고, 반사적으로 그에 상응하는 정서 반응을 내놓는다. 이 반사작용은 공황발작처럼 큰 증상으로 발현될 수도 있지만, 갑자기 무척 침울해지는 등의 작은 증상으로 발현될 수도 있다. 그럴 때 당신은 오늘 아침 여자친구가 했던 약간 별로였던 말 때문에 짜증이 난 거라 결론짓고 여자친구에게 너 때문에 기분이 나쁘다고 문자 메시지를 보내기도 한다. 당연히 이 모든 것은 전혀 이성적이거나 논리적이지 않다. 그러나 두뇌는 이성적으로 작동하려 애쓰지 않는다. 그저 당신의 목숨을 구하려 애쓸 뿐이다.

누군가가 옆에서 총을 꺼내면 우리는 이 총의 제조사와 모델명에 대해, 총의 작동 방식이나 총알의 구경이며 그것이 끼칠 수 있는 피해의 정도에 대해 몇 분씩 생각에 잠길 여유가 없다. 총이 눈에 보이면 우리는 단 한 가지만, 그것도 빠르게 알면 된다. **몸을 낮춰. 움직여. 도망쳐.**

우리가 감정적 폭발이라고 여기는 것들, 가령 불안, 우울, 화가 나서 폭언을 쏟아붓는 것들이 언제나 옹졸하기 그지없는 정서적 결함인 것은 아니다. 그것은 우리의 뇌가 위협이라 입력한 것들로부터 우리를 보호하기 위해 설계된 반사작용일 수도 있다. 이 위협적인 입력이 바로 **트리거**trigger다.

트리거를 지녔다고 해서 당신이 작디작은 눈송이만큼이나 취약한 것은 아니다. 트리거가 있기에 우리는 인간이다. 모든 사람은 트리거를 지니고 있고, 없다 해도 언젠가는 가지게 될 것이다. 누구나 어떤 형태로건 트라우마를 경험하기 때문이다. 헤어진 애인이 당신을 볼 때마다 짓던, 짜증을 유발하는 멍한 눈빛. 할머니가 돌아가시기 얼마 전 설치한 환풍기 소리. 이런 트리거에 정서적으로 반응하는 건 완벽하게 건강한 일이다. 강력한 트라우마를 주는 사건을 경험하고, 그 트리거가 공황발작, 악몽, 블랙아웃, 플래시백 등의 증상을 유발하여, 그 정서적 반응이 심신을 약화시키는 경우에만 이런 트리거들이 PTSD로 간주된다.

그리고 트라우마 진단의 세계에서 **복합** PTSD가 특별히 더 지독한 것은, 복합 PTSD는 수년에 걸쳐 트라우마를 주는 사건에 반복적으로—백 번, 심지어 천 번—노출될 때 발생한다는 사실 때문이다. 이렇게 여러 번 트라우마를 겪게 되면 의식적·무의식적 트리거들은 셀 수도 없을 만큼, 설명할 수도 없을 만큼 불어난다. 실수를 해서 수백 번 두들겨 맞은 사람에게는 모든 실수가 위험하다. 수십 명의 사람들이 당신을 실망시켰다면, 세상에 믿을 만한 사람은 아무도 없을 것이다. 세계 자체가 위협이 되는 것이다.

　이런 문장들을 읽은 뒤, 나는 책을 내려놓고 몇 시간이나 벽을 쳐다보며 이 말이 내게 갖는 특수한 의미를 생각해보려 애썼다. 내가 가진 명백한 트리거들을 세어보기 시작했다. 나는 성을 내는 남자를 볼 때마다 그 사람에게 강한 분노를 느꼈다―그 사람이 내 상사건, 남자친구 조이건, 길에서 지나가던 모르는 남자건 마찬가지였다. 조이가 자기 볼 안쪽을 물어뜯거나 우리 아버지가 이를 악물었던 때와 똑같은 방식으로 턱에 힘을 주면 나는 무척 화가 나서 쏘아붙였다. "뭔데? 왜 그러는데? 뭐가 문젠데?" 그럴 때면 조이는 놀라고 혼란스러운 표정으로 나를 바라보곤 했다.

　"너 화났지." 나는 그렇게 우겼다.

　"나 화 안 났어." 그는 화가 나서 말했다. "왜 내가 화났다고 생각하는 거야?"

　"난 통찰력이 뛰어나거든! 사람들의 마음을 잘 읽는단 말이야."

　책에서 한 여자의 다양한 표정들이 찍힌 사진이 줄줄이 수록된 부분을 읽기 시작했다. 여자의 표정은 슬픈 표정에서 서서히 화난 표정으로 변해가고 있었다. 위스콘신대학교에서 진행한 어떤 연구에서, 연구자들은 이 사진들을 학대를 경험한 적 없는 아동들과 학대를 경험한 아동들에게 각각 보여줬다.[3] 학대를 경험한 아동들의 경우, 위협적이고 화가 난 표정을 담고 있다고 생각한 사진의 수가 일반적인 가정에서 자라는 아이들에 비해 많았다. 학대를 경험한 아동들은 아주 미묘하게 찡그린 표정에도 극도로 민감했다.

조이는 실제로 화가 났을까? 아니면 내가 편집증을 앓는 미친 인간이라서 이마를 살짝 찌푸린 것을 분노로 해석한 것일까? 무엇이 진짜일까?

내가 찌푸린 미간을 잘못 해석한다면, 내가 이렇게 잘못 해석할 수 있는 걸로는 또 어떤 것들이 있을까? 내 무의식 속에는 수없이 많은 트리거들이 존재할 테니, 이 세상에서 내 뇌가 거짓된 공포를 느끼는 대상들은 정확히 얼마나 될까?

나는 눈으로 거실을 훑었다. 젤리롤 펜? 십대 초반에 내가 많이 쓰던 펜이었다. 할로겐 램프? 우리 집에도 저런 것들이 있었다. 어린 시절 내가 자주 얻어맞던 장소인 우리 집 거실에는 큼직한 황제펭귄 포스터가 붙어 있었다. 그러면 펭귄까지도 이젠 무의식적 트리거라는 소린가? 나는 구글에서 "황제펭귄"을 검색한 뒤 남극을 뒤뚱뒤뚱 걸어다니는 펭귄 사진들을 보았다. 뚱뚱하고 귀엽기만 했다. 하지만 불안한 것 같기도 하고? 그러면 펭귄이 트리거인 걸까, 아니면 스트레스로 가득한 트라우마 관련 책들을 읽은 바람에 이미 트리거가 건드려져서 불안한 걸까? 무엇이 진짜일까?

꼬리에 꼬리를 무는 이런 질문들이 통상적인 PTSD와 복합 PTSD의 치유 과정이 지닌 미묘한 차이를 알려줬다.

만약 내가 앓는 것이 통상적 PTSD라면… 예를 들어, 내 인생의 가장 근원적인 트라우마를 안겨준 사건이 차에 치인 일이라면, 나는 아마 노출 치료를 통해 사고와 트리거를 분리하고 해소하는 법을 배울 수 있을 것이다. 매일같이 나를 안전하게 보호해 줄 사람과 함께 그 교차로를 건너 크리스피크림 도넛 가게 앞을 지나가는 식으로 말이다.

하지만 안타깝게도 내게는 하나의 근본적 트라우마가 있는 것이 아니었다. 내 트라우마는 수천 가지였다. 그렇기에 내 심각한 불안 증상은 책에 나오는 것처럼 "일시적인" 것이 아니었다. 성난 얼굴을 볼 때라든지 골프 가방에서 누가 골프채를 꺼내는 순간에만 일어나는 것도 아니었다. 내 증상은 지속적이었으며, 고착화된 존재 상태였다.

아, 그 공포.

트리거의 개수가 무한히 많다는 점 때문에 복합 PTSD는 통상적 PTSD보다 치유하기 어렵다. 그리고 이 책들에 담긴 생각대로라면, 이 고착화된 존재 상태 때문에 우리의 문제는 점점 더 심해진다.

베셀 반 데어 콜크의 《몸은 기억한다》는 복합 PTSD로 고통받는 이들에게 일종의 바이블 같은 책이다. 반 데어 콜크 역시 학대 가해자 혐의를 받고 있기에[4] 나는 그에 대해 엄청난 의구심을 품고 있지만, 그럼에도 이 책은 **실제로** 내가 복합 PTSD의 기본적인 사항을 이해하는 데 결정적인 도움을 준 첫 책이었다. 이 책에 실린 한 실험에서, 반 데어 콜크는 셋으로 나뉜 집단을 분석했다. 각각 아동기에 학대를 경험한 성인, 최근 가정폭력을 경험한 성인, 그리고 최근 자연재해를 경험한 성인이었다.[5] 모든 집단에서 외상 후 스트레스 장애 증상들이 나타났다. 그러나 자연재해 생존자들(대부분 단일 트라우마를 경험한 이들)의 증상은 아동학대 생존자들(대부분 복합 트라우마를 경험한 이들)과는 뚜렷한 차이를 보였다. 반 데어 콜크는 "아동기에 학대당한 성인들은 종종 집중력 문제를 겪었고, 늘 신경이 곤두서 있다고 불만을 토로했으며, 자기혐오로 가득했다. 그들은 친밀한 관계를 조율하는 데 크나큰 어려움을 느낀다"라고 썼다. "또, 그들의 기억에는 커다란 공백이 있으며, 종종 자기파괴적 행동을 벌이고, 다양한 의학적 문제를 가지고 있다. 이런 증상들은 자연재해 생존자들의 경우에는 상대적으로 드물게 나타난다."

즉, 복합 PTSD는 피해자들 내면에 여러 일관적인 방어적 특성 ─ 또는 성격적 기벽 ─ 을 만든다. 나아가 이런 특성들은 PTSD 환자들 사이에서도 특히 더 심각하다. 이 책들은 마치 우리에게 우리만의 고유한 문화가 있다고 말하는 것 같았다. 미국인들은 개인주의적이다. 중국인들은 집단적 선을 추구한다. 프랑스인들은 낭만적이며 치즈를 좋아한다. 그리고 복합 PTSD를 앓는 사람들은 사랑을 할 수 없는 자기파괴적인 드라마퀸이라고 말이다.

내가 이런 책들을 이토록 우울하게 해석하는 것도 그저 나의 "자기혐오적" 뇌가 과학적 연구의 결과들을 검은 렌즈를 끼고 살펴보는 것뿐인지 자문해봤다. 그런데, 어떤 책은 초기 아동기 트라우마 피해자들을 "자신과 타인에게 부담"이 되는 존재이자 "많은 이들이 피하고 싶어 하는 지뢰밭"이라고 묘사하기까지 했다.

나 자신을 이렇게 표현하는 글을 읽으면서 수치심으로 괴로워하지 않을 수가 있을까? 어떻게 이토록 유해한 특질들이라는 무거운 짐으로부터 다른 사람들을 보호하고 싶지 않을 수 있단 말인가?

책을 읽으며 가장 혼란스럽고 또 속상했던 것은, 복합 PTSD가 내 인격 안에 새겨져서, 나로서는 어디까지가 PTSD이고 어디부터가 나인지 알 수 없다는 생각 때문이었다. 복합 PTSD가 내가 가진 일련의 성격 특질들이라면 내 인격 전체가 유해하다는 것일까? 내 개인사의 전부가 유해한 것일까? 그러면 그 모든 걸 버리는 수밖에 없는 걸까? 복합 PTSD 진단을 받은 뒤 내가 사랑하던 모든 것이 의문의 대상이 되었다. 인삼 전복 수프를 좋아한다는 것에서부터 파티에서 말이 많다는 것, 회의 중에 낙서를 하는 것까지. 어떤 부분이 병적인 문제이며 어떤 부분은 괜찮은 건지 구별할 수가 없었다.

나는 이미 어머니에게서 물려받은 것들을 전부 지워버리려는 노력을 마친 뒤였다. 어머니가 비스코티를 잘 만들었기에 이제는 비스코티를 먹지 않는다. 꽃다발을 사면 어머니가 제일 좋아하던 꽃인 노란 장미는 뽑아내 버린다. 어머니가 했던 말들은 내가 사용하는 어휘들 속에서 지워버렸다. 하지만 우연히 어머니 사진을 보면, 내 손이 어머니의 손을 꼭 닮았음을 알게 된다. 어머니의 어깨 역시 마찬가지다. 나에게서 복합 PTSD를 지워버린다는 것은 내 쇄골을 빼버리는 것만큼이나 불가능한 일처럼 느껴졌다. 나는 정말 치유를 위해 나를 나로 만든 모든 걸 없애버려야 하는 것일까?

나는 이런 질문들의 답을 찾고자 책을 찾아봤다. 그 책들은 트라우마를 가진 사람이 **되지 않는 방법들**로 가득 차 있었다. 그 다음에는 우리의 잘못과 약점을 상세히도 나열했다. 하지만 어떤 사람이 **되는 법**에 품은 내 의문의 답은⋯ 고작해야 책 맨 뒤에 열 쪽, 많아야 서른 쪽 남짓 실려있을 뿐이었다. 학대를 당해 발달장애를 겪은 아동이 제대로 된 치료를 받아 회복탄력성을 기르고 나아가 마침내 또래 아이들과 비슷한 수행 능력을 가진다는 긍정적인 사례가 하나 실려있는 식으로 말이다. 그런 예에 등장하는 건 주로 아이들이었다. 아이들의 뇌는 더 말랑말랑해서 회복이 빠르다는 것이 이런 책들의 주장이었다. 반면 성인의 경우는 딱히 그렇지 않다고 말이다. **요가를 해보는 게 도움이 된다**고 책은 말했다. 《몸은 기억한다》를 비롯한 어떤 책들은 EDMR(Eye Movement Desensitziation Reprocessing, 안구운동 민감소실 재처리 요법)이나 뉴로피드백neurofeedback(뇌파 정보를 측정한 뒤 특정 뇌파를 조절해 패턴을 바꾸는 방식의 치료법 —옮긴이) 같은 정체불명의 값비싼 치료들을 추천했는데, 반 데어 콜크의 경고대로라면 이런 치료를 받더라도 효과를 보는 이들은 일부에 불과하다고 했다.

나는 희망을 찾고 싶어 책을 읽기 시작했지만, 책을 통해 얻을 수 있는 건 거의 없었다. 이 고통이 지나치게 오래 지속될까

걱정하지 않아도 된다는 것만이 유일한 희망이던 시절이 있었다.
최소한 나는 일찍 죽을 테니까.

13장

캘리포니아의 의료 네트워크인 카이저 퍼머넌트Kaiser Permanente
는 1995년부터 1997년까지 1만 7천 명 이상을 대상으로 아동기
트라우마 수준을 측정하는 설문을 수행했다. 설문에는 조부모가
정신적·신체적 학대를 가하거나 방치하는 성향을 가졌는가의 여
부, 부모의 이혼 여부, 물질 남용 여부 등을 묻는 질문들이 담겨
있었다. 이 연구는 아동기 부정적 경험(ACE) 연구라 불렸다.[6]
설문에 응답한 참여자들의 ACE 점수는 0점에서 10점까지 부여
됐다. 점수가 높을수록 아동기에 심한 트라우마를 경험한다는 의
미였다.

연구 결과는 놀라울 정도로 명확했다. 심한 아동기 트라우마
를 겪은 사람일수록 성인기의 건강이 나빴다. 또한 질병 감염 위
험 역시 크게 상승했다. ACE 점수가 높은 사람은 간 질환에 걸
릴 위험이 3배, 암이나 심장병 위험은 2배, 폐기종에 걸릴 위험은
4배 높았다.[7] 알코올중독에 빠질 위험은 7.5배, 우울증에 걸릴
확률은 4.5배, 그리고 자살을 시도할 확률은 놀랍게도 12배나 높
았다.[8]

과학자들은 스트레스가 실제로 독이라는 사실을 밝혀냈다.

우리 몸속에서 분비되는 코르티솔과 아드레날린 같은 스트레스 화학물질은 어느 정도까지는 건강한 것이다. 적당량의 코르티솔이 분비되지 않는다면 아침에 눈을 뜰 수도 없기 때문이다. 그러나 이 화학물질은 양이 늘어나면 독이 되고 두뇌 구조를 바꿀 수 있다. 스트레스와 우울증은 신체를 지치게 한다. 또, 아동기 트라우마는 우리의 말단 소립telomere에 영향을 미친다.

말단 소립이란 DNA 가닥이 풀리지 않게 끝을 여미고 있는 작은 지붕 역할을 한다. 나이가 들면 말단 소립은 점점 짧아진다. 그러다 말단 소립이 완전히 사라지면 DNA가 해체되기 시작하면서 암에 걸릴 확률이 높아지고 질병에 극히 취약해진다. 이런 경향 때문에 말단 소립은 인간 수명과 연결되어 있다. 그리고 여러 연구에 따르면 아동기 트라우마를 경험한 사람들의 말단 소립은 유의미할 정도로 짧다.[9]

결국 이런 연구들은 ACE 점수가 6점 이상이면 기대수명이 **20년** 줄어든다고 주장한다. ACE 점수가 6점 이상인 사람들의 평균 기대수명은 60세다.[10]

나는 6점이었다.

서른 살, 나는 이미 수명의 절반에 다다랐다.

내가 트라우마에 관해 공부하기 시작한 건 2018년이었다. 2년 뒤인 2020년, 최초의 ACE 연구에서 공동 연구책임자를 맡았던 로버트 F. 안다가 ACE는 아동기 트라우마를 측정하기에는 조악한 방식이었음을 밝히는 논문과 유튜브 비디오를 발표했다는 사실을 짚고 넘어갈 필요가 있겠다.[11] ACE 점수는 전염병학 분야, 그러니까 즉 아동기 트라우마가 공중보건에 미치는 전반적 영향을 탐구해야 하는 사람들에게는 도움이 되었다. 그러나 안다는 ACE가 개인의 수명이나 건강 결과를 측정하는 데는 적합한 척도가 아니라고 강조했다. 각 점수마다 큰 폭의 변동이 생길 수 있다. 예를 들면, ACE 점수가 1점이지만 트라우마를 극도로 자주 겪은 사람은 ACE 점수가 6점 수준이거나 더욱 폭넓은 형태의 사건을 드물게 경험한 사람만큼 심한 트라우마에 시달릴 수 있다는 것이다. 아래의 표에서 볼 수 있듯 중복되는 것들이 많다. 분명 ACE 점수가 높은 사람일수록 더 큰 위험을 마주한다. 그러나 점수가 고정불변의 결정 요소인 것은 아니다.

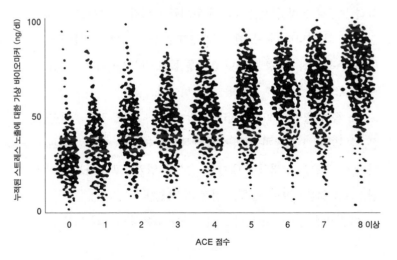

누적된 스트레스 노출에 대한 가상 바이오마커biomarker와 ACE 점수 사이의 관계

또한 ACE 점수는 아동에게 충분한 자원이 있었는지를 설명해 주지 않는다. 예를 들면 안전하고 따뜻한 관계를 제공한 성인, 스트레스 관리법을 알려준 심리치료사의 존재 여부 등이다. PTSD는 남성과 여성에게서 다르게 발현되지만, ACE 점수로는 젠더에 따른 차이가 설명되지 않는다. 안다는 논문에서 개인을 분석하는 용도로 ACE 점수를 이용하는 데는 위험이 따르며, ACE가 "낙인을 찍거나 차별로 이어질 수 있으며 (…) 독성 스트레스 생리학에 대한 환자의 불안감을 자아내거나 개인의 위험을 오분류할 수 있다"고 했다.[12]

2020년에 이 논문을 읽은 나는 무척 안심했지만, 이 논문이 나오기 전인 2018년에는 엄청나게 불안했고 낙인이 찍힌 기분이었다. 곧 죽을 거라는 생각이 떠나지 않았고, 사형선고를 받은 이라면 누구나 그렇듯 작은 존재의 위기를 겪었다. 흥분하고, 겁에 질렸고, 화가 났다―분노했다. 미래의 삶을 도둑맞은 기분이었다. 마추픽추 하이킹을 가거나 손주를 돌보거나 입체파 화풍으로 닭을 그리면서 보낼 수 있었을 세월 말이다.

내 몸이 병들어 만신창이라고 말하는 게 ACE 점수 때문만은 아니었다. 트라우마가 미치는 생물학적 영향을 표와 그래프, 다이어그램으로 설명하며 내가 뇌 손상을 입었다고 말하는 최신 연구들을 읽을 때마다 슬픔은 점점 더 커졌다.

아동기에 상당한 정도의 트라우마를 겪은 환자들의 뇌를 스

캔한 결과, 뇌의 **생김새가** 트라우마를 겪지 않은 이들의 뇌와는
달랐다.[13] 트라우마를 겪은 뇌는 일반적으로 두려운 감정과 연
관되는 부분인 편도체가 커지는 경향이 있었다. 말이 되는 소리
다. 그러나 연구는 여기서 끝이 아니다. 정서적 학대 생존자들의
경우, 뇌에서 자기인식과 자기평가를 담당하는 부분이 쪼그라들
고 얇아져 있었다.

아동기에 성적 학대를 겪은 여성들은 두뇌에서 신체감각을
받아들이는 부분인 체감각피질somatosensory cortices이 축소되어 있
었다. 고함에 시달린 적 있는 피해자들은 소리에 반응하는 방식
이 달라질 수 있다. 트라우마로 인해 두뇌에서 의미, 감정, 기억
인출, 타인의 감정 인식, 집중, 발화 등을 담당하는 부분들이 축
소될 수 있다. 수면 부족은 두뇌 가소성 발달과 집중에 영향을 미
칠 수 있고, 인생 후반에 정서적 문제를 겪을 위험성을 높인다.
그리고 적어도 나에게 가장 무시무시하게 느껴졌던 사실은, 아동
학대는 종종 중용, 의사결정, 복잡한 사고, 논리적 사고를 관장하
는 부분인 전전두피질prefrontal cortex의 두께가 얇아지는 결과를
낳기도 한다는 것이었다.

물론, 뇌에게 차선책이 없는 건 아니다. 편도체가 없어 두려움
을 느끼지 않는 사람들이 있다. 전전두피질이 얇은데도 무척 논
리적인 사람들도 있다. 뇌의 어떤 부분이 소실된다 하더라도 다
른 부분이 그 역할을 보완할 수 있다. 그러나, 전반적으로 존재하
는 수많은 증거들을 살펴본 뒤 나는 마음이 미어지는 것처럼 괴
로웠다.

특히, 전전두피질의 두께가 지능지수에 직접적인 영향을 미친다는 사실이 가장 두려웠다. 나는 비록 멋지거나 친절하거나 매력적인 사람은 아니라 해도, 내가 **유능한** 사람이라 생각할 수 있어 좋았다. 지적인 사람 말이다. 논문들은 마치 내가 아무리 똑똑한 사람이라 해도, 트라우마를 겪지 않았더라면 더 똑똑해질 수 **있었을** 거라고 말하는 것만 같았다. 또다시 의문이 들었다. **그래서 회사에서 내 제안이 통과되지 않았던 걸까? 상사가 날 존중하지 않은 것도 그래서였을까? 뒷방에 처박혀 지루한 잡무나 처리하게 된 것도 그 때문인 걸까?**

부모의 보호자 노릇을 하면서 나는 내게 통제력이 있다는 환상을 갖게 됐다. 경계를 늦추지만 않으면 어떤 재난이든 막을 수 있다고 말이다. 하지만 논문을 통해 알게 된 건강 결과는 내가 틀렸음을 입증했다. 오히려, 그 경계심이 나를 무너뜨렸다.

〈디스 아메리칸 라이프〉에서 일하던 시절의 동료인 데이비드 케스텐바움은 자유의지가 실존하는가에 관한 스토리를 보도한 적 있었다. 스케이트를 타다가 머리를 다친 데이비드의 친구가 일시적으로 기억상실을 겪었다는 이야기였다. 그가 들것에 누운 채로 무슨 일이 일어난 거냐고 묻자, 그의 아내는 "당신 넘어져서 얼음에 머리를 부딪쳤어"라고 대답했다. 그러자 그는 말했다. "이런 식으로 얼음 위를 떠나고 싶지는 않았는데." 하지만 잠시 후, 그는 방금 한 대화를 전부 잊어버리고 말았다. 그는 또다시 무슨 일이 일어난 거냐고 물었고, 아내는 또 대답했다. 그렇게 그는 똑같은 농담을 자꾸만 반복했다. "이런 식으로 얼음 위를 떠나고 싶지는 않았는데." "이런 식으로 얼음 위를 떠나고 싶지는 않았는데." 단기기억상실증의 흔한 증상이다. 환자는 되감기와 재생을 반복하는 녹음기처럼, 단어 선택과 억양마저도 바꾸지 않고 똑같은 이야기, 농담, 질문을 끝없이 되풀이한다.

우리의 뇌는 가장 기초적인 세포들과 마찬가지로 **자극**과 **반응**이라는 궤도를 따라 작동한다. 뇌란 특정한 자극을 입력하면 매번 같은 결과가 나오도록 특수하게 프로그래밍된 기계인 셈이다. 데이비드는 그러한 발견을 양자역학과 확률로 입증할 수 있다고 말했다. 우리의 두뇌 회로에는 무작위적 결과라거나 프로그래밍이 지시하는 것 외의 다른 결과를 도출할 수 있는 여유가 전혀 없다고 말이다. 그는 이 주제로 《행동》이라는 책 한 권을 쓴 신경과학자 로버트 새폴스키를 인터뷰했다. 새폴스키는 우리가 근육을 움직이는 과정을 이렇게 설명했다. "근육이 무언가를 했다는 것은, 우리의 운동피질 속 뉴런이 근육에게 그 행동을 하라는 명령을 내렸다는 것입니다. 그리고 뉴런이 발동했다는 것은 1000분의 1초 전 무수히 많은 다른 뉴런들의 입력을 받았다는 의미입니다. 또, 이 다른 뉴런들이 발동한 것 역시 1000분의 1초 전 또다른 뉴런들의 입력을 받았기 때문이고요. 이런 식으로 작동하는 경로 속에서 별안간 물리법칙과 이온, 채널 등으로 설명할 수 없는 행동을 하는 뉴런이 있다면 제게 보여주시죠. 자유의지와 유사성을 가진 뉴런이 있다면 제게 보여주시지요. 그런 뉴런은 존재하지 않습니다."[14]

두뇌를 다룬 온갖 논문들을 읽은 뒤 데이비드의 에피소드를 다시 들었다. 내가 여태 알게 된 것들과 궤를 같이하는 이야기 같았다. 즉, 내 두뇌는 어린 시절의 경험이 프로그래밍한 예측 가능한 컴퓨터라는 것. 코드대로 작동한다는 것. 자극을 주면 반응한다. 자극, 반응. X를 입력하면 Y라는 결과가 나온다. 무조건 그렇다.

이 전제가 문제가 되는 이유는, 다른 아이들에게는 사랑과 다정함을 심어주는 프로그래머가 있었던 반면 내 프로그래머들은 사악한 이들이었다는 것 때문이다. 내 코드는 결함투성이다.

가장 먼저 본능적으로 찾아온 생각은 버그를 삭제해버리고 싶다는 거였다. 나의 끔찍한 코드를 시스템에서 완전히 삭제해버리고 싶다고. 잠깐이지만, 예전에 세웠던 계획이 다시 떠올랐다. 일산화탄소, 수면제. 하지만 이 계획에는 대가도 따를 것이다. 과거에 내가 치유를 위해 해온 노력들은 나를 고쳐주지는 못했을지 몰라도 다양한 사람들로 이루어진 관계망에 나를 정서적으로, 또 직업적으로 꿰매어 붙이며 나를 이 세상 속에 짜 넣었다. 내게는 나를 아끼는 친구들이, 내게 의지하는 후배들이 있었다. 또, 조이도 있었다. 이 관계망 속에서 나를 잘라낸다면 주변 사람들 모두를 아프게 할 커다란 구멍이 뚫리고 말 것이다. 이 모든 노력을 한 이유가 더는 누구도 아프게 하고 싶지 않아서였는데 말이다.

그러니까, 불가능한 도전을 받아들이는 수밖에 없는 것 같다. 젠장, 운명 그 자체와 맞서 싸우라니, 너무 큰 과제가 아닌가?

14장

내가 **자극**과 **반응**이라는 무한한 순환에 갇혀있고, 그 반응을 변화시킬 수 없는 존재론적 진퇴양난에 처한 거라면… 어쩌면 자극을 바꿀 수 있을지 몰랐다. 두뇌를 해킹할 수 있을지도 몰랐다.

일을 그만둔 건 결정적인 첫 단계였다. 폭언을 쏟아내는 상사가 주는, 스트레스를 유발하는 자극에서 벗어난다는 것은 이에 따르는 반응 역시 일어나지 않는다는 뜻이었다. 동료들을 바깥으로 불러내서 담배를 피울 필요도 없었다. 매일 밤 저녁을 먹는 동안 조이에게 상사 이야기를 한탄할 필요도 없었다. 내가 역대 최악의 라디오 프로듀서라는 생각을 끊임없이 할 필요도 없었다. 즉, 일을 그만둔 것 자체가 하나의 성취였다.

다음으로 나는 《감정은 어떻게 만들어지는가?》를 쓴 신경과학자이자 심리학자인 리사 펠드먼 배럿에게 연락했다. 배럿은 우리 몸에는 정해진 숫자의 물질대사 자원이 있다고 했다. 생각을 하고, 새로운 것을 배우고, 상황에 맞는 호르몬을 생산하려면 일정량의 수면, 물, 영양이 필요하다고 했다. 이런 것들을 모두 얻지 못하면 몸은 "적자 운영" 상태에 처한다.

하지만 우리는 몸이 적자라는 걸 잘 모른다. 우리는 배고픔과 휴식, 지루함 레벨이 화면 아래쪽 조그만 상태 바에 나타나는 게임 〈심즈〉의 세상에 살고 있는 게 아니기 때문이다. 배럿의 설명대로라면, 탈수 상태라고 반드시 갈증을 느끼는 건 아니고, 때로는 피로를 느끼기도 한다. 배가 아플 때도 몸은 생리통인지, 복통인지, 똥이 마려운지 모른다는 것이다. 어쩌면 배가 **아프다는** 사실 자체도 한참이나 깨닫지 못할 수도 있다. 이는 비단 PTSD를 앓는 사람들에게만 나타나는 현상이 아니다. 우리 모두 일상적이고 보편적으로 신체적 해리를 겪는다. 기분이 더러운 건 꼭 특정한 트리거 때문에 화가 난 게 아니라, 물질대사적으로 적자 상태에 놓인 것일지도 모른다. 그렇기에 몸이 **"과자가 필요해!"**라고 울부짖고 있을 때, 우리는 배고픔으로 인한 짜증을 엘리베이터 안에서 땀투성이로 거친 숨을 토해내는 불쌍한 얼간이에게 투사할 수도 있는 것이다.

하지만 배럿은 PTSD가 이런 경향을 더 악화시키는 것은 사실이라고 했다. PTSD는 신체의 다양한 시스템에 영향을 미쳐 모든 걸 엉망으로 만들어 버린다. 심장이 더 빨리 뛰고, 폐가 더 거칠게 움직일 수 있다. 우리 몸의 예산이 더 쉽게 균형을 잃을 수 있다. 그렇게 되면 몸의 적자 상태에 대한 과잉 반응이 일어날 수 있다.

"잠을 잘 자고, 운동을 하고, 건강한 음식을 먹도록 하세요." 더 나은 사람이 되려면 어떻게 해야 하는지 내가 묻자, 배럿은 그렇게 대답했다. 그것만으로는 충분하지 않을 것 같다고 반박하자, 배럿은 친절하게 말을 이었다. "가능한 한 책임감을 갖는 게 중요해요. 또, 때로는 성공 여부보다는 시도를 했다는 사실 자체가 더 중요하죠." 그러더니 그는 혼자 웃었다. "꼭 유대인 어머니 같은 말이었네요!"

그러니까, 내 두뇌를 해킹하기 위한 첫 단계는 나의 뇌에 충분한 산소와 영양을 공급해주는 것이다. 나는 병아리콩 파스타와 콜리플라워를 많이 먹는 공격적인 식이요법을 시작했다. 뉴욕 전역에서 필라테스, 복싱, 고강도 인터벌 트레이닝 등의 피트니스 수업을 들을 수 있는 앱을 설치한 뒤 일주일에 3회씩 운동 수업에 참여했다. 견과류와 건과일을 챙기고 커다란 물병으로 물을 쉬지 않고 마셨다. 술과 담배는 완전히 끊었다. 매일 밤 8시간씩 잤고, 스스로를 속이지 않도록 핏빗Fitbit(활동량을 측정하는 스마트 워치의 제품명 ─옮긴이)을 찼다.

이런 노력은 어떤 면에서는 도움이 됐다. 신체 에너지가 늘어났다. 두 다리가 더 튼튼하고 유능해진 것 같다. 운동 덕분에 잠깐씩 기분이 나아지기도 했다. 그러나 정신적 에너지는 극도로 고갈된 상태였다. 장 본 물건을 잔뜩 지고 지하철 계단을 달려 올라갈 수는 있었지만 이메일을 보내려 소파에서 몸을 일으키지는 못하는 건 매한가지였다.

어느 봄날, 솜사탕 같은 분홍색 벚꽃이 흐드러지게 핀 길을 지나 지하철을 타러 가던 나는 갑작스러운 불안감에 사로잡혔다. 분명 뭔가를 잊어버린 게 틀림없다는 생각이 들었다. 스토브를 껐던가? 혹시 누구에게 전화하기로 했던 것 아닐까? 병원 예약을 놓친 게 아닐까? 내가 뭔가 잘못한 것 같다는 생각이 너무나 강하게 들었던 나머지, 지금이라도 집으로 돌아가야 하지 않나 고민했다. 하지만 무엇이 나에게 트리거가 되었으며 어째서 이런 일이 벌어지는지 알 수 없었던 와중에도, 한 가지 사실만은 분명했다. 이 공포는 내 몸에서 나오는 것이 아니었다. 내가 충분한 휴식을 취했고, 잘 먹었고, 건강하다는 사실은 내가 하는 행동들로 입증할 수 있었다. 그러니 이 불안감은 몸이 아닌, 마음속 축축한 뒷골목에서 나오는 것임이 분명했다.

나는 생각했다. **이젠 용기를 끌어모아 내 마음속으로 들어가 불안감의 근원을 찾아보는 수밖에 없겠어.**

15장

그레첸 슈멜처Gretchen Schmelzer는 탁월하면서도 상냥한 책《트라우마를 지나는 여정Journey through Trauma》의 5쪽에서 이렇게 주장한다. "여러분 중에는 (트라우마를 치료하기 위해) 심리치료사를 선택하는 이들도 있을 것이다. 정신과 의사, 심리학자, 사회복지사, 상담사일 수도 있고, 성직자일 수도 있다. 또, 집단치료의 형식을 택하는 이들도 있을 것이다. 그러나 처음부터 솔직하게 말하겠다. 치유를 위해서는 도움이 필요할 것이다. 여러분은 이 주장의 허점을 찾고, 혼자 힘으로 해결하려 들겠지만, 그래도 이 부분에 있어서는 내 말을 믿기를 바란다. 혼자 힘으로 해낼 수 있는 방법이 있었더라면 나도 그 방법을 알아냈을 것이다. 이 구멍을 나만큼 샅샅이 들여다본 사람은 없었다."[15]

진단을 받은 뒤 나 역시 한동안 그 구멍을 찾아다녔다.

복합 PTSD를 앓는다는 것이 얼마나 큰일인지 깨달아가면서, 진단명을 좀 더 빨리 알려주지 않은 서맨사에게 미치도록 화가 났다. 숨겨서는 안 되는 일 아닌가? 애초부터 내 정신 건강을 놓고 이루어진 대화에 있어 복합 PTSD라는 진단이 핵심 주제였어야 하지 않나?

나는 서맨사에게 내가 느끼는 감정을 털어놓고, 왜 복합 PTSD에 관해 더 솔직히 말해주지 않았느냐고 물었다. 서맨사는 우리의 치료 첫 회기에서 자신이 그 이야기를 **했었다고** 했다. 하지만 그건 8년 전의 일이다. 치료 첫 회기는 내게 낯설고 새로운 것이었기 때문에 사소한 차이처럼 들리는 **복합**이라는 단어를 놓쳤을 것 같다. 다시 그 이야기를 꺼내지 않았던 건, 내가 우울한 상태일 때는 이 진단의 무게로 내게 더 큰 부담을 얹어주고 싶지 않았고, 기분이 좋을 땐 내 기쁨에 먹구름을 드리우고 싶지 않아서였다고 했다. 서맨사는 그게 나를 보호하기 위해서였다고 주장했고, 아무리 애정을 담아 내린 판단이었다 해도 잘못된 판단이었을지도 모른다는 생각이 지금에서야 든다고 했다.

나는 서맨사에게 설명해줘서, 그리고 오랫동안 나를 도와줘서 고맙다고 했다. 그러나 서맨사의 사랑과 지지가 고마운 것과는 별개로 앞으로 치료를 지속할 수 없다는 생각이 들었다. 우리 사이의 소통 부재가 기만이나 마찬가지라는 생각이 들어서였다. 내겐 새로운 사람이 필요했다.

실력 있는 심리치료사가 내게 치유의 방향을 일깨워줄 수 있음을 나는 알았다. 지난 수년간 서맨사로부터 정말 큰 도움을 받았으니까. 또, 나와 잘 맞는 심리상담소에 있을 때는 안전한 기분이 든다는 것도 알았다.

그러나 새로운 심리치료사를 찾고 싶은 생각은 정말이지 조금도 들지 않았다.

내면 깊숙이 자리한 광기에 가까운 불안감을 지적해줄 사람을 찾아다니는 일은 하나도 신나지 않는 일이다. 이에 더해, 미국의 의료체계 속 어리석은 관료주의는 이 귀찮은 일을 고문에 가까운 것으로 만들어 버린다.

당신이 미국 중산층이라면, 그 절차는 이렇게 진행된다. 우선, 보험사에 연락해 보험 적용을 받을 수 있는, 몇 안 되는 심리치료사들 명단을 요청한다. 이 명단에 있는 이름 대부분은 면허를 지닌 임상 사회복지사거나 면허를 지닌 정신 건강 상담사다. 실력이 뛰어나고 경력도 풍부할지 모르나 학력이나 경험에 있어서 심리학자나 의학박사보다 부족한 건 사실이다. 더 자세히 알아보다 보면 이 치료사들 중 일부의 경우 보험 적용이 불가능하거나, 이미 예약이 꽉 차 있다는 것을 알게 된다. 또, 시간이 **있는** 경우에도 그쪽에서 **당신을** 치료하는 데 관심이 없을 수도 있다. 저소득층 흑인은 중산층 백인에 비해 진료 예약이 성사될 가능성이 80퍼센트 낮다는 연구도 있다.[16] 또, 심리치료사들은 트라우마를 치료하는 과정에서 분노란 당연하고, 또 유익한 감정이라는 것을 머리로는 알지만, 그렇다고 해서 전화통화로 화난 목소리를 듣고 싶어 하지는 않는다. 나와 대화한 정신 건강 전문가들 중 여러 명이 심리치료사들은 위협적이거나 무서워 보이는 성난 고객들을 피하는 경우가 많다고 알려주었다.

심리치료사들은 YAVIS라고 불리는, 젊고Young, 매력적이고Attractive, 언어구사가 원활하고Verbal, 지적이고Intelligent, 성공한

163

Successful 고객들을 선호한다.[17] 자신의 내적 작동에 호기심을 느끼고 이를 파헤치는 데 열의를 보이며, 이미 〈뉴요커〉에 실린 심리학 기사들을 읽어서 **메타인지**와 **일치성**congruence 같은 용어에 익숙한, 호감 가는 고객들을 좋아하는 것이다. 당신이 〈필라델피아는 언제나 맑음〉(2005년부터 방영된 미국의 최장수 시트콤 — 옮긴이) 같은 걸 보는 보통 사람이라면 잘된 일일 것이다.

하지만 이렇게 운이 좋아서 면허를 지닌 임상 심리학자와의 예약에 성공했다고 치자. 당연히 그 사람은 백인이고(미국의 심리학자 중 86퍼센트가 그렇다) 이는 당신이 유색인인 경우 이상적인 상황은 아니다. 하지만 뭐, 상관없다 치자. 당신은 보험 처리를 위한 공식적인 진단을 받기만 하면 되니까. 당신은 자신이 복합 PTSD를 앓고 있다고 확신하지만, 이 병은 DSM에 등재되어 있지 않기 때문에 치료사는 당신에게 이 진단을 내릴 수 없다. 당신이 든 보험은 DSM에 등재된 질병의 치료를 위해서만 상담 회기를 부여하기 때문이다. 대부분의 보험은 불안장애 상담 6개월, 우울증의 경우에는 10개월에 해당하는 상담 치료 비용을 보장해줄 뿐이다. 마치 그 기간 안에는 **반드시** 호전되어야 한다는 듯이. 복합 PTSD가 DSM에 등재되지 않았다는 사실이 낳는 또 한 가지 결과는, 심리학자가 복합 PTSD 치료를 위한 훈련을 받지 못했다는 사실이다. 그는 복합 PTSD가 실제로 존재하는 진단이라 믿지 않는다고 말한다. 그러면서 자신이 다룰 수 있는 양극성 정동장애, 즉 조울증 같은 다른 질환을 앓고 있는지를 확인하려 검사지를 작성하게 한다. 이쯤에서 자신감을 잃어버린 당신은 치료를 그만둔다.

인터넷을 뒤지다가 당신은 정말 괜찮아 보이는 유색인 여성 치료사를 발견한다. 그는 복합 PTSD 치료에 특화된 훈련을 받았다고 한다. 그 사람의 웹사이트는 당신이 공감할 수 있는 말들로 도배되어 있어서, 마치 그 사람이라면 진정으로 당신을 이해할 것만 같다. 하지만 그가 제공하는 치료는 보험 처리가 불가능하다(전체 의료인 중에서 정신과 의사들의 보험 적용 가능성은 45퍼센트 정도로 가장 낮다.[18] 또 대부분의 경우 자격 요건이 가장 뛰어난 의사들은 보험을 받아주지 않는다). 그렇다고 상대를 탓할 수는 없다. 당신은 사무실 임대비용을 비롯한 행정비용이 상승했음에도 불구하고 보험사가 심리치료사들에 대한 배상 비율을 20년째 올리지 않았음을 인터넷을 통해 알게 된다. 심리치료사가 오로지 보험사의 배상 비율에 의존한다면 그들의 연평균 소득은 5만 달러일 텐데,[19] 나쁘지는 않지만 **의사**한테는 대단치 않은 액수다. 그렇기에 이 멋진 여성 심리치료사는 45분간의 상담 1회기당 250달러를 청구한다. 주 1회 만난다면 한 달에 지불하는 금액이 당신의 집세와 맞먹는다. **나는 행복해지기 위해 얼마까지 지불할 수 있을까?** 그렇게 자문해보게 될 것이다. **한 달에 천 달러를 낼 가치가 있는 일일까? 행복해지기 위해 빚더미에 오를 가치가 있을까?** 이 정도 돈이면 매달 마이애미에서 호화로운 주말을 보낼 수도 있다. 어쩌면 그 방법으로도 행복해질 수 있지 않을까?

당신의 유일한 선택지는 복합 PTSD가 실존한다고 믿지 않는 심리학자뿐이라는 사실을 깨닫고 그에게로 돌아간다. 그는 당신에게 중증우울증이라는 진단을 내린다. 그러나 몇 달이 지나도 도무지 나아지는 기미가 없다. 당신은 타인이 도와줄 수 있는 선을 넘어선 게 자기 잘못이라 생각하게 된다. 그저 너무 심하게 망가진 나머지 고칠 수가 없는 거라고. 그러다 결국 치료를 그만둔 당신은 실패자가 된 기분이 든다.

아니면 당신이 마술처럼 몇천 달러를 상속받은 덕분에 원하는 심리치료사를 마음껏 선택할 수 있다고 치자. 그런 경우라 할지라도 치료 과정이 수월하다는 법은 없다. 완벽하게 자격을 갖춘, 유능한 심리치료사인데도 그 사람의 얼굴을 보면 스트레스를 받아서 거부감을 느낄 수도 있다. 아니면 그 사람이 당신을 지나치게 재단하는 것만 같은 기분이 들어서. 아니면 그 사람이 이메일을 보내다가 당신을 비롯한 고객 모두를 숨은참조가 아닌 참조로 기입해 모두의 이메일 주소를 노출하는 실수를 저지른 바람에 다시는 그를 믿을 수 없다는 생각이 들어서. 모두 치료를 중단하기 충분한 사유다. 당신이 원하는 건 믿을 수 있고, 당신과 정말 잘 맞는 사람이다. 딱 맞는 심리치료사를 만나는 것은 (술, 섹스, 재미가 전혀 없다는 점 빼면) 데이트와 마찬가지로 시간이 필요한 일이다. 또, 데이트와 마찬가지로 딱 맞는 상대가 당신의 삶을 긍정해줄 수 있다 할지라도, 그 사람을 만나기까지의 지난한 과정에서 사기가 꺾여버린 바람에 과연 그만한 가치가 있는 일인가 하는 생각이 든다.

대학 시절에 나는 형편없는 심리치료사들을 몇 명 만났다. 나비넥타이를 매고 내게 작업을 걸던 남자. 내가 어린 시절 이야기를 할 때마다 디킨스의 비극적인 소설 이야기라도 듣는 것처럼 한숨을 푹푹 쉬어대던 여자. 내게 프로작을 처방하려던 정신과 의사도 있었다. 나는 《멋진 신세계》를 인용했다. "저는 열정이 무엇인지 알고 싶어요! 강렬한 감정을 느끼고 싶다고요!" 그러자 그는 이렇게 대답했다. "저는 열정이란 화학적 불균형일지도 모른다고 생각합니다."

그러다가 다행스럽게도 서맨사를 만났던 것이다. 그런데 이제는 새로운 심리치료사가 필요했다.

서른 살이 되었는데도, 좋은 심리치료사를 찾아내는 법을 아는가 하는 문제에 있어서는 열아홉 살 때와 다를 바가 없는 것 같았다. 나는 "복합 PTSD 치료사 뉴욕"이라고 검색해서 맨 처음 나온 사람을 만나러 갔다. 누구든 3개월 내로 치료할 수 있다고 장담하는 남자였다. 그는 시간당 2백 달러를 청구했지만, 12회 안에 끝난다고 생각하면 괜찮은 액수 같았다. 나는 그와의 면담을 딱 한 번밖에 진행하지 않았다. 1시간 동안, 그는 내가 하는 말 중 단 한마디도 제대로 듣지 않았다. 그는 나보다 말을 두 배나 더 많이 했고, 내가 트라우마와 연관된 키워드를 말할 때마다 내 말을 가로막고는 프리스비를 물고 온 골든리트리버처럼 신이 나서 나를 환자로 진단하려 들었다. "아, 알겠습니다! 당신은 안정감을 얻고자 남자친구에게 의지하는군요. 즉, 당신은 공의존적 codependent입니다! 애정결핍이 심하다는 것이지요! 아, 하지만 당신이 상대를 만날 때 상대 또한 힘들었던 상황이었으니, 당신도 그에게 도움이 되었을 거라고요? 그건 당신이 혼란, 그리고 상처 입은 새들에게만 끌린다는 뜻입니다!" 고작 3개월이라 한들 도저히 버틸 수가 없었다. 내 말이 끝나기도 전에 상대가 경쟁이라도 벌이듯 답을 쏟아내는, 퀴즈쇼 〈제퍼디!〉에 출연한 기분으로 남은 회기들을 보내고 싶지 않았다. 나는 그에게 어처구니없을 만큼 큰돈을 지불한 뒤, 그가 내게 맹렬하게 쏟아낸 병명들로부터 회복하느라 두 달을 써야 했고, 조용한 순간마다 **공의존! 애정결핍! 난 오로지 망가진 것들만 사랑해!** 하며 스스로를 다그쳐 댔다.

또 다른 여성 심리치료사를 만났을 때는, 그와는 정반대 이유로 상담을 한 번밖에 진행하지 못했다. 너무 말이 없었던 것이다. 내가 하는 말에는 거의 아무런 반응을 보이지 않고, 줄곧 "그래서 어떤 기분이 들었습니까?" 묻기만 했다. 으, 지겨워 죽겠다. 이럴 거면 집에서 공짜로 혼자 떠드는 게 낫겠다.

그다음에 만난 심리치료사는 면담 중에는 유능해 보였다. 그런데 그날 오후, 그가 내 휴대폰에 긴 음성 메시지를 남겼는데, 아무래도 실수로 번호를 누른 모양이었다. 자기 아이와 지칠 대로 지친 채 말씨름을 하는 내용이 녹음되어 있었던 것이다. "안 돼, 방 청소를 하지 않으면 엄마는 아무것도 안 줄 거야. 안 돼, 엄마 없이 혼자 똥을 눠야 해." 아이가 이겼다. 나는 그에게 다시 연락하지 않았다. 솔직히 말해 부당한 일이었지만, 그래도 나는 그 사람이 아이의 똥 문제로 벌인 고된 말씨름을 못 들은 척 면담을 계속할 수 있을 것 같지 않았다.

그와 동시에 나는 책을 읽으면서 통상적인 대화 치료가 복합 PTSD 환자에게 사실상 특별한 효과를 발휘할 수 없음을 입증하는 내용들을 몇 가지 발견했다. 베셀 반 데어 콜크는《몸은 기억한다》에서 "말로 표현할 수조차 없는 트라우마적 사건"을 겪은 이들에게는 대화 요법이 소용없을 수도 있다고 썼다. 자신의 트라우마 경험으로부터 과도한 해리를 겪고 있으며, 과도하게 거리를 두고 있으므로 대화 요법이 효과를 보기 어렵다는 것이다. 이들은 자신의 감정을 전달할 수 없는 것은 물론 이 감정에 접근할 수조차 없다. 반대로 어떤 경우에는 환자가 지나친 각성 상태에 있기 때문에 힘든 기억에 다가갈 때 괴로움을 느끼고, 기억을 되새기는 행위 자체가 또다시 트라우마를 안길 수 있다. 어느 연구에 따르면 강제로 자신의 트라우마 경험을 이야기한 사람들 중 10퍼센트는 이후 증상이 심화되었다고 한다.

40에서 60퍼센트에 이르는 사람들이 심리치료를 도중에 그만둔다. 대부분은 첫 2회기 사이에 그만둔다. 또, 적확하고도 기술에 기반한 대화 치료skill-based talk therapy조차도 PTSD에는 효과가 없음을 보여주는 통계도 정말 많았다. 환자들이 부정적인 행동 패턴을 없애고 전략적으로 긍정적인 패턴을 연습하게 하는, 일종의 대화 치료인 인지행동치료(CBT)는 널리 쓰이는 PTSD 치료법이다. 그러나 통계에 따르면 이 또한 효과가 없다. 74명의 환자를 대상으로 한 연구 결과 CBT를 통해 호전된 환자는 8명이었는데, 아무런 치료를 받지 않고도 호전된 환자가 4명이었다.[20]

그럼에도 복합 PTSD를 가진 내 친구 레이시는 **자신의** 심리치료사가 크게 도움이 되었다고 했다. 그의 도움 덕분에 무너진 삶을 다시 일으켜 세우고, 선을 긋고, 자신을 좀 더 잘 보살필 수 있었다고 했다.

이 또한 데이트를 연상시켰다. 딱 맞는 상대를 찾기 전까지, 세상 그 어떤 일보다도 괴롭고, 시간 낭비 그 자체라 느껴진다는 점이 그랬다. 또, 그 상대를 만나기만 하면 지금까지 했던 노력은 물론 온갖 불만과 눈물마저도 그만한 가치가 있다는 생각이 든다는 점에서도 비슷하지 않나?

나는 이 일에 그만한 가치가 있기만을 진심으로 바랐다.

16장

《몸은 기억한다》에서 베셀 반 데어 콜크는 EMDR, 즉 안구운동 민감소실 재처리 요법(Eye Movement Desensitization and Reprocessing)이라는 치료에 관해 썼다. 눈을 좌우로 움직이면서 과거의 트라우마를 떠올리는, 최면을 연상시키는 이상한 치료다. 너무 간단해서 속임수 같은 치료법이지만 반 데어 콜크는 이 치료법을 극찬했다. 그는 45분짜리 EMDR 치료를 단 한 번 받은 환자가 자신을 바라보면서, "그는 나와의 시간이 너무 불쾌했기에 앞으로 그 어떤 환자에게도 나를 추천해주지 않을 거라고 말했다. 한편, EMDR 치료가 아버지의 학대에 대한 문제를 해소해 주었다고도 말했다"고 썼다. **해소했다니!** 반 데어 콜크의 말대로라면 EMDR은 "환자와 치료사 사이에 신뢰 관계가 이루어지지 않았을 때조차" 도움이 되는 치료라고 했다. 그러나 EMDR은 성인기에 시작된 트라우마에 대해 더욱 효과를 발휘하며 아동기 트라우마 생존자 중 치료에 성공한 사람은 9퍼센트에 지나지 않았다고 했다. 하지만 이쯤 되니 9퍼센트도 0퍼센트보다는 나아 보였다. 나에게는 9퍼센트라는 횃불을 무시할 여유가 없었다.

뉴욕 내의 EMDR 치료사 중 내 보험을 받아주는 사람은 딱

한 명 있었다. 그의 상담소는 월스트리트 근처 경제지구에 있었는데, 치료실의 크기는 큼직한 주유소 화장실만 했고, 그 공간의 매력 또한 그 정도였다. 사방이 종이투성이였다. 서류를 대충 욱여넣은 마닐라지 봉투들이 방 안을 빙 둘러싸고 있었다. 소음이 엄청난 에어컨은 작동하다 말다 했기에, 잡화점에서 샀음 직한 15센티미터쯤 되는 분홍색 선풍기 두어 대가 바닥에 놓여 발치에 뜨거운 바람을 불어대고 있었다. "엘리너"는 꼬불꼬불하고 숱 많은 회색 머리가 얼굴을 둥지처럼 감싸고 있는, 작고 여린 체구를 가진 여자였다. 자꾸만 마른기침을 했으며 면담 때마다 몇 분씩 늦었다. 하지만 회기당 비용이 30달러였던 데다 내가 그 사람을 좋아할 필요도 없는 것 같으니 그 정도로도 충분했다.

첫 상담에서 내가 여태까지 살아온 이야기를 짧고 지저분하게 요약해 들려주는 동안, 엘리너는 노트패드에 내 말을 받아적었다. "우와" 하면서 고개를 설레설레 젓기도 했다. "이렇게 힘든 일을 겪고도, 놀라운 회복탄력성으로 이겨내셨네요. 정말 대단하세요." 엘리너가 나를 동정하는 말투를 쓰지 않고, 내가 겪은 일들의 심각성을 인정한 게 마음에 들었다. 이 정도면 해볼 만하겠다는 생각이 들었다. 다음으로 엘리너는 기본적인 사항들을 설명했다.

EMDR은 1987년 심리학자 프랜신 샤피로가 처음 개발한 치료법이다. 혼자 숲속을 걷던 그가 길을 살펴보려고 눈을 이리저리 움직이다가 두려움이 사라진 걸 알아차린 덕분이었다. 그 뒤, 샤피로는 환자의 얼굴 앞에서 손가락을 움직여 시선의 이동을 유도하면서 가장 고통스러운 트라우마를 떠올리게 하는 실험을 진행했다. 샤피로의 보고대로라면 EMDR 치료를 받은 환자들은 "주관적 고통 수치가 유의미하게 감소한 한편 긍정적 믿음에 대한 자신감이 유의미하게 상승했다"고 했다.[21]

EMDR 치료는 "처리processing"로 불리며, EMDR 전문가들은 처리란 대화를 의미하는 게 **아니라고** 강조한다. 대화를 통해 우리는 자신이 어째서 지금의 내가 되어있는지 알게 되지만, 그것을 안다고 해서 충분한 것은 아니다. 반면 처리는 우리가 트라우마를 진정으로 마주하고, 뇌에 깃든 정보를 보다 건강한 서사로 다시 쓸 수 있게 만들어줌으로써 해소하게 해준다. 나에겐 추상적이기 짝이 없는, 뜻을 알 수 없는 이야기였지만, 그래도 괜찮게 들리기는 했다.

EMDR의 원리를 정확히 아는 사람이 없기에 이 치료법을 깎아내리는 건 어렵지 않다. 한 가지 가설은 두뇌가 렘REM수면 상태에서 기억을 처리하는 방식을 EMDR이 모방한다는 것이다. 또 다른 가설은 EMDR 치료에서 일어나는 안구의 움직임이 단기기억에 부담을 주어 과거 기억이 가진 고통스러운 생생함을 감소시키는 한편, 보다 명료하게 기억을 떠올릴 수 있도록 만든다는 것이다. 둘 중 어떤 가설이 옳건, 또는 둘 다 틀리건, 실제 EMDR의 효과를 보여주는 여러 연구들은 계속 등장하고 있다. 이유는 모르지만 이 괴상한 처리라는 것이 트라우마에서 회복하는 환자를 상대로 놀라운 효과를 발휘하는 것이다.

샤피로가 EMDR을 고안한 이래, 기술이 발전한 덕분에 더는 치료사가 손가락을 움직이지 않아도 된다. 이제는 동네 가게에 걸린 스크롤식 LED 맥주 광고판을 닮은 EMDR 조명기가 있다. 또, 나처럼 EMDR 처리 과정 내내 눈을 감는 편을 편안해하는 사람이 쓸 수 있도록, 환자가 양손에 드는 진동 버저와 양쪽 귀에 번갈아 소리를 보내는 헤드폰이 연결된 작은 기계도 있다.

맨해튼에 있는 치료실을 찾은 나에게 엘리너는 버저와 헤드폰이 달린 EMDR 기기를 건넸다. 기계는 왼쪽 귀로 소리를 들려주며 왼손 버저를 진동시킨 뒤, 다시 오른쪽 귀에 소리를 들려주며 오른쪽 버저를 진동시켰다. 엘리너는 EMDR이 최면과는 다르다고 강조했다. 나는 내 기능을 전적으로 통제할 수 있으며, 원할 때면 언제든 멈추거나 경로를 바꿀 수 있다고 했다. 그다음 엘리너는 여러 질문으로 이루어진 워크시트를 꺼냈고, 내가 질문에 대답할 때마다 질겅질겅 물어뜯은 자국이 있는 연필로 각 문항에 표시했다.

"정신을 차려 보니 어떻게 이곳까지 왔는지 기억나지 않는 장소였던 적이 있습니까?"

"아니오." 내가 대답했다.

"입은 기억이 없는 옷을 어느새 입고 있던 적 있습니까?"

"아니오."

"꼭 자신의 삶이 영화인 것처럼, 자신을 멀찍이서 바라보고 있는 것만 같은 기분을 느낀 적 있습니까?"

나는 엘리너가 무엇을 하려는지 알 수 있었다. 내가 얼마만큼 **해리**disassociation 상태인지를 알아내려는 것이었다. 처음 복합

174

PTSD를 진단받았을 때, 나는 우울, 공격성 등 익숙한 증상들 속에서 내게 해당하지 않는 증상들 두어 개를 발견하고 안도했다. 주로 해리와 연관된 증상들이었다. 책에는 이렇게 쓰여있었다. "해리는 복합 PTSD의 흔한 증상이다. 해리는 플래시백, 신체와 분리된 경험, 도취, 기억 상실, 시간감각 상실 삽화 등으로 나타날 수 있다."[22] 물론 나는 부주의한 편이며, 카펫 가장자리에 발이 걸려 넘어지는 일도 종종 있지만, 그래도 "해리"라고 부르는 건 좀 과했다.

해리의 극단적 형태인 해리성 정체성 장애(DID, Dissociative Identity Disorder)가 주류 미디어에 등장한 건 한때 인기 있었던 토니 콜레트 주연의 쇼타임 드라마 〈유나이티드 스테이츠 오브 타라United States of Tara〉를 통해서였다. 주인공 타라는 트리거를 자극받을 때마다 또 다른 얼터에고alter ego 속으로 들어가 버린다. 완벽주의에 시달리는 주부라든지, 술을 퍼마시는 베트남전 참전 용사 남성, 경박한 10대 청소년 등이다. 이렇게 다른 자아로 변신할 때마다 타라의 기억은 완전히 끊기고, 다시금 자신의 몸으로 돌아왔을 때는 '얼터'가 친 사고들을 기억하지 못한다.

나는 그런 사람이 아니었다. 나는 기억을 잃는 일이 없었다. 오히려, 내 트라우마에 대해 그토록 많은 것을 기억한다는 것이, 어린 시절 가장 폭력적이던 순간을 속속들이 되새길 수 있다는 것이 자랑스럽기까지 했다.

몇 가지 질문에 대답한 뒤, 나는 엘리너의 말을 끊었다. "저기요, 제가 여러 면에서 엉망인 건 맞지만 그래도 해리를 겪지는 않는 것 같아요."

엘리너는 참을성 있게 고개를 끄덕이면서도 워크시트의 질문들을 끝까지 마쳤다. 나는 모든 질문에 날 선 말투로 "아니오"라고 답했다.

그다음, 엘리너는 EMDR을 진행하는 동안에는 처리하기 적합한 한 가지 기억에 집중해야 한다고 말했다. 내가 꼭 처리해야 한다고 느끼는, 트라우마 초기의 어떤 기억이어야 한다고. 그가 내게 떠오르는 기억이 있느냐고 물었다.

나는 머릿속에서 기억들을 팔락팔락 넘겨보다가 입을 열었다. "음, 좀 많은데요. 일단 골프채가 등장하는 기억도 있고⋯." 나는 유혈이 낭자한 이 사건을 자세히 설명했다.

엘리너는 참을성 있게 귀를 기울이다가 설명이 끝나자 물었다. "가장 고통스러운 것을 10으로 놓고 1부터 10까지 점수를 매긴다면, 이 기억은 몇 점입니까?"

자신을 죽이려는 부모 앞에서 느낀 기분은 몇 점짜리일까? 죽을 뻔한 경험은 자동으로 9점이 되어야 하지 않을까 싶었지만, 잘 생각해 보면—실제 골프채가 내 머리를 향해 날아오는 장면을 상상해 봐도—아무 느낌도 들지 않았다. "음, 아마도 2점쯤 될 것 같은데요?"

엘리너가 고개를 갸웃했다. "2점이라고요?"

"네, 그러니까, 전 여태까지 이 기억을 아주 많이 떠올렸던 것 같아요. 그래서 어쩌면 그 기억은 이미 처리된 게 아닐까요? 그렇게까지 괴롭지 않거든요. 또, 사람들에게 이 이야기를 자주 하기도 하고요. 그래서, 잘 모르겠어요. 이 기억을 떠올리고 있는 지금도 그렇게 불편하지가 않아요."

"좋아요, 그러면 정말로 고통스러운 기억을 떠올려봅시다. 당신이 아주 강렬한 감정을 느끼는 그런 사건으로요."

"음… 고통스러우면서도 자주 떠올리는 기억이요? 그건 아마… 부모님이 저를 차에 태운 채로 난폭운전을 해서 죽이려 한 적이 여러 번 있었어요. 같이 죽자며 절벽 끝까지 갔다가 마지막 순간에 방향을 홱 틀어 빠져나오곤 했죠."

"그러면 그 기억은 몇 점일까요?"

"아마도 3점?"

"자신이 해리 상태가 아니라고 말하는 게 흥미롭네요." 엘리너가 신중한 말투로 입을 열었다. "자신이 당한 끔찍한 일을 묘사하면서도 눈에 띄게 평이한 어조를 쓰고 있으신데요."

"그건 제가 이미 그 기억을 처리했기 때문이 아닐까요? 저는 심리치료를 시작한 지 10년이나 됐어요. 이 기억이 아무에게도 말하지 않고 파묻어버린 비밀 같은 것도 아닌걸요. 살면서 이 기억을 남들에게 말했던 적도 많아요. 심리치료사라든지, 예전 남자친구들한테 말이에요. 그러니 그 과정에서 이 사건이 나에게 어떤 영향을 미쳤는지 생각하고, 교훈을 얻고… 극복한 거겠죠."

"좋아요, 정말 그럴 수도 있지요." 그렇게 인정하는 순간조차 엘리너는 회의적인 표정을 짓고 있어서 짜증이 날 지경이었다. "하지만 괴로운 기억을 떠올려야 해요. 그러니 다른 사건을 찾아보도록 하죠. 처음으로 학대를 경험했던 때가 기억나십니까?"

"음…. 글쎄요, 기억나지 않아요. 너무 어렸거든요. 다섯 살, 어쩌면 그전에 있었던 건지도 모르는 기억이 하나 떠오르기는 하네요…. 엄마가 옷걸이로 저를 때린 뒤에 사과를 했어요. 맞은 뒤 사과를 받은 건 제 기억에 그때가 유일했어요."

"그 기억의 고통을 따지자면 몇 점입니까?"

"1점? 2점? 잘은 모르겠어요. 차라리 학대 문제에 집중하지 않는 게 낫지 않을까요? 맞은 기억 중 딱히 고통스러운 감정이 드는 기억은 없는 것 같아서요. 차라리 다른 문제, 유기 같은 문제에 대해 이야기하는 건 어떨까요? 저는 실제로 심각한 유기 불안이 있거든요. 아니면 제가 실패자라는 생각이 좀처럼 사라지지 않는 문제라든지…."

엘리너는 또다시 회의적인 표정을 짓더니 부드러운 목소리로 말을 이었다. "일반적으로는 오래된 기억일수록 좋습니다. 최초의 트라우마가 더욱 형성적formative일 수 있거든요. 그러나 이 치료를 주도하는 것은 **본인**이에요. 자신이 중요하다 생각하는 기억을 택하면 됩니다. 스테파니가 처음 유기를 경험한 순간, 즉 어머니가 처음 집을 나간 순간을 1부터 10까지의 점수로 표현하면…."

나는 카우치에 주저앉은 채 고개를 과장되게 뒤로 젖혔다. "으, 그것도 1점이네요."

"음, 오늘의 면담은 이쯤에서 마무리 지을 시간이네요." 엘리너가 말했다. "이번 주 내내 시간을 들여 생각해 보세요. 떠올리면 불편한 기분이 드는 기억들은 어떤 게 있을까요? 정말 생각해 보고 싶은 예시를 하나 미리 떠올려 보시면, 다음 회기에는 버저를 이용해 그 기억을 처리해볼 수 있을 겁니다."

최근 EMDR과 심리치료에 대해 찾아보면서, EMDR은 **어느 시점에서건** 시작할 수 있으며, 한층 깊이 들여다보고 싶은 기억이라면 최근 기억이라도 상관없다는 걸 알게 됐다. 반드시 가장 큰 트라우마를 남긴 기억을 길어 올려야 할 필요는 없었던 것이다. 실제로 어떤 이들은 기억 속 깊은 곳에 묻어둔 가장 두려운 사건부터 끄집어내 복합 PTSD 치료를 시작하는 게 완전히 잘못된 생각이라 주장하기도 했다. 우리 삶의 우수관 속에 숨어있던 살인 광대가 튀어나와 매일의 실존을 위협하기 시작할 수도 있으니까. 심각한 트리거를 유발하는 기억을 끄집어내는 바람에 증상이 더 심해질 수도 있고, 그 기억을 떠올리는 게 너무 불쾌한 나머지 치료를 영영 그만두게 될 수도 있다. 여러 트라우마 치료사들이 근본적 트라우마를 끄집어내기 **전에** 먼저 대처 기제의 강력한 틀을 짜는 것도 그 때문이다. 두뇌의 지하실에서 페니와이즈(스티븐 킹의 소설 《그것》에 등장하는 살인 광대 —옮긴이)가 나타났을 때 제대로 맞서 싸울 수 있는 기술이 있어야 하니까.

그러나 엘리너와 치료를 시작하던 시점의 나는 그 사실을 몰랐다. 그래서 치료실을 나온 뒤 브룩스 브라더스 정장을 입은 사람들이 인산인해를 이루는 거리에 서서 이렇게 생각했다. **어떻게 해야 가장 고통스러운 기억을 찾아낼 수 있을까?** 나는 일터에서 공황발작이 찾아왔던 때 고통스러웠다. 작년에 가장 친한 친구 중 한 명이 나와 절교했을 때도 상당히 고통스러웠던 것 같다. 하지만 어린 시절에 경험한 학대는 이미 해묵은 기억일 뿐이었다. 그럼에도 내 머릿속을 이리저리 들쑤시다 보면 내 트라우마 역사의 B면에 실린, 여태까지 거의 인용하지 않은 기억이 나올지도 몰랐다. 어쩌면 **그런** 기억은 정말 고통스러울지도 몰랐다.

집으로 가는 지하철 안에서 나는 잡동사니 서랍에 손을 집어넣어 스테이플러나 파리채를 차례차례 끄집어내듯이 머릿속의 트라우마 사건들을 뒤져보기 시작했다. 플레이모빌 사건은 어때? 아냐, 그건 잘 쳐줘도 3점이었다. 말레이시아에 살 때 숙제 때문에 혼난 건? 걸스카우트 캠프에서 있었던 일은? 만약 이 기억을 떠올릴 때 고통스럽다면, 가슴이 쿵쿵 뛰고 머릿속 생각들이 마구 내달려야 마땅했다. 내가 쉬지 않고 떠들어대는 바람에 짜증이 난다는 의미로 남자친구가 으흠 할 때마다 두뇌가 가속 페달을 밟는 느낌이 들곤 했다. 그런데 내 삶에서 가장 폭력적인 순간들을 떠올릴 때 아무것도 느껴지지 않는다는 게 **약간** 이상한 것 같기도 했다. 나는 지하철 안에서 눈을 감고 칼, 화상, 회초리를 떠올렸다. 그다음에는 눈을 뜨고 바디스캔(발끝에서 머리끝까지 주의를 옮기면서 자신의 몸을 살피는 마음챙김 기법 — 옮긴이)을 해봤다. 아무 소용도 없었다. 느껴지는 것이라고는 조금 배가 고프다는 게 다였다.

아무 느낌이 들지 않는 이유를 설명해 보려 머리를 굴려봤다. 어쩌면 이런 사건들로 인해 괴로움을 느낄 수 있을 만큼 철

저하게 기억을 되살리지 않아서 그런 건 아닐까? 사건 하나하나를 떠올릴 때, 나는 순간들, 감정들, 이미지들을 떠올리고, 때로는 그 사건이 얼마나 오랫동안 지속되었는지도 되살려 본다. 그러나 몇 시간에 걸쳐 맞은 기억을 떠올릴 때도, 머릿속에 떠오르는 건 몇 개의 문장이 고작이었다. 어머니의 손, 몸은 기억나지만 얼굴은 도무지 기억나지 않았다. 화장을 지운 어머니 얼굴이 전혀 기억나지 않았다. 어쩌면 특정한 기억으로 돌아가 그것을 고통스러울 만큼 상세하게 떠올리기 위해서는 내 트리거를 한 번 더 자극해야 할 것 같았다. 그리고 나는 정확히 어떻게 하면 되는지 알고 있었다.

17장

처음 〈존경하는 어머니Mommie Dearest〉를 본 것은 열네 살 때 소
파에 앉아 텔레비전 채널을 이리저리 넘겨보던 때였다. 영화를
보다가 나는 소파에서 바닥으로 내려갔고… 더 멀리, 복도로 나
갔다가… 결국은 계단을 올라가 구석에서 텔레비전 화면을 보고
있었다. 영화가 끝난 뒤에는 잠시 침대에 누워야 했다. 방금 본
영화가 내 삶 그 자체 같아서였다. 어머니가 집을 나가고 몇 달이
지난 뒤였지만 영화를 보는 동안에는 마치 어머니가 돌아온 것
만 같은 기분이었다. 페이 더너웨이는 다른 시대의 사람인 데다
백인 배우인데도 으스스할 정도로 내 어머니와 똑같은 말과 표
정을 구사한 것은 물론, 심지어 유령처럼 새하얗게 크림을 바른
얼굴까지도 똑같았다. 어머니가 진짜 집에 돌아온 게 아니라는
걸 내 몸이 납득할 때까지 이불을 뒤집어쓰고 덜덜 떨었다.

그래서 EMDR 2회기를 이틀 앞둔 화창한 토요일, 〈존경하는
어머니〉를 다운로드했다. 그건 꼭 촛불을 밝히고 노트북 컴퓨터
아래에 오망성을 그리는 것과 마찬가지였다. 어머니의 영혼은 내
가 소환해야 할 악령이었으므로. 나는 재생 버튼을 눌렀다.

영화는 시작부터 어두컴컴하고 불길했다. 나는 모든 장면마

다 눈을 크게 뜨고 단서를 찾았다. 영화의 전반적인 내용은 구미 당기는 할리우드 가십을 재현해 놓은 것에 불과했다. 하지만 팽팽하게 당겨진 내 신경을 건드리는 순간들도 몇몇 있었다. 존 크로퍼드가 딸 크리스티나와 수영장에서 과도하게 진지한 경쟁을 펼치는 장면. 크리스티나에게 버릇없는 아이로 자라면 안 된다고 고집을 부리는 장면. 청소에 집착하는 장면. 그러나 이 영화에서 가장 중요한 장면이 등장하자 내 등줄기는 팽팽하게 긴장했다. 철제 옷걸이가 등장하는 장면이었다(영화 〈존경하는 어머니〉(1981)는 1930년대의 유명 여성 배우 존 크로포드가 1977년 사망한 직후 그의 입양된 딸 크리스티나가 어머니의 학대에 관한 기억을 쓴 책을 토대로 만든 영화다. 여기서 언급하는 장면은 과거 세탁소에서 일했기에 철제 옷걸이를 혐오하던 존이 딸의 옷장에서 그것을 발견하고 이성을 잃고 비명을 지르며 딸을 때리는 장면이다―옮긴이). 내 경험과 너무나도 흡사한 바로 그 장면이었다.

철제 옷걸이를 발견한 존은 그저 고함을 지르거나 잔소리를 하는 것으로 그치지 않는다. 단어 하나하나가 그의 음역대를 넘는 쇳소리가 될 정도로, 음절 하나하나를 길게 늘이며 히스테리컬하게 비명을 지른다. "철제… **옷걸이라니이이이이이**… 안 돼애애애애애애!" 나는 어머니의 손이, 모든 것이 당혹스럽고 혼란스럽기만 하던 것이 기억났다. 그러나… 어머니의 목소리가 얼마나 컸는지는 기억나지 않았다. 실제로 어머니가 나를 향해 성대가 갈가리 찢길 기세로 비명을 질러댔다면 영화 속 존의 비명과 비슷했을 것이다. **정말 크다.** 나는 노트패드에 메모했다. **진짜 이렇게**

컸었나?

　이 장면의 뒷부분은 어이가 없을 만큼 극단적이다. 존은 비명을 질러대며 철제 옷걸이로 딸을 두들겨 팬 뒤, 딸을 화장실에 집어넣고 온 사방에 가루비누를 뿌린다. 실제로 비평가들은 이 영화를 혹평하면서 페이 더너웨이가 울부짖는 이 장면이 신파적이고 과장되었다고 했다. 로저 이버트는 이 영화를 보면서 나쁜 의미로 "소름이 끼쳤다"고 했다. 더너웨이 자신조차도 이 영화를 찍은 것을 후회한다며, 자신의 연기는 "가부키 공연" 같았다고 했다. 하지만 이 장면이 내게는 현실처럼 그럴싸하게 느껴졌다.

　철제 옷걸이 장면 중에서도 가장 익숙하게 느껴진 건 존이 크리스티나를 화장실 안에 혼자 남겨두는 마지막 부분이었다. 크리스티나는 조용한 충격에 사로잡힌 채 미동도 없이 가만히 앉아있다. 흠씬 두들겨 맞은 사람에게는 부당하다거나 도저히 믿기지 않는다는 감정을 느낄 여유가 없다. 중요한 건 생존뿐이다. 이 괴물을 어떻게 진정시키지? 상대의 분노를 어떻게 감당하지? 하지만 모든 것이 끝난 뒤, 침묵 속에서 슬픔이 찾아온다. "맙소사" 크리스티나가 혼잣말로 중얼거리는 순간, 나는 이 순간과 완전히 똑같은 여러 기억들이 떠올랐다. 괴물이 물러가고, 괴물이 파괴한 잔해를 살펴보며—사방을 뒤덮은 가루비누, 바닥에 갈기갈기 찢어진 채 널려있는 레이스 드레스—완전히 망가져 버린 삶을 견뎌내야 하는 아주 짧은 순간 말이다. 그다음에는 다시금 정신을 차리고, 난장판을 치우고, 모든 게 아무 문제도 없는 것처럼 살아가야 했다.

영화를 보면서 울지는 않았다. 공황발작이 찾아오지도 않았다. 그저 세심하게 짧은 메모들을 한 뒤, 노트북을 닫고 다른 방에 있던 조이를 찾아갔을 뿐이다. "파티에 늦지 않으려면 지금 출발해야 해." 나는 쾌활한 어조로 말했지만 그러면서도 방금 떠올린 그 요란한 장면을 곱씹는 중이었다. 여기서부터 시작하면 될 것 같았다.

월요일, 다시 엘리너의 치료실을 찾았다. 나는 준비를 마친 뒤였다. "상당히 괴로운 기억을 찾아낸 것 같아요!" 카우치에 앉자마자 나는 자랑스레 선포했다. "〈존경하는 어머니〉를 봤는데 좀 심하더라고요. 그러니까 제 어머니가 철제 옷걸이로 저를 때렸던 기억으로 시작해 보는 게 좋을 것 같아요."

"다행입니다. 물론 제 기억이 맞다면, 영화가 상당히 무겁던데…." 엘리너는 말끝을 흐리며 검은 비닐 가방의 지퍼를 열었다. 그 안에서 90년대풍의 외관을 지닌 헤드폰과 손바닥에 들어오는 작고 길쭉한 달걀 모양의 버저 두 개를 꺼내 내게 건네줬다. "좋아요, 다시 한번 말씀드리지만, EMDR은 최면과는 **다릅니다**. 불편한 기분이 들거나 멈추고 싶다면 말만 하면 돼요. 하지만 안전한 공간을 그려보는 것도 도움이 될 수 있어요. 불편할 때마다 돌아갈 수 있는 장소를 시각적으로 그려보는 겁니다. 눈을 감고 아름답고 평화로운 장소를 상상해 보시겠어요? 세상 그 어디라도 상관없습니다. 안전하다는 기분을 느낄 수 있는 곳이라면 어디라도 좋아요."

눈을 감는다. 나는 늘 세상 사람들을 숲 유형과 사막 유형으로 나눌 수 있다고 생각했다. 숲 유형의 사람들은 자상하고 상상력이 풍부하지만 자신의 가지 뒤로 몸을 숨기는 경향이 있다. 나는 사막 유형이다. 가혹하고 신랄하며 참아주기 힘든 성격이지만 솔직하다. 사막에는 몸을 숨길 곳이 없으므로 언제나 자신이 어떤 상황에 처해 있는지 파악할 수 있다. 건조한 공기 속에서는 10마일 너머에서 다가오는 폭풍도 분명하게 보인다.

"사막이요." 나는 뉴멕시코주 화이트샌즈의 구름 한 점 없는 파란 하늘과 희고 고운 모래를 떠올리며 말한다.

"좋아요. 이제 사막의 소리와 냄새에 주의를 기울여 보세요."

화이트샌즈에서는 아무 소리도 들리지 않는다. 그곳은 내가 가본 적 있는 장소들 중 가장 고요한 곳으로, 노린재 발소리가 들릴 정도로 조용하다. 냄새 역시 없는 곳이다. 아마 먼지와 오존 냄새 정도는 나겠지. 그곳은 그저 광활한 공터다.

"자, 이제 당신의 구원자를 떠올려 보세요. 당신을 보호해 줄 수 있는 한 사람입니다. 당신을 돌봐줄 거라고 믿을 수 있는 사람은 누구일까요?"

흰 티셔츠 차림의 조이가 떠오른다. 그가 내 눈앞에 서서 나를 보며 웃고 있다.

"좋아요. 이제 기계를 켜겠습니다." 왼손에 든 버저가 진동하는 동시에 왼쪽 귀로 짧은 신호음이 들린다. 그다음에는 오른쪽 버저가 진동하면서 오른쪽 귀로 신호음이 들렸다. 그렇다고 정신이 산란해지지는 않았다. 그저 진동과 소리가 들려올 뿐이다.

"이제는 철제 옷걸이를 생각하면서, 떠오르는 기억들에 집중해 보세요."

부르르, 삑, 부르르, 삑. 진동과 소리는 서서히 희미해지기 시작했다. 머릿속으로 나는 내 방 벽장을 그려본다. 갈색과 오렌지색으로 된 털이 긴 카펫. 눈이 크고 숱 많은 앞머리를 일자로 자른, 아마도 여섯 살쯤 되었을 때의 내 모습이 보인다. 티셔츠와 청록색 반바지를 입고 있다. 그리고, 그 사람이 보인다. 내 어머니와 페이 더너웨이의 혼합물에 가까운 존재가 고함을 지르며 철제 옷걸이를 휘두르고 있다. 내가 한쪽에 서서 바라보는 가운데, 그 사람은 어린 시절의 나를 옷걸이로 후려치고 있다. 어린 내 허벅지 위, 맞은 자국이 시뻘겋게 부풀어 오른다.

어머니가 고함을 지른다. "옷을 제대로 걸어두라고 몇 번이나 말했니? 좋은 물건을 잘 간수하는 게 그렇게 어려워? 낭비만 하는 너한테 뭣 하러 돈을 쓰겠어? 대체 너 같은 걸 딸이라고 할 수가 있겠냔 말이다!"

"모르겠어요. 노력하고 있어요. 잊어버렸어요. 죄송해요." 어린 내가 말한다.

"말대꾸하지 마라. 넌 미안한 줄 모르지. 그건 사과가 아니라 변명이야! 얻다 대고 변명이냐!" 어머니의 목소리는 참을 수 없을 정도로 크다. 어른인 나는 눈앞에 펼쳐진 장면이 너무 자세해서 움찔한다. 그 어느 때보다도 생생하게 펼쳐진 기억이다.

엘리너가 기계를 멈춘다. 눈을 뜨자, 눈앞에 엘리너가 있다는 사실이 놀라울 정도다. "무슨 일이 벌어졌습니까?" 그가 묻는다. 나는 방금 내 머릿속에서 영화처럼 펼쳐진 기억을 간단히 설명한다. "좋아요." 엘리너가 말한다. "이제 계속해 봅시다. 이번에는 **넌 미안한 줄 모르지**라는 말에 주의를 기울여 봅시다."

또다시 버저가 진동한다.

"넌 미안한 줄 모르지." 어머니가 말한다. "절대 미안해하는 법이 없어. 넌 나를 벌주려고, 날 괴롭히려고 이런 짓을 하는 거야. 넌 그 사람이랑 똑같아. 크고 넓적한 코도, 멍청한 표정도 그대로 빼닮았지. 널 쳐다보기만 해도 토할 것 같다." 그 사람이란 내 아버지를 가리키는 것이다.

"하지만 정말 죄송한걸요." 어린 내가 말한다. "엄마는 저를 정말 아끼세요. 테니스 수업에도, 피아노 수업에도 데려다주시고요. 학교에서 봉사활동도 하시고, 저한테 엄청 많은 걸 해주시잖아요. 정말 고마워요. 사랑해요, 엄마."

맙소사. 그 순간 깨달음이 찾아왔다. 어린 시절 나는 내가 부모님을 사랑한다는 사실을 믿어달라고 그들에게 애원하며 살았다. 그게 그들의 자식으로서 내가 해야 할 첫 번째 임무였다. 그 반대였어야 마땅했을 텐데 말이다.

버저가 멈춘다. 눈을 뜨자 양 뺨이 눈물에 젖어 축축하지만 호흡은 멀쩡하다. "이럴 줄은 예상하지 못했네요." 나는 간신히 그렇게 말했다. 나는 엘리너도, 잡화점에서 산 싸구려 선풍기도 믿지 않았는데 말이다! 나는 EMDR 자체에 대한 믿음이 거의 없었다. 그런데 대체 지금 무슨 일이 벌어지고 있는 거지?

"좋아요." 엘리너가 말했다. "자, 이제 조이를 이 상황에 들여보내 어린 당신을 구해주세요."

버저가 울린다. 눈을 감는다. 강인한 조이. 나는 내가 한쪽에 비켜서서 지켜보는 가운데 조이가 울룩불룩한 근육을 드러낸 채로 성큼성큼 두 사람에게 다가가는 장면을 상상한다. 조이가 어머니로부터 어린 나를 낚아챈다. "날 따라오렴." 어린 내게 그렇게 말한 뒤, 그가 내 어머니를 향해 으르렁댄다. "이런 일은 용납할 수 없습니다. 그만 해요. 스테파니가 다치잖아요."

그러자 어린 나는 울기 시작한다. "안 돼요! 우리 엄마라고요. 지금 대체 뭐 하는 거예요? 대체 누구세요? 날 엄마한테서 뺏지 마세요."

"넌 이곳을 떠나야 해. 너는 이런 취급을 받을 이유가 없어. 이 사람들을 떠나."

"안 돼요. 엄마 아빠한테는 내가 필요한걸요. 엄마 아빠를 지켜줘야 해요."

"아니야, 그러지 않아도 돼." 조이가 어린 나를 꽉 끌어안는다. "사랑받기 위해서 네 어떤 부분을 바꿀 필요는 없단다. 나는 있는 그대로의 네 모습을 사랑해. 엉망진창이라도 상관없어. 네가 원하는 일이라면 뭐든지 해도 사랑받을 수 있단다."

어린 나는 조이의 품에서 빠져나오느라 용을 쓰고, 피가 날 정도로 세게 그의 팔을 깨문다. 그러다 조이는 내 양어깨를 붙들고 나를 똑바로 바라보며 말한다. **"엄마 아빠는 널 사랑하지 않아."** 그러면서 그가 내 부모를 가리킨다. "저 사람들은 네가 받아 마땅한 사랑을 네게 주지 않는단다. 저 사람들은 자기 자신의 악몽에 사로잡혀 상처 입은 나머지 네게 필요한 사랑을 줄 수가 없어."

버저가 멈춘다. 아직도 내 뺨에 눈물이 줄줄 흘러내린다.

나는 지금까지 벌어진 일들을 간추려 설명한다.

"어린 스테파니는 부모를 떠나기로 마음먹었습니까?" 엘리너가 묻는다.

"아니오."

"조이가 아닌 또 다른 사람에게 도움을 요청할 수 있을까요?"

"잘 모르겠어요."

"어른 스테파니는 어떨까요? 아마 어린 당신을 알아볼 텐데."

조이가 사라진다. 이번에는 내가 다가가 어린 내 앞에 무릎을 꿇고 앉는다. "내 말 잘 들으렴. 네가 왜 부모님 곁에 있고 싶은지 잘 알아. 그건 네가 부모님의 사랑이 아닌 다른 사랑을 모르기 때문이야. 하지만 이곳을 나가면 다른 종류의 사랑들이 기다리고 있단다. 부모님이 줄 수 없는 것들을 줄 수 있는 다른 사람들을 만나게 될 거야."

어린 스테파니는 증오심이 담긴 눈으로 나를 바라보더니 이렇게 말한다. "하지만 그 사람들은 전부 당신을 떠났잖아요."

꼭, 어린 나에게서 뺨이라도 얻어맞은 기분이 든다. 화가 난다. 이제 엄한 사랑을 전할 시간이다. 나는 부모를 가리킨다. "하지만 엄마도, 아빠도 널 떠나는 건 마찬가지잖니."

어린 나는 충격을 받은 표정이다. 아직 몰랐던가 보다.

"정말이야." 나는 고함을 지른다. 이제는 내가 큰 소리를 지르고 있다. "둘 다, 몇 년 뒤면 널 떠날 거야. 네가 아무리 부모님을 구하려고 노력해도, 아무리 두 사람 사이를 화해시키려 애를 써도, 결국 모든 게 수포로 돌아가게 돼. 저 사람들은 네가 얼마나 애썼는지 영영 몰라. 네게 고마운 마음이라고는 전혀 없어."

어린 나의 표정이 굳는다. 그 애가 내 말을 믿는다는 걸 알겠다. 이제 어린 나를 끄집어내 줄 때다.

버저가 꺼진다. 엘리너가 다시 한번 나를 현실로 끄집어낸다. 무슨 일이 일어났는지 말하자 그가 말한다. "하지만 어린 스테파니가 떠나지 못한다면 어떡하죠? 그렇다면 부모님 곁에 머무를 때 필요한 도구들을 당신이 그 애한테 줄 수 있을까요?" 다시 버저가 울린다.

나는 어린 내가 부모를 떠나기를 간절히 바란다. 내 진짜 몸은 그 애가 느끼는 두려움 때문에 울고 있다. 나는 내가 어린 나에게 줄 수 있는 온갖 이성적인 도움말이며 기술들을 생각한다. 갈등 상황을 완화할 수 있는 도구들, 그러나 그 애는 이미 이런 것들을 다 알고 있다.

"그냥, 네가 잘못한 건 아무것도 없다고 말해주고 싶어. 언젠가 네가 사랑받게 **된다는** 것만 기억해줘. 약속할게." 내가 말한다. "또… 네가 얼마나 강한 사람인지 알았으면 좋겠어. 너는 주의력이 뛰어나고, 사람들 사이를 중재하는 일을 잘해. 어린 아이인데도 넌 이 가족을 하나로 이어주는 세포핵 같은 존재야. 네가 있든 없든, 저 유해한 어른들은 근본적으로 불행하게 살아갈 거야. 하지만 너는 그 사람들을 조금이라도 덜 불행하게 해주고 있어. 그들이 슬퍼하는 건 네 잘못이 아니야."

나는 그 애를 붙들고 끌어안는다. 한 번의 포옹에 평생의 사랑과 온기를 실어 보내려 한다.

거기까지다. 버저가 멈춘다. 끝났다.

나는 멍하니 눈을 깜박이며 현실로, 엘리너의 어수선한 치료실로 돌아온다.

"어떤 기분이 드십니까?" 그가 묻는다.

"생각했던 것보다는 덜… 최면 같네요." 나는 그렇게 대답한다. 방금 있었던 일을 설명하기에는 부족하기 짝이 없는 말이기는 하지만… 방금 일어난 일을 설명할 수 있는 말이 과연 있기는할까? 나는 엘리너에게 고맙다고 말하고 악수를 건넨 뒤, 비틀거리며 복도로 나와서는 벽만 쳐다보며 한동안 우두커니 서있었다.

나는 지금까지 학대당한 순간을 2백 번도 더 떠올렸지만, 운적은 한 번도 없었다. 움찔하지도 않았다. 기억을 떠올리는 내내차분했고, 평이하고 황폐할 정도로 아무런 감정도 느끼지 않았다. 예전에 만난 심리치료사들은 "학대를 당한 것은 당신의 잘못이 아닙니다"라고 여러 번 말했는데, 그럴 때도 나는 아무런 동요없는 침착한 기분으로 "그럼요, 당연하죠. 그건 저도 알아요"라고대답했었다.

"정말 알고 계십니까?" 그들은 되물었다. 그러면서 카우치에앉아 어색한 말투로 "내가 학대를 당한 건 내 잘못이 아니다"라는 말을 자꾸만 되풀이하라고 시켰다.

그런 다음 기대에 찬 말투로 "지금은 기분이 어떠십니까?" 물었다.

그러면 나는 "좋은 것 같은데요?" 하고 대답했다. "맞아요. 그건 제 잘못이 아니에요." 하지만 그 말을 하면서도 나는 공허했다. 나는 그저 안내문에 쓰인 사실을 그대로 읽어 내려가는 목소리고 몸일 뿐이었다.

우리 삶은 〈굿 윌 헌팅〉처럼 흘러가지 않는다. 로빈 윌리엄스가 내 눈을 똑바로 바라보면서 "그건 당신의 잘못이 아니에요"라고 고함을 지르다가 속삭이기를 열 번, 스무 번, 심지어 2백 번 반복한다 할지라도, 내가 그의 품속으로 무너져 내린 뒤 잃어버린 어린 시절을 떠올리며 흐느끼는 일 같은 건 일어나지 않았을 것이다. 나는 그저 눈을 깜빡이며 "그럼요, 당연하죠. 그건 저도 알아요" 했을 것이다.

그러나 **이번은** 달랐다. 내 손에 쥔 작은 버저 두 개가 마치 기계 형태를 띤 로빈 윌리엄스처럼 마술 같은 효과를 발휘한 것이다. 이번에는 학대의 무게를 논리적으로만 이해하는 데 그치지 않았다. 살을 가르는 칼날처럼, 제자리에서 이탈한 뼈처럼 그 무게를 **느꼈다**. 더는 못하겠다는 연인의 말처럼, 날카롭고, 즉각적이고, 무시무시하게 느꼈다. 아마도 처음으로, 나는 내게 일어난 일이 얼마나 무시무시한 것인지를 잔인할 정도로 선명하게 느끼게 되었다. 그렇게 어린 내가 부모에게 사랑을 전해주는 역할을 해야 했던 것이 얼마나 슬프고도 슬픈 일이었는지를 느꼈다. 세상 그 누구보다 신뢰하던 사람들이 주는 고통을 그토록 오랫동안, 매일같이 참아낸 내가 얼마나 용감했는지를 느꼈다. 여태까지는 한 번도 느끼지 못했던, 어린 시절의 나에 대한 깊은 사랑과 존중감을 느꼈다.

아는 것과 이해하는 것은 다르다. 오래전부터 나는 이 모든 것이 내 잘못이 아니라는 걸 알고 있었다. EMDR은 다음 단계인 이해로 나아가는 관문을 열어줬다. 아는 것과 이해하는 것의 차이는 기계적 암기와 진정한 배움의 차이, 최면과 믿음의 차이, 기도와 신앙의 차이다. 이제는 분명히 알 수 있었다. 믿음 없이 사랑이 어떻게 존재하겠는가?

그날, 나는 두 가지 중요한 사실을 알게 되었다. 첫째, 상처가 아프지 않다고 해서 나았다는 뜻은 아니다. 겉보기에 통증도 사그라지면 다 나은 거 아닌가? 하지만 나는 여태껏 자꾸만 더 크게 벌어지는 구멍이 완벽하고 하얗게 보이도록 회반죽을 몇 번이나 치덕치덕 덧바르며 살아왔다.

둘째, 내 부모는 나를 사랑하지 않았다.

그 사실을 전혀 몰랐던 것은 아니다. 다 떠나서 두 사람은 자식을 유기했으니 말이다. 그러나 나는 늘 두 사람의 행동을 설명할 이유와 변명을 생각했다. 그런데 이제, 처음으로 진실이 보였다. 그들이 날 사랑할 수 없었고, 사랑하지 않았던 진짜 이유. 나는 그들이 스스로를 극도로 혐오한 나머지 나를 사랑할 수 없었다고 믿는다. 그들은 너무나 슬픈 나머지 나를 전혀 신경 쓰지 않는 이기적인 존재가 되어버렸다. 내가 사랑받지 못한 것은 나의 존재나 행동과는 아무 관계가 없었다. 전부 그들의 문제였다.

나는 새로 알게 된 것들을 여러 가지 크기로 실험해 보았다. 처음에는 "내 부모는 날 사랑하지 않았어" 하고 작게 중얼거리다가, 나중에는 더 큰 소리로 "내 부모는 날 사랑하지 않았어"라고 말해봤다. 비극적인 문장이다. 배에 총을 맞은 기분이 들어 마땅한 말이다. 그러나 그 대신, 이 말속에는 울림이, 그리고 고요함이 깃들어 있었다. 이 말은 진실이다. 그래도, 괜찮다. 세상에는 나를 사랑하는 사람들이 존재한다. 나는 사람들의 애정 속에서 살아갈 것이다. 또, 나에게는 유능한 나 자신이 있다. 모든 게 괜찮을 것이다. **맙소사, 헛소리가 아니라 진짜였어.**

대체 어떻게 집까지 왔는지 모르겠다. 줄곧 **내 부모는 날 사랑하지 않았어, 그래도 괜찮아**, 끊임없이 중얼거리면서.

어쩌면 난 치료된 건지도 모르겠다. 어쩌면 정말로 치유란 이렇게 간단한 일인지도 모르겠다.

18장

그 뒤로 닷새 동안 나는 줄곧 기분이 좋았다. 평범했다. 조이가 나를 향해 **으흠** 하면, 바쁜가 보다 생각하며 조이 대신 고양이에게 말을 걸었다. 프리랜서로 하고 있는 프로젝트에서 실수를 해서 편집자에게 지적받으면, 나는 그저 실수한 것을 고치고 다음으로 나아갔다. 신중하게 낙관을 유지했다. 어떤 자료들에 따르면 복합 PTSD로부터 상당한 정도로 호전된 기분을 느끼기까지는 3년에서 5년이 걸린다고 했지만, 나는 원래 조숙한 편이었으니 3개월 만에 치유를 이뤄낸 건지도 몰랐다.

닷새째 되는 날은 토요일이었다. 우리의 기념일이 있는 주말이었지만 조이가 일 때문에 눈코 뜰 새 없이 바빠서 딱히 대단한 일은 할 수 없었다. 조이가 중학교 수학 교사가 된 첫해였고―알고 보니 교사란 엄청나게 힘든 일이었다―그는 바쁘거나 정신이 없는 날들이 많았다. 그는 내게 미안해하고 또 아쉬워하면서 주말에는 어린 시절 친구인 캐시와 시간을 보내라고 했다. 기념일은 나중에 따로 축하하자고 했다.

캐시는 아직 캘리포니아에 살았지만 뉴욕으로 며칠간 출장을 온 참이었다. 출장을 와서도 바쁘게 일하느라 여태 얼굴을 못

봤고, 전날 밤에는 캐시가 너무 피곤해 만날 수가 없었다. 하지만 오늘은 마침내 나와 어울릴 시간이 있다고 했다. 그런데 내가 전혀 모르는 다른 친구들도 함께 불러냈다고 했다. "완탕을 먹으러 맛집 탐방을 갈 거야. 맛집이라면 제러드가 빠삭하거든."

"제러드는 중국인이야?" 내가 물었다.

"아니, 백인이야."

"그래? 백인 남자가 플러싱의 맛집을 빠삭하게 안다고?" 내 물음에 캐시는 대답하는 대신 어깨만 으쓱했을 뿐이다.

루스벨트 에비뉴의 약속 장소를 찾아갔을 때, 캐시와 친구들은 예전에 먹었던 최고의 버거와 불고기를 회상하는 중이었고, 덕분에 나는 그들이 맛집 탐방에 꽂혀있다는 걸 알았다. 예전에도 함께 맛집 탐방을 여러 번 다녔다고 했다. 나는 그들이 말하는 식당들 중 가본 곳이 한 군데도 없었기 때문에 끼어들 수가 없었다. 제러드는 정말 맛있는 양고기 수프를 파는 작은 식당을 안다며 거기도 가보자고 했다. "아, 나도 다른 곳과는 달리 엄청나게 끈끈하고 톡 쏘는 맛이 나는 해산물 스튜를 파는 곳을 알아. 푸드코트에 있는 식당이야." 나도 한마디 거들었지만 그들은 내 말을 무시했고, 결국 나는 입을 다물어 버렸다. 최악이었던 건, 제러드가 안다던 맛집들이 **실제로** 괜찮은 곳들이었다는 것이다. 내가 아는 식당은 난시앙샤오롱바오가 전부였는데 제러드는 조스 상하이, 상하이 유 가든, 게다가 아는 사람만 안다는 특별한 에그타르트 가게도 알고 있었던 데다, 그가 추천한 양고기 수프는 **진짜** 엄청나게 맛있었다. 하지만 맛있는 음식을 한 입 먹을 때마다 기분이 나아지기는커녕 점점 더 짜증이 났다.

두 번째 디저트를 먹으러 가기 전, 나는 만두를 너무 많이 먹어서 배가 아프다는 핑계를 댄 뒤 집으로 돌아갔다. 조이가 잘 놀다 왔느냐고 묻자 재미있었다고, 하지만 너무 피곤하니 나중에 이야기하자고 했다. 넷플릭스에서 찾을 수 있는 가장 시시한 영화를 틀었고, 조이가 내 옆에 앉아 수업 계획을 짜는 사이에 배가 하나도 고프지 않았는데도 남아서 싸 온 양고기 국수를 마저 먹었다.

엿새째 날인 일요일, 아침에 일어나는 순간부터 예민하고 짜증이 난 상태였다. 온종일 나쁜 기분으로 지내고 싶지 않았기 때문에 오전 운동 수업에 갔다. 스트레칭을 하니 기분이 좋았고, 스쾃을 하자 마음속에 활활 타던 불도 꺼졌지만, 마음속 짜증이 남긴 잿더미까지 완전히 연소되지는 않았다. 괜찮아─이번엔 다른 전략을 써보자. 나는 근사한 노천카페를 찾아가 크루아상과 맥주를 주문했다. 햇살 속에 앉아 새들의 노래에 귀를 기울였다. 내 몸에 온전히 깃든 기분, 지금 이 순간과 단단히 연결된 기분을 느끼려고, 기분 좋은 자극을 최대한 받아들이려고 애썼다. 하지만 맥주를 마시자 졸려져서, 막 오후의 낮잠에서 깨어나 부루퉁해진 고양이가 된 것만 같은 기분이 들었다. 결국 나는 집으로 돌아가 침대에 몸을 던진 뒤 그대로 울기 시작했다. 처음에는 내 기분이 왜 언짢은지 알 수 없다는 이유 때문에 언짢았다. 모든 게 다 괜찮았다. 잘못된 게 아무것도 없었다. 그런데도 꼭, 내 몸속이 불쾌한 보라색 곤죽으로 가득 차 있는 것만 같았다. 모든 게 온통 뒤섞인 채 철벅거리고 있어서 **왜** 기분이 나쁜지 갈피조차 잡을 수 없었다. 심호흡을 해봤다. 빨간색 사물들을 세어보기도 했다. 그다음은 내 안을 들여다보았다. 곤죽 속에서 나는 한 줄기 노여움을, 내게 진짜 신경을 써주는 사람은 아무도 없다는 뼛속 깊이 새겨진 믿음을 찾아냈다. 아하. 10분간 심호흡을 하며 내 안을 들여다본 뒤, 내가 화가 난 건 캐시가 뉴욕으로 출장을 온 동안 나와 단둘이 만날 일정을 만들지 않았다는 사실 때문인 것 같다는 추론에 이르렀다.

그래! 친한 친구라면 멀리 있는 친구를 만나러 올 때마다 단둘이서 여자들만의 수다 떨 시간을 만들어야 하는 게 마땅하지 않나? 하지만 솔직히 말하면, 이번 주말 조이가 우리 기념일을 대수롭지 않게 넘겨버리지 않았더라면 캐시 때문에 짜증이 나지도 않았을 것이다. 조이가 정말 날 생각했더라면, 일을 하는 대신 함께 무언가 재미있는 일을 했을 것이다.

나는 곤죽을 계속 휘저어 보았다. 이제는 애정 결핍인 나, 별것 아닌 것에 언짢아진 나 자신에게 화가 났다. 그건 전부 내 잘못이었다. **캐시는 엄청나게 좋은 사람이야. 캐시가 유쾌한 친구들을 데려온다고 해서 무슨 문제가 되는 것도 아닌데, 넌 만두에 대한 제러드의 합당한 평가를 비판하면서 모르는 사람들 앞에서 버릇없는 망나니처럼 굴었어. 또, 조이도 너를 사랑한다고 매일 말해주잖아? 그런데 얼마나 더 큰 사랑이 필요한 거야?**

나는 그쯤에서 생각을 중단하고 쓴웃음을 지었다. EMDR도 결국 나를 치료해주지 못한 모양이었다. 지난번 상담에서 내가 사랑받는 존재라는 사실을 믿으려 애쓰면서 한 시간을 보냈는데,

지금 나는 또다시 수치심과 후회의 파도에 휩싸인 우울한 불가사리 같은 꼴이 되고 말았다.

그럼에도, 진창과 더께를 뚫고 한 줄기 인식이 반짝였다. 내 기분이 언짢다는 사실을 알아내기까지 16시간, 그리고 그 이유를 알아내기까지 4시간이 걸렸다는 게 어처구니없었다. 더 빨리 깨달을 수도 있지 않았을까? 내가 내 감정을 깨닫고 다음 단계로 나아갔더라면 시간 낭비도, 에너지 낭비도 줄지 않았을까? 어젯밤에 조이에게 서운하다고 말할 수도 있었을 것이다. 조이의 위로를 받을 수도 있었을 것이다. 서로 솔직한 감정을 나눈 뒤 다시 기념일 계획을 세울 수도 있었을 것이다. 이 감정을 좀 더 일찍 인정했더라면 내가 바랐던 관심을 요구할 수도 있었을 것이다. 그러나 그러는 대신 나는 공허하고, 건조하고, **괜찮다는** 감정을 느꼈다. 부모가 목에 칼을 들이댔던 기억에 대해 이야기할 때 느꼈던 감정이었다. 눈물을 그치고 걸레를 집어 들어 가루비누를 씻어내야 하는 순간에 느끼는 것과 똑같은 감정이었다. 아무 소리도 들리지 않는, 광활하게 펼쳐진 공터.

그러고 보면, 사막에서도 얼마든지 숨을 수 **있는** 건지도 모르겠다.

내가 〈유나이티드 스테이츠 오브 타라〉에 나올 만큼의 심각한 해리를 겪고 있는 건 아닐지 모르지만, 이제는 나 또한 일종의 해리 상태를 경험한다는 게 분명해졌다. 내가 겪는 해리는 더 유순하지만, 미묘하기에 더 위험할 수도 있었다. 지금까지 해리가 내게 존재한다는 사실마저도 무시할 수 있었다는 점에서 그렇다.

몇 주 뒤, 고등학교 2학년 때 쓴 일기를 찾았다.

난 뭔가 잘못된 것 같다. 난 지쳐버렸다. 그러니까… 엄청 지쳐버린 거다. 다시 감정을 느낄 수 있으면 좋겠다. 예전처럼 진심으로 행복할 수 있었으면 좋겠다. 이젠 행복을 조금도 느낄 수가 없다. 또, 예전처럼 우울하고, 세상이 내 가슴에 칼을 꽂아 비명을 질러대기라도 하는 것처럼 화가 났으면 좋겠다. 그런데 그런 감정조차도 느낄 수가 없다. 끔찍한 일들이 자꾸 일어나면 모든 게 무너져야 하는데 그렇지가 않았다. 꼭 유리창 너머에서 구경하는 기분이 들었다. 꼭 영화 같았다.

영화. 엘리너가 워크시트를 놓고 질문하면서 썼던 표현, 임상 의료인들과 정신과 의사들이 해리를 진단할 때 쓰는 그 표현, 엘리너의 상담실에서 내가 부정했던 그 표현을 고등학교 2학년의 내가 똑같이 쓰고 있었다. 이제는 내가 수십 년 전 어떤 진실들을 나 자신에게서 가려버리려고 마음속 깊은 곳에 두텁고 하얀 베일을 걸어놓았다는 걸 분명히 알 수 있었다.

두려움은 두루뭉술한 표현이었다. 내 진짜 감정과 욕구라는 거친 매듭을 풀 도구가 없었던 내가 만들어낸 무채색 감정 덩어리였다. 두려움이란 베일 너머에서 새어 나온 한 줄기 빛이었다.

EMDR을 통해 베일을 걷어내자 진실이 드러났다. **내 부모는 나를 사랑하지 않았고, 그건 내 잘못이 아니야.**

베일 뒤에는 또 어떤 것들이 숨겨져 있을까?

19장

해리가 존재하는 데도 이유는 있다. 수천 년 전부터 우리의 뇌와 몸은 우리가 고통을 느끼지 못하고 앞으로 나아갈 수 있도록 했다. 아내가 호랑이에게 잡아먹혔다고? 그것참 안됐군, 하지만 그렇다고 무너져 버리거나 얼어붙어 버려서는 안 된다. 오늘도 사냥을 나가지 않는다면 아이들이 배를 곯을 테니까. 공습으로 집이 무너졌다고? 그렇군, 그래도 멀쩡한 살림살이를 챙겨 새로운 살 곳을 찾아 나서라, **지금 당장**. 감정이란 특권에 불과하니까.

게다가 나 역시 특권을 지닌 사람인 것이다. 이제 내게는 과거에 쓰던 해리의 도구들, 즉 일, 술, 망각이라는, 맹목적으로 앞으로 나아가게 만드는 편안한 갑옷이 없었다. 이제 내게 있는 건 시간, 괴로울 만큼 광활한 여가가 전부였다. 갑옷 없이 맨몸인 나의 드러난 근육을 긁어대는 것들이 있다. 베일 뒤에는 무엇이 있나? **고통**. 엄청나게 많은, 빌어먹을 고통.

따뜻해진 날씨에 슬슬 모기가 등장하기 시작한 어느 여름날 오후, 친구 조애너와 술을 마시러 갔다. 바 뒷마당은 평소 9시에

202

문을 닫지만, 조애너가 언제나처럼 환한 미소를 지으며 기분 좋게 부탁하자 바 주인은 우리가 늦은 시간까지 바깥 자리에 앉아 있을 수 있게 해줬다. 실내에서 희미하게 새어 나오는 재즈 밴드의 멜로디에 맞춰 단풍나무 가지가 한들한들 흔들렸다. 조애너가 남아프리카에 살던 시절 이야기를 해주는 동안 나는 귀를 기울이고 고개를 끄덕이며 이런저런 질문을 던지려 애썼다. 하지만 대화에 소강상태가 찾아오고 조애너가 내 안부를 묻자 도저히 뭐라고 대답해야 할지 알 수 없었다. 얼마 전부터 나는 실패한 커리어와 복합 PTSD 진단이 가져온 수치심으로 마비된 것 같은 심정이었지만, 아직까지 어떻게 해야 타인에게 짐이 되지 않을지 알 수 없었기에, 내 감정을 어떻게 나누어야 할지 알 수 없었다.

조애너는 건초더미 속에서 살아온 미네소타 사람 특유의 온기를 내뿜는 중서부 출신이다. 그는 잘 웃고, 자신감 넘치고, 다른 사람 이야기를 하기 전에 우선 허락을 구하는 사람이다. 그리 심각하지 않은 타인의 비밀을 발설하고 나면 사과를 하면서 이렇게 말한다. "이건 내 얼터에고인 릿 존이 한 이야기라고 생각해. 그래도 뭐 어쩌겠어? 마음에 있는 그대로 행동하는 수밖에!"

그렇기에 나는 조애너에게 내 감정을 털어놓지 않고, 대신 뭐라도 할 말을 찾아 미친 듯이 머릿속을 뒤졌다. 아, 그러고 보니 어제 〈어니언〉에서 흥미로운 헤드라인을 읽었다. 내 말을 들은 조애너가 기분 좋게 웃는 걸 보니 성공이다. 하지만 그러다 보니 어느새 대화는 얼간이 같은 남자를 몇 명 만난 친구 이야기로 흘러가 버렸다. 그 말이 내 입에서 흘러나오고 난 뒤에야 나는 우리가 남의 뒷이야기를 하고 있다는 걸 깨닫고, 솟구치는 수치심 속에서 입을 다물어 버렸다. 젠장, 흥미로운 **동시에** 좋은 사람이 되려면 어떻게 해야 하는 거야? 그렇게 또 대화가 끊겼다. 나는 남아메리카 생활에 관해 물으며 조애너가 그 공백을 채우게 만든다. 대화하는 내내, 내가 한 말실수를 세어봤다. 그제야 이런 행동이 문제라는 생각이 들었다. 친구와의 대화에 완전히 몰입하지 않고 있다는 뜻이기 때문이다. 조애너와 함께 있는 지금을 즐기는 대신, 내 입에서 나오는 말들을 하나하나 걱정하고 있다니! 하지만 조애너의 사람 좋은 면마저도 내 잘못을 증명하는 것만 같은 기분이다. 사랑받으며 자란 조애너의 직관적인 여유가, 괜찮은 사람인 척하느라 고뇌하지 않아도 된다는 점이 질투가 난다. 그런 걸 가지지 못한 나는 어떻게 하면 더 조애너를 닮을 수 있을까? 왜 나는 다른 사람의 무릎 위에 가만히 앉아있을 정도로 안전하지도, 길들지도 않은, 쉽게 움찔하며 위협적인 소리를 내는 동물인 걸까? 내 안의 괴물은 점점 더 다른 이들로부터 나를 떼어놓고, 끝내는 혼자 가축우리 속에 살게 할까?

조애너와 작별 인사를 나누고 헤어진 뒤에도 몇 시간이 지나도록 나는 바닥에 떨어지는 단풍나무 씨앗 꼬투리처럼 하강 곡선을 그리며 자꾸만 아래로 떨어졌다.

다음 날, 나는 그 주에 있었던 친구들과의 약속을 전부 취소했다.

무슨 짓을 해도, 기쁨을 찾으려 아무리 노력해도, 내가 발견하는 건 내 트라우마가 전부였다. 트라우마는 내게 속삭였다. "넌

영영 이런 식일 거야. 절대 변하지 않을 거야. 네가 널 따라갈 거
거든. 널 영원히 비참하게 만들어 줄게. 그다음엔 널 죽일 거야."

　논문들은 이런 일이 트라우마를 겪은 사람들에게 흔히 나타
난다고 말한다. 전문가들의 말대로라면 이는 세 가지 P에서 비롯
한다. 우리는 슬픔을 개인적이고personal, 광범위하며pervasive, 영구
적인permanent 것이라고 생각한다. 우리가 마주하는 문제는 전부
스스로 일으킨 것이라고 여기므로 '개인적'이다. 우리의 평생이
실패로 정의된다고 본다는 점에서 '광범위'하다. 그리고 이 슬픔
이 영영 사라지지 않을 것이라 본다는 점에서 '영구적'이다.

　그러나 늘 그렇듯, 내가 교과서에 나오는 환자 그 자체라는
걸 안다고 해서, 교과서를 털고 나올 수 있는 건 아니다.

20장

내가 읽은 책들은 타인에게 짐이 되지 않으려면 "자기진정self-soothe" 방법을 배워야 한다고 했다. 곧장 핸드폰에 저장된 모든 사람에게 문자 메시지를 보내는 대신, 스스로 불안감을 가라앉힐 줄 알아야 한다고 말이다. 장기적으로 보면 심리치료와 EMDR 이 내 트라우마를 치유할 수 있을지도 몰랐다. 하지만 지금 이 순간 느끼는 타는 듯한 고통을 누그러뜨리기 위한 첫 단계는 명상과 마음챙김이라고 모두가 입을 모았다.

명상이 집중력을 향상시키고 불안, 우울, 코르티솔 분비를 줄인다는 근거는 넘치도록 많다.[23] 두뇌에서 공포를 담당하는 부분인 편도체의 활성을 감소시키고 전전두피질의 활성을 증가시킨다는 것도 입증되었다.[24] 명상을 하면 위험한 사고의 악순환을 멈추고 보다 차분하고 긍정적인 관점을 가질 수 있다.

'투쟁 또는 도피fight-or-flight' 시스템인 교감신경계는 스트레스로 인해 활성화된다. 교감신경계는 우리가 도망칠 준비를 하게 해준다. 이와 반대되는 것이 부교감신경계, 즉 '휴식과 소화rest-ing-and-digesting' 시스템이다. 부교감신경계는 심장박동수와 혈압을 낮추고, 호흡을 진정시키며, 스트레스 반응에 직접 대응한다.

명상은 부교감신경계를 활성화시킨다.[25] 즉, 말 그대로 명상은 스트레스의 해독제인 것이다. 뿐만 아니라 소셜미디어에서 본 대로라면 유행에 뒤처지지 않는, 민낯으로도 멋진 여자들이 즐기는 일이기도 하다.

그러나 명상은 내게 평화를 가져다주지 않았다. 예전에도 열 번 넘게 시도했지만 매번 똑같은 일이 벌어졌다. 일단 머리를 비우려 시도한다. 눈을 감고, 아무 생각도 하지 않으려 애쓴다. 머릿속을 백지로 만들고 싶은데, 자꾸만 이미지들이 불쑥불쑥 튀어나온다. 내가 취재 중인 스토리 아이디어, 미뤄둔 빨랫감, 수선을 맡겨야 할 구두 같은 것들이었다. 나는 단순하고 순수하며 소박한 것들을 떠올려 본다. 예를 들면 희고 부드러운 신선한 두부 한 모. 음, 두부다. 저녁엔 뭘 먹을까? 잠깐만, 안 돼! 그래, 어쩔 수 없지. 호흡에 집중해 봐야겠다. 들이쉬고, 내쉬고, 들이쉬고, 내쉬고. 내가 들숨을 충분히 깊이 들이쉬고 있는 게 맞나? 어째서 폐에 공기가 충분히 들어차지 않는 기분이지? 왜 쌕쌕거리는 것 같은 기분이 들지? 혹시 쌕쌕 소리가 나나? 혹시 내 폐에 무슨 문제가 있는 건 아닐까? 폐암일까? 난 이대로 죽는 게 틀림없어. 그것 말고는 달리 설명할 방법이 없잖아. 유언장을 쓰고 공증받은 적이 없는데. 어서 공증을 받아야겠다. 이대로 죽어도 될까? 아직 산호초에서 스쿠버다이빙을 해본 적도 없는데. 게다가 지구온난화 때문에 산호초가 죽어가고 있다. 폐암에 걸린 거라면 절대 스쿠버다이빙은 하러 갈 수 없겠지.

나중에, 호흡 명상은 어떤 사람들에게는 실제로 트리거를 **더**

욱 자극하는 일이 될 수도 있다는 글을 읽었다. 맞는 말 같다.

그다음에 알게 된 건 명상보다는 접근하기 쉬운 "그라운딩 grounding" 훈련이었다. 그라운딩은 명상의 체험판 같았다. 마음챙김 수련이지만 명상보다 짧고, 나를 둘러싼 세계의 사소한 것들에 집중하는 데 중점을 둔 훈련이다. 내가 찾아본 복합 PTSD 자료들 중에서 내게 큰 도움이 된 '뷰티 애프터 브루즈Beauty After Bruises'라는 웹사이트는 그라운딩을 이렇게 설명하고 있다. "그라운딩이란 지금 현재에 충실하게 존재하고 있다는 사실을 정신적으로 인식하는 상태를 가리킵니다. 당신이 누구인지, 어디에 있는지, 지금이 몇 시이고 또 몇 년인지, 당신 주변에서 무슨 일이 벌어지고 있는지를 인식하게 됩니다. 그라운딩은 **해리와 정반대입니다.** 그라운딩이라는 행위는 플래시백과 해리를 비롯한 고통으로부터 자아를 끄집어내기 위한 신중한 조치입니다. (…) 이는 트라우마 환자들에게 꼭 필요한 기술입니다."[26]

나는 플래시백을 경험한다는 것이 과거의 환영에 완전히 사로잡힌다는 뜻이라고 생각했다. 영화 속에서, 아프가니스탄으로 순식간에 이동해 사막의 모래와 자동소총으로 가득한 악몽에 다시금 시달리는 군인들처럼. 그러나 나는 학대의 순간을 떠올릴 때도 내가 어디에 있는지를 알고 있었다. 나는 내가 카우치에 앉아있음을 알았다. 내가 죽는 게 아니라는 것도 알았다.

그러나 트라우마의 언어에서 플래시백이 늘 영화 속에 나오는 것 같은 건 아니라는 사실을 곧 알게 되었다. 여기서 플래시백은 **정서적 플래시백**이라는 의미였다.

예를 들면, 일을 그만두기 전 상사는 내 사무실에 수시로 들어와 내가 저지른 사소한 실수를 지적했다. 내 몸과 머리가 완전히 현재에 집중하고 있는 상태였다면, 나는 실수가 부끄럽기는 해도 곧 그렇게 큰일이 아니라는 사실을 알고 내 잘못을 인정한 다음 다시 할 일로 돌아갔을 것이다. 그러나 실제로는, 상사가 자리를 떠나고 나면 매번 죄책감과 불안감, 수치심, 공포감을 느꼈다. 담배를 피우려고 아래층으로 달려 내려가고, 친구에게 내가 멍청하기 짝이 없다고 문자 메시지를 보내고, 아무도 나를 존중하지 않으며 나는 잘리고 말 것이라는 생각 때문에 제정신이 아닌 채로 30분을 보냈다. 내 의식이 완전히 현재에 머무르는 동안에도 내 감정은 1997년, 철자법 시험에서 저지른 실수에 목숨이 달려있었던 어린 시절로 돌아가 버렸다. 그것이 **정서적 플래시백**이다.

뷰티 애프터 브루즈는 그라운딩을 통해 정서적 플래시백을 고칠 수 있다고 했다. 그래서, 다음번 공황감이 느껴지는 우울한 상태가 되었을 때는 이 웹사이트에서 소개한 기초적인 그라운딩 방법을 읽어봤다. 눈을 뜬다. 두 발을 바닥에 단단하게 딛는다. 손과 발을 바라본다. 이 손발이 어른의 것임을 인식한다. 눈에 보이는 것, 귀에 들리는 것, 냄새 맡을 수 있는 것의 이름을 다섯 개씩 말한다.

나는 바닥을 딛고 살짝 두 발을 구른 다음 주위를 둘러보았다. 두 손을 바라봤다. 으, 주름 좀 봐. 아이의 손이 아닌 건 확실했다. 건조한 손톱은 껍질이 벗겨지고 있었다. 나는 손톱의 깔쭉깔쭉한 가장자리를 뜯어냈다. 내 셔츠 냄새를 맡아봤다. 내 감정 상태를 확인했다. 여전히 최악이었다.

다른 방법도 있을 터였다. 두뇌 활동과 덜 연관된 마음챙김 수련으로 시작하는 게 나을지도 모르겠다. 기분만 나아지게 하는 게 아니라 몸도 움직이게 만드는 그런 활동.

"오늘의 수련에는 담요, 스트랩, 작은 베개 두 개, 큰 베개 하나가 필요합니다." 강사가 말했다. 나는 막대기처럼 깡마른 나이 든 여자 강사를 따라 사물함 쪽으로 간 뒤 강사가 남색 베개를 잔뜩 끄집어내는 모습을 지켜봤다. 소파 쿠션처럼 탄탄한 베개였다. 또, 묵직한 회색 펠트 담요와 캔버스 소재의 벨트처럼 생긴 물건도 있었다. 이 수업의 이름은 〈촛불과 함께 하는 회복을 위한 인요가〉(yin yoga, 음양陰陽의 음적 요소를 중시하는, 마음챙김 명상과 동양사상을 요가에 접목한 수련—옮긴이)였는데, 내가 이 수업을 선택한 건 저녁에 열리는 마지막 수업이라 30퍼센트 할인된 가격으로 들을 수 있었기 때문이다. 나는 땀을 잔뜩 흘릴 거라 예상하며 신축성 있는 바지에 낡은 탱크톱을 입고 왔지만 다른 사람들은 잘 때 입는 가장 편안한 옷을 입고 온 것 같았다. 헐렁한 트레이닝복 바지에 무릎까지 내려오는 기다란 카디건 같은 것들이었다.

요가 강사 제니퍼 장은 수련실 앞쪽, 선명한 아쿠아마린 빛깔의 문 근처에 앉았다. 수련실 여기저기에 배터리로 작동하는 촛불이 놓여있었고, 강사는 우리를 분위기 속으로 끌어들이고자 팔로산토(남아메리카의 해안 지역에서 자라는 나무로, 마음을 진정시키는 향을 풍기기에 불을 붙여 연기를 쐬는 스머지 스틱 등의 형태로 명상에 흔히 쓰인다—옮긴이)에 불을 붙였다. 제니퍼 장은 아시아인이었는데 마치 그 사실만으로도 수련생들의 마음을 편안하게 해줄 수 있는 자격이 있는 것처럼 느껴졌던 데다가 나는 그의 둥글고 쾌활해 보이는 얼굴이 마음에 들었다.

"자, 이제 이 수업에 찾아온 자신의 등을 두드려 격려해 줍시다. 오늘은 근막 아래 깊숙한 곳, 근육의 결합조직을 자극하는 인요가로 시작해 볼 거예요. 오늘은 강도 높은 스트레칭을 하게 됩니다. 우리의 몸은 모두 다르기에, 사람에 따라 어떤 동작들은 어려울 수 있어요. 자신의 몸에 귀를 기울이세요. 이 수업은 몸을 극한으로 밀어붙이는 수업이 아닙니다. 많이 아프다면 물러나세요. 이 수업에서 우리는 100퍼센트가 아닌 70퍼센트를 목표로 수련할 것입니다. 힘들면 손을 들어주세요, 그다음에 함께 대안을 찾아보도록 합시다." 그렇게 말한 뒤 제니퍼는 등을 대고 누운 채로 스트랩을 활용한 다리 스트레칭을 시켰다.

나는 줄곧 어려운 동작이 등장하기를 기다렸다. 물구나무를 선다거나, 한쪽 다리로 선다거나, 몸을 뒤로 꺾는 동작 말이다. 하지만 그런 동작은 등장하지 않았다. 내 심박수는 올라가지 않았고, 근육이 수축하는 대신 이완한다는 것만 빼면 대체로 눕거나 앉은 자세로 수련이 이어졌다. 그렇게 20분이 지난 뒤에야 나는 인요가라는 것이 내가 유튜브에서 보던 요가와는 다르다는 걸 알았다. 인요가는 운동이 아니었고, 처음에 나는 그 사실이 썩 마음에 들지 않았는데—어쨌든 나도 멋진 엉덩이를 갖고 싶었으니까—내 경험에 따르면 힘들지 않은 건 효과가 없었다. 그럼에도 나는 점점 인요가에 적응하고 있었다. 어둑어둑한 수련실의 분위기 역시 기분 좋았다.

그런데 이상하게도 내가 이 수업에서 가장 마음에 들었던 건 바로 끊임없이 말을 쏟아내는 강사 제니퍼였다.

허벅지 스트레칭을 할 때면, 제니퍼는 내쉬는 호흡을 할 때 머리끝에서 금색의 빛이 솟아 나왔다가, 들이쉬는 호흡에서 다시 허벅지로 들어간다고 상상하라고 했다. 발가락을 꼼지락거릴 때는 내 발이 흙 속에서 사방으로 뿌리를 뻗는 식물이라고 상상하라고 했다. 또, 우리가 지금 이완시키고 있는 신체 부위에 집중하라는 말을 계속 반복했다. 각각의 근육 이름을 말하면서, 그 근육이 우리의 몸속에서 움직이는 감각에 집중하라고 했다. 엉덩이에 콧구멍이 달려있고 그 구멍으로 숨을 내쉰다고 상상하라고 하기도 했다. 제니퍼가 말을 멈추지 않는 바람에 내 뇌는 딴생각을 할 겨를이 없었다.

스트레칭의 강도는 몸에서 느껴지는 (기분 좋은) 아픔에 집중할 정도로만 강했다. 또, 시각화된 상상을 하느라 내 다리에 계속 집중하게 되었다. 한 동작마다 20까지 세고 다음 동작으로 넘어가는 체육 수업과는 달랐다. 그 대신 우리는 한 자세로 몇 분 동안 앉아있었다. 살면서 5분 내내 발가락이나 어깨, 종아리에 느껴지는 감각에 열심히 집중해 본 적은 처음이었다.

인요가 스트레칭을 30분간 하고 난 뒤 우리는 회복 요가로 넘어갔다. 제니퍼가 베개를 특정한 구조로 쌓아 올리라고 시키자 나는 이제 체력 테스트가 시작될 거라 생각하고 마음의 준비를 했지만, 제니퍼는 이렇게 말했다. "이제 양 무릎을 벌리고 양 팔은 옆구리에 댄 채로 베개 위에 누우세요." 알고 보니 회복 요가라는 것은 따뜻한 담요를 덮은 채 여러 가지 편안하고 아늑한 자세로 누워 있는 것이었다. "담요가 더 필요한 분은 손을 들어주세요. 제가 찾아가서 덮어드리겠습니다." 제니퍼는 그렇게 외치며 조용히 수련실 안을 돌아다녔다. 눈을 감고, 머릿속으로 또 다시 시각화를 하게 시켰다. 누군가가 커다란 병에 담긴 금빛 기름을 우리의 몸에 천천히 쏟아붓는 모습이라거나, 뱃속에서 형성된 빛이 정수리를 통해 솟구치며 온 세상에 온기와 선함을 뿌리는 모습을 상상하라는 것이었다. 만약 이 수업을 듣기 전 누가 내게 다가와 이런 사고실험을 해보라고 시켰다면 나는 이런 일들이 바보 같다고 느껴 제대로 하지 못했을 것이다. 그런데 지금 나는 내 뱃속의 빛이 순수한 기쁨의 구체를 만들며 점점 커지는 상상에 몰입하고 있었다.

이제야 수업의 전반부가 가진 목적을 이해할 수 있었다. 스트레칭을 하는 동안 강사는 몸속의 사소한 감각들에 집중할 수 있도록 우리를 훈련시켰다. 그러자 산처럼 쌓은 베개 위에서 휴식하는 그런 감각 하나하나가 예리하게 다가왔다. 내가 제일 좋아하는 자세는 "가슴 열기"라는 이름으로, 척추 아래 베개를 두고 가슴을 활짝 연 채 팔에 힘을 빼고 양옆으로 늘어뜨린 자세였다. 펼친 손바닥 위를 지나가는 기분 좋은 서늘한 공기 덕분에 나는 순식간에 봄날의 들판으로 이동했다. 또, 가슴을 활짝 펼치자 용감하고 완전해진 기분이 들었다. 등에는 통증이 느껴지지 않았고, 묵직한 담요를 덮은 허리가 무겁고 따뜻했다. 심지어 내 몸을 드나드는 호흡조차도 상쾌하고 깨끗하게 느껴졌다. 무엇보다도, 나를 괴롭히는 목소리가 들려오지 않았다. 나는 과거도, 온갖 불안감도, 미래도 생각하지 않고 있었던 것이다.

서서히 "그라운딩"이라는 말의 의미가 이해되기 시작했다. 전적으로 완전히 현재에 존재하면 그저 살아있다는 사실만으로도 온몸으로 느끼는 엄청난 기쁨에 집중할 수 있다. 태양을 똑바로 바라보는 것만큼이나 강렬한 이 기쁨에는 아무런 대가가 따르지 않았다. 언제든 얻을 수 있는 기쁨이었다. 엄청난 쾌락을 주는 신약을 발견했는데 공짜인 데다 합법적인 것으로도 모자라 칼로리도 없다니!

그러나 동시에, 어쩐지 슬픈 마음이 들어 눈물이 흘렀다. 어째서 지금 이 순간까지 호흡의 기쁨을 모르고 살았을까? 손바닥에 느껴지는 공기가 주는 이토록 편안한 감각을 어째서 이제야 알았을까? 머릿속이 꽉 차 아무것에도 집중하지 못하고 살아가는 동안 나는 얼마나 많은 기쁨을 놓친 걸까? 살아있다는 것이 얼마나 만족스러운지 몰랐던 나머지 이 모든 걸 놓아버리기를, 죽기만을 갈망하던 일이 얼마나 많았나?

눈물은 점점 더 심하게 솟구쳤다. 담요에 꽁꽁 싸매져 있으니 너무나도 안전하고 편안한 기분이 들어서 꼭… 누군가의 품에 안긴 기분이었다. 누군가 내게 친절과 너그러움, 사랑을 퍼부으며 돌봐주는 것만 같았다. 그리고 그 누군가란 바로 **나**였다.

몇 달 후, 회복 요가 첫날에 경험한 일이 순전히 영적인 것만은 아니라는 것을 알게 되었다. 즉, 내가 내 성스러운 핵심을 건드리는 영적 세계를 발견한 것뿐만은 아니라는 것이다. 알고 보니 요가 강사가 쓴 기법은 내 DMN을 꺼버리는 완벽한 매커니즘이었다.

우리가 MRI 장비에 1시간 동안 들어가 있으면서 잡다한 생각을 하면 우리의 두뇌 속 DMN, 즉 디폴트 모드 네트워크Default Mode Network에 불이 들어온다. DMN은 인간의 의식, 그리고 지루함과 백일몽의 기본 상태라고 한다. 그러니 본질적으로는 우리의 **에고**인 셈이다.

MRI 장비 속에 1시간 동안 갇혀있을 때 우리의 정신은 어디를 향할까? 대부분 과거를 곱씹거나 미래를 계획하게 될 것이다. 연애, 곧 처리해야 할 잡다한 일들, 얼굴에 난 여드름 따위를 상상할지도 모른다. 과학자들은 우울, 불안 또는 복합 PTSD에 시달리는 사람들 중 일부는 DMN이 과활성된 상태임을 밝혀냈다.

일리 있는 말이다. DMN은 책임감과 불안감이 깃드는 곳이다. 과거의 일을 지나치게 곱씹고 집착과 자기의심이라는 유해한 순환에 갇혀있으면 DMN의 작용은 극도로 고통스러워진다.

항우울제나 환각제가 DMN을 상당히 누그러뜨릴 수 있다. 그러나 과활성된 DMN에 대한 가장 효과적인 치료제는 마음챙김이다.

마음챙김의 치료 효과는 다음과 같다. DMN의 시동이 걸리기 시작하면 내적 집중에 연료를 공급할 자원을 필요로 하게 된다. 이때 외부의 무언가에 강하게 집중하고 있다면 —예를 들면 어려운 수학 문제를 풀고 있다든지 —두뇌는 내부와 외부에 동시에 집중할 자원이 모자라게 된다. 그렇기에 트리거를 자극당했을 때는 두뇌의 에너지 방향을 외적 자극으로 돌려 DMN의 전원을 끊어버리는 식으로 과활성을 막을 수 있는 것이다.

물론 트리거를 자극받은 상황에서 수학 문제 풀이에 집중한다는 게 쉽지는 않다. 비록 나 역시 오랫동안 일을 DMN을 잠재우는 수단으로 쓰며 비슷한 조치를 취해 왔지만 말이다. 어떤 사람들은 술이나 약물을 이용하기도 한다. 하지만 그보다 더 쉽고 건강한 외적 자극을 얻으려면 어떻게 해야 할까? 오감에 집중하면 된다.

따뜻한 목욕물의 감촉, 농익은 복숭아의 달콤함, 구슬픈 바이올린 음색, 사랑하는 사람의 목덜미에서 풍기는 체취 같은, 지금 주변에서 벌어지는 일들에 집중하는 것은 강력하고도 즉각적인 효과를 발휘한다. 요가 강사가 우리더러 불편한 지점까지 스트레칭을 한 다음 집중의 범위를 좁혀서 딱 좋은 아픔의 감각에 예리하게 초점을 두게 시켰을 때 유도한 것이 바로 그것이다. 가만히 누워서 이 세상 속에 내 두 팔이, 두 다리가, 가슴이 존재한다는 것을 느낄 때 그토록 편안했던 것도 그 때문이다. 나를 끊임없이 수정하고 벌하는 목소리를 완전히 잠재워 버리는 일이기도 하니까.

DMN을 꺼버릴 때 생겨나는 또 다른 이점도 있다. 에고를 잠재우면 자신과 타인의 관계도 사라진다. 그러면서 우리는 본질적 인간성을 공유하는 자신보다 큰 세계인 사회에 **속해** 있다는 상호연결성의 상태로 더 쉽게 진입하게 된다. 내가 폐에서 사랑을 담은 에너지를 끌어내 우주 그 자체로 내보내는 호흡을 하며 시각화에 몰입할 수 있었던 것도 그 때문이다. 히피를 연상시키는 최면술에 굴복해서 하는 말이 아니다. 이때 생겨나는 개방성은 실제 과학에 바탕을 둔 것이다.

회복 요가는 DMN의 속도를 늦추는 방법 중 한 가지일 뿐이다. 잘 찾아보면 "그라운딩", 즉 자신의 머릿속에서 벗어나 세상으로 나아갈 수 있도록 돕는 마음챙김 훈련 방법은 아주 많다. 나는 여러 가지 방법들을 시도해 보았고, 친구들에게 또 어떤 방법들로 효과를 보았는지 수소문하기 시작했다.

어떤 사람들은 입안에 얼음조각을 넣거나 고추냉이를 한입가득 먹는 행위로 시스템에 충격을 주면 감각적 경험에 집중할 수 있게 된다고 한다. 내가 아는 한 기자는 얼굴과 손을 톡톡 두드리는 방법으로 효과를 보았다고 했다. 레이시는 긴 산책을 하면서 발이 땅에 닿는 리드미컬한 감각에 집중하거나, 얼음처럼 차가운 물에서 수영하는 것을 좋아한다. 또 다른 친구는 묵직한 담요를 덮을 때 행복감을 느낀다.

이런 활동 중 대부분은 나에게 효과가 없었지만, 그럼에도 나는 나에게 맞는 방법들을 찾아보기 시작했다. 내가 제일 마음에 든 것은 마음챙김 먹기였다. 과거의 나는 점심을 먹으면서도 일을 했기에 기사를 수정하는 사이 음식이 마술처럼 사라져 있곤 했다. 그러나 지금은 식사를 천천히 하고 한입, 한입에 집중한다. 음식의 질감과 맛에 주의를 기울이고 천천히 음미한다. 이런 마술적인 경험을 열어준 음식은 거창한 것이 아닌, 프레타망제에서 파는 치킨 파르메산 랩이었다. 심지어 샌드위치조차 아니었다! 온갖 음식 중에서도 초라하기 그지없는, 부실하고, 차갑고, 가격만 비싼 완제품 랩이라니! 하지만 그것을 먹던 날, 나는 음식 맛에 예리하게 집중할 수 있었다. 한입을 먹으니 토마토 소스의 달콤하고 싸한 맛이 입안에 퍼졌다. 또 한입, 오, 크림치즈다. 다음으로 한입 먹었을 땐 빵가루를 묻혀 튀긴 치킨의 가벼운 바삭거림을 느꼈다. 한입마다 새로운 비율로 입안에 들어차는 질감과 맛이 짜릿했다. 조금 집중하는 것만으로도 프레타망제의 초라한 랩이, 신들이 먹는 달콤한 넥타르로 변신한 셈이었다.

또, 위기에 처할 때 힘껏 누를 수 있는 거대한 비상 버튼 같은 마음챙김 기술도 있었다. 어느 날 집안일 때문에 조이와 싸우던 중, 조이가 더러운 냄비의 뚜껑을 쾅 소리가 나게 닫는 순간 트리거를 자극당한 나의 분노 수치는 0에서 1020까지 순식간에 상승했다. 나는 숟가락을 개수대 속에 내동댕이친 다음 네가 결벽증 환자인 건 내 잘못이 아니라고 고래고래 소리를 질렀다. 그렇게 서로에게 고함을 질러대다가, 나는 문득 최근에 알게 된 그라운딩 기술을 시도해 봐야겠다는 생각이 들었다. 색깔을 세는 것이었다. 나는 방 안을 빙빙 돌면서 빨간색 사물을 전부 세었다. 책 표지, 보드게임, 화분, 그림 속 드레스, 쿠션에 그려진 꽃. 빨간색 사물이 더 이상 없자 파란색으로 바꿨다. 분노발작을 일으키는 어린 아이를 진정시키는, 유치원에서나 쓸 법한 기술이라 생각했지만, 몇 초 만에 머릿속이 정리되는 바람에 깜짝 놀랐다. 마치 스피커의 볼륨 조절 장치를 돌려 소리를 낮추는 것 같았다. 잠시 후, 분노도 어느 정도 가라앉았다. **그렇게** 난리를 칠 만한 일이 아니라는 생각이 들었다. 사과를 하는 게 좋겠다는, 저 망할 냄비도 설거지하는 게 좋겠다는 생각이 들었다.

나는 트라우마 치유가 슈트케이스를 끌고 6층 계단을 오르는 것처럼 힘들고 고통스러운 과정일 줄 알았다. 하지만 이 깨달음을 통해 두 번째 기회라는 것이 반드시 힘겹게 싸워서 얻어내는 것이 아니라, 식사가 끝난 뒤 한 줌 집어 드는 공짜 박하사탕 같은 것일 수도 있음을 알게 되었다. 민들레나 나비처럼 가벼운 스트레칭 몇 번으로, 정말 악취가 진동하는 늪 같은 나의 과거를 정리할 수 있는 걸까? 치유라는 게 그토록 간단한 거였나?

아니, 정확히 말하면 그렇지는 않다. 하지만 그것이 시작이었다.

21장

처음으로 참여한 회복 요가 수업에서 나는 더없는 기쁨을 느꼈고 마치 약이라도 먹은 것처럼, 끊이지 않는 지독한 고통으로부터 자유로워진 기분이 들었다. 그래서 마음챙김 수업을 더 많이 듣기로 했다. 브루클린 젠 센터의 어느 너그럽고 사람 좋은 명상 강사는 오랜 수련을 해온 수도사들조차도 명상 도중에 압박감과 스트레스를 받는 경우가 있다고 알려줬다. 머리부터 발끝까지 타투로 뒤덮인, 과거 약물중독자였던 펑크족 강사가 뇌과학과 고대 불교를 접목시켜 알려주는 수업에 들어가 보기도 했다. 심지어 음향시설이 완비된 방 안, 인체공학적으로 디자인된 쿠션에 앉아 앰비언트 음악과 음성 가이드에 귀를 기울이는 최신식 명상 공간에도 가봤다.

모든 시도들이 어느 정도 도움이 되었기에, 나는 다른 사람들이 알려준 서비스며 활동을 더 많이 찾아보게 됐다. 근처에 있고, 비용이 적당하다면 무엇이든 상관없었다.

먼저, 침술사인 친구를 찾아갔다. 친구는 내 혀 색깔을 확인한 뒤 체열이 많다고 말해줬다.

"그러면… 물을 더 많이 마셔야 하나?"

"실제로 몸이 뜨겁다는 뜻은 아니야. 간에 열이 많다는 거지. 그건 서양의학으로는 설명할 수 없는 거야. 그냥 내 말을 믿으면 돼. 기분은 좀 어때?"

"집중이 잘 안 돼. 에너지가 없고. 그러면서도 불안해."

친구는 고개를 끄덕이더니 에너지와 평화를 주는 침을 놓아 주겠다고 했다. 그다음에는 온라인으로 살 수 있는 중국 약초 의약품 브랜드 이름을 종이에 써 주고는 내 이마와 귀에 침을 꽂았다. 친구가 발가락에 침을 하나 꽂는 순간 허벅지 양쪽에 낯선 열기가 감돌기 시작했다. "우와, 다리에 불이 붙은 것 같아." 내가 꺅 비명을 질렀다.

"응, 이 침은 네 허벅지 차크라에 연결되거든." 친구가 나를 안심시켰다. "이제 눈을 감고 마음을 편안하게 가져봐." 나는 깊고 고른 호흡을 하려 애썼지만, 숨을 들이쉴 때마다 갈비뼈 바로 아래에 꽂힌 침이 거슬렸다.

침을 맞은 뒤 마치 커피를 마셔 진정되지 않았을 때와 같은 약간의 흥분감과 함께 하루를 보냈다. 평소보다 더 집중했는데도 침술로는 정신적 고통이 사라지지 않았다. 결국 나는 그 친구를 두 번 찾아가는 데 그쳤고, 그의 재능은 대단하지만 내게는 충분하지 않다는 결론을 내렸다.

그다음에는 트라이베카의 호화스러운 음향-진동 스튜디오를 찾아가 숨치료 워크숍을 체험했다. LSD를 사용한 정신 치료 모

임을 수천 회 이끌었던 체코의 정신과 의사 스타니슬라프 그로
프가 1968년 LSD가 불법화되며 환자들에게 제공할 대안이 필요
해지자 개발한 것이 바로 숨치료다. 그가 고안한 홀로트로픽 숨
치료holotropic breathwork란 "몸속의 산소와 이산화탄소 수준이 엉
망이 되어서 환각이 보일 때까지 과호흡하기"를 멋진 말로 표현
한 것과 다름없다. 숨치료 이후 환각제를 먹은 것만 같은 강렬한
카타르시스를 경험했다고 밝힌 이들도 있다. 숨치료 과정에서 죽
은 가족을 보았다거나, 가장 깊은 트라우마를 풀어낸 뒤 정화되
었다는 경험담도 여럿 읽었다.

여남은 명의 다른 사람들과 함께 커다란 사각형을 그리며 앉
은 채로 10분간 리드미컬하게 들숨과 날숨을 쉬었다. 강사가 다
시 평소처럼 숨을 쉬라고 말했을 때, 나는 몸이 허공으로 떠오르
는 것 같은 신체적 환각을 경험했다. 마치 누가 내 머리 바로 옆
에서 디제리두(오스트레일리아 토착민의 목관악기-옮긴이)를 연주하
는 것만 같은 이 낯선 감각을 음미했다. 그러나 영적인 초월 상태
를 겪는다든지 죽은 사람이 눈에 보이는 일 같은 건 일어나지 않
았다.

나는 아동기 트라우마 지지 모임에도 가입했다. 지인들이 친
구의 친구를 모아 즉흥적으로 꾸린 작은 모임이었다. 한 사람씩
돌아가며 "제 이름은 스테파니고, 학대 생존자예요"라고 하지는
않았지만, 그렇게 해도 이상하지 않을 분위기였다. 모두가 자기

이야기와 하루하루 겪는 괴로움을 털어놓았다. 우는 사람들이 많았다. 이곳에서는 내 트라우마를 타인의 트라우마와 비교하지 않기가 어려웠다. 내 경험은 최악이라고 하기에는 크게 모자랐다. 모임 구성원 중 한 사람이 대놓고 그렇게 말하기도 했다. 내가 남자친구가 있다고 말하자 그 사람은 이렇게 대답했다. "성폭행을 당한 경험이 없어 건강한 연애를 할 수 있다는 게 부럽네요. 저도 그랬으면 좋았을 텐데." 나는 죄책감으로 얼굴이 달아오른 채 "죄송해요" 했는데, 달리 무슨 말을 해야 할지 알 수 없어서였다.

그러나 우리에게 차이는 있을지라도 모두가 비슷한 행동 패턴을 보인다는 사실은 알 수 있었다. 이곳에 모인 사람들의 괴로움, 과잉 반응, 슬픔과 불안 속에서 나 자신이 보였다. 안타까운 일이지만 나는 우리 모두가 비슷한 불안과 괴로움에 시달린다는 사실에서 동질감을 느끼는 대신, 지난 몇 달간 내가 나에게 했던 것처럼, 속으로 이들의 특성을 병적인 것으로 바라보고 있었다. **아, 걸려오는 전화를 받지 않는다니, 전형적인 회피형 애착 장애야. 잘못한 게 없는데도 타인의 기분이 상한 걸 자기 탓으로 돌리다니. 불안형 애착, 어쩌면 불안/회피 유형일 수도 있겠어. 게다가 왜곡된 자기인식까지!**

여기 있는 모든 사람 중에서 내가 가장 많은 치료를 경험한 사람이었으므로, 나 역시 괜찮지 않음에도 불구하고 어느새 내가 다른 이들을 위로하고 책이며 치료를 권하는 무능력한 유사 심리치료사라는 어색한 역할을 담당하고 있었다. 그런 상황 역시 도움이 되지 않았다. 모든 지지 모임에 훈련을 거친 경험 있는 진행자가 늘 함께한다는 건 다 이유가 있다는 생각이 들었다. 그래야 위기에 빠진 누군가가 그 역할을 맡지 않을 수 있으니까.

그럼에도 이 모임에 참여한 보람이 한 가지는 있었다. 덕분에 복합 PTSD가 꼭 사람을 괴물로 만드는 건 아님을 알 수 있었기 때문이다.

모임 구성원들은 모두 심하게 부서진 사람이었다. 그럼에도 부서진 조각을 하나하나 맞추며 타인을 아프게 하지 않으려고 온 힘을 다했다. 이들은 냉소적이지만 정말 웃긴 농담을 하는 사람들, 자신의 집에서 모임을 열 때는 고급 치즈를 내놓는 사람들, 우는 사람을 품에 안아주는 사람들이었다. 모두 강한 보호 본능을 지니고, 머릿속 가득한 부정적인 목소리로부터 서로를 힘껏 보호했다. 재능과 카리스마가 넘치고, 자기성찰이 빨랐다. 자조 도서를 읽고, 밤새도록 춤을 추고, 캔버스 위에 밝은색으로 기분 좋은 그림을 그려내는 사람들이었다.

그렇기에 매번 모임을 시작할 때 둥글게 둘러앉아 한 달간 어떻게 지냈는지 안부를 나눌 때마다 내 가슴은 미어지는 것만 같았다. 우리 중에 "잘 지냈다"고 말하는 사람은 거의 없었다. 늘 대답은 "괜찮다" 아니면 "별로다"였다. 친구와의 우정이 깨지기 직전이라거나 나르시시스트 부모가 수동공격적 문자 메시지를 보내온다거나 하는, 진행 중인 괴로움이 늘 있었다. 모두 잘 지낼 자격이 충분한 사람들인데, 어째서 아무도 잘 지내지 못하는 걸까? 나는 우리가 잘 지내기를 간절히 바랐다.

곧 내 달력은 트라우마를 중심으로 한 활동들로 가득 찼다. 사운드 배스, 요가 수업, 지지 모임, 불교 강연, 마사지까지. 나는 브루클린에서 요가 수업을 마친 뒤 미드타운에서 열리는 명상 수업에 늦지 않으려고 꽁지 빠지게 지하철에 올라탔고, 그다음 에는 예약한 물리치료를 받으러 또다시 서둘러 돌아갔다. 이렇 게 정신없이 돌아다니다 보니 당연히 실수를 했다. 건강한 간식 을 챙기는 걸 잊거나, 기념품 가게에서 에센셜오일 향을 맡아보 느라 시간을 낭비해 요가 수업에 늦어서 보증금 15달러를 날린 다거나 하는 일이었다. 이런 실수를 저지를 때마다 자책했다. **백 수 주제에 돈을 줄줄 흘리고 다니다니! 무슨 셀럽이라도 돼? 문어 카 르파초라거나 요트 같은 재미있는 건 하나도 없으면서!**

어느 날에는 명상 수업에 5분 지각하는 바람에 미안한 마음 으로 가부좌를 틀고 앉아있는 사람들의 몸 위를 넘어 내 자리를 찾아가야 했다. 베개 위에 몸을 눕히자마자 나는 수치심으로 뒤 범벅되고 말았다. **다들 내가 인간 쓰레기라고 생각할 거야! 내가 숨 을 헐떡이는 소리도 다 들리겠지! 내가 분위기를 다 망치고 있어!** 그 때, 깨달음이 찾아왔다. 나는 내가 **이완 수업**에서 완벽한 모습을 보이지 못했다는 사실 때문에 스트레스를 받고 있었던 것이다.

그러고 보면, 나는 "웰니스"에조차 일을 할 때와 똑같은 강박 적이고 완벽주의적 경향으로 접근하고 있었다. 문제가 있다는 점 에서 일 중독자로 사는 것과 다르지 않았으며, 이전과 같이 뚜렷 한 패턴을 보이고 있었다. 성취를 통해 강렬한 기쁨을 얻는 순간 다음 성공을 찾아야 한다는 불안감이 찾아오는 패턴이었다.

나는 지금 하고 있는 웰니스 활동 중 가장 마음에 드는 것, 진정한, 그리고 편안한 기쁨을 가져다주는 것들만 남기고 줄이기로 했다. 그리고 화분으로 둘러싸인 우리 집 베이 윈도우(창이 외부로 돌출되어 건물 안쪽에 만들어진 아늑한 공간—옮긴이)에 특별한 쿠션을 놓아두고 집에서 할 수 있는 명상 루틴도 만들었다. 자기돌봄은 돈이 들어서도, 의무적으로 참가해야 하는 장소에서 얻는 것이어서도 안 된다고 스스로에게 말했다. 진정한 건강은 기쁨을 닮아있어야 한다고 말이다.

22장

명상을 하고, 침을 맞고, 이상한 혼합물까지 들이킬 정도였으니 궁극적인 대안 치료법 역시도 시도해 봐야 했다. 태초부터 인류의 사랑과 미움을 받아오기를 반복했던 것, 바로 환각제다.

까놓고 말해보자. 나는 샌타크루즈에서 대학 생활을 했다. 환각버섯은 내게 낯선 것이 아니다. 20대 초반 괜찮은 파티에 가면 환각버섯이 종종 등장했다.

처음 환각버섯을 먹은 것은 스물세 살, 사이버펑크에 빠져있던, 나를 무서워했던 남자친구와 최악의 이별을 경험한 뒤였다. 10월에 그 남자에게 차인 뒤, 모두가 고향에서 명절을 보내려 도시를 떠나는 12월까지 나는 파티에 미쳐 살았다. 나에게는 함께 명절을 기념할 사람도 없고, 잃을 것도 없었다. 그래서 그해, 따뜻하고 화창한 샌프란시스코의 크리스마스 날 나는 환각버섯 3.5그램을 먹고 오렌지주스로 입가심을 했다. 그리고 옥상에 올라가 라운지 체어에 드러누운 채 꽃잎과 해골들이 프랙탈 구조를 이루며 허공에서 빙빙 도는 모습을 감상했다. 헤드폰에서 나오던 선샤인 언더그라운드의 음악이 절정에 이르는 순간 환각버섯이 문을 활짝 열어주었다. 그렇게 나의 작고 유한한, 자기혐오

227

로 가득한 자아를 뒤에 남겨두고 우주로 스며들었다. 창조란 이토록 아름다운 것임을, 그리고 내가 이 멋진 창조의 일부임을 알 수 있었다. 몸 구석구석이 나 자신을 향한 연민과 경탄으로 가득 찬 채로 터질 것 같은 기쁨을 느꼈다. 선글라스를 벗으면 눈구멍이 탐조등처럼 무지개를 쏘아내지 않을까 하는 걱정이 들 정도였다.

나는 이 관계에 최선을 다했어. 환각버섯이 내게 알려줬다. **나는 잔인하지도, 폭력적이지도 않았어. 나는 스트레스가 심했고, 불안했고, 일에 온통 정신을 빼앗겨 있었어. 하지만 나는 스물세 살의 나이에 NPR 프로그램이나 마찬가지인 큰일을 하고 있었는걸. 나는 아직 삶의 균형을 완벽하게 이루는 방법을 몰라. 스물세 살이니까 당연하잖아.**

그해 크리스마스의 환각 체험은 내가 처음으로 경험한 무조건적인 사랑이었다. 그리고 그 사랑을 준 사람은 **나 자신**이었다. 용서에는 엄청난 힘이 있었다. 온종일 망가진 관계가 내 탓이라고 생각해 왔으나, 드디어 그 죄책감에서 놓여날 수 있었다. 그날 저녁, 나는 사랑하는 사람을 대하듯 나 자신을 보살폈다. 목욕을 했다. 그리고 3개월 만에 제대로 된 식사를 했다. 애플파이 반쪽과 포장해 온 싸구려 중국 음식이었다. 그 뒤로 몇 주 사이 건강할 정도로 살이 붙은 덕에 툭 튀어나왔던 골반도 모습을 감췄다. 새로운 사람을 만나기 시작했다. 그러면서 내가 가진 영적 믿음도 바뀌었다. 인간과 거래하는 관계를 맺는 잔혹한 신의 존재는 부모가 이혼한 뒤 버린 지 오래였다. 이제 나는 나 자신보다 더 큰 힘을 믿었다. 말 그대로 신적인 존재를 믿는다기보다는… 어쩌면 우주가 사랑을 닮은 무언가를 중심으로 구성되어 있는지도 모른다는 생각을 믿었다.

이제는 사일로 신과 MDMA(환각제 엑스터시의 화학 성분명인 methylene dioxymethamphetamine을 가리킨다 ─옮긴이)에 PTSD를 치료하는 효과가 있다는 내용을 여러 TED 강연들이며, 마이클 폴런Michael Pollan의 《마음을 변화시키는 방법How to Change Your Mind》 같은 책에서도 찾아볼 수 있다. 트라우마로 고통받던 참전 용사들이 한 번의 의미 있는 환각 체험 이후에 완전히 치료되고 새로운 삶의 의지를 얻었다는 일화들이 넘쳐난다. 그중에서도 환각버섯은 불치병 환자의 고통을 달래는 데 큰 힘을 발휘한다는 사실도 입증되었다. 다가오는 죽음을 두려워하던 환자 중 다수가 환각 체험에서 깨어난 뒤 삶과 죽음을 편안한 마음으로 받아들이고 다시금 우주의 구조 속으로 흡수될 수 있음에 만족한다. 또, 환각버섯이 DMN을 억제하고 에고를 용해시켜 어린 아이의 눈 같은 새로운 관점으로 삶을 바라보게 한다는 연구 결과도 있다. 환각버섯은 뇌의 각 부분들을 연결시켜 삶의 괴로움에 대처할 창조적 해법을 만들고 우리가 잘 쓰지 않는 영역을 강화시킬 수 있다.

그러나 내 경우 환각버섯의 효과는 강력하긴 했지만 늘 일시적일 뿐이었다. 자기의심에서 자유로워지고 자신 있게 스스로를 사랑한다는 감정 역시 며칠에서 몇 주면 사라졌다. 공포는 어김없이 다시 찾아왔다.

20대 내내, 처음에는 버클리, 나중에는 브루클린의 식물원에서 3~6개월 주기로 환각버섯을 섭취하며 두려움을 쫓아 보내려 애썼다. 거대한 가문비나무 아래에 앉아 지혜로운 환각버섯과 교감할 때마다 균형감각과 평화로 이루어진 세계로 돌아갈 수 있었다. 색종이 조각이 흩뿌려진 파티처럼 화려한 체험은 아니었다. 오히려 심하게 울면서 괴로운 진실을 파헤치다가, 숭고한 세상을 바라볼 수 있는 좀 더 맑은 눈을 가지고 반대 방향으로 나오는 경험에 가까웠다.

그러나 그것을 어떻게 손에 넣느냐가 문제였다. 어쨌거나 환각버섯은 A등급 마약이니까. 뉴욕에 온 뒤로는 딜러를 구하지 못했고 가지고 있던 것들도 다 떨어졌다. 또다시 두려움이 내 눈앞에 검은 얼룩을 덧씌웠고, 끝내는 세상의 아름다움 대신 내 추악함밖에 보이지 않게 되었다. 복합 PTSD 진단을 받은 건 환각 체험을 마지막으로 한 지 2년쯤 지난 뒤였다.

삶에 대한 새로운 관점이 필요한 때가 있다면 바로 지금일 테니까, 나는 또다시 내가 좋아하던 약을 찾았다. 암호화된 메시지 앱인 시그널을 통해 몇 달간 친구들을 들볶은 끝에 엄청나게 비싼 가격으로 환각버섯 3.5그램을 구할 수 있었다. 땀이 줄줄 흐르는 여름날 오후, 나는 또 한번 프리즘을 닮은 사랑스러운 눈으로 나 자신을 바라볼 생각에 잔뜩 들떠 브루클린 식물원에서 환각버섯을 먹었다.

안타깝지만 그 뒤로 첫 1시간 반 동안 펼쳐진 일은 프리즘과는 거리가 멀었다. 그 대신, 나는 어떻게 인간의 피상적 욕구들이 인류세를 불러왔는가를 생각하며 일본식 젠 정원에서 원을 그리며 파워워킹을 하고 있었다. 나에게도 욕구가 많았다. 조이의 욕구, 친구들의 욕구, 맙소사, 하고 나는 생각했다. 여성이란 욕구를 느끼는 대신 타인의 욕구를 충족시켜줘야 하는 존재다. 여성이 할 수 있는 최악의 일은 자신의 굶주림으로, 자신의 히스테리로 공간을 낭비하는 일이다.

그렇게 공격적으로 걷다 보니 야생화로 뒤덮인 들판이 내려다보이는 커다랗고 평평한 바위가 나타났다. 바위를 보자 애초의 목적이 떠올랐기에, 그 바위에 앉아 어떤 일이 있어도 내가 쓸모없는 존재가 아니라고 생각하며 마음을 다잡기로 했다. 바위에 앉아 내 이마를 철썩철썩 때리며 중얼거렸다. "넌 멋져! 넌 멋져! 넌 멋져!" 그러다 보니 이런 생각이 떠올랐다. **사람들이 왜 네 말을 믿어야 하는데?**

왜? 내 안 어딘가에는 그런 믿음을 받아 마땅한 무언가가 있을 것이다. **지원군이 필요해. 누가 널 믿지?** 핸드폰을 꺼내 화면을 스크롤했다. 많은 사람들로부터 받은 다정한 메시지들이 가득했다. 모두 똑똑하기 그지없는 사람들, 재능이 넘치는 사람들이었다. 사람들의 성격을 꿰뚫어 보는 사람, 바보에게 관대하지 않은 사람들이었다. 나는 가장 최근에 받은 문자 메시지를 바라봤다. 보고 싶다는 친구의 메시지였다. 또 다른 친구는 내가 자기가 아는 사람 중에 제일 웃기다고 했다. 예전 직장 동료가 지난주에 보낸, 자신이 경력을 쌓을 수 있었던 건 전부 내 덕이라는 메시지도 있었다.

평소에 이런 사람들이 내 존재와 가치를 확언하는 칭찬을 할 때면 나는 매번 이런 식으로 답장을 보냈다. "에이, 뭐야, 너 지이이인짜 착하다. 난 사실 완전 아무것도 아닌 쓰레긴데ㅋㅋㅋ" 그런 답을 보낸 뒤 열차를 놓치지 않으려고 달려가거나, 마늘을 썰거나, 다음 이메일에 답장을 썼다.

환각버섯은 내가 가진 복합 PTSD가 커다란 구멍 같은 것임을 보여줬다. 더스틴에게서 사흘간 답이 없었을 때, 대화 도중 내가 배려심 없는 말을 해서 캐시가 싫은 소리를 했을 때, 조이가 몇 시간이라도 나에게서 벗어나려고 서재에 들어가 문을 잠갔을 때… 이 블랙홀은 점점 커져서 도저히 채울 수 없는 구렁텅이가 되고, 그렇게 몸을 불려가면서 내게 무서운 말들을 속삭이기 시작했다. **왜 네가 우선순위가 아닌데? 왜 너는 사랑받지 못하는데? 그들은 곧 너를 떠날 게 분명해.** 나는 버려지는 것이 두려운 나머지 사랑의 증거를 넘치도록, 끝없이, 하루에도 백 번씩 필요로 하게 되었다. 그래서 친구들이 자기혐오로 이루어진 내 구멍을 너그러운 말이며 안심시키는 말과 칭찬으로 채워 주려 끊임없이 노력해도… 그 말들은 블랙홀 속으로 빨려 들어가 버렸기에 내 강렬한 욕망을 채워줄 수가 없었다. 나는 그런 말들을 무시해 버렸다. 결국 친구들의 간곡한 말들조차 허사로 돌아가 버렸다.

그러나 환각버섯의 도움을 받은 지금에야, 마침내 그 칭찬들을 전부 받아들일 수 있었다. 내가 그런 말들을 들을 가치가 있다고 믿을 수 있었다.

이번에는 친구들이 보여준 너그럽고 친절한 작은 행동들이 나를 지나쳐 가버리지 않았다. 그런 말들을 읽고 있자니 숨이 막힐 것 같았다. 내 안이 가득 차는 것 같았다. 화면을 스크롤해 메시지를 읽자 그 말들이 보석처럼 반짝반짝 빛나면서 내 눈앞에 완전히 새로운 풍경을 그려줬다. 빛나면서도 복잡한, 잡초와 경이로운 꽃들이 무성한, 지금 내가 바라보는 들판과 흡사한 풍경이었다. 메시지 하나를 읽을 때마다, 실없는 농담이 담긴 메시지마저도 사무치게 고마웠다. 나는 괴물이 아닐 것이다. 괴물이라면 이만한 친절을 받을 수 있을까? 아니, 난 어마어마한 사랑을 받는 존재인 게 분명했다. 나는 마술 그 자체였다.

키가 훤칠한 해바라기에 둘러싸인 채 바위에 앉아 신나게 웃으니 해바라기들도 내 기쁨에 맞추어 춤을 추는 것 같았다. 그러자 더 크게 웃음이 나왔는데, 주변에 아무도 없는 게 다행이었다. 내가 벌떡 몸을 일으켜 앉는 바람에 지나가던 노부부가 깜짝 놀랐다. 문득 지금 당장 자외선차단제를 덧발라야 한다는 생각에 사로잡힌 것이다. 또! 내게 나누어준 호의에 보답해야 했다. 지난 몇 달간 나는 보잘것없는 고민으로 상대를 귀찮게 해서는 안 된다는 생각에 친구들에게 연락할 엄두를 내지 못했지만, 그날은 눈물을 흘리며 모두에게 고마움을 담은 칭찬의 말을 하나하나 보냈다. "넌 진짜 엄청나게 대단한 사람이야, 내 친구가 되어줘서 고마워." 전송. "넌 정말 나한테 의미 있는 사람이야. 네가 있어 정말 다행이다." 전송. "지난번에 우연히 만났을 때 너무 즐거웠

233

어! 보고 싶다!" 전송.

곧장 답장들이 도착했다. "세상에! 나도 보고 싶어! 나도 사랑해! 커피 한잔할래?" 꼭 조애너가 된 기분, 보통 사람이 된 기분, 심지어 미네소타 사람이 된 기분까지 들었다. 친절한 행동을 하는 게 하나도 어렵지 않았다. 약효가 사라진 뒤에도 앞으로의 계획을 생각하고, 사람들과의 끈끈한 관계를 확인하느라 기분이 날아갈 것 같았다.

그 뒤로 며칠간, 다른 사람들과 함께 이 세상을 살아가는 일이 너무나도 쉬운 일처럼 느껴졌다. 유쾌하고 침착한 기분으로 수십 통의 전화를 걸고 문자 메시지를 보냈다. 그리고 예상대로 두어 주가 지나자 예전의 불안감이 다시 돌아오면서, 두뇌가 다시금 부정적인 쪽으로 기울어지는 게 느껴졌다. 환각버섯이 가져다준 기쁨이 영영 지속될 리는 없으니까.

하지만 이번엔 무언가 달라졌다. 환각버섯이 없더라도 내 새로운 발견을 **지켜나가겠다**고 새로이 마음먹은 것이다.

내 머릿속 크고 검은 구멍은 내 뇌의 프로그램에 깃들어 있는 닳고 닳은 경로다. 나는 환각버섯이든, LSD든, 케타민이든, 과호흡이든, 아야와스카(남아프리카의 환각 유발성 식물 ―옮긴이)든, 환각 경험을 아무리 반복해도, 아무리 초월적인 경험이라 해도 이 프로그램을 완전히 덮어쓸 수는 없으리라는 사실을 깨달았다.

그러나 환각 경험은 잠시나마 이 공허함과 맞서 싸울 수 있는 것이 하나 있다는 걸 보여주었다. 바로 **감사**였다. 감사는 어둠을 꿰뚫고 나를 가득 채우는 불꽃이었다. 이 불꽃이 꺼지지 않게 하려면 계속해서 땔감을 공급하는 수밖에 없었다. 감사를 결코 무시할 수도, 잊어버릴 수도 없는 방식으로 내 루틴의 일부로 만들어야 했다. 나는 이 빛을 체계적인 것으로 만들고 있었다.

서맨사가 내 심리치료사이던 시절, 내게 백 번쯤 권했지만 내가 무시했던 일이 하나 있었다.

"이번 주에는 매일 일기를 쓰면서 감사한 일을 세 가지씩 써보세요." 나는 그 과제를 하겠다고 했지만, 속으로는 이런 바보 같은 행동이 주체할 수 없는 우울감을 해소할 수 있을 거라는 서맨사의 생각에 코웃음을 쳤다. 다음 주, 빈손으로 찾아갔을 때 서맨사는 말했다. "좋아요, 감사한 일을 하루에 한 가지씩 쓸 수는 있을까요?" 잊어버렸다. 이런. 그다음 주에도 빈손인 건 마찬가지였다.

그러나 지금이야말로 환각버섯이 남긴 긍정의 힘에 힘입어 감사일기를 시작하기에 딱 좋은 때라는 생각이 들었다. 직장에 놓인 나눔 물품함에서 꺼내 온, 우스꽝스럽게 생긴 분홍색, 노란색, 파란색 노트가 한 권 있었다. 표지에는 **재미있는 것들이 담겨 있어요** 그리고 **100개가 넘는 스티커 수록!**이라는 스탬프가 찍혀 있었다. 첫 감사일기장으로 쓰기에는 딱 좋아 보였다.

노트의 첫 장을 펼친 뒤, 구획을 세로로 둘로 나누었다. 왼쪽에는 **감사**, 오른쪽에는 **자랑**이라는 제목을 각각 써넣었다. 이 노트 속에 이 세상에서 내게 주어진 기쁨은 물론, 내가 세상에 준 기쁨까지 기록할 생각이었다.

첫째 날, 나는 **감사**라는 제목 아래에 세 가지 감사한 일을 썼고, 그런 일들이 전부 어렵잖게 떠올랐다는 사실에 놀랐다. 친구가 내게 공유해 준 플레이리스트. 남자친구가 안전한 사람이고 대화할 때 즐거운 사람이라는 것. 내게 큼지막한 소고기 오코노미야키를 만들어주다가 실수로 반죽을 너무 많이 부었지만 그럼에도 함박웃음을 지으며 건네주었던 남자.

자랑은 감사보다는 어려웠다. 자기가 경력을 쌓을 수 있었던 게 전부 내 덕이라는 문자 메시지를 보내는 사람이 매일 있는 건 아니니까. 그런 일이 일어나지 않는, 세상을 바꿀 만한 일은 하나도 하지 않은 평범한 날엔 어떡하지? 특히 그날은 텔레비전을 보거나 소셜미디어를 구경하며 낭비한 하루였다. 고양이와 놀고 간식을 먹었다. 병원에 다녀온 뒤 두어 시간 동안 발길 닿는 대로 맨해튼을 돌아다니다가 오코노미야키를 먹고 친구들을 만났다. 이런 하루가 도대체 누구의 삶을 더 나은 것으로 만들어 줄 수 있담? 내 가치를, 내가 세상에 존재할 자격을 어떻게 증명했지? 하지만 잘 생각해 보니 친구들을 웃게 해줬던 게 떠올랐다. 그것도 중요하다. 이 정도도 충분할까? 고작 감사일기에 쓰는 게 목적이니 아마 충분할 것 같았다. 나는 노트에 그렇게 썼다. 오늘은 생산적인 업무 통화를 하나 했다. 보르쉬를 만들었는데 맛은 없었지만 만드는 데 성공했다. 그 뒤에는 딱히 떠오르는 것이 없어서 한참 가만히 앉아있었다. 또 뭘 해냈지? 그날 오전에는 병원에 가서 컵에 대변을 봐야 했다. 그것 역시 놀랄 만큼 깔끔하게 해냈다. **이 정도면 칭찬을 받아 마땅하지 않나?**

감사일기를 다 쓰고 난 뒤 나는 생각했다. **음, 그렇게 고통스럽지는 않았어.**

그 뒤로 몇 주 동안, 나는 매일 부지런히 노트를 채워 나갔다. 내가 세상에 준 기쁨보다는 내가 얻은 기쁨을 떠올리는 게 언제나 더 쉬웠다. 처음에는 내가 이뤄낸 사소한 일들이 전부 변명이거나 속임수라는 생각이 들었다. 누군가에게 사준 커피 한 잔, 누군가에게 보낸 카드 한 장 같은 것들.

하지만 감사한 일들을 나열하며 2주쯤 보내고 나자 서서히 사소한 일들이야말로 그 무엇보다 중요한 일이라는 사실을 깨닫기 시작했다. 하루가 끝날 때 내게 남은 것들은 그 사소한 일들이었으니까. 내게 웃음을 준 한마디 농담. 카페 유리창 너머로 보이던 아름다운 꽃꽂이. 내가 슬플 때 내 고양이가 다가와 나를 안아주었던 것. 이런 일들이 내게 희망과 기쁨, 위안을 주었다. 그런 사소한 것들이 합쳐져 보람 있는 삶이 되었다.

고작 꽃꽂이 하나 때문에 세상이 더 견딜 만하게 느껴진다면, 내가 한 사소한 행동도 내가 인정하는 것보다는 더 큰 의미가 있는 건지도 몰랐다. 어쩌면 내가 저녁식사를 만들거나, 친구의 투정을 들어주거나, 누군가의 멋진 정원을 칭찬했을 때, 나는 타인이 세상을 좀 더 살 만한 곳이라 느끼도록 도운 건지도 몰랐다. 어쩌면 그날 저녁, 나처럼 하루의 승패를 가늠하던 누군가는 내가 해준 일을 떠올리며 미소 지을지도 몰랐다.

스티커로 가득한 내 작은 감사일기장은 나쁜 것뿐 아니라 좋은 것들도 바라보자는 애초의 목적에 충실했다. 마크나 존에게서 안부를 묻는 연락이 오면 노트에 써두었다. 신경 쓰지 않는 사람에게 군이 안부를 물었겠는가? 누군가가 나를 꼭 안아준 날에는 그것도 썼다. 지미가 나에게 우스운 사진을 보냈을 때는 그저 웃기만 한 게 아니라 그가 재미있는 것을 보고 나를 떠올렸다는 사실이 얼마나 특별하게 느껴졌는지를 기록했다. 온 세상이 무궁무진한 마법의 증거들로 가득했다.

너그러운 행동들은 내 곁을 떠나지 않았다. 내 텅 빈 구멍을 계속해서 채워줬다.

음식을 먹을 때와 마찬가지로―프레타망제에서 산 경이로운 치킨 랩을 먹었던 그때처럼―좋은 일을 충분한 시간을 들여 음미하면 좋은 일이 그리 많이 필요하지 않게 된다. 새로운 생각은 아닐지 몰라도, 그 언제라도 새로이 되새기면 도움이 되는 생각이다. 멜로디 비티Melody Beattie의 말대로, "감사는 우리가 가진 것을 충분한 것으로 만들어 준다."

감사는 존재의 고통에 끊임없이 시달리던 나의 일상적 기분을 대체로 만족스러운 삶을 사는 상태까지 끌어올려 주었다. 아주 오랜만에, 다시 기쁨을 느낄 수 있었다. 더 잘 웃게 되었고, 친구들과의 시간이 즐거웠고, 자기혐오가 줄었다. 무너지기 직전과 거의 비슷한 상태가 되었다… 유능하고, 행복에 가까운 상태였다. 다시 일을 차근차근 시작해 보려고 프리랜서 편집 일을 몇 건

맡았고, 이 역시 보람찬 경험이었다. 그럼에도 내가 새로이 얻은 기쁨은 여전히 허약했다. 시간여행이 지닌 힘과 맞서 싸울 만큼 강하지는 못했다.

현재에 단단히 뿌리내리고 감사하는 마음을 갖는 건 얼마든지 가능했다. 1시간 동안 명상을 할 수도 있었다. 그러나 쿠션에서 내려와 거실로 갔다가 조이가 성을 내며 연필을 반으로 뚝 부러뜨리는 모습을 본다면 나는 곧바로 울음을 터뜨릴 게 뻔했다. 파티에 갔다가 우연히 예전 직장 동료를 만나서, 어색한 말투로 내 상사의 새로운 희생자 이야기를 전해 듣는 순간이면 나는 순식간에 과거로 돌아갔다―어머니의 손아귀가 내 머리카락을 움켜쥐고 있는 순간으로. 그 뒤 2시간 동안, 나는 감사할 만한 일이라고는 없는 어린 시절로 돌아가 겁에 질려 안절부절못하곤 했다.

호흡을 하거나 색깔을 세면 두려운 상태에서 벗어날 수는 있었다. 그러나 그라운딩이나 감사일기는 치유 치료curative care와는 대조되는 완화 치료palliative care였다. 나는 여전히 근원이 아닌 증상을 치료하는 중이었고, 근원을 직면하지 않는다면 영영 진정한 치유에 이를 수 없을 터였다. 현재를 안정시키는 데 성공했으니, 이제 과거로 뛰어들 때였다.

3부

과거는 밤이면 우리를 굽어본다

23장

새너제이에 대해 내가 기억하는 것들은 다음과 같다.

우리 부모들에게는 다른 이름들이 있었다. 여러 인종의 사람들이 뒤섞여 있을 때는 그들을 맘mom, 대드dad라고 부르지만, 그 사람들이 떠나면 아버지들은 아빠 또는 바바 또는 파파가 되고, 어머니들은 엄마 또는 마마 또는 마안이 되었다. 우리의 부모들은 지퍼백과 식품 포장용기를 씻어서 재사용하고 털실을 쿠키 깡통에 보관했다. 그들은 〈홈 임프루브먼트〉와 중국 연속극, 발리우드 영화를 보면서 우리의 덩치가 자라며 못 입게 된 옷에서 잘라낸 천으로 청바지에 뚫린 구멍을 기웠다. 자식들의 친구들과 거의 대화를 나누지 않았지만 친구들은 어차피 어머니들이 쟁반 가득 만들어 놓은 판싯(빠르게 볶아내는 필리핀 볶음국수 요리―옮긴이)과 룸피아(춘권과 비슷하게 밀가루 피에 각종 재료를 돌돌 말아 튀긴 필리핀 음식―옮긴이), 미얀마식 팬케이크, 차루아(간 돼지고기를 빚어 바나나 잎에 싸서 찐 베트남 소시지의 일종―옮긴이)를 넣은 쌀국수, 아니면 폭신한 토란 빵과 얀얀(초콜릿에 찍어 먹는 길쭉한 비스킷 제품명―옮긴이)을 먹느라 정신이 팔려 신경 쓰지 않았다. 우리의 부모들은 버터넛 스쿼시가 무엇인지, 발터 벤야민이 누구인

지, 헤게모니가 무엇인지 몰랐고, 부시와 고어를 구분하지 못했
는데 어느 쪽이건 딱히 파시스트나 공산주의자처럼 보이지 않았
으니 상관없었다. 미국의 좋은 점은 모든 걸 이해하지 않아도 된
다는 것이었다. 이곳의 사회 체계는 저절로 기능한다고 믿을 수
있으니까.

우리가 사는 곳은 이민자들의 도시였다. 우리 부모 중 이곳에
서 태어난 사람은 아무도 없었고 자녀들도 대부분 마찬가지였다.
다들 샌프란시스코국제공항에 착륙한 다음 차로 45분 남쪽을 향
해 달려서, 101 도로변에 있는 잇츠잇 아이스크림 공장을 지나
새너제이에 도착했다. 출구로 나오면 굵은 글자로 메르카도(시장
이라는 뜻의 스페인어 ─옮긴이)와 좌판에 생선을 내어놓은 아시아
슈퍼마켓 광고판이 우뚝 세워진 쇼핑몰이 보였다. **고향 같군**, 우
리 부모들은 생각했다. 차창을 내리고 따뜻한 공기 속 꽃향기를
맡았다. 새너제이에는 추운 날이 없다시피 하다. 이 지역은 한때
"마음속 기쁨의 골짜기"라고 불리기도 했는데 1960년대까지 이
곳은 미국의 꽃과 과일 대부분을 풍족하게 키워내는 진정한 에
덴동산이었기 때문이다. **고향이랑 비슷한데, 더 낫군**. 부모들은 스
스로에게 말했다. 우리의 눈에 이곳은 교외였지만, 부모들의 눈
에는 낙원이었다.

우리 부모들의 말씨에는 모두 외국 억양이 남아있었고 우리
중 어떤 아이들 역시 마찬가지였지만, 우리 중 그 억양을 알아들
을 수 있는 사람은 아무도 없었다. 내가 10대 시절, 신문에 **새너
제이가 소수인종이 다수가 되는 도시로 변화하다**라는 헤드라인이

실렸다. 새너제이에 사는 사람의 눈에 이 **소수인종이 다수가 되는**이라는 표현은 얼토당토않은 소리이자 "당신들은 이런 식으로 존재해서는 안 된다"는 모순 어법으로 들린다. 그럼에도 우리는 존재했다.

나이를 먹으면서 우리는 인구조사에서 우리가 **아시아인** 또는 **히스패닉**으로 한데 묶이는 데 화가 났고, 우리를 단순화된 만화체로 그려내는 고정관념에 짜증이 났다. 그러나 어린 시절에는 **다수가 된 소수인종**인 우리 **역시도** 우리를 단일한 집단으로 보았다. 서로의 문화 차이를 수시로 경험한 우리에게는 낯선 것이란 평범한 것이었다.

우리는 친구 집에 〈파워레인저〉를 보러 쳐들어가기 전에 신발을 벗을 줄 알았다. 처음에는 놀랍기만 하던 친구 집의 특유한 냄새는 곧 익숙한 냄새가 되었다. 커리 냄새, 향 냄새, 묵은 쌀 냄새, 알 파스토르(꼬치에 꿰어 구운 돼지고기에 향신료를 바른 멕시코 전통요리―옮긴이) 냄새. 우리는 서로의 아버지가 무슨 일을 하는지 묻지 않아야 한다는 걸 알았는데, 어차피 매일 아침 넥타이를 맨 뒤 실리콘밸리로 차를 몰고 가서는 정체 불명의 기술 관련 일을 한다는 것 말고는 아무것도 몰라서였다. 우리는 결혼식과 코티용(성장한 딸을 소개하는 사교 무도회―옮긴이)을 통해 인도 사람들과 필리핀 사람들이 춤을 제일 잘 춘다는 걸 알았다. 인도식 결혼식에서는 이리저리 뛰어다니면서 우리가 먹은 굴랍 자문(튀긴 빵을 달콤한 시럽에 절인 인도 디저트―옮긴이)이 다시 입 밖으로 튀어나올 것 같은 기분이 들 때까지 드라이버로 전구를 다는 흉내를 냈고, 친구들의 큰언니를 위해 열린 필리핀식 코티용에서는 언제나 모든 동작을 알고 있는 **롤라**(필리핀어로 할머니를 가리킨다—옮긴이)들을 따라 라인댄스를 췄다. 친구들의 어머니가 내놓는 음식이라면 무엇이든 즐겁게, 호기심을 갖고 먹어 치웠고, 몇 없는 백인 아이들이 음식을 잘 먹지 않으면 껍질을 깬 발루트(필리핀 음식으로, 부화 직전의 오리알—옮긴이)를 코앞에서 흔들었고, 그 애들이 구역질을 하면 찢어지듯 높은 소리로 웃으며 잔인하게 놀려댔다. 우리는 필리핀 사람들이 555소울에서 산 좋은 옷을 입는다는 사실을 알았다. 백인 여자아이들과 섹시한 베트남 아이들은 아베크롬비 할인 소식을 알려줬다. 타이완 여자아이들은 여름방학을 맞아 고향에 갔다가 뜬금없는 위치에 리본이나 레이스가 달린 옷을 사서 돌아왔다. 아시아와 멕시코 아이들은 아이라이너와 립라이너를 깔끔하게 바를 줄 알았다.

그러나 한편으로 우리는 한 덩어리였으므로 서로의 문화를 빌려오도록 허용되었다. 인도인이 아니더라도 학교에 차tea나 마살라(병아리콩 커리—옮긴이)를 점심으로 싸갈 수 있었다. 나는 일본어 동아리 부회장이었다. 홈커밍 파티를 위해 립글로스나 데님 미니스커트를 서로 빌리기도 했지만, 우리는 늘 집에서 나설 땐 긴 치마를 입었다가 학교에 도착한 뒤 화장실에서 갈아입어야 한다는 것도 알았다. 우리 중에는 술을 마시는 아이들도 있었고, 담배를 피우는 아이들도 있었고, 몇몇은 섹스를 하기도 했다. 우리 중에 고자질쟁이는 없었다. 고자질이 어떤 결과를 낳을지 잘 알았으니까.

까놓고 말하자면 이렇다. 어떤 부모는 자기 자식이 절대 잘못을 저지를 리 없다고 생각한다. 제럴드 찬의 어머니는 아들에 대한 나쁜 소리를 한 번도 들은 적 없었다. 그분은 자기 아들이 신이 인류에게 내린 선물이라 생각했고 제럴드도 이에 동의했다. 엘리스 응오와 베티 진의 어머니들은 매일 점심시간마다 사랑을 담아 갓 만든 도시락을 학교로 가져다줬다. 루시 트란과 그 무리는 주말마다 그레이트몰에 가서 부모님의 돈으로 신나게 쇼핑을 즐겼다.

또, 우리 부모들 중 대다수는 비위를 맞추기 쉬운 사람들이었다. 자식이 낙제를 해도 부모는 약간 실망하는 데 그쳤다. 질 쳉은 부모님한테 한 번도 맞아본 적이 없다고 했다. 질이 엉망인 성적을 받아오면 그 애 부모님은 그저 고개만 설레설레 저은 뒤 다음에는 더 잘하라고 격려했다. 꼭 드라마 〈풀하우스〉(1987년부터 1995년까지 방영된 가족드라마 —옮긴이)에 나오는 아빠처럼. 레슬리 응우옌의 엄마는 때로 레슬리에게 외출 금지를 내리기도 했고, 레슬리가 통금 시간을 어겼다며 고함을 지르는 모습을 본 적도 있지만 최악의 벌이라 봤자 그 정도였다.

하지만 대체로 우리들의 부모는 화가 났을 때 호흡의 속도를 늦추며 마음을 가라앉혀야 한다고 배운 바가 없었다. 또 그들 중 다수는 자식에게 매를 아껴야 한다고 배운 적도 없었다.

내가 기억하기로는, 성적표를 나눠주는 날이면 학교 전체가 불안과 공황에 휩싸였다. 복도 여기저기서 아이들이 무릎 사이에 고개를 집어넣은 태아 자세로 웅크린 모습이 보였고, 꼼짝하지 않고 앉아있는 애들도 있었지만 어깨를 들썩이는 애들도 있었다. 두 손에 얼굴을 묻은 여자아이를 친구들이 둘러싸고 등을 토닥이는 모습이 보이기도 했다. 그런 아이들은 B마이너스 이하의 성적을 받은 아이들이었다.

호텔에서 열린 졸업 파티에 경찰이 나타났다. 우리 40명은 힙노틱 한 병을 나눠 마시며 슬쩍해 온 담배를 피우고 있었다. 어른 목소리가 들리는 순간 나는 도망쳐서 낮은 침대 아래로 몸을 숨겼다. 경찰이 우리에게 내릴 조치를 결정하자 내 위에 앉아 있던 여자아이들은 울기 시작했다. 그중 한 아이는 흐느끼는 사이사이 고함을 지르다시피 속삭였다. "우리 엄마가 날 베트남으로 돌려보낼 거야!"

또, 우리 중에는 학교 뒷마당에 놓인 이동식 교실 근처에 모여있기를 좋아하던 무리도 있었다. 아스팔트로 포장한 뒷마당 끄트머리에는 커다란 연노란색 운송용 컨테이너가 있었는데 우울한 아이들이 모여 노는 곳이었다. 우리는 매일같이 그곳에서 부글부글 끓는 분노를 끌어내고 컨테이너를 향해 도시락을 집어던졌다. 그 해가 끝날 때면 컨테이너가 초코우유, 스파게티 소스, 마운틴듀가 남긴 얼룩으로 뒤덮여 잭슨 폴록의 추상화 작품처럼 되기를 바랐다. 그다음에는 우리가 제일 좋아하던 게임을 했다. '누구 인생이 가장 최악인가?'였다.

어떤 남학생의 어머니가 담배꽁초로 그 애한테 화상을 입혔다던 이야기가 떠오른다. 또 다른 부모는 아들이 너무 쓸모없어 자기 공간을 가질 자격이 없으니 방에 못 들어가게 하고 소파에서 자도록 했다. 친한 친구의 어머니는 집 안에서 딸을 쫓아다니며 너는 아무것도 아닌 존재라며 마구 때렸다. 그 친구는 밤중에 어머니가 목을 조르는 손길에 잠에서 깬 적도 있었단다. 나는 다리에 난 상처 자국에 대해, 계단 아래로 밀쳐질 때 몸을 공처럼 둥글게 말았던 일에 대해 말했다. 우리는 우리가 당한 학대에 쓰인 수단들을 놓고 토론을 벌이기 시작했다. 회초리처럼 가느다란 것으로 후려쳐지는 게 나은가, 아니면 크고 단단한 물건으로 맞는 게 나은가? 멍보다 회초리에 부은 상처가 더 아프고 오래가는가? 업신여김을 당하는 것과 아예 무시당하는 것 중 어떤 게 우리를 더 기 죽이는 일일까?

한번은 친한 친구의 아버지가 있는 대로 성이 나서 한밤중에 아들의 방문을 발로 찼다고 했다. 문이 쪼개지면서 경첩에서 떨어져 나왔다. 그 뒤 그는 아들을 두들겨 패기 시작했다. 다음 날 친구는 온몸이 멍투성이가 되어 등교했는데, 내가 이런 일을 누군가에게 알려야 한다는 생각을 한 건 그때가 유일했다. 나는 친구에게 경찰에 신고하겠다고 말했다. 이런 일을 그냥 넘어가서는 안 된다고. 그러자 친구는 그러지 말라고 애원했다.

"그러면 우리 엄마가 망가져. 엄마는 아빠랑 이혼할 수가 없거든. 제발 그러지 마. 우리 가족 전체가 무너지고 말 거야."

"하지만 엄마가 널 도와줄 수 있는 것도 아니잖아." 내가 말했다. "난 네 엄마를 보호하는 덴 관심 없어. 널 보호하는 게 중요한 거야."

"우리 엄마를 보호하는 게 날 보호하는 거야." 그가 말했다.

나는 침묵을 지켰다. 다른 아이들과 마찬가지로 나 역시 아무 말도 하지 않았다.

우리 부모들은 굶주림을 알았다. 그들은 난민이었다. 우리의 졸업 앨범에는 응우옌이라는 이름이 몇 페이지를 차지했고 트란이라는 이름들 역시 파도를 이루었다. 그 애들의 부모는 난민캠프 생활을 기억했다. 때로 그들은 돈을 벌자마자 탕진하고 말았는데 독재자가 집권하거나 폭탄이 떨어졌을 때 평생 저축한 돈을 한 달, 일주일, 한순간에 잃었던 기억 때문이었다.

우리 부모들은 외톨이였다. 대부분은 고향에 형제자매나 부모가 있었지만 만날 일이 거의 없었기에, 보통의 백인 아이들처럼 대가족의 도움을 받지 못한 채 우리를 길러야 했다. 그중에는 불법 체류자도 있었다. 우리는 다수가 된 소수인종이었으니 머릿수가 많다는 사실에서 힘과 안전을 느낄 법도 했을 텐데, 부모들은 자신이 이 나라에서 손님일 뿐이라는 사실을 결코 잊지 않았다.

우리 부모들은 상실에 관해서는 말하는 법이 없었다. 때로, 아주 가끔, 문득 군인이라든지 폭력적인 아버지 이야기를 입에 올리기는 했지만 과거에 분명 일어났을 일들에 관해서는 그 누구도, 아무 말도 하지 않았다. 학대, 성폭행, 가난과 전쟁이 남긴 트라우마. 그러나 그런 것이 무엇인지를 알 수 없었던 어린 나이부터 매일의 조류를 헤치고 나아가던 우리는 그런 것들을 감지할 수 있었다. 모든 것의 배후에 크고 시커멓게 도사리고 있는 우리 부모들의 고통을 느낄 수 있었다.

그렇기에 부모의 손바닥이 날아오면 우리는 뺨을 내주었다.

그들이 고통받은 덕분에 우리가 고통 없이 살 수 있으니까, 토요일 아침에는 만화영화를 보고, 설탕 든 시리얼을 먹고, 대학에 진학하고, 정부를 신뢰하고, 영영 배곯지 않고 살 수 있으니까, 우리는 부모의 비통함을 전할 도관 삼아 자신을 내주었다. 우리는 그 모든 일을 양해했고, 뺨을 올려붙이는 손도, 화상도, 회초리질도 모두 흡수한 뒤 그것들을 부모의 잔혹한 과거를 씻어낼 완벽한 성적표로 바꾸어놨다. 요즘 말대로라면 우리는 모든 걸 제대로 해냈다. 좋은 대학에 들어가고, 대도시로 가서 우리의 모던한 아파트에 잘 어울리는 하이엔드 오디오 장비를 살 만큼 충분한 돈을 벌었다. 우리는 아메리칸드림을 이뤄냈다. 다른 선택지가 없었으므로.

오랫동안 내가 어린 시절에 대해 기억하는 이야기는 여기까지였다. 곱씹어 볼 만한 가치가 없는 이야기라고 나는 스스로에게 말했다. 과거는 과거다. 마음속 기쁨의 골짜기에서 자라나기 위해 치렀던 대가다. 내 이야기는 다른 모두의 이야기와 다를 바가 없었다.

그런데 이제는, 나도 확신할 수가 없어졌다.

24장

샌프란시스코에서 280번 도로를 타고 새너제이로 가는 내내 볼륨을 한껏 높여 지미 잇 월드의 〈워크Work〉를 듣고 있다. 마지막으로 이 여정에 올랐던 그때의 나를 위해 바치는 헌사 같은 노래다. 고등학교 시절, 매일같이 이 노래를 들었다. 탈출을 기대하는 송가였다. **우리가 차에 올라탈 수 있을까? 아직 시간이 있을 때 이곳을 벗어날 수 있을까?**

나는 잠시 이모 팝emo-pop을 닮은 고뇌를 로켓의 연료 삼아 이 빌어먹을 동네에서 벗어날 수 있도록 일구어낸 10대의 나를 자랑스러워하는 시간을 가졌다. 그리고는 15년이 지난 뒤에도 파란 머리에 컴뱃 부츠를 뽐내며 자유의지로 이곳에 돌아온 나를 본다면. 그 당시의 나는 무슨 생각을 할까를 떠올리는 바람에 몸을 조금 떨었다.

새너제이로 돌아온 것은 내가 겪은 학대의 사실확인을 위해서였다.

이곳으로 돌아온 것은 복합 PTSD 진단을 받은 뒤로 내 기억이 믿을 만한지 자꾸만 의문이 들어서였다.

이제는 내 해리의 베일이 이곳에 대한 내 기억을 일부 손상시켰음을 안다. 최근 복합 PTSD에 대해 알아가면서 의심에는 더욱 불이 붙었다. 어떤 연구에서는 과학자들이 연구 대상자들에게 거짓 기억을 심어주었다. 어린 시절 쇼핑몰에서 길을 잃었다고,[27] 실제로는 존재하지 않는, 9·11에 벌어진 유나이티드항공 93편 추락사고의 영상 자료가 존재한다고[28] 믿게 만들었다. 과학자들은 우리의 기억은 믿을 수 없는 것이며 두뇌는 기억을 끊임없이 다시 쓴다는 증거가 존재한다고 말한다. 실제로 기억을 떠올리거나 말하는 행위 자체가 두뇌 속 기억을 변화시킨다고 말이다.[29] 새너제이를 떠난 뒤로 나는 내가 겪은 폭력과 우리 동네 아이들이 겪은 학대에 관해 자주 떠올렸다. 그중 어디까지가 진실일까-그리고 그중 얼마만큼이 복사를 거듭한 사진처럼 불분명한 흐린 기억이 된 것일까?

어쩌면 새너제이에서 보낸 어린 시절 전체가 유령의 집에 있는 것처럼 비뚤어진 내 트라우마의 렌즈로 인해 왜곡된 채 인식된 것인지도 모른다. 내 기억은 두려움이 빚어낸, 과민한 상상력이 빚어낸 허구였을까? 다른 친구들이 울었던 건 성적표 때문이 아니라 보답받지 못한 짝사랑 때문이었던 건 아닐까? 내 기억처럼 다들 불안에 시달리고 있었던 건 맞을까? 친한 친구 중 몇몇이 부모로부터 학대를 당했던 것은 사실이다. 하지만 그건 내가 친한 친구들을 편향적으로 선택해서는 아니었을까? 어쩌면 우리 반의 다른 아이들은 거들떠보지 않은 채, 얼마 되지 않는 상처받은 아이들에게만 끌린 탓은 아니었을까?

PTSD로 손상된 뇌에 대한 글을 읽기 시작한 뒤로 나는 내 정신을 더는 믿지 못하게 되었다. 기억을 건드리려 할 때마다 의심과 의문이 무럭무럭 피어올라 내 과거를 들여다보지 못하게 만들었다.

내 경험 중에서, 나에게 일어나고 있었던 일이기 때문에, 혼자이고 싶지 않았기 때문에 내가 다른 아이들에게 투사한 것들은 얼마나 될까? 내가 이해하고 있는 이민자 트라우마 중 어느 정도가 나 자신의 경험을 협소하게 읽어냄으로써 날조된 것일까? 그리고 혹시 내 인식이 인종주의적인 것은 아닐까? 나는 내가 속한 공동체의 중심 주제가 학대와 잘못된 양육이라 생각했다. 그러나 이런 행동이 부정적이며 건강하지 못한 고정관념을 고착화시키는 것은 아닐까?

내가 여기로 돌아온 건 그래서다. 나는 내 트라우마가 개인적인 것인지, 공동의 것인지 알고 싶다. 내 근원적 공동체를 완전히 이해할 수 있도록, 진실을 알고 싶다. 나라는 사람을 형성한 이 장소를 이해할 수 있도록.

내가 진실을 알고자 하는 이유는 어린 시절 우리 집에서 무슨 일이 일어났는지 사실확인을 할 수 있는 방법이 없어서이기도 하다. 유일한 목격자인 내 부모는 믿을 만한 증인이 아니며 여태까지 내게 가했던 폭력을 대부분 부정했다. 그러나 공동의 트라우마에 대한 내 기억이 옳다면 그것은 개인적 트라우마를 둘러싼 기억들을 입증해 줄 것이다. 그러면 말라붙어 버린 내 뇌 물질도 입증할 수 있을 것이다. 내 온전한 정신을 말이다.

　지난 15년간 새너제이에 남은 친구들과 일부러 연락을 끊었으니 이들이 진실을 말해줄 만큼 나를 믿을지는 알 수 없었다.

　고등학교 동창들이 친구 신청을 하면 모조리 무시했다. 대학교 캠퍼스에서 우연히 마주쳐도 못 본 척했다. DM이 오면 삭제했다. 나는 새너제이의 모두를 벽장 맨 위 칸에 숨겨놓은 비디오테이프 상자처럼, 건드리고 싶지 않은 과거의 일부처럼 대했다. 그런데 이제 내게는 그들의 도움이 필요하다.

　나는 페이스북에 포괄적이고도 친근한 말투로 내가 트라우마를 다루는 책을 쓰는 중이라고 알리는 포스팅을 올린다. 내가 학대 피해자임을 알리고, 새너제이 토박이 중에서 익명으로 자기 경험을 나눠줄 수 있는 사람과 이야기를 나누고 싶다고 쓴다. 나는 이 글을 쾌활한 어조로 함께 행동에 나서자고 독려하며 끝맺는다. "함께 트라우마와 학대의 순환을 끝내 보아요!" 그 뒤에는 과거의 지인 중 인기가 많았던 아이들을 골라 "안녕, 어떻게 지내?" 따위의 어색한 메시지를 보내 내가 쓴 포스팅을 공유해 달라고 부탁한다. 그들은 흔쾌히 응하고, 나는 기다린다. 1주. 2주. 연락한 사람이 단 한 명도 없다. 나는 차라리, 고등학교 동창들의 기억 속 내가 미친 마녀이고 걸레라서, 무슨 일이 있어도 나와 엮이고 싶지 않아서 답이 없는 것이기를 빈다. 그 누구에게도 내게 들려줄 이야기가 없는 것보다는, 나만이 그런 일을 겪은 것보다는 천 배는 나으니까.

결국 나는 진실을 찾을 방법은 범죄 현장으로 돌아가는 것뿐이라는 결론을 내린다. 렌터카를 빌리고 모텔 방을 예약하고 고등학교 시절 선생님 여럿에게 연락해 만날 약속을 잡는다. 그렇게, 떠난 지 15년 만에 마침내 이 모든 일의 출발점으로 돌아가며 오디오의 볼륨을 한껏 올린다. **그저 시간이 필요할 뿐이야. 어린 소녀여, 넌 여정의 한가운데를 달리고 있어. 모든 게, 모든 게 다 괜찮아질 거야.**

280번 도로에 올라 샌프란시스코와 새너제이 사이, 언덕의 구불구불한 길을 달리면서, 샌 브루노, 벌링게임, 레드우드시티를 지나치다가 출구의 수를 센다. 싸구려 귀걸이나 고딕 만화책을 사러 하이트에 가던 시절 아버지의 차에 타고 이 길을 달린 게 한두 번이 아니었다. 차창 너머, 낮게 경사진 언덕들만 광활하게 펼쳐진 시시한 풍경을 내다보던 순간이 기억난다. 물결치는 초록 들판이 끝도 없이 이어지는 모습을 바라보다 보면 나도 모르게 졸음이 왔다.

그러나 지금 보이는 언덕들은 기억과는 다르다.

차창 밖으로 펼쳐지는 풍경은 졸음을 유발하는 것과는 거리가 멀다. 풍경은 **떠들썩하게** 아름다움을 자랑한다. 깎아지른 것처럼 높은 봉우리를 가진 울퉁불퉁한 작은 산들, 신록으로 뒤덮인 골짜기. 풀이 우거지고 나무가 무성한 산맥. 참가시나무의 통통한 혹과 그레이소나무의 가느다란 조각, 열린 창으로 들어오는 매캐한 유칼립투스의 향기. 잡초들마저도 근사하다. 들판 가득 키 큰 노란색 괭이밥이 바람에 춤을 춘다. 움푹 파이고 이리저리 휘면서 몇 마일이나 이어지는 초록과 푸른색의 목가적인 풍경은 어디로 눈을 돌려도 관능적이고 사랑스럽다.

전부 속임수가 분명하다.

"예전엔 이렇지 않았는데." 나는 소리 내서 말한다.

내가 이곳을 떠난 뒤 실리콘밸리의 부는 기하급수적으로 증가했다. 아마 자연을 새로운 볼거리로 만들고자 첨단기술회사들이 저마다 돈을 댔는지도 모르겠다. 하지만 그 많은 흙을 대체 무슨 수로 옮긴 걸까? 협곡이란 걸 인공적으로 조성할 수 있기는 한 걸까? 아마 방법이 있었겠지, 그것 빼고는 설명할 도리가 없으니까.

골짜기와 소 떼를 얼빠진 눈으로 쳐다보며 10분을 보낸 뒤에야 당연하지만 충격적인 결론에 다다른다. 이곳은 원래 이렇게 아름다운 곳이었다. 그저, 내가 보지 못하고 지나친 것뿐이었다.

지금까지 내게 새너제이는 상처의 공간일 뿐이었다. 사람들이 이유 없이 잔인해지는 곳. 새너제이가 가볼 만한 곳이냐는 질문을 받을 때면 나는 콧등을 찡그리며 그곳은 황무지나 마찬가지라고, 이곳에 사는 사람들에게 본질이라거나 진실 따위는 없으며, 야외 쇼핑몰을 빙빙 돌아다니며 하나뿐인 소중한 삶을 낭비하는 것 말고는 할 일도 없다고 대답했다.

하지만 그건 진실이 아니지 않나?

이곳은 숨 막히게 아름답다. 언덕만 아름다운 게 아니다. 차로 지나치는 동네들마다 목련과 인동덩굴이 무성하고 한들거리는 종려나무가 그늘을 드리우고 있다. 시트러스류 과일도 정말 많다. 거리마다 둥그런 오렌지며 자몽, 레몬이 주렁주렁 열려있다.

울프. 바스콤. 나는 스토리로드 출구로 나와 킹 에그롤 주차장에 차를 세워놓고 운전대에 얼굴을 묻은 채 흐느낀다. 큰 소리로 숨을 헐떡거리며 운다. 이제 막 도착했을 뿐인데 내가 해리로 인해 빼앗긴 것들이 얼마나 많은지가 벌써부터 분명해서다.

마음을 가라앉히려 쇼핑몰을 걷는다. 상점들은 익숙한 고무 지우개와 약용 허브의 **냄새**를 풍긴다. 스티로폼 접시에 담겨 카운터 위에 쌓인 값싼 반꾸온(쌀가루 반죽 안에 소를 넣어 쪄낸 베트남 음식—옮긴이)과 반다론(전분을 사용해 만든 베트남식 찐 케이크—옮긴이), 차에 실을 수 있는 만큼 전부 사고 싶다. 좋은 것들이 너무나 많다. 넘치게 많다. 마음속 기쁨의 골짜기. 내가 모조리 잃어버리고 만 마음의 기쁨들.

이런 것들을 잊고 살았던 데는 두 가지 이유가 있을 수 있다. 첫 번째, 내가 역기능 가족(구성원들 사이의 갈등, 방임, 학대 등으로 정상적 가족 기능을 잃은 가정—옮긴이)의 작고 어두컴컴한 세계에 갇혀 있느라 이런 아름다움을 못 보고 지나쳤을 가능성. 나와 부모의 생존을 책임져야 한다는 책임감에 짓눌린 나머지 창밖 벌새와 클로버의 아름다움을 구경하고 있을 짬이 안 났다.

두 번째 가능성은 내가 **실제로는** 그것들을 모두 경험했을 가능성이다. 새너제이에 살던 시절 내 피부는 늘 짙은 구릿빛으로 타 있었다. 1년 내내 친구들과 들판을 뛰놀면서 야생캐모마일 pineapple weed의 폭신한 머리 부분에 강아지풀의 뾰족한 끝을 찔러넣어 조그만 화살을 만들었다. 얼굴에 햇볕을 받으며 스케이트보드를 타고 널찍한 인도 위를 달렸다. 여름철이면 앤티를 따라 체리를 따러 갔다. 앤티가 나를 품에 안고 들어 올려주면 짙은 색 달콤한 체리를 가지에서 똑 따서 입안에 집어넣었다. 이곳이 주는 양분과 온기를 전부 받아들였음에도 에덴동산에서 보낸 기억들은 지워져 버렸다. 그리고 흐릿하기만 한 지난 세월 속에서, 어머니가 떠났을 때 내가 없애버린 가족사진과 마찬가지로 내 어린 시절 전체가 사라져 버렸다.

나는 나쁜 것들만 잊은 것이 아니었다.

좋은 것들 역시 모두 잊고 말았다.

가슴이 미어지는 일이다.

렌터카로 돌아가 차 문을 닫고 슬픔에 마음껏 몸을 맡겼다. 눈물이 멈추지 않아 이마에는 운전대에 눌려 움푹 파인 자국이 생겼다. 내 상실은 너무나 컸다. 어린 시절을 모두 차지할 만큼의 행복을 잃어버리고 말았다. 행복한 삶을 살게 해줄 바탕을 잃어버렸다. 앞니가 빠진 자리를 드러내며 씩 웃던, 계산대 앞에 줄서 있는 모르는 사람과도 아무렇지 않게 대화를 나누던 영리한 여자아이. 그 아이도 지워지고 말았다. 너무나 아까운 일이다. 바깥에서 새가 노래한다. 파란 하늘에 구름 한 점 보이지 않는, 완벽하게 따뜻한 날이다.

뱃속에서 의심이 묵직하게 부풀어 오른다. 커다란 산맥을 고작 언덕 몇 개로 왜곡해 버린 것처럼, 트라우마에 시달리는 내 뇌가 없애버린 것들은 또 무엇이 있을까?

정신적으로 아픈 여자의 이야기를 믿을 수 있기나 할까?

나는 심호흡을 한 뒤 다시 차를 출발시켜 피드몬트 힐스Piedmont Hills 고등학교로 향한다. 몇 블록 떨어진 곳에서 신호를 기다리며 서 있는데, 큰 후드를 뒤집어써 눈을 가린 채 너무 큰 책가방 무게에 짓눌려 느릿느릿 발을 끌며 걷는 중학생 한 무리가 보인다. 전부 아시아인이다. 아직 오후 1시 30분이었다. 학교가 일찍 끝났나? 그때, 누군가가 내 눈에 들어온다―재 카터 우 아닌가? 나는 눈을 깜박인다. 당연히 그럴 리가 없다. 지금 카터 우는 30대 중반이 다 되었을 테니까. 그러나 내 눈앞, 아랫입술을 불쑥 내민 특유의 불만스러운 표정으로 길을 건너고 있는 아이는 아무리 봐도 그 애다.

여태 나는 플래시백을 경험하거나 유령을 보는 일은 거의 없었다. 그러나 생각해 보면, 나는 이곳에 아주 오랜만에 돌아온 참이었다. 그리고 플래시백이야말로 무엇보다 중요하다. 내가 돌아온 이유가 바로 그것이니까.

피드몬트 힐스 고등학교 앞 커다란 주차장은 이제 태양열 집열판이 달린 고급스러운 캐노피로 덮여있는데, 마음에 안 든다. 내가 다니던 시절 이곳은 허름했고 늘 예산이 부족한 공립학교였다. 나는 그 서사가 마음에 들었었다. 어떻게 감히, 예고도 없이 이 학교를 좋은 곳으로 만들 수가 있나?

수업 시간이라 그런지 공용공간에는 아무도 없었다. 새너제이 자체와 마찬가지로, 학교 부지 역시 시간이 지나며 점점 더 뻗어나가기라도 한 것처럼 원래의 건물에 새로운 건물과 이동식 교실들이 덧붙여지면서 고등학교보다는 희석된 버전의 대학교를 닮은 모습이 되어 있다. 제일 큰 복도는 예전의 우리가 만들던 것과 똑같이 방습지로 만든 포스터들로 뒤덮여 있다. 하지만 새로운 동아리도 여럿 생긴 모양이다. 목요일에 기금 마련을 위한 버블티 행사를 연다는 차 동아리가 있다. 밀리터리 동아리도 있다. 벽에 사진들이 잔뜩 붙어있는 것을 보고 나는 그 앞에 발걸음을 멈춘다. 학생회에 소속된 각 반 반장, 서기, 홍보부장, 회계부장들의 사진이다. 이 학교의 엘리트 지배계급인 셈이다. 나는 아이들의 이름을 세어본다. 응우옌, 찬, 엔리케스가 40명이다. 백인 아이는 한 명도 없다. 모두 검은 머리다. 깨끗한 금빛 피부다. 그리고 자신감 넘치게 환하게 웃고 있다.

나는 미술실 근처에서 내 유령을 만난다. 뿔테 안경, 〈우주 스파이 짐〉 티셔츠에 카고 바지를 입은 그 애는 찌푸린 얼굴로 나를 통과하며 자신의 분노를 내 안에 불어넣는다. 내 상상 속에서 학교 안뜰이 운동부원들, 스케이트 타는 애들, 인기 많은 베트남 애

261

들, 갓 도착한 이민자들, 잘나가는 여자애들, 애니메이션 마니아들, 촐라들, 촐라 스타일을 한 아시아 애들의 그림자로 가득 찬다. 모두가 위협적이고, 누구도 내 친구가 아니다. 마법은 아닐 거다, 그렇겠지? 그러니까, 어떤 철학자들은 과거, 현재, 미래가 동시에 존재한다고 믿는다. 지금까지 일어난 모든 일들은 우리 인간의 연약한 뇌가 이해할 수 없는 다른 차원에서 일어나고 있는 것뿐이라고. 그렇게 우리는 앞일을 까맣게 모른 채 절벽에서 떨어지는 레밍 떼처럼 어리석고도 무력하게 재난을 향해 달려간다.

과학관은 새로 지은 건물이라 이곳에는 유령이 없다. 2A라고 표시된 교실 안에 머리를 쑥 집어넣으니 학생들이 가득하다. 드리즈 선생님이 내게 들어오라고 손짓한다. "학생들은 신경 쓰지 않아도 돼. 수업이 곧 끝날 테니까."

교실 안으로 들어간다. 아이들 모두 나를 못 본 척한다. 내가 이 학교에 다닐 때보다도 더 극단적인 상황이다. 금발 남학생이 딱 한 명 있는 것 외에는, 그리고 물론, 드리즈 선생님을 제외하면, 교실 안에는 아시아인뿐이다. "이거 어떠냐?" 선생님이 곧 다가올 방학을 위해 아마존에서 샀다는 카메라 장비 상자를 열면서 신나는 목소리로 묻는다. "이제는 천창도 있고 개방형 사물함도 생겼단다. 그 꼴사납게 생긴 이동식 교실 기억하니? 한자리에 10년간 그대로 있으면 이동식이라 부를 수 없지."

지난 세월 동안 드리즈 선생님도 나이를 먹었지만 그래도 **느낌**은 예전 그대로다. 그는 고등학교 시절에 괴롭힘을 당했을 것 같은 남자의 겉모습을 지닌 동시에, 그에 개의치 않고 그 시절을 통과한 남자의 자신감을 지녔다. 정말 웃기고, 엄청나게 섹시한 아내와 결혼했고, 한쪽 팔에 20가지 종류의 아미노산을 타투로 새긴 드리즈 선생님은 학생들 모두의 존경을 한 몸에 받았다. AP 생물 수업 첫날, 선생님은 우리 모두에게 말했다. "그래, 이 수업 에선 나도 욕을 한다. 너희들도 욕을 해도 좋다. 내 알 바 아니거 든. 과학 공부를 방해하는 것도 아니잖니. 너희들이 부모님한테 가서 '우와, 우와, 선생님이 나쁜 말을 써요' 일러바쳐도 아무도 신경 안 쓸 거다. 어쨌든 내 알 바는 아니니까, 쓸데없이 그런 일 은 안 하는 게 나을 거다." 그 말을 듣는 순간 우리 모두 드리즈 선생님에 대한 믿음이 생겼다.

종이 울리고 하루 수업을 모두 마친 학생들이 모두 교실을 나 간 뒤, 나는 실험실용 철제 스툴에 앉은 채 초조하게 빙글빙글 돌 다가 "음, 우선, 절 기억하세요?" 묻는다.

"그래, 당연히 기억하지."

"기억 못 하셔도 괜찮아요. 선생님 수업을 고작 3주 듣다가 물리 수업으로 바꿨거든요. 하지만 절 기억하신다면… 어떤 게 기억나세요?"

그러자 선생님은 고개를 한쪽으로 갸웃한다. "넌 똑똑했지." 그러더니 덧붙였다. "정신 똑바로 차리고 사는 것 같아 보였다. 그 외에는 잘 모르겠구나."

"좋아요." 나는 심호흡을 하고 말을 잇는다. "제가 혼자 살고 있었다는 사실을 선생님도 소문으로 들어 아셨는지는 모르겠어 요. 어릴 때 부모님이 제 곁에 없었거든요. 엄마는 제가 이 동네로 온 그해 여름에 집을 나갔고, 아빠는 제가 3학년 때 집을 나갔어요. 제가 우리 집에서 술 파티 같은 걸 벌였던 이야기를 다른 아이들이 하고 다녔는지 잘 모르겠네요."

"아니, 몰랐다. 정말 끔찍한 일이구나. 세상에, 무슨 그런 쓰레기 같은 부모가 있냐." 그렇게 말하는 선생님이 존경스러웠다. 그토록 잔인하고, 그토록 진실인 것을 인정할 용기가 있는 사람은 거의 없으니까. "아니, 난 전혀 몰랐어. 학교에 다니는 동안 용케 잘 숨겼구나."

"다른 애들 몇 명한테는 이야기한 기억이 있어요. 친한 친구들 중 비슷한 경험이 있는 두 명한테요. 그러니까, 저는 이 학교를 다니는 동안 제 경험이 특이하지 않다고 믿었거든요. 이 학교 교사로서 선생님은 학대를 당하는 아이들을 여럿 만나셨나요?"

나는 드리즈 선생님이 잠시 시간을 들여 내 질문을 곱씹을 거라 예상했지만, 그는 내 왼쪽 허공을 바라보며 곧바로 대답했다. "어떤 여학생이 있었지. 아버지가 그 애를 두들겨 패는 걸 알고 CPS(아동보호서비스)에 신고했다. 체구가 아주 작은 베트남 학생이었고, 아버지의 덩치도 그 애보다 조금 클까 말까 했어. 이 조그만 남자가 자신의 조그만 딸을 두들겨 팼던 거야. 그래서 그 애는 그룹홈으로 가게 됐는데, 거기 있던 마약에 중독된 여자애들이 그 애 물건을 훔치고 괴롭혔다더구나." 선생님의 목소리에서 높낮이가 사라진다. "상황이 픽도 나아졌지."

그러더니 선생님은 의자 등받이에 등을 기대고는 내 눈을 마주 본다. "하지만 아니야. 있잖니. 내 AP 수업을 듣는 아이들의 얼굴은 해마다 똑같단다. AP 생물 수업이 세 개인데 백인 학생은 딱한 명 있단다. 그것도 핀란드에서 온 새하얗디새하얀 백인이지! 인도 아이랑 중동 아이도 두 명쯤 있는 것 같다. 한번은 세 명이나 있었는데, 그 정도면 성공적인 한 해였지. AP 생물 수업을 16년간 가르치는 동안에 흑인 아이는 고작 서너 명 본 게 다야. 하지만 아시아 아이들은 무진장 많아. 그 애들은 점진적으로 무한에 다가간단다. 겉만 보는 사람들한테는 그 아이들이 완벽한 삶을 사는 것처럼 보일 거야. 가난한 집 아이들한테 없는 걸 뭐든지 갖고 있으니까. 천 달러짜리 아이폰을 들고 책상에 앉아서 맥북을 두들겨 대지. 하지만 내가 가르치는 학생들은 스트레스에 찌들어 있어. 자기 어머니가 테니스 동호회에 가서 '아, 우리 애들이 버클리랑 하버드에 합격했어요!' 할 수 있도록 분기마다 AP 수업을 네 개씩 듣느라 벅차. 학생들이 밤을 새는 일도 흔하단다."

"하지만 왜 그럴까요?" 내가 묻는다.

"타이거맘 때문이지." 선생님은 자신감 넘치는 말투로 장담한다. "어른의 비위를 맞춰야 하는 문화 속에서 어른의 기대에 못 미치는 스트레스는 엄청나잖니."

나는 고개를 숙이고 열심히 선생님의 말을 받아 적는 내내 무표정을 유지하려 애쓴다. 선생님의 논리는 '판다 익스프레스'만큼이나 단순하다. 이국화된 절반의 진실이 풍기는 공허한 냄새가 난다.

어린 시절 나는 인종에 대해서는 그리 많이 생각하지 않았다. 그러나 지난 세월 동안, 나는 고등학교 시절 백인 교사 대 유색인종 학생의 비율이 어딘가 이상했다는 사실을 알아차렸다.

1960년대에 피드몬트 힐스 고등학교에 다니는 아시아인 학생들은 꽃과 시트러스류 과일과 체리를 수확하는 일본인 농부의 자녀들뿐이었다. 1970년대 초반, 베트남 난민들이 처음 대규모로 이주했다. 이때 이주한 이들은 모국을 탈출할 경제적 수단을 갖춘 의사나 정치인 같은 엘리트였다. 처음에 피드몬트 힐스 고등학교는 높은 교육 수준과 지적인 부모를 갖춘 베트남 학생들을 반겼다. 아이들의 시험 점수가 놀라울 정도로 높아서 학력 수준을 한참 올려 놓았던 것이다. 그러다가 1980년대에 보트피플이 도착했다. 옷가지를 등에 지고, 말레이시아와 필리핀의 난민 캠프에서 지내다 온 가난하고 절박한 난민들이었다. 1975년부터 1997년 사이 미국에 재정착한 베트남 난민들의 수는 88만 명에 달하고,[30] 그중 다수는 캘리포니아의 캠프 펜들턴으로 오게 됐다. 오늘날 베트남 외 지역에서 베트남인 거주자가 가장 많은 도시인 새너제이에는 18만 명 이상의 베트남인이 살고 있다.

1990년대에는 H-1B 취업비자(전문 분야의 학사학위 이상을 소지한 전문직 노동자를 위한 취업비자 - 옮긴이)를 가진 중국과 남아시아 이민자들이 대규모로 이주해 갓 태동하던 실리콘밸리에서 기술자로 일하기 시작했다. 1998년에는 실리콘밸리 지역의 과학자와 기술자 중 3분의 1이 이민자였다. 이때는 미국에서 교사와 간호사의 구인난이 벌어진 시기이기도 했고, 그렇게 어린이와 노약자를 돌보기 위해 필리핀인들의 이주 물결이 이어졌다.

우리 학교 학생의 절반 이상이 아시아인이었다. 30퍼센트 정도는 라틴계였고, 나머지 소수가 흑인과 백인 학생들이었다. 그런데 교사들은 대부분 백인이었다. 5학년 때, 메이플라워호를 타고 미국을 찾은 필그림에 대해 배우면서 우리는 미국 식민주의자로 분장하고 깃털과 잉크로 글씨를 쓰는 콜로니얼데이 행사를 했다. 이제 와 돌아보면 교실에 가득한 아시아인과 라틴계 아이들이 레이스 달린 보닛과 조끼 차림으로 유럽에서 온 식민지배자 행세를 하는 모습을 보면서도 교사들이 아무런 문제의식을 느끼지 못하고 빙긋 웃었다는 게 몹시도 이상한 일 같다. 강제 동화에 대해 가르칠 수 있는 다른 방법들이 분명 존재했을 것이다. 아메리카 토착민 기숙학교, "인디언을 죽이고 인간을 구하자", 땋은 머리를 강제로 잘렸던 샌프란시코의 중국인 남성들 이야기 같은 것들. 그런데 교사들은 그 대신 우리에게 십자수를 가르쳤다.

물론 인종적 차이로 인해 드리즈 선생님 같은 백인 교사들의 눈에 우리의 역경은 보이지 않았으리라는 생각도 든다. 이민자들은 배경에 흡수되는 데 능한 사람들이니까. 하지만 다시 생각해보면, 만약 내가 선생님에게 도움을 요청하고 싶어 하는 여학생이었더라면 드리즈 선생님 같은 사람을 택했을 것이다. 인종이나 배경과는 상관 없었다. 드리즈 선생님은 학생들에게 관심을 갖는 교사로 보였으니까. 모든 사태를 파악하고, 오해로 인한 난관을 넘어서서, 문을 부수고 우리를 구해줄 만한 사람으로 말이다. 그러니 16년이 넘는 교사 생활 동안 학대 경험을 털어놓은 아이가 딱 한 명 있었다는 사실은… 이상했다. 나아가 **잘못된** 것 같은 느낌이 들었다.

물론 그 일이 이상한 것은 학교가 세대를 걸쳐 이어지는 이민자 트라우마의 온상이었다는 내 기억이 맞다는 전제하에서다. 모범적인 소수자의 특권을 잃고 싶지 않다는 불안감 때문에 극성이 된 학부모들이 존재하는, 성적 경쟁이 심한 학교였다는 선생님의 관점이 맞다면, 그건 그리 이상한 일이 아니다.

"우리 학교는 이 학군의 다른 학교들과는 달라." 드리즈 선생님이 말한다. "다른 학교 아이들은 폭력단에 들어가고, 집도 없지. 어느 수업에서든 친족 성폭행을 당한 여학생이 하나씩은 있어. 그런 학교에서 선생 노릇을 하는 건 상상조차 되지 않는구나. 그 애들의 배경은 너희들과는 다르니까 말이야."

그 밖에도 여러 선생님들과 대화를 나누지만 드리즈 선생님과 비슷한 생각이다. 선생님들은 벽에 붙여둔 방사선과 의사나 소아과 의사가 된 학생들 사진을 보여준다. 그렇다, 천재 소리를 듣다가 MIT에 입학했던 어느 남학생이 취업에 실패한 뒤 한밤중에 피드몬트 힐스 고등학교로 돌아와 자기 몸에 추를 묶은 채 수영장 덮개 아래로 몸을 던진 사건이 있었다고 한다. 다음 날 아침 일찍 1학년 수영팀이 그의 시신을 발견했다. 한 선생님의 말로는 그가 가르친 학생 중에, 당사자의 표현을 빌자면, "도저히 눈에 확 띄는 에세이를 쓸 수가 없어서" 죽고 싶어 하던 학생이 있었단다. 선생님은 **"눈에 확 띄는** 에세이를 쓸 수가 없어서"라는 말을 믿기지 않는다는 투로 되뇌었다. 그 고백을 듣고 잠도 못 잤다고 한다. 아내에게도 이야기했고, 도저히 잠이 오지 않았단다. 그것은 교사로서 할 수 있는 일의 범위를 뛰어넘는 것처럼 느껴졌다고 한다. 이런 문제에 마주했을 때 그가 무엇을 할 수 있겠는가? 그러나 그런 별종들은 아주 가끔 나타난다.

그러다가 마침내 만나게 된 한 아시아인 선생님은 내게 이렇게 경고한다. "**학대**라는 말을 쓸 때는 신중하렴. '학대'라는 말은 큰 오해를 불러오거든. 사람에게 고함을 지르면 소리가 너무 크다고 그걸 학대라고 부르는 사람도 있으니까, 알았지? 나라면 그 표현은 쓰지 않을 거다."

그러다 보니, 어느 순간 내가 하는 질문들이 불쾌하게 느껴진다. 그들은 모두 최선을 다해 아이들을 길러내고 싶은 마음으로 교사라는 직업을 선택한 사람들이다. 바쁜 와중에도 졸업생으로부터 가슴 따뜻한 성공 이야기를 들으리라 기대하며 나를 맞이해준 사람들에게, 억울한 유령 하나가 나타나 당신들이 학생들의 고통을 얼마나 진정으로 살펴보았느냐를 비난조로 물으며 그들의 삶의 목적에 효험이 있었는지를 심문하는 형국이다. 결국은 모두가 이렇게 되묻는다. "하지만 넌 잘 지내잖니, 그렇지 않니?" 그래서 나는 자신감 있는 미소를 장착한 채 내가 해낸 일들의 목록을 읊고, 성공담이 하나하나 등장할 때마다 그들의 미간에 잡혔던 주름은 안도한 듯 차츰 사라진다.

하지만 그날 밤, 나는 아무런 성취감도 느낄 수 없다. 싸구려 모텔 방에 뜬눈으로 누워 연약한 내 정신을 향해 저주를 퍼붓는다. 공동체의 트라우마에 대한 내 기억이 잘못된 것이라면, 어쩌면 실제로 내 경험에 대한 기억 역시 틀린 것인지도 모른다는 생각이 든다.

25장

다음 날 아침, 나는 차에 올라 어린 시절 살던 집으로 향했다. 우리 집이 있던 거리가 지나치게 넓어 보인다. 주차를 할 때쯤에야, 길에 주차된 다른 차가 하나도 없어서라는 사실을 깨닫는다. 차들은 전부 널찍한 차고 안에 안전하게 들어가 있으니까. 사람 역시 보이지 않는다. 이 동네의 집들은 다양한 건축 양식으로 지어져 있으며 집마다 잘 가꾸어져 있지만 개성이 드러난 정원들도 있어서 교외 분위기가 나면서도 특별해 보인다. 그래도 사람이 아무도 없는 거리는 어쩐지 으스스하다.

이 집에는 꼭 집어 떠올릴 수는 없어도 익숙하기 그지없는 요소들이 너무나 많다. 현관 계단이 어떤 소재로 만든 것이었는지는 기억나지 않았지만 회색과 흰색 자갈들을 만지작거리고 있자니, 어린 시절 내가 플레이모빌 인형들을 가지고 춤추는 듯 계단을 내려오는 시늉을 하게 한 다음에 잔디에 세워 놓았던 기억이 떠오른다.

초인종을 누른다. 체구가 작은 나이 든 베트남 여자가 문을 빼꼼 열고 수상하다는 눈길로 나를 바라본다. "안녕하세요." 나는 입을 연다. "음, 좀 이상하다고 생각하실 수도 있겠지만, 여기가

어린 시절 제가 살던 집이거든요. 잠시 들어가서 집 안을 구경해
도 될까요?"

집주인은 영어가 서툴러 대답을 할 수 없는 것 같았지만, 그
래도 내 말을 이해했는지 환하게 웃는다. 문을 열어젖히고 나를
반기듯 두 팔을 활짝 펼친다. 가장 먼저 눈에 들어오는 건 짙은
색 마호가니 계단과 마루다. "어머나, 카펫을 치우셨네요." 이 말
에 집주인은 내가 예전에 이 집에 살던 사람인 것을 확신한 것인
지 나를 믿고 혼자 집 안을 돌아다니게 내버려 둔다. 부엌으로 들
어가니 또 다른 나이 든 여자가 분주한 손놀림으로 커다란 플라
스틱 바구니 속에 담긴 채소의 줄기를 뚝뚝 꺾고 있다.

나는 이 집의 구조를 속속들이 알고 있지만─영영 잊을 수
없을 테니까─실제로 집 안에 들어오자 새삼스러운 기분이 든
다. 집은 어처구니없을 정도로 넓다. 세 식구가 살기에는 너무 큰
집이다. 어른이 된 뒤로 도시의 쥐구멍만 한 아파트에서 살아왔
는데, 지금은 부끄러울 정도로 크기만 한 방들을 들락거리고 있
자니 얼굴이 뜨겁게 달아오를 지경이다.

다른 사람의 물건들과 새 커튼이 들어오고 흰색 페인트가 칠
해진 지금의 이 집은 당연히 예전과는 달라 보인다. 서재였던 방
은 이제 침실이고, 내가 쓰던 침실이 지금은 서재다. 그러나 집의
뼈대는 예전 그대로다. 문손잡이도 그대로다.

나는 이 집에 들어오는 순간 충격과 함께 숨겨진 기억들이 돌
아오기를, 자갈이며 방들, 계단 난간을 보는 순간 다시금 생생한
악몽 속으로 돌아가기를 바랐다. 기억들이 고개를 내밀기는 했지

만, 새로운 것은 없다. 오랫동안 주머니 속에서 만지작거렸던 닳아빠져 매끈한 돌멩이들, 그게 다다. 그래, 아버지가 우리 둘 다죽일 거라 생각했던 그날 밤 어머니가 나를 안아주었던 곳이 여기였지. 그래, 이 계단에서 어머니가 나를 밀어버렸지. 또 이 계단, 펭귄 포스터 옆에서 내가 아빠를 때리는 바람에 이 방에서 심하게 얻어맞았지. 한 방에서 1시간씩 보내면서 사소한 것 하나하나까지 빤히 관찰하다 보면 과거로 이동할 수 있을지도 몰랐다. 그러나 나는 마음씨 좋은 할머니가 부엌에서 나를 기다리고 있다는 걸 안다. 그리고 그분의 친절을 빌미로 유령들이 나를 찾아올 때까지 지나치게 오랜 시간을 끌고 싶지는 않다. 그래서 나는 각 방에 잠깐씩 들어가 떠오르는 기억들을 모두 머릿속에 새겨 넣는다.

그다음에는 뒷마당으로 나간다. 바로 여기, 수영장 필터에서 들려오는 안도감이 느껴지는 웅웅 소리, 온수 욕조로 쓸 수 있도록 수영장의 일부를 막아둔 회색 시멘트 벽돌담, 고추와 레몬 나무를 기르던 화분을 놓아둔 데크. 그때 어떤 감정이 내 온몸을 휩싸고, 그 감정이 정확히 무엇인지를 깨닫기까지는 잠시 시간이 걸렸다. 놀랍게도 나는 아주 낯선 감정에 압도당하고 말았다. 그리움. 기쁨.

기억을 더듬어 상상했을 때, 이 수영장은 내가 네 살 때 하마터면 물에 빠져 죽을 뻔했던 장소였다. 또한, 다시는 그런 위험에 빠지는 일이 없도록 어머니가 강제로 수영 연습을 시키던 곳이었다. 아무리 허우적거리고 발차기를 해도 매번 실수한 게 있었다. "다리를 쭉 뻗어. **쭉 뻗으라니까!** 왜 이렇게 수영에 소질이 없니? 손은 둥근 모양으로 만들어야지. 등 펴고. 아니, 등을 펴면서 다리를 구부리면 어떡해!"

그런데 막상 이곳에 있는 지금, 그런 기억은 하나도 떠오르지 않는다. 스트레스를 주던 감정은 간데없다. 태양은 빛나고, 염소의 달짝지근한 화학적 냄새가 풍기고, 레몬 나무는 향기롭고 예쁘다. 행복한 기억을 특정해 꼽을 수는 없다. 우리 집에 풀 누들(폴리에틸렌 폼으로 만든 길쭉한 부력 도구—옮긴이)이 있었다는 것, 내가 동전을 주우려고 수영장에 뛰어들었던 일, 부모가 그릴에 구운 음식을 접시에 담아 부엌 창을 통해 전해준 일이 기억나기는 하지만, 그런 기억 중 특별히 생생하거나 선명한 것은 없다. 그저 느낌뿐이다. 나는 이곳에서 행복했었다. 행복했다고 인정하는 게 머릿속에서 되풀이되는 그 어떤 학대의 기억보다도 훨씬 슬프게 느껴진다.

집을 나서는 길에 고맙다고 인사하자 친절한 할머니는 사무적으로 고개만 까딱한다—서두르려고 애쓰기는 했지만, 내가 시간을 너무 많이 잡아먹었던 모양이다. 집 밖으로 나간 뒤 맞은편에 있는 공원을 산책한다. 잔디로 뒤덮이고 구불구불한 산책로와 테니스 코트, 놀이용 구조물이 있는 40에이커 너비의 공원이다. 시멘트에는 나뭇잎 문양이 새겨져 있다. 어떤 소녀가 홀라후프 여러 개를 한꺼번에 돌리며 틱톡에 올릴 댄스 동영상을 찍고 있다.

선생님들이 그려낸 우주 속에서, 우리 공동체의 문제는 대체로 수학을 지나치게 중시하고 10대들이 음주에 노출되지 못하도록 과잉보호하는 부모 때문이다. 그 우주 속에서 이 공동체는 성공과 특권, 행복을 거머쥔 이민자들의 귀감이나 다름없다. 이곳은 이민자들의 트라우마가 씻은 듯 사라지는 기적의 장소다. 좋은 성적표와 화이트칼라 직업, 수영장을 갖춘 깨끗한 이층집이 죽음과 전쟁과 강간을 잊게 만드는 곳이다. 그리고 나는 생각한다. **어쩌면 그렇게 나쁘지 않았는지도.**

따지고 보면 선생님들의 말이 옳은지도 모르겠다. 미국에는 트라우마로 인해 완전히 파괴된, 대규모의 굶주림과 중독과 폭력에 시달리는 흑인, 토착민, 불법체류자, 빈곤층 커뮤니티가 넘쳐난다. 그런 곳에 비하면, 나는 별 대단치도 않은 일들을 크게 부풀렸던 건지도 모르겠다. 우리한텐 자원이 있었잖아. 그걸로는 부족했어?

렌터카를 세워둔 곳으로 돌아가는 길, 내가 살던 집 맞은편에 있는 집 한 채가 언뜻 보인다. 나는 그 집에 살던 이들의 이름을 선명하게 기억하지만, 이 책에서는 프레드와 바버라라고 부르겠다. 그렇게, 마지막 기억이 돌아온다. 낯선 기억은 아니지만, 어린 시절 겉보기엔 아름답기만 했던 이 집의 얄팍한 외관이 처음이자 마지막으로 산산조각 났던 때의 기억이다. 예쁘장하게 생긴 집 안에서 벌어지는 일을 더 이상 숨길 수 없었던 그때.

싸움이 어떻게 시작된 건지는 기억나지 않지만, 어느 시점에 어머니는 내 머리채를 휘어잡고 털이 긴 오렌지색 카펫 위로 나를 질질 끌고 갔다.

"네가 정말 싫다. 울지 마." 그러면서 어머니가 내 머리채를 놓았다. 나는 강해 보이고 싶었다. 그래서 무력하게 울음을 터뜨리는 대신 힘주어 인상을 썼다.

"뭐야, 이제 **네가 나한테** 성을 낼 참이냐?"

"아뇨, 그냥 덜 슬픈 표정을 지으려고 노력하는 거예요." 나는 그렇게 항의했지만 어머니는 이미 찢어지는 소리로 고함을 지르기 시작했기에 내 말을 듣지 못했다. "**어떻게 감히 그런 눈으로 엄마를 쳐다보는 거냐?**"

그때, 쿵쿵 소리가 났다. 초인종이 한 번, 두 번 울렸다. 우리 둘 다 당황해 동작을 멈췄는데, 어쩐지 그 침묵이 우리의 고함 소리보다 크게 느껴졌다. 우리는 차마 서로를 바라볼 수 없었다. 마치 그 자리에 문이 있다는 사실을 깜빡 잊기라도 했던 것처럼 현관문만 빤히 쳐다볼 뿐이었다. 우리 사이에서 이런 '춤'이 펼쳐질 때면 어머니도 나도 현관문의 존재를 까맣게 잊어버렸다. 바깥세상이라는 건 존재하지 않았다. 우리 집이 우주의 전부였다. 어머니가 가진 것은 나뿐이었고, 내가 아는 것은 어머니뿐이었다. 그러나 그 환영이 산산이 깨진 순간, 우리는 다음에 무슨 일이 벌어질지 도저히 알 수 없었다. 서서히 정신을 차린 어머니가 문을 향해 살금살금 다가가서는 외시경을 통해 바깥을 내다보았다. "안에 소리 다 들려요!" 바깥에서 누군가가 외치는 소리가 들렸다. "문 안 열면 경찰을 부를 겁니다!"

어머니는 문을 열었고, 나는 어머니 뒤에 서서 달달 떨었다. 바깥에 서 있는 사람은 회색 머리채를 정수리 위로 틀어 올린 이

웃 바버라였다. 바버라, 그리고 그의 남편인 프레드는 은퇴 후 자식 없이 단둘이 살던 상냥한 부부였다. 때로 프레드는 아버지와 장미라든지 자동차 이야기를 나누었고, 한번은 우리 가족을 저녁 식사에 초대하기도 했다. 하지만 오늘의 바버라는 평소와 무척 달라 보였다.

"아이한테 무슨 짓을 하는지 다 들었어요." 바버라가 말했다. "맞은편 집에 살다 보니 아이한테 고함을 질러대는 소리가 하루도 빠짐없이 들리는데… 도저히… 더는 두고 볼 수가 없어요. 가만 있지 않겠어요." 바버라는 허리를 꼿꼿이 펴더니 단호한 목소리로 말했다. "아이에게 폭력을 쓰는 당신을 경찰에 신고하겠어요."

충격에 사로잡힌 침묵이 흘렀지만, 잠시뿐이었다. "우리 집을 훔쳐봤다고요?" 어머니는 바버라의 가시 돋친 말을 곧장 능숙하게 뒤틀어 받아쳤다. "우리 집 문간에 슬쩍 다가와서 몰래 엿듣다니, 그게 무슨 짓이에요? 그러시든가요! 경찰을 부르든지 말든지 알아서 하세요. 우리야말로 그쪽을 무단 침입죄로 신고할 테니까요. 우리한테도 사생활의 권리가 있어요."

"훔쳐보고 말고 할 것도 없었어요." 바버라는 코웃음을 쳤다. "당신 고함 소리는 우리 집 거실에 앉아 있어도 다 들린다고요. 하지만 당신 말대로예요. 집 가까이 오니 아이가 싹싹 비는 소리가 들리더군요. 울면서 '제발' 하는 것도 들었어요. 세상에, 아이를 그렇게 **빌게** 만드는 부모가 어디 있어요? **어린 아이**잖아요. 어떻게 그럴 수가 있어요?" 바버라는 분노로 힘이 잔뜩 들어간 턱을 내민 채 슬픔과 다정함이 담긴 눈길로 나를 바라보았다. 바버라는 자신이 내 편을 들어주고 있다고 여겼다. 하지만 그분의 생각은 틀렸다.

나는 어머니를 지나쳐 바버라에게 다가갔다. "제발 이러지 마세요. 신경 써주신 것도, 저를 도와주시려고 여기까지 와 주신 것도 정말 고마워요. 하지만 경찰이 절 데려가는 건 싫어요. 저는 이 집에 살고 싶고, 엄마 아빠를 사랑해요. 가끔 저한테 고함을 치시는 건 사실이에요. 하지만 엄마는 제가 다음에는 잘못을 저지르지 않도록 야단치시는 것뿐인걸요. 아주머니는 모르지만 저도 가끔 못된 짓을 할 때가 있어요."

그러자 바버라의 눈이 안타까움으로 가득 찼다. "얘, 네가 이런 일을 겪는 건 괜찮은 일이 아니야. 미안하지만 그냥 넘어갈 수는 없단다."

그 순간 공황 반응이 밀려왔다. 나는 내가 어떻게 해야 할지 잘 알고 있었다. "부탁이에요, 바버라 아주머니, 제발요." 내 말에 어머니는 한 발짝 물러났다. 어머니 역시 내가 어떻게 할지 알고 있었던 것이다.

나는 울기 시작했다. 처음에는 살살, 그러다가 결국은 딸꾹질이 터져 나올 정도로 격하게 울었다. 나는 부모님 없이는 살 수 없었다. 겁에 질린 것은 틀림없는 사실이었지만, 필요하다면 내 공포를 드라마틱하게 표현하는 데도 도가 튼 아이였다. 바버라 말대로였다. 나는 늘 빌고 또 빌었다. 그러다 보니 비는 것 역시 잘하게 되었다.

나는 바닥으로 풀썩 쓰러진 뒤 바버라를 향해 기어갔다. 기도 하듯 두 손을 꼭 마주 잡고, 바버라의 발목을 부여잡았다.

"괜찮다, 얘야. 부탁이니 일어나렴." 바버라가 부드러운 목소리로 말했다. 고통스러운 표정이었다. 그는 바닥에 엎드린 나를, 그다음에는 어머니를, 다시 나를 바라보았다. 자신이 감당할 수 있는 상황이 아님을 파악한 것이다.

"진짜 경찰에 신고하실 거예요?"

내 말에 바버라는 머뭇거리더니 어머니를 향해 말했다.

"아이한테 이런 짓을 하는 소리를 다시는 듣고 싶지 않아요. 또 한 번 이런 소리가 들리면 진짜 신고할 겁니다. 이번에는 참겠어요. 하지만 지금 당신이 무슨 짓을 하고 있는지 똑똑히 보라고요. 이건 **옳지 않아요.**" 아직도 바닥에 엎드린 채 어깨를 들먹이고 있던 내게는 바버라의 표정이 보이지 않았다. 그러나 목소리는 나직하고도 힘이 담겨있었다. 내 어머니가 자신의 말을 새겨듣길 바랐던 것이다. 불쌍한 바버라. "당신은 아이한테 상처를 주고 있어요. 평생 지워지지 않을 상처라고요."

어머니는 아무 말도 하지 않았다. 들리는 소리라고는 내가 코를 훌쩍이는 소리가 전부였다. 한참의 침묵이 이어진 뒤 바버라가 자리를 떠났다. 샌들 신은 발이 우리 집 마당에 흐드러지게 핀 재스민과 부겐빌레아 너머로 멀어지는 모습이 보였고, 어머니가 문을 닫았다.

어머니는 바버라가 완전히 사라질 때까지 30초 정도 기다린 뒤 작게 욕을 중얼거렸다. "하여간 참견하고 싶어서 안달이라니까. 남의 일에 끼어들기나 하고 말이야. 자기가 뭔데 남을 판단하는 거야?"

그날 저녁 퇴근한 아버지에게 어머니는 중요한 부분은 쏙 빼고 낮에 있었던 일을 말했다. 고함 소리가 크다며 바버라가 찾아왔다고 말이다.

"말이 돼? 일전에 우리가 휴가를 가서 집을 비웠을 땐 경보기가 하루 반이나 울린 뒤에야 바버라가 그 소리를 듣고 사람을 불렀잖아! 그런데 이번엔 내 고함 소리가 들린다고 찾아왔네." 어머니는 나를 향해 눈을 가늘게 떴다. "이웃이 다 듣도록 소리소리 질러대야 말을 듣지. 정말 못된 애야."

아버지는 고개를 설레설레 젓더니 밥을 한 숟가락 푹 떠서 입에 넣었다. "넌 왜 늘 그런 식이냐? 엄마 말 좀 잘 들으면 어디 덧나니?"

"죄송해요." 내가 대답했다. "이제는 안 그럴게요."

복합 PTSD라는 용어를 처음 만든 여성인 주디스 허먼은 이렇게 썼다. "학대당한 아동은 (⋯) 희망과 의미를 지속할 방법을 찾아야 한다. 그러지 못하면 남는 것은 그 어떤 아동도 견딜 수 없는 극도의 절망뿐이기 때문이다. 부모에 대한 믿음을 이어가기 위해서, 아동은 우선 부모가 큰 잘못을 저지르고 있다는 가장 우선적이면서도 명백한 결론을 부정하는 수밖에 없다. 나아가 부모에게서 모든 잘못과 책임을 면해줄 수 있는 방식으로 자신의 운명을 설명하고자 온 힘을 다한다. (⋯) 자신에게 일어난 일이 사실은 학대가 아니라고 생각할 수 있도록 의식적 자각과 기억으로부터 학대를 차단하거나 (…) 최소화, 합리화, 변명을 하게 된다."[31]

나는 나에게 벌어진 일이 무엇인지 **알고** 있었음에도—내게 벌어진 일은 무척 지독하다는 걸 오래전부터 알았다—그 일이 전혀 모르는 사람에게 벌어진 일이기라도 한 것처럼, 어느 정도 저널리즘적 회의를 품은 채 나 자신의 이야기를 바라봤다. 그러면서 자꾸만 변명을 만들어 냈다. 어쩌면 EMDR은 사기일지도 몰라, 어쩌면 선생님들 말이 맞을지도 몰라, 어쩌면 어느 정도의 특권 앞에서 학대는 아무것도 아닌지도 몰라. 그러나 이런 서사는 내게 통제력이 있다는 착각을 가져다줬다. 모든 게 내 잘못이라면 내가 바꿀 수 있다고, 고칠 수 있다고 말이다.

그러나 이 의심의 허울 아래서 연구 결과들을 모조리 읽고 새로 태어난 한 여성이 수면 위로 올라오고자 애쓰고 있었다. 아메리칸드림 속에 유순하게 정착하는 아시아인이라는 지지부진한 서사들이 모조리 헛소리라고. 앞뒤가 하나도 맞지 않는다고. 극한의 폭력에서 살아남은 이민자와 난민 공동체 사람들이 정신병의 존재를 믿지 않고, 트라우마를 입 밖에 올리지 않고, 감정이나 실패를 용인하지 않는데, 이게 **아무 문제 없는** 일이라고? **눈에 확 띄는** 에세이를 못 쓰는 게 최고의 고민이라고? 제정신이야?

나는 행복한 나의 집이 가진 우스꽝스러운 외관을 마지막으로 한 번 더 눈에 담아 보지는 않는다. 그 대신, 차에 시동을 걸고 내게 있었던 일을 확인해 줄 마지막 희망을 만나러 스타벅스로 향한다.

26장

일찍 도착한 나는 탄산수 한 병을 산 뒤 손거스러미를 정리하며 기다린다. 고등학교를 졸업한 뒤로 스티브를 한 번도 만난 적 없는 데다 마지막으로 대화를 나눈 건 중학생 때로 기억한다. 현장학습을 떠나던 날, 버스를 타려고 준비하는데 그 애가 파파 로치와 스테인드의 곡을 담아 직접 만든 믹스 CD를 내게 줬다. 그 누구에게도 이해받지 못하는 외톨이가 느끼는 감정을 노래한 곡들이었다.

스타벅스로 들어오는 스티브를 보는 순간 나는 안도감과 초조함을 동시에 느낀다. 어색하게 인사하며 악수를 나눈 뒤, 나는 그에게 큰 사이즈의 커피를 산다. 스티브는 내 기억보다 키가 훨씬 컸고, 어른이 된 뒤 살도 붙은 모양이다. 태도가 불친절하지는 않지만 굉장히 냉담하다. 환한 미소를 짓지도 않고, 조심스럽고 억제된 몸짓으로 움직이며, 한 손으로는 커피잔을 쥐고 다른 한 손을 무릎에 올려놓은 자세로 앉아있다.

"오랜만이다, 그치?" 내가 과장된 어투로 묻는다. 우리는 간단한 근황을 나눈다. 스티브는 아직도 이 동네에 살고 있고, 여자친구가 있으며, 첨단기술 분야에서 잘나가고 있고, 아직도 고등학교 동창들 여럿과 연락을 나누며 지낸다고 한다. 그가 연락하고 지낸다는 친구들 중, 뉴스룸에서 융통성 없게 군다며 나더러 "나치 같은 년"이라고 했던 사람의 이름을 들었을 때 나는 움찔하는 기색을 보이지 않으려 애쓴다.

"그래서, 너랑 우리가 중고등학생이었던 때 이야기를 하고 싶었어." 나는 말한다. "난 인기 없는 루저였기 때문에 그 시절이 되게 힘들었거든, 그래서 네 경험은 어땠는지 묻고 싶었어."

"재밌네. 난 네가 인기 없는 줄 몰랐는데. 내 눈에 넌… 꽤 호감형이었던 것 같아. 오히려 내가 루저였지. 그래도 그건 대체로 내 문제였던 것 같아. 다른 사람들과 소통하는 방법을 잘 몰랐거든."

"그래? 어떤 면에서 그랬어?" 내가 그렇게 묻자, 스티브는 한참 침묵한 뒤에야 어색한 곁눈질로 나를 바라본다.

"어, 네가 알고 있었는지는 모르겠는데―아마 알았을 것 같지만―내가 널 엄청 좋아했거든."

"우와, 나 진짜 몰랐어!" 나는 당황과 두려움을 숨기려는 생각에 어처구니없을 정도로 크게 웃어버린다. 처음으로, 트라우마 경험이 10대 초반의 호르몬이라는 끔찍한 화제에서 벗어날 수 있을 정도로 포괄적인 주제라서 다행이라는 기분이 든다.

나는 스티브에게 어린 시절 겪은 학대와 방임을 30초로 요약해 들려준다. 그는 내가 그토록 힘들었는지 몰랐다며 안타까움을 표한다. 그다음에, 나는 전날 만났던 피드몬트 힐스 고등학교 선생님들 중 나는 물론 그 어떤 학생조차 학대를 겪었음을 아는 이가 아무도 없었다고, 그들은 학생들의 가장 큰 고민이 A를 받아야 한다는 압박이 주는 스트레스라고 생각했다는 것을 알려준다. "그래서 난 **정말 그래?** 하고 묻고 싶었어. 나 말고도 부모에게 얻어맞는 아이들이 정말 많았던 게 분명했기 때문에, 너와 얘기하면서 확인해 보고 싶었던 거야. 물론, 내가 오해했다면 그건 정말 미안해."

그러자 스티브는 씁쓸한 웃음을 터뜨린다. "당연히 선생님들은 모르지!" 그가 믿기지 않는다는 투로 말한다. "그런 일을 선생님한테 말하는 애가 어딨겠어?" 나는 자세를 더 꼿꼿하게 고쳐 앉는다.

"맞아, 우린 다들 죽도록 얻어맞으며 살았지." 그가 내뱉는다. "뭐, 다들 그랬던 건 아니겠지. 그래도 죽도록 얻어맞던 애들이 한둘이 아니었어. 그래. 애초에 우리가 A를 받아야 한다는 압박에 그렇게 스트레스를 받은 이유가 뭐겠어."

"**내 말이, 그치?**" 나는 그를 향해 고함을 지른다. "고마워! 내 생각이 바로 그거였어! 진짜 고마워!"

"지금 페이스북에서 보면 행복하고 부모님과도 잘 지내고 있는 것처럼 보이는 애들도… 다 얻어맞았어. 물론 정도는 달랐지. 난 주먹이나 먼지떨이로 얻어맞았지. 반면 슬리퍼나 젓가락 같은 조그만 물건들로 얻어맞는 애들도 있었고."

스티브는 우리 동네에 돈 많은 집 아이들도 많이 살았지만, 그래도 모두가 순탄한 삶을 살았던 건 아니라고 한다. 트레일러 파크에 사는 친구들 집에 가서 〈토니 호크스 프로 스케이터〉 게임을 했던 기억이 그에게도, 나에게도 있다. 스티브 역시 부모님이 늦게까지 식당 일을 했기에 집에서 혼자 보내는 시간이 많았다고 한다.

스티브는 잔인한 일들을 상세하게 묘사하지는 않지만, 부모님이 때리는 일이 잦았다고, 성적, 특히 수학 때문일 때가 많았다고 말해준다. 우리 둘 다, 8학년 때 같은 수학 선생님한테서 B플러스를 받고 부모님에게 맞은 적이 있다. 스티브는 성적이 나쁘면 집에 가서 부모님의 분노를 마주해야 한다는 생각에 늘 불안했다고 한다. 부모님이 겁을 낼 만큼 덩치가 커진 열세 살 때 처음으로 반격한 뒤로는 더 이상 맞지 않았다. 그 뒤, 나와 마찬가지로, 그는 화풀이 삼아 수업에서 낙제하기 시작했다. 부모님과의 긴장은 여전했고, 어머니가 잔소리를 하면 울컥해서 고함을 지르기도 했다고 한다.

"중국 애들만 그런 건 아니었어. 베트남, 타이완, 한국 애들도 그랬지…." 그러면서 그는 몇몇 아이들의 이름을 주워섬긴다. 그 이름 중 대다수는 나에게 놀랍기만 하다. 한 명은 **내가** 짝사랑하기도 했던 인기 많고 똑똑한 남학생이었는데, 옷을 잘 입었고, 고고해 보였다. 그땐 그렇게 보였지만 이제 와 생각하면 수줍음이 많았던 것 같기도 하다. 아니면 그런 힘든 일과 싸우느라 내향적일 수밖에 없었을지도 모르겠다.

"고마워." 나는 거듭 말한다. "고마워, 정말 고마워. 덕분에 내가 미친 게 아니란 걸 확인했어. 고마워." 나는 우리가 너무나 먼 사이라는 걸 안다. 인생도, 친구 관계도, 너무나 다르다. 그에게는 내가 싫어하는 친구들이 있다. 스타벅스에서 나눈 우리의 대화는 솔직할 수 있는 한편, 진술을 거부해도 이해받을 수 있는, 둘만의 비밀스러운 비눗방울 속에서 이루어진 것처럼 조금은 불경스럽게 느껴진다. 그러면서 스티브와 너무나 가까워진 느낌이 든다.

스티브는 학대가 남긴 악영향은 시간이 지났다고 해서 마술처럼 사라져 버린 게 아니라고 한다. "내가 늘 열심히 일하는 게 그 때문인 것 같아. 나는 남의 일까지 흔쾌히 맡아 해. 해야 하는 것 이상으로 일하는데, 타인에게 받아들여지고 싶다는 욕구 때문이야. 상사에게 칭찬받지 못하면 열심히 노력해도 성공하지 못했다는 불안감이 들고 자신감을 잃게 돼."

우리는 어린 시절 부모님이 우리에게 주입한 감정들의 흔적인 불안감과 열등감을 일터에서도 느꼈던 이야기를 서로 나눈다. 그가 하는 말마다 나는 격하게 고개를 끄덕이며 동의한다.

그러다가 내가 말한다. "그래도 넌 부모님과 꽤 끈끈한 관계 같아서 놀랍다. 나는 아직도 부모님에 대한 반감이 크거든."

그러자 스티브는 또다시 진실을 말할 시간이 되었다는 듯 시선을 피한다. "엄마와 한동안 경직된 사이였지만, 지금은 훨씬 나아졌어. 왜냐하면 내 부모님은… **떠나지 않았으니까.**"

"아, 그렇구나. 그런 문제였어."

"그래, 어… 네 상황이 다른 애들보다 훨씬 심각했던 것 같아."

나는 그 말에 반박하고 싶어졌다가 금세 마음을 다잡는다. 아, 맞다. 우린 이제 중학생이 아니지. 지금은 서로 누가 더 나은지, 누가 더 힘든지 바보 같은 경쟁을 펼쳐대는 게 아니잖아. 스티브 또한 어른 버전의 억압 올림픽을 펼치는 것도 아니고. 고통은 고통이야. 우리 모두 고통을 겪었지. 고통을 겪고 더 나은 모습이 된 사람도 있고, 더 나빠진 사람도 있지. 치유된 사람도 있고, 그럴 수 없었던 사람도 있어.

스티브와 나는 조심스러운 작별 인사를 나눈다. 놀라울 정도로 솔직했던 이 만남을 지키기 위해, 앞으로 계속 연락 나누자는 약속 같은 건 하지 않는다. 그저 고맙다는 말과, 직설적인 감사의 말, 그리고 어색하게 한쪽 팔로 서로의 옆구리를 끌어안는 게 전부다. 그럼에도 주차된 차를 향해 걸어가는 동안, 스티브를 1분 내내 꽉 끌어안을 수도 있을 것만 같은 크나큰 고마움과 안도감을 느낀다.

어쩌면 난 내 생각만큼 미친 게 아닌지도 몰라.

이본 건터가 내게 연락해 온 건 몇 주 뒤다. 이본은 피드몬트 힐스 고등학교에서 근무하는 사회복지사이자 심리치료사다. 내가 이 학교에 다닐 때는 없었던 직무다. 내가 새너제이를 방문했을 때 이본은 나와 만날 시간이 없었고, 전화 통화 약속 역시 몇 번이나 미뤘다.

"미안해요." 하루 중 유일한 자유 시간인 점심시간에 내게 전화를 건 이본이 숨 가쁜 목소리로 사과의 말을 건넨다. "금요일에는 자살 위험이 있는 아이를 지켜봐야 해서 통화를 할 수 없었어요. 지금 제가 담당하고 있는 아이가 230명 정도인데, 대다수는 불안장애가 문제지만, 코카인 중독, 임신, 근친관계, 중증 우울증에서부터 정신병 삽화와 자해 증상을 보이거나 집이 없는 아이

286

열 명까지 온갖 문제들을 겪고 있죠."

"어머나, 세상에. 정말… 암울하네요. 다른 선생님들은 학생들의 주된 고민거리가 그저 성적 스트레스라고 생각하시던데요."

그러자 이본은 큰 소리로 깔깔 웃는다. "우리 학교는 다른 학교만큼 폭력조직에 가입한 아이들이 많지 않긴 하죠. 물론, 가족 때문에 조직과 연관된 학생들이 두엇 있기는 하지만요. 그래도, 맞아요. 선생님들은 아이들에게 무슨 일이 벌어지고 있는지 순진할 정도로 모르고 있죠."

이본은 담당하고 있는 학생 중 다수가 성폭행을 겪고 있다고 알려준다. 매일 밤 아버지에게 강간을 당한 학생도 있다. 이본은 그를 CPS에 신고했다. 아버지가 체포된 다음 날, 학생의 어머니가 그러면 앞으로 어떻게 먹고살겠냐고 고함을 지르며 이본의 사무실로 쳐들어왔다고 한다. 돈을 버는 사람이 아이 아버지뿐인데 이제는 어떻게 사느냐고. 당황한 이본은 그저 "글쎄요… 모르겠네요…." 하다가 울음을 터뜨렸고, 아이 어머니와 손을 잡고 앉아 함께 흐느꼈다고 한다.

그리고, 물론, 뜻밖의 이야기도 나온다. "저희 학생 중 얼마나 많은 수가 신체적 학대를 당하고 있는지는 말씀드릴 수 없어요." 이본은 기본적으로 자신을 찾아오는 학생 모두가 가정에서 신체적 학대를 당하고 있다고 전제한다고 한다. 학생이 신체적 학대에 관해 이야기하기 시작할 때마다 반복적으로 이런 말을 해야 한다고 한다. "계속 이야기하고 싶은 게 확실하니? 계속 이야기하면, 나로서는 반드시 CPS에 신고해서 상황을 알릴 의무가 있단다." 그리고 끝없이, 아이들은 그 말을 이어간다고 한다.

"그 애들은 그저 도움이 간절히 필요하니까요." 이본은 그렇게 말하지만, 어쩌면 아이들은 CPS가 아무것도 해결해줄 수 없다고 믿는 것 같기도 하다. 지금까지 이본이 CPS에 신고한 학대 건수가 수백 건이 넘지만 거의 아무 일도 일어나지 않다시피 했다. 사회복지사가 사람 좋은 아시아인 부모들이 깔끔하게 잘 가꾼 집에 찾아가면 아이들은 아무 말도 하지 않기 때문이다. 쓰게 웃는 사람은 이번엔 나다. 우리 둘 다 너무나 피곤하다. "당연히 그 상황에서 아이들은 아무 말도 안 하죠." 내가 말한다.

"부모님 앞에서 아이들이 입을 열겠냐고요? 당연히 못 하죠!" 이본이 외친다.

15년 전 일이다. 물론, 최근에도 이민자들이 새너제이로 흘러들어왔다. 이제는 과거 피드몬트 힐스 고등학교 동문들이 **자신들의** 자녀를 그 학교에 보내기도 한다. 우리는 부모의 실수를 미국인 3세대에까지 물려주고 있었던 것일까? 맙소사. 우리가 이 순환을 계속 이어가는 걸까? 이제 내 세대는 더 이상 피해자가 아니라 가해자가 되어버린 것은 아닐까?

나는 망설이며 다음 질문을 했다. "혹시 아이들의 트라우마가 간과되는 것이… 아시아계 미국인이라는 것과도 관련이 있을까요?" 내가 진짜 묻고 싶은 질문은 이것이다. 잘못된 고정관념이 우리를 모범적 소수자, AP 수업을 듣는 우등생, 수영장 있는 집에 살고 고급 노트북 컴퓨터를 가지고 다니는 얌전한 학생들의 모습으로 보여주기 때문에 우리가 무시당하는 것은 아닐까요?

"당연하죠." 이본이 대답하는데, 수화기 저편에서 그가 고개를 끄덕이는 모습이 눈에 선하다. "물론 아시아계 학생들이 다들 우등생인 것은 아니지만요."

미국에서 모든 아시아인이 동등한 능력을 보이는 것은 아닌 이상 '모범적 소수자'라는 말은 우리의 거대한 디아스포라를 납작하게 만들어 버린다. 중국 학생들 사이에도 부모의 자원, 교육 수준, 영어 이해도에 따라 시험 성적의 편차가 크고, 베트남계나 캄보디아계 학생들은 대부분 빈곤한 난민의 자녀다. 부유한 아시아인이라는 서사를 반증하기 위해 이본은 생계유지에 필요한 최저 소득 기준에 못 미치는 가정의 학생들이 얼마나 많은지, 또, 정신과 의사나 심리치료사에게 보내는 학생들 중 메디케이드 혜택 기준을 충족하는 수가 얼마나 많은지 알려준다. 집이 없는 학생들도 있다고 했다.

그러나 이본은 특권을 지니고 학업성취도가 높은 학생들 역시 실제 정신 건강 문제로 고통을 겪고 있다고 한다. "학생들과 학부모를 위한 개학 박람회를 열었을 때, 저는 도움이 필요한 학생들을 위한 부스를 열어 참여했어요. 한 아버지가 다가와 제 부스를 들여다보더니 이러더군요. '제 아이한테는 상담이 필요 없습니다. 올 A를 받는 학생이거든요! 하하하!" 2년 뒤, 그분의 자녀는 우리 학교에서 가장 학업성취도가 뛰어난 학생 중 하나였지만, 코카인에 심각하게 중독되어 있었죠. 학부모와 교사들은 AP 수업을 다섯 개씩 듣는 학생들이 잠을 줄이고 학교 성적을 높이기 위해 무슨 짓까지 해야만 하는지 생각조차 해보지 않아요. 아이가 코카인과 애더럴(각성제의 일종으로 특히 학업성취도를 높이기 위해 흔히 쓰인다-옮긴이) 없이는 제대로 기능할 수 없는데 말이에요."

또, 이본은 정신병 증상 때문에 현실에 제대로 뿌리내릴 수 없는 두 학생 이야기도 들려준다. 아이 어머니들에게 이 사실을 알리자, 두 어머니 모두 이렇게 말했다고 한다. "그건 우리 아이가 생각할 시간이 남아돌아서 그렇겠네요. 과외 수업을 늘리면 금세 나아질 겁니다." 구몬 농담이 이어진다. 그런데 우리가 구몬 농담을 자꾸만 하는 이유는 그게 진실이기 때문이다. 분노 조절을 못한다고? 구몬을 시키면 된다. 임신을 했다고? 구몬을 시켜라. 에볼라 바이러스로 죽어간다고? 구몬을 시키면 해결된다. **빌어먹을 아시아인들이란**, 하고 나는 생각한다.

비록 나는 겁에 질려 있지만, 또 우리가 한 공동체 내에 만연한 아동학대를 이야기하는 중이지만, 이본과 나는 어질어질할 정도로 열심히 서로의 말에 맞장구를 쳐댄다. "세대 간 트라우마, 맞죠?" "바로 그거죠, 잘 아시네요!"

우리가 웃는 건 안도감 때문이다. 이본과 나눈 대화는 아무리 음울할지라도 **진실**이기 때문에 다른 선생님들과 나눈 대화보다 훨씬 가볍게 느껴진다. 추한 일들은 어둠 속에 묻어둘 때 더 추해진다. 이번만큼은 우리도 진실에 완충재를 씌우거나, 이리저리 매만져 구미에 맞는 무언가로 만들어 내지 않는다. 우리는 함께 어려운 진실을 받아들인다. 그리고 추악한 진실을 그대로 드러내는 것은 또 다른 방식으로 위안을 주기도 한다.

지금까지 읽은 트라우마에 대한 모든 책들은 어느 지점에서 건 나를 사면시켜 주려 노력했다. 내가 학대를 경험했으므로, 내가 사나운 성미를 갖게 된 건 내 탓이 아니라고 말이다. 그건 마치 인간을 공격한 사자를 나무라는 일이다. 프로그래밍의 결과인 본성을 어떻게 탓하겠는가? 하지만 그런 말들이 내게는 조금의 위안도 되지 않았다. 나는 내가 동물보다는 더 나은 주체성을 갖고 있다고 믿고 싶었다.

하지만 스티브 그리고 이본과 대화한 이후, 마침내 나는 그 책들이 말했던 것처럼 내 탓이 아니라는 생각을 어느 정도 할 수 있게 됐다. 잠깐이지만 트라우마에 시달리는 외톨이 괴짜가 아닌 것 같은 기분이 들었다. 나는 어떤 공간의 산물이다. 수많은 이들 중 한 명이다. 우리 모두 "눈물을 흘리면서도 웃으려무나. 고통은 삼켜야 한다" 중얼거리며 스스로의 목을 조르는 데 능한 역기능 공동체의 희생자다.

나만의 특수한 고통이 평범하기 그지없는 것이 될 수 있었던 이 보편 상태 덕분에 내게도 드디어 힘이 생겼다. 어쩌면 정말로 내 프로그래밍을 바꿀 수 있을지도 모른다. 이 병이 흔하면 흔할수록 생존자 역시 더 많을 테니까. 설마, 한동네 사람들이 모조리 몰락할 수는 없지 않나? 분명 누군가는 이 숨 막히는 곳으로부터 탈출했을 것이다.

나 역시 이곳을 떠나는 데 성공한 전적이 한 번 있다. 그러나 또 한 번, 이곳을 떠나볼 작정이다.

27장

나는 침묵에 치를 떨며 새너제이를 떠나 집으로 돌아왔다.

햇빛 찬란한 오아시스에는 남모를 고통이 너무 많다. 누구의 관심도 받지 못한 아이들이 너무 많다. 혼자만 겪는 줄 알았던, 치유되지 않은 괴로움이 너무나 많다. 나는 옥상에 올라가 고함을 지르고 싶었다. 그 고통을 글로 써서 신문에 싣고 싶었다. 옛 선생님들에게 전화해 고래고래 소리 지르고 싶었다.

처음에는 우리의 트라우마를 까맣게 모르는 선생님들에게 화가 났지만 따지고 보면, 우리가 말한 적이 없으니 선생님들을 탓할 일도 아니라는 생각이 들었다. 그다음에는 나를 포함해, 자신의 트라우마를 아무에게도 말한 적 없는 아이들한테 화가 났지만 이 또한 우리를 탓할 일이 아닌 것 같았다. 마지막으로, 부모에게 화가 났다. 그들은 우리의 트라우마가 어디서 온 것인지 알려주지 않았으니까.

아무런 동기가 없는 폭력은 드물다. 상처는 난데없이 생겨나지 않는다. 어째서 우리에게, 우리 공동체에 이런 일이 벌어진 걸까? 우리의 고통, 우리가 당한 채찍질의 근원은 무엇이었을까? 우리 중, 그 근원을 아는 사람이 한 명이라도 있었을까? 어쩌면 고함을 지르기 전 우선 귀를 기울여 보는 게 현명한지도 모르겠다.

나는 조사에 뛰어들었다. 캘리포니아 내에서 아시아인들을 상대하는 커뮤니티 센터와 심리치료사들과 전화 통화를 했다. 학교 친구들의 고통스러운 가족사에 대한 글들을 읽어봤다. 중국의 문화대혁명, 베트남 전쟁, 한국전쟁, 캄보디아 집단학살. 그러면서 나는 우리 공동체의 큰 부분이 공산주의에 맞서고자 했던 미국의 잔혹한 대리전이 남긴 폐허로 이루어졌음을 알게 됐다. 미국은 노근리와 마이라이에서 양민을 학살했고, 밭에는 독을 풀고 지뢰를 심었으며, 잘못된 이들의 손에 기관총을 쥐여주었고 마을이 폐허가 되도록 내버려 두었다. 새너제이는 사이공과 서울을 잃은 이들에게 미국이 준 위로의 선물이다.

또, 여러 아시아계 이민자 자녀들과 대화를 나눴다. 나와 같은 세대인 아시아계 미국인들이었다. 나는 그들에게 어린 시절 부모님과의 관계에서 겪은 어려움에 대해, 그리고 부모님이 겪은 가족사에 관해 어느 정도 알고 있는지 물었다.

나와 대화를 나눈 모두가 자신의 부모가 **좋은 사람**이었다고 강조했다. 가진 것 하나 없이 이곳으로 온 사람들이었고, 크나큰 난관을 극복해야 했던 사람들이었다. 그러니까 그들은 그저, 금욕적인 사람들일 뿐이었다. 불안한 사람들일 뿐이었다. 말 없는 사람들일 뿐이었다.

"그래요." 나는 신중하게 말을 이었다. "그런 것들의 근원이 무엇인지 아세요?"

그러면 상대는 나를 보며 눈을 가늘게 떴다. 무슨 뜻이에요?

아시아인이잖아요. 당연하죠.

"그렇죠, 당연히 그래요. 제 말은, 혹시 부모님이 어린 시절 트라우마를 경험했는지 알고 계신가요?"

처음에 그들은 그렇게 심각한 트라우마에 대해서는 모르겠다고 대답했다. 트라우마란 거창한 단어다. 그들은 내 질문을 웃어넘겼다. 나는 그들을 바라봤다. 그러자 그들은 음, 하면서 방 한 구석을 향해 시선을 돌렸다. 생각나는 게 있기는 해요. 부모님이 절대 입 밖에 내지 않는 일이었죠.

그렇게 고백의 시간이 다가왔다. 수많은 고백.

K는 20대 후반에 부모님의 구술사를 채록했다. 어머니가 배를 타고 베트남을 탈출했음을 알게 된 것은 그때가 처음이었다. 끔찍하기 그지없는 여정이었다. 가만히 누워 자는 척하고 있는 어머니의 눈앞에서 한 여성이 강간을 당했다. K의 가족이 미국에 정착하자, 두 외삼촌도 용기를 내어 같은 여정에 올랐다. 그러나 외삼촌들이 탄 배는 미국에 도착하지 못했다. 심지어 K는 그때까지 자신에게 외삼촌이 **있었다**는 사실조차 까맣게 모르고 있었다. 그들에 대한 기억은 바닷속으로 그들의 육신이 사라질 때 함께 가라앉아 버렸다. 어쩌면 이런 일들이 어머니의 편집증 증세를 설명할 수 있지 않을까? 조금이라도 돈이 되는 물건은 집안 곳곳, 뜬금없는 장소에 숨기는 습관도?

H는 학대를 일삼는 폭력적인 아버지를 이해하고 싶었다. 그

래서 한국사를 공부하기 시작했고, 군이 민주화 운동가들을 학살하고 아버지의 고향을 폐허로 만든 5·18 광주민주화운동에 관해 알게 되었다. 하지만 그 당시 아버지에겐 무슨 일이 벌어졌던 걸까? 아버지는 어떤 방식으로 상처를 입은 걸까? 부모님과 이미 연락을 끊은 뒤였던 H는 아버지의 고통에 조금이라도 공감하고자 하는 노력으로 한국 역사를 다룬 영화들을 찾아보기 시작했다.

M의 어머니는 강박적일 정도로 과잉보호를 일삼았다. M이 혼자 학교까지 걸어가도록 허락하지도 않을 정도였다. 그 이유를 어느 정도 짐작한 건 최근의 일이었다. 어머니가 한밤중에 잠을 자다가 베트남어로 고함을 지르기 시작한 것이다. "도와주세요! 도와줘요! 그 애를 데려가면 안 돼요! 당신 아이가 아니잖아요!" M이 어머니의 침실로 갔을 때, 어머니는 눈은 뜨고 있지만 잠에서 깨지는 않은 몽롱한 상태였다. M은 어머니를 악몽으로부터 흔들어 깨웠다. 같은 일이 두 번째로 벌어졌을 때, 어머니는 정신이 없는 상태로 잠에서 깨어나 이렇게 말했다. "아, 친구가 납치되었던 때가 기억났어. 친구 두 명이랑 같이 걷고 있다가 고개를 들었는데 한 명이 온데간데없이 사라지고 없는 거야. 그래서 도와달라고 고함을 빽빽 질렀지."

아침이 오자 M은 부엌으로 가서 어머니에게 물었다. "기분은 좀 어떠세요?"

"괜찮구나." 어머니가 대답했다.

"어젯밤 일 기억나세요?"

"무슨 일 말이냐?"

"엄마…. 혹시 눈앞에서 친구가 납치당했던 적이 있어요?"

"아, 그거." M의 어머니는 이렇게 대답했다. "신경 안 써도 된다."

"불명료화는 내가 물려받은 유산이다." 작가 C 팸 장이 〈뉴요커〉에 실은 에세이에 쓴 말이다.[32] 그의 부모는 "미국에 오기 전의 삶을 빠른 스케치로 이루어진 프롤로그로만 묘사했다. (…) 지나치게 쉽게 (…) 피의 역사 위에 흙을 덮어버리려 노력하는 국가에 귀화한 시민으로서 (…) 언덕 위의 성을 바라보면서 이곳까지 헤치고 걸어와야 했던 뼈의 덤불을 떠올리지 않기 위해."

장의 에세이는 그 자체로 도전적이며 용기 있는 행동이다. 이에세이의 존재는 정교한 기교로 만들어낸 불명료화의 안개를 걷어내고, 우리의 과거라는 구더기 가득한 갈비뼈를 독수리가 쪼아낼 수 있도록 훤히 드러낸다. 지금 페이지마다 천벌을 각오하며 이 글을 쓰는 나 역시 같은 일을 하고 있다는 생각이 든다. "아시아인들이 수치심에 얼마나 약한지 알잖아." 내가 나의 학대 경험을 담은 글을 쓰고 있다는 말에, 평소에는 서양 사람 그 자체이던 사촌은 이렇게 말했다. "그런 이야기들을 꼭 남들 앞에 늘어놓아야겠어? 네 아버지의 인생을 망칠 수도 있잖아."

나도 그렇게 냉혹한 사람은 아니다. 당연히, 나도 조바심이 난다. 누구의 삶을 망치고 싶은 생각은 추호도 없으니까.

하지만 그럼에도 불구하고. 만약 이 모든 것들이 비밀이 아니었더라면 어땠을까? 우리가 그저 우리에게 벌어지는 일들을 입 밖에 내기만 했더라면, 우리에게 벌어지는 일들을 대놓고 말하기 만 했더라면, 누군가는 내 부모가 내 삶을 망치지 못하도록 개입 해 주었을지도 모른다.

28장

내 부모는 비밀을 지키는 데 능했다. 너무나 능해서 나는 그들의 기만이 싹트기 시작한 뒤 수십 년이 지나도록 그 비밀의 깊이를 조금도 짐작하지 못했다.

열여섯 살, 나는 온 가족의 험담 거리였다. 아버지는 일주일에도 몇 번이나 친척들 모두에게 전화를 걸어 나에 대한 불만을 늘어놓으며 위로받았다. 아버지는 이미 당신이 할 수 있는 가장 수치스러운 일을 한 뒤였다―이혼 말이다. 이제 더는 잃을 것도 없었기에, 아버지는 당신의 눈에 비친 내 업적을 소문내고 다니기 시작했다. 내가 덤불에 자동차 키를 던져버렸다거나, 자기한테 차마 입에 담을 수 없는 말들을 해댔다거나, 내가 집을 태워버릴 뻔했다는 이야기였다.

말레이시아에서 지내는 친척들이 아버지 대신 나를 훈육하려 연락을 취해왔다. 타이쿠마大姑媽, 즉 큰고모가 나더러 정신을 차리라는 이메일을 여러 통 보내왔다. 그림 그리기를 좋아하던 그 사촌은 내가 어차피 미술에 소질도 없다는 이메일을 보내왔다. 게다가, 맞다, 부모를 이혼하게 만든 장본인이니 잘난 척하지 말라는 말도.

내가 부모 둘을 모두 잃었던 시점이었다. 차라리 부모가 죽었더라면 장례식이라도 치를 수 있었을 것이다. 선물이 담긴 바구니도 왔겠지. 누군가 나를 돌봐줬을지도 몰랐다. 그런데 그 대신 내가 받은 건 부모가 떠난 게 내 탓이라 비난하는 이메일뿐이었다. 분명 내가 무슨 잘못을 했을 거라고 말이다. 애써 정정할 가치조차 없다는 생각이 들었다. 무슨 말을 해도, 아버지가 내 말을 반박할 게 뻔했다. 그래서 나는 말레이시아에서 오는 연락에 더는 답장하지 않게 됐다.

하지만 결국은 말레이시아로 돌아가야 하는 날이 왔다. 2~3년에 한 번 말레이시아로 가는 순례길에 오르는 게 우리 가족의 관습이었으므로. 나는 막상 가보면 말레이시아가 예전처럼 나에게 쉼터가 되어줄 수 있을지도 모른다는 생각을 했다. 그곳의 열기와 냄새들이 위로와 안정감을 가져다줄 거라고, 아무리 많은 죄를 지었어도 여전히 나는 가장 사랑받는 아이일 수 있을 거라고. 나는 아버지와 함께 가는 대신 대학에서 사귄 남자친구를 데려갔다.

처음에는 모든 것이 평소와 다름없었다. 친척들은 두 팔 벌려 우리를 환영했다. 동네에서 제일 멋진 식당에 데려가고, 페트로나스 트윈 타워, 석회암 동굴, 새 공원 같은 최고의 관광지에도 데려갔다. 앤티는 매콤한 음식을 잘 먹는 내 남자친구를 "백인 악마"라 부르면서 킬킬 웃으며 농담을 했다. 그러면서도 다들 서먹서먹하게 굴었다. 예전처럼 극단적인 드라마를 펼쳐내지 않았다. 그저 김 빠진 듯 맥없는 대화가 이어졌다. 고모들은 내 눈을 똑바로 바라보지도 않았고, 내가 "너무 미국인 같다"고 투덜거렸다. 나는 이제 더 이상 가장 사랑받는 아이가 아니었던 것이다.

따지고 보면 나 역시 사랑받는 아이 노릇을 하지 않았다. 어린 시절에는 주로 음식이라든지 학교에서 짝사랑하는 상대 이야기를 했지만, 지금의 나에게는 그들의 의견이나 정치적 신념을 걸고넘어질 힘이 있었다. 어른이 된 나는 그들의 말에서 인종주의를 짚어내고 비판할 수 있을 만큼, 미국 경제에 대한 그들의 한없이 얄팍하기만 한 이해도를 비웃을 수 있을 만큼 똑똑했다. 그러다 마침내, 아버지는 어떻게 지내고 있느냐는 질문이 나왔다. 나는 모른다고 했다. 아버지는 최악이라고 했다.

그때부터 모두가 방어적으로 굴기 시작했다. 조용한 순간이 오면 앤티를 비롯한 고모들이 나를 따로 불러서는 딸답게 착하게 굴라고 꾸짖었다. 한 고모가 거실로 나를 부르더니 부드럽게 물었다. "그게 정말이냐? 타이쿠마한테 들었는데, 네가 아버지랑 그렇게 심하게 싸운 뒤에 불효자식이나 입에 담을 만한 소리를 했다면서? 애, 어떻게 그런 짓을 할 수가 있니? 침착하게 굴었어야지."

그래서 나는 대답했다. "네, 맞아요. 제가 그런 짓을 했어요." 나는 **실제로** 자동차 키를 집어 던졌고, 고함을 질렀고, 성냥에 불을 붙였다. "그런데 아빠가 이런 이야기는 안 하던가요?" 내가 고함을 질렀다. "아빠가 저만 두고 집을 나갔다는 소리는 안 했어요? 제가 매일 저녁 냉동식품을 데워 먹는다는 이야기는요? 아빠가 저를 병원에 데려가지 않아서 제가 감염증으로 몇 달이나 고생했다는 이야기는 못 들었어요? 사랑니를 뽑고 나서 마취 기운으로 제정신이 아닌 저한테, 저 때문에 떠나는 거라고 고함을 질러댔던 이야기는요?"

"그게 정말이냐?" 고모는 그렇게 되물었지만, 내 말을 믿지 않는 것 같았다. 나를 동정하는 기색은 없었다. 친척들은 고개를 설레설레 저으며 혀를 쯧쯧 찼다. 말도 안 돼. 과장하는 거겠지. 워낙에 민감한 아이잖아. 모든 걸 부정적으로 받아들이지. 게다가 아버지가 **떠났다니** 그게 무슨 소리야? 설마 **진짜** 떠난 건 아니겠지. 뭐, 여자친구를 만나느라 몇 시간 집을 비운 걸 가지고 그렇게 질투하면서 마치 버림받기라도 한 것처럼 굴 필요는 없잖니—그건 말도 안 되지. 자기연민에 빠지다니 정말 미국인이 다 되었구나. 말레이시아 사람들은 음식에 대해 불평을 하면 했지, 자기의 감정을 문제삼지는 않는다.

앤티는 내 분노를 그저 웃어넘겼다. "그런 소리 하지 마라. 무슨 일이건 간에 어느 정도는 참고 넘기는 법도 알아야 하는 거야. 아무리 네가 옳다 해도 말이다. 네가 옳더라도 입 밖에 내지 않아야 하는 이야기가 있는 거란다."

"앤티도 모든 걸 마음에만 간직하는 건 아니잖아요?" 내가 물었다.

"아니지. 만약 모든 걸 마음에 담아두었더라면 한참 전에 죽었을 거다."

내가 가슴 앞으로 팔짱을 단단히 끼고 불만스러운 표정을 짓자, 앤티는 그저 한숨을 쉬며 벽만 바라봤다.

앤티와 이포에서 며칠을 보낸 뒤, 가족이 모두 나를 공항으로 배웅하던 날, 앤티가 나를 붙들더니 꼭 끌어안았다. 그러더니 내 귀에 대고 속삭였다. "넌 좋은 사람이 아니다, 알겠니? 더 나은 사람이 될 수 있게 노력해라." 그 말을 남긴 뒤 앤티는 나를 두고 가버렸다. 나는 그 말을 마음에 두지 않고 털어버리기로 했다. 어쩌겠어? 다들 **내 입장이 돼본 적** 없잖아. 내가 무슨 일을 겪었는지 본 적이 없잖아. 내가 그토록 잘 아는 애정 결핍을 그들은 절대 이해할 수 없었을 것이다.

그럼에도 불구하고, 꼭 실패자가 된 것만 같은 기분이었다. 우리 집안 여자들은—앤티도, 할머니도, 증조할머니도—힘든 삶을 격렬한 분노가 아닌 묵묵한 위엄으로 견뎌왔다. 그들은 괴로움이야말로 힘의 근원임을 입증해 보였다. 그런데 나는 그분들처럼 점잖은 태도로 살아갈 수가 없었다. 나는 별똥별이고, 소용돌이치는 칼이고, 희번덕거리는 총을 들고 돌아다니는 미국 여자였다. 그리고 그 대가를 치렀다. 말레이시아도 더는 나를 사랑하지 않았으니까.

그 여행 이후 나는 말레이시아를 찾지 않았다. 그저 일에 집중했다. 남자들을 만났다. 실수했을 때 "아이야aiyah"라는 감탄사를 외치는 대신 "젠장shit"이라고 말했다. 나는 팬케이크와 파에야를 만들었고 파머스 마켓에서 앤티라면 건드리지도 않았을 치즈를 파는 일을 했다. 전화를 하지 않았고, 이메일을 보내지도 않았다. 나는 그 시간을 오로지 혼자 힘으로 살아냈고, 그 뒤로도 쭉 그럴 작정이었다.

그렇게 5년이라는 세월이 흘렀다. 말레이시아 친척들과 이토록 오랫동안 연락하지 않은 것은 처음이었다. 그러다가 아버지로부터 앤티가 아프다는 연락을 받았다. 지금은 안정된 상태지만 찾아뵙는 게 옳다고. 그래서 나는 일종의 책임감 때문에 아버지와 함께 말레이시아로 돌아갔다. 아버지가 나를 버리고 새 가족을 만든 뒤로 그와 두어 시간 이상 시간을 보낸 적이 없었다. 그런데 이제는 2주간 함께 여행을 떠나게 됐다. 어색한 침묵만 흐르는 순간이 많았다. 홍콩에서 경유하는 사이, 아버지는 완탕면을 한 그릇 사주면서 내게 말을 붙여보려 시도했다. 어떻게 지내니? 일은 잘되니? 그러나 15시간 만에 와이파이가 연결된 참이었고 일터는 혼돈 그 자체였으며 답장할 이메일이 다섯 통이나와 있었다. 나는 아버지에게 말 걸지 말라는 신호를 했다. 내가노트북을 꺼내 이메일을 쓰는 사이 아버지는 뾰로통해져 완탕면을 이리저리 쿡쿡 쑤셔대댔다. **참, 나, 내가 어린 시절 놀아달라고 〈고양이 요람〉을 불렀을 땐 나더러 조용히 하라고, 자기는 경기를 봐야한다고 해놓고.**

　　그러나 이포에 도착했을 때는 더는 화난 채로 있기가 힘들었다. 앤티가 나를 보는 순간 너무 신이 나서 하마터면 넘어질 뻔했기 때문이다. 앤티는 넘어지기 직전 테이블 모서리를 잡고 몸을 지탱한 뒤, **"호 랑!"** 하고 외쳤다. 너무 예쁘다는 뜻이다.

　　아버지와 함께 말레이시아로 돌아온 게 정말 장하다고 친척들은 입을 모았다. 그 노력 덕분에 모든 걸 용서하겠다고 했다. 앤티도 다시 나를 사랑해줬다. 내 앞에 고기가 잔뜩 담긴 커다란 접시들을 자꾸만 쌓아줬다. 거절하고 또 거절했지만, 5분 뒤에는 큼직한 과일 접시라든지 빵 접시를 들고 오는 바람에 결국은 강제로 다 먹는 수밖에 없었다. TV를 볼 때 앤티는 내 손을 붙잡았고, 나는 앤티의 작디작은 손가락을 꼭 잡은 채 어깨에 고개를 기댔다.

앤티의 집에 일주일 조금 넘게 머무르는 동안 나는 앤티와 나눈 몇 시간짜리의 대화를 녹음했다. 우리 가족의 역사를, 그리고 앤티의 유별난 기벽을 간직하고 싶었다.

꼭 어린 아이였을 때처럼 내가 소파 위에서 앤티를 꼭 끌어안은 상태로, 앤티는 옛날 이야기들을 다시 한번 해줬다. 나는 어린 시절의 나보다 더 많은 추가 질문들을 던졌고, 이제는 내가 어른이니 앤티 역시 훨씬 더 생생한 세부 사항까지 설명해줬다. 우리 할머니가 공짜로 음료수를 얻어먹으려고 남자들에게 꼬리를 쳤다는 이야기. 우리 동네의 옥외 화장실에는 천 쪼가리만을 걸어서 칸을 구분했는데 남들이 똥 누는 모습을 보려고 자꾸만 그 천에다가 오줌을 누는 사람이 있었다는 이야기. 동네 사람들이 그 변태를 붙잡아 흠씬 두들겨 팼다는 이야기.

그러다가 앤티는 난데없이 내 어린 시절 이야기를 하기 시작했다. 내가 앤티의 사랑을 듬뿍 받는 아이였다고 말이다. 앤티는 식탁을 주먹으로 쾅 치더니 말했다. "네가 참 고생을 많이 한 바람에 다들 너한테 잘해줬지." 앤티는 이가 다 빠진 턱을 도전적으로 내민 채 눈을 감고 고개를 주억거렸다. "그래서 다들 너한테 잘해줬던 거야. 네가 어릴 때, 다들 알았거든. 넌 고생을 많이 했으니까."

그게 무슨 소리인지 나는 곧바로 깨달았다. "와." 내 목소리는 테이프에 녹음되어 있다. 아무렇지 않은 목소리처럼 들리지만, 속에서 이 장소와 연관된 내 모든 역사, 거대하고 아낌없는 큰 사랑의 역사가 통째로 뒤틀리고 있었다.

"제가 얻어맞는 모습을 보셨어요?" 내가 물었다.

"그래." 앤티가 대답했다. "다들 봤지."

마치 지금까지 내가 갖고 있던 납작한 과거의 기억이 순식간에 처음 보는 모서리와 각을 지닌 3차원으로 피어나는 기분이었다. 그러다가 문득, 저녁을 굶으라는 벌을 받은 기억이 떠올랐다. 어머니는 밥을 먹는 친척들 앞에서 말없이 두 팔을 교차해 귓볼을 잡고 앉았다 일어났다 하라는 벌을 내렸다. 또, 여섯 살 때 말레이시아에 왔다가 방학 숙제가 무엇이었나를 놓고 어머니와 의견이 갈렸을 때의 기억도 떠올랐다. 어머니는 말대꾸를 했다며 플라스틱 자로 나를 때렸다. 몇 시간이나.

매를 맞던 나는 어느 순간 식탁 밑에 몸을 숨겼다. 어머니가 두 다리를 붙잡고 나를 끌어냈을 때는 제발 용서해 달라고 비명을 질렀다. 집 안에는 분명 다른 식구들이 모두 있었다. 어째서 아무도 나를 도와주러 오지 않았던 걸까? **내 목소리가 안 들리나 봐**, 그렇게 생각했었다. 온 세상에서 외톨이가 된 것만 같은 기분이었다. 그러나 이제는 알 수 있었다.

몇 발짝 떨어진 곳에 삼섬^{嬸嬸}, 즉 작은숙모가 벽에 귀를 바짝 대고 이 소리를 듣고 있었을 것이다. 손에는 사촌의 마이 리틀 포니 인형을 들고 있었을 것이다. 이 사태가 다 끝난 뒤 내게 위로의 선물로 주어진 인형이다. 내가 바닥에 엎어질 정도로 어머니가 내 뺨을 세게 때렸을 때, 아마도 앤티는 얼마 떨어지지 않은 곳에 서서, 잠시 후 내게 해줄, 내가 정말 완벽하게 착한 아이라는 말을 준비하고 있었을 것이다. 내가 물컵을 엎었다고 어머니가 비명을 질렀을 때, 타이쿠마도 바로 그 자리에서 입을 쭉 내민 채로 앉아있었을 것이다. 그날 밤 나를 데리고 나가 아이스크림을 사줄 계획을 세우면서.

숨조차 쉴 수가 없었다. "제가 얻어맞고 있을 때 왜 아무 말도 하지 않았어요?" 나는 말레이시아어와 섞인 피진(서로 다른 언어를 쓰는 화자들이 접촉했을 때 자연스레 의사소통 수단으로 생겨나는 임시적 혼종어─옮긴이)으로 물었다.

"넌 아무 말도 안 했으니까. 누가 힘들었겠니? 네 아빠다."

"그러면 제가 힘든 건요?"

"너, 네가 힘들었다고? 우리가 네 엄마한테 그러지 말라고 했더라면, 네 엄마는 더 했을 거다. 더 많이 때렸을 거야. **체!** 말을 해도 소용없었을 거다. 넌 그게 통할 줄 알았냐?"

그러더니 앤티는 내가 어린 시절 한밤중에 겁이 나 잠에서 깬 뒤 앤티의 방을 찾아갔던 이야기를 했다. 잠에서 깬 앤티는 나지막한 속삭임으로 나를 안심시켜 준 다음에 최대한 빨리 나를 내 잠자리로 데려다 놓곤 했다. 너무나 겁이 났었단다. 내가 한밤중에 깼다는 사실을 내 어머니가 알면 나를 때릴 거라는 생각이 들어서였다. 그래서 앤티는 감히 어머니를 깨워 이런 일이 있었다고 말할 엄두조차 못 냈다고 했다.

"불공평하지. 인생이 원래 그렇다." 앤티는 그렇게 말하며 어깨를 으쓱했다. 삼삼이 방으로 들어오자 앤티는 광둥어로 뭐라고 고함을 쳤고, 삼삼은 작은 복슬강아지를 향해 고함을 쳤다. 그 뒤엔 앤티와 삼삼 모두 나를 바라보았다. "얘, 커리팝 먹을래?" 두 사람이 소리쳤다. "먹으렴, 라!"

불공평하다는 말을 앤티에게 들은 건 그때가 처음이었다. 앤티에게 인생이란 친절한 것도, 공정한 것도 아니었다. 그 앞에 어찌 내 고통을 들이댈까.

앤티의 말대로라면 우리 집안 남자들은 종조부부터 대대로 모두가 패배자, 앤티의 표현을 빌면 "답 없는 놈들"이었다. 종조부가 중국에서 말레이시아로 이주하며 우리 가족사가 시작되었다. 그러나 그가 처음부터 무능한 것은 아니었다. 탄광촌인 이포에서 종조부는 광산 세 곳에 더해 고무 농장도 여러 개 소유하고 있어서 막대한 부를 축적했다.

앤티의 어머니는 결혼으로 이 집안 사람이 되었다. 중국에 살던 열여섯 살 때, 기업가인 종조부의 조카 중매로 맺어졌던 것이다. 그분은 무척이나 들떴다. 말도 안 되는 부잣집이었으니까! 게다가 예비 신랑이 될 사람은 엄청난 미남이었다. 앞으로의 삶이 탄탄대로일 것만 같았다.

그러나 신랑을 직접 만난 뒤에야, 가족이 다른 형제의 사진으로 자신을 속였음을 알게 됐다. 새신랑은 태어날 때부터 다리가 뒤틀려 걷지 못했으며 얼굴 역시 아쉬웠다. 게다가 부자 삼촌과 함께 살기 위해 말레이시아로 온 신혼부부는 집안의 사업이 내리막길을 걷고 있다는 사실을 알았다. 1, 2차 세계대전이 일어나면서 사업이 어그러지고 광산은 폐광되었다. 무엇보다도, 삼촌은 여자들에게 상당한 돈을 쏟아붓고 있었다. "아내가 넷이나 있었는데도 매춘부를 찾았어!" 앤티는 종조부를 그렇게 비난했다. "**호색한이었지!**" 앤티의 어머니가 말레이시아로 온 뒤 고작 몇 년 만에 부유하던 삼촌은 파산했고 앤티의 가족은 빈손으로 길에 내몰리는 신세가 되었다.

앤티의 아버지는 걷지도, 일하지도 못했기에, 어머니가 혼자 힘으로 가족을 부양해야 했다. 부부에게는 딸만 넷이었는데 어마어마하게 실망스러운 일이 아닐 수 없었다. 딸들은 가문의 성을 이어가지 못하고, 어머니가 죽음의 강을 건너 천국으로 올라가게 해줄 수도 없으며, 결혼이라도 한다면 네 딸 모두 지참금이 있어야 할 터였다. 그래서 증조할머니는 딸들을 자립시키기로 마음먹었다. 여섯 식구의 의식주를 마련하는 것은 큰일이었으나 그럼에도 어떻게든 돈을 마련해 네 딸 모두 학교에 보냈다.

그런 돈을 마련하기 위해 증조할머니는 옷 수선을 했다. 광산인부들에게 점심 식사를 팔았고, 매달 꼬박꼬박 일정한 돈이 들어올 수 있도록 식권을 많이 사면 할인해줬다. 삯일이 생기면 뭐든지 했다. 이에 더해 네 아이를 키우는 가사노동까지 한 것은 물론이다.

그러나 일제 강점기에 모든 이포의 광산은 완전히 폐쇄되고 말았다. 심각한 식량난이 벌어져 수많은 이들이 기아에 시달렸다. 일본인은 전쟁에 중국이 개입됐다는 이유로 중국계 말레이시아인 공동체를 의심했기 때문에 젊은 중국인 남성들이 수시로 고문과 감금을 당하고 실종됐다. 의심과 괴롭힘을 피하기 위해, 또한 약간의 가외 소득을 얻기 위해, 증조할머니는 금을 찾아 시체를 파내는 도굴꾼들에게서 옷을 싼값에 샀다. 네 딸과 함께 시체가 입고 있던 옷의 올을 풀고 실을 자아서 그것으로 새 옷을 짓고⋯ 일본군 깃발도 만들었다. 이 깃발을 일본군에게 팔아 돈을 벌었다. 즉, 미등록 이민자들이 캐널 스트리트에서 트럼프 모자를 팔던 것 같은 일이 2차 세계대전에서도 일어났다고 보면 된다.

종전 후 영국이 돌아와 말레이시아를 다시 식민지로 삼았을 때, 증조할머니는 마작으로 마술처럼 돈을 불리는 법을 알아냈다. 증조할머니는 마작에 확실한 재능을 보였다. 마작패를 어찌나 잘 다루었던지 결국은 직접 도박장을 차릴 만큼 돈을 벌었다. 한번은 도박장에서 아편을 팔면 돈이 될 것이라는 생각에 국경을 넘어 태국에 가서 아편을 잔뜩 사 온 적도 있었다. 증조할머니가 다시 말레이시아로 돌아오자마자 아편 시세가 급락했다. 이제는 모은 돈의 상당량이 아무 가치도 없는 물건이 되어 사라져 버렸다. 증조할머니는 눈물을 흘리는 대신 게를 사 먹었다. "어쩔 거야? 게나 먹자, 라!" 증조할머니가 가진 삶의 태도는 그런 식이었다고, 앤티는 자랑스러운 듯 기억을 돌이켰다. 어떤 일이 있다

한들 무모할 정도의 낙관주의를 잃지 않는 분이었다.

여기서 교훈이 등장한다. 앤티가 오래전부터 내게 몇 번이나 들려줬던 교훈이었다. 증조할머니의 역사를 우리가 기억하고 존중할 가치가 있는 것은 그분의 성실함과 희생, 그리고 무엇보다도 끝없는 인내력 때문이라고. 세월이 흐른 뒤 중국어로 인내력을 뜻하는 글자[忍]가 심장을 의미하는 글자 위에 칼을 의미하는 글자를 올려놓은 모양이라는 사실을 알았을 때, 나는 그 의미를 이해할 수 있었다. 가슴에 칼을 품고 걸어 다닌다. 금욕적인 태도로. 그것이 존재의 정점이다.

그렇기에 앤티 역시 극도로 가난하고 겁에 질린 어린 시절을 보내면서도, 여러 번의 전쟁과 점령을 거치는 내내 쭉 배를 곯으면서도, 인내했다. 나이를 먹은 뒤, 예쁘지도 돈이 많지도 않아 결혼을 하거나 아이를 낳을 수 없을 때도 인내했다. 평생 자동차 판매원, 비서, 전당포 주인, 복권 조작꾼을 전전하는 가운데 여동생의 여섯 아이들까지 돌보면서도 인내했다. 앤티는 자기 아이처럼 키우고 사랑했던 막내 고모와 특히 사이가 좋았다. 그러나 막내 고모는 고작 서른다섯 살의 나이에 백혈병으로 세상을 떠나고 말았다. 그럼에도, 앤티는 인내했다.

"하늘이 무너지면 이불 삼아 덮어라." 앤티는 매일같이 내게 말했다. "큰일은 작은 일로 쪼개고, 작은 일은 아무것도 아닌 일로 만들거라. 누가 너한테 잘못을 하거든 절대 가슴에 묻어두지 말고 잊어버리려무나."

그렇기에 앤티가 내 곁에 앉아 어머니의 양육 방식이 **부당**했다고 말해준 건 무척이나 중요한, 또 너그러운 일처럼 느껴졌다. 고통에 이토록 단련된 세대가 보기에도 내가 길러진 방식이 옳지 않았다고, 원래는 그래서는 안 되는 거라고 인정해주는 허락이었던 셈이다.

앤티가 여태껏 내 삶의 저울에 한 손가락을 올려 수평으로 만들려고 했던 일이 정말이지 부당하게 느껴졌다. 알고 보니 나는 실제로 가장 사랑받는 아이였던 게 아니었다. 다른 아이들보다 더 사랑받는 것도, 덜 사랑받는 것도 아니었다. 그러나 진실이 더 나았다. 누군가가 나를 보고 있었다는 것. 내 가족이 나를 보고 있었다는 것. 그렇게, 몇십 년 동안, 가족 모두 조직적으로 엄청난 공연을 펼칠 정도로 나를 사랑했다는 것. 수년간 "**호 과아이, 호 과아이**. 정말 얌전한 아이구나, 정말 착한 아이야"라고 해줬다는 것. 그 대사는 내가 사랑받을 가치가 있다는 사실을 내 어머니에게 알려주기 위해 만든 것이었다. 물론 소용없었다. 하지만 어쩌면, 그들은 **나에게도** 그 사실을 알려주고 싶었던 건지도 모르겠다.

29장

오랫동안 나는 우리 가족이 해온 조직적인 기만 — 나를 가장 사랑받는 아이라고 극적으로 띄워준 것 — 이 커다란 사랑의 표현이라고 생각했다. 그러나 새너제이에서 보호라는 명목으로 유사한 기만에 시달렸던 수많은 사람을 인터뷰하고, 비밀 유지가 남긴 폐허를 반복적으로 목격하고 나자, 이제 이런 흉내 내기 놀이가 지긋지긋해졌다.

나는 어린 시절 나에게 강요된 거짓말과 속임수가 얼마나 많았는지 헤아려봤다. 수도 없이 많았다.

열두 살이다. 어머니가 나를 방으로 부른다. 어머니는 화장대 앞, 분홍색과 녹색 자수 쿠션이 놓인 의자에 앉아 눈썹을 다듬고 있다. 나는 라탄 스툴을 끌어와 어머니 옆에 앉아 옻칠한 보석함을 갖고 놀며, 나무를 세공해 오팔로 모양을 낸 이국적인 작은 중국 집 문양을 손톱으로 매만져 본다. "할 말이 있다." 어머니는 눈썹을 뽑던 손을 멈추지 않고 말을 잇는다. "난 입양아란다. 네 아마Ah-Ma는 진짜 할머니가 아니다. C 삼촌도 너와 피를 나눈 삼촌이 아니고. 그 사람들은 내 진짜 가족이 아니라 내가 어릴 때 나를 입양한 가족이란다."

"아, 그렇군요." 나는 그렇게 대답한다. 다음 말을 기다린다. 아무 말이 없자 나는 다시 묻는다. "그러면 엄마의 부모님은 왜 엄마를 입양 보낸 거예요?"

"모르지. 만난 적이 없으니."

어머니가 슬픈지, 화가 났는지, 둘 다 아닌지 잘 모르겠다. "괜찮아요." 혹시나 해서 나는 그렇게 말한다. 한참 뒤 엄마가 콧수염을 뽑기 시작하자 나는 방을 나온다.

열세 살. 어머니가 집을 나간 직후, 아버지는 밤마다 어머니가 우리를 완전히 떠나기로 한 이유가 무엇일지 가설을 세워댄다. 레즈비언일지도 몰라. 아니면 자원봉사하는 학군의 감독관과 바람이 났는지도 몰라. 아니면 테니스를 같이 치는 남자 중 한 명과 바람이 났거나. "네 엄마는 원래 거짓말을 일삼는 여자다." 어느 날 아버지는 말한다. "너한테는 말 안 했지만, 너한텐 이부언니가 있다."

나는 어머니의 화장대 앞, 그때와 똑같은 자수 쿠션이 놓인 의자에 앉아있다. **"뭐라고요?"**

두 사람이 처음 만났을 때 어머니는 이미 결혼을 했고 이혼 절차를 밟는 중이었다고 한다. 두 살 난 딸도 있었다고 한다. 그 사실을 아버지에게 밝힌 건 결혼 직전이었다. 아버지는 어머니를 사랑했기에 그 딸도 입양해 자기 아이처럼 키우겠다고 했다. "아니, 괜찮아." 어머니는 말했다. "그 아이는 애 아빠 집에 두고 올 거야."

세월이 흐른 뒤 나는 내 언니를 찾아보려고 했다. 언니를 만나면 무슨 말을 할지 상상했다. "아기일 때 엄마를 잃었다니 분명 힘들었을 거야. 또, 엄마가 언니를 떠나서 **나를** 낳은 것도 힘들었겠지. 하지만 난 언니가 더 운이 좋다고 말해주고 싶어. 그 사람이 엄마인 건 언니도 싫었을걸? 그 사람이 없는 쪽이 더 나아. 이 사실 덕분에 언니의 유기 트라우마가 조금은 치유되었으면 좋겠다." 그 뒤 우리는 서로를 안고, 우리가 가진 공통점에 대해 이야기하고, 어쩌면 서로에게 우리 둘 다 가질 수 없었던 가족이 되어줄 수 있을지도 몰랐다. 그러나 이 환상은 실현되지 못했다. 언니를 찾을 수 없었으니까. 양가에서 그 아기의 이름을 기억하는 사람이 아무도 없었기 때문이다.

스물일곱 살. 나는 아버지와 싱가포르 여행 중이다. 말레이시아로 가기 전 사촌 결혼식에 참석하러 며칠 들렀다. 아침마다 눈을 뜨면 타이쿠마의 좁은 아파트 발코니로 가서 〈더 스트레이츠 타임스〉 한 부를 옆에 두고 아침을 먹는다. 아무리 이른 시간이라도 큰고모는 타이쿠마다운 엄청난 에너지를 이미 준비하고 있다. 에어컨은 껐느냐, 오늘은 유독 더 말라 보인다, 그러면서 워터케피어(종균을 이용해 만든 발효음료—옮긴이)가 담긴 큼지막한 물병을 가져와 배변 활동에 좋으니 집에서 꼭 만들어 마시라고 한다. 전날 밤 만들어 둔 차비훈(볶음국수의 일종 ─ 옮긴이)을 차려 놓고 식모에게 모두가 먹을 카야 토스트를 내오라고 한다. 아버지가 잠이 덜 깬 채 들어와 의자에 앉아 음식을 먹기 시작한다.

"와, 맛있니?" 타이쿠마가 묻는다. "네 아내가 안 만들어 주든?"

아내라고? 아빠한테 아내가 있어?

"언제 결혼했는데요?" 내가 묻는다.

"하이요! 한참 됐지." 아버지는 아무렇지도 않다는 듯 대답한다.

"뭐, 벌써 8년 됐지?" 타이쿠마가 웃는다.

8년 전. 내가 열아홉 살 때. 나는 까맣게 몰랐다. 아무도 알려 주지 않았다. 결혼식에 부르지도 않았다. 아버지는 내게 그 사람 이야기를 할 때 여전히 "내 친구"라고 한다.

식사를 마칠 때까지 나는 착한 중국 소녀의 태도를 버리지 않는다. 짐을 쌀 때도, 타이쿠마의 넷플릭스 계정을 만들어 줄 때도 분노를 삼킨다. 오탁오탁(향신료를 넣어 빚은 어묵을 잎으로 싸서 찐 음식 ─ 옮긴이)과 당근 케이크를 먹을 때도. 택시를 타고 공항으로 가는 길에도 이를 악물고 참는다. 보안검색대를 통과해 게이트를 찾을 때까지 씹어 삼킨다.

우리는 공항의 검은 가죽과 크롬 의자에 앉는다. 맞은편에 앉은 양복 입은 남자가 노트북 컴퓨터를 두드리고 있다. 나는 처음엔 별것 아니라는 듯 나직한 목소리로 묻는다. "왜 10년이나 거짓말을 한 거예요? 결혼을 했으면서 여자친구라고만 말했잖아요."

"뭐라고? 난 거짓말한 적 없다."

"늘 **친구**라고 했으면서, 알고 보니 **아내**라면서요? 제가 대학교에 다닐 때 결혼을 했단 말이에요? 제가 고작 45분 거리에 살고 있을 때요?"

아버지는 방어적인 태도로 회피한다. "뭐 대단한 일이라고! 그럼, 내가 어떻게 했기를 바라냐? 넌 그 사람을 싫어했잖아. 심지어 만난 적도 없잖아. **아직까지도** 만난 적이 없지, 너는… 너니까. 내가 결혼을 한다고 말하면 화내고, 짜증 내고, 난리를 쳤을 것 아니냐. 넌 늘 그런 식이었으니까. 그러니까 나더러 어쩌라고?"

"제가 어떻게 행동했을지 아빠는 알 수 없죠. 그건 핑계가 되지 않아요." 내 목소리의 데시벨이 높아진다. "게다가─세상에, 아빠, 제발 상담이라도 받아요, 너무 투명하잖아요. 아빠는 자기수치심을 숨기려고 절 공격하고 있다고요. 아빠는 절대 아무것도 자기 책임이라 생각하는 법이 없잖아요!"

맞은편에 있던 양복 입은 남자는 이 상황에서 빠져나가려는 듯 말없이 노트북 컴퓨터를 챙겨서 게이트 반대편 끝으로 자리를 옮긴다. 상관없다. 온 세상이 다 보라지. 다 들으라지. 말해. 큰소리로 말하란 말이야. 아무리 아픈 말이더라도 진실을 말해.

하지만 아버지는 늘 하던 불평을 털어놓을 뿐이다. "넌 늘 옛날 일에만 매달려. 그래서 얻는 게 뭐냐? 시간을 돌려서 널 행복하게 해주고, 네 인생을 완벽하게 만들어 주길 바라냐? 넌 지난 일로 머리가 꽉 차 있어서 미래는 못 보는구나. 과거는. 그저. 과거일. 뿐이라고!!"

물론, 그렇지 않다. 과거는 늘 이 자리, 우리 집을 떠돌며, 밤이면 우리를 굽어본다. 유령은 우리가 못 본 척한다고 사라지지 않는다는 말이 있다. 유령과 직접 맞서야 한다는 소리다. 여기는 **우리** 집이라고, 너는 이곳에서 더는 환영받지 못한다고 선언해야한다. 그러나 모두들 그 무엇도 잘못되지 않은 척 시선만 피하는 거실에서 온 힘을 다해 고래고래 소리치는 건 나 혼자다.

30장

내 가족은 물론 내가 인터뷰한 아시아 아이들의 부모들, 그리고 우리 학교의 아시아인 학생 중에서도 우리의 근본적인 트라우마에 대해 말하고 싶어 하는 이가 아무도 없었다는 것이 우연일 리 없었다. 어째서 우리 공동체가 과거를 숨기는 데 그토록 능한지를 알고 싶어졌다. 나는 그 해답을 찾아 우리의 문화를 살펴보았다. 불교와 관련이 있을까? 유교? 도교?

내가 태어날 무렵 우리 가족은 기독교로 거의 개종을 마친 상태였으므로 나는 중국 종교를 거의 접하지 못하고 자라났다. 하지만 우리 가족은 대대로 독실하지는 않았으나 도교 신자였다. 비록 신앙의 형태보다는 전통과 관습을 통해 발현되는 믿음이었지만 말이다.

도교 신자들은 "애쓰지 않고 이루어진다"는 의미인 무위無爲를 중시한다. 인간을 넘어서는 자연의 힘을 인정하는 사상이다. 세상은 수백만 년의 세월이 흐르며 완성된 복잡하고 거대한 체계다. 이 체계에는 반발해도 소용없다. 애쓰는 건 혼란을 자아낼 뿐이다. 그 대신, 그저 **물이 되어 흘러야** 한다. 받아들이고 적응해야 한다. 물결이 우리를 가야 할 곳으로 실어 가도록 내버려 두어야 한다.

　내가 어린 시절 앤티와 할머니가 가장 즐겨 쓰던 말은 "뭘 어쩔 거야?"였다. 이 말은 질문이 아니라 받아들임의 진술이다. "뭘 어쩔 거야? 다 그렇지 뭐." 두 분 모두 자식들에게 큰 소리로 잔소리를 하는 법이 거의 없었다. 대신 도교 정신이 배어있는 말들을 쏟아내곤 했다. "자식들이 사리분별을 할 줄 알면 고함을 지를 일이 없지. 사리분별을 할 줄 모르면 잔소리를 백만 번 해도 아무것도 바뀌지 않고 말이야. 착한 아이는 어떻게 해도 망칠 수가 없고, 나쁜 아이한테는 분별을 가르칠 수가 없는 법이다." 내가 좀 더 나이를 먹은 뒤, 아버지도 이 말을 확언의 의미로 되풀이하곤 했다. "그 말이 맞다! 널 보면 알지! 널 키우면서 내가 실수를 했는데도 이렇게 성공하지 않았니? 넌 태어날 때부터 사리분별을 할 줄 아는 아이였으니까!" 나는 그런 말을 들을 때마다 눈을 굴렸다. 그 말은 나를 방치했다는 책임을 피하고 상황을 모면하는 방책일 뿐이었으니까.

　대학에 들어가 처음《도덕경》을 읽었을 때 지나치게 안일해 보인다는 거부감을 느낀 것도 그 때문이었다. "물이 되어 흐른다"는 말이 무해한 것은 내가 탄 배 안에 물이 차오르기 전까지일 뿐이며, 양동이로 물을 퍼내는 대신 그저 발목이 물에 잠기도록 가만히 있다가 가라앉는다는 소리 같다. 내 어린 시절의 비극을 자아낸 것이 바로 이 "물이 되어 흐른다" 정신 아닌가? 그래서 나는《도덕경》을 책꽂이에 처박아 두고 종교학 중간 보고서 주제를 〈창세기〉로 바꿨다.

하지만 세월이 흐른 뒤에야 나는 대학 시절《도덕경》을 피상적으로만 읽은 것을 후회하며 온라인으로 기초 중국 사상 강의를 수강했다. 강의를 통해 아마도 종교의 가장 오래된 형태일 중국의 조상 숭배 관습에 대해 알게 됐다. 우리는 죽은 조상을 위해 제단을 만들고 향을 피운 뒤 우리를 이끌어 달라고 기도한다. 조상들은 수천 번의 삶에서 축적된 지식을 지녔으므로 후손에게 조언을 해줄 준비가 되어있다―우리의 혈통 전체로부터 모은 지혜들이다. 의식과 전통을 지키는 건 이런 조상들의 지혜를 따르고 이를 자식들에게 전해주기 위함이다. 세대를 넘어 이어지는 지식의 원천이 길을 내준다. 즉, 도道다.

그런데 나는 더 혼란스러웠다. 조상들이 우리 가족에게 길을 내어주었다면 어째서 우리는 우리 역사를 비밀과 침묵으로 차단해 버리는 것일까?

나는 샌프란시스코주립대학교의 아시아계 미국학 교수 러셀 장Russell Jeung에게 연락했다. 장 교수는 여러 권의 책을 썼고,《가족의 희생: 중국계 미국인의 세계관과 윤리Family Sacrifices: The Worldviews and Ethics of Chinese Americans》를 공동 집필하기도 했다. 나는 장 교수에게 물었다. "도교와 조상 숭배, 세대 간에 흐르는 도에 대해 알면 알수록, 비밀 지키기와 역사 지우기라는 측면에서는 바라는 바와 대립되는 것만 같습니다. 혹시 교수님의 생각을 나눠주실 수 있을까요?"

나는 장 교수가 처음부터 내 질문들에 대해 회의적인 입장임을 알 수 있었다. 한참의 침묵이 흐르더니, 그는 어떤 답변이 가장 최선일까 곤혹스러운 듯 대답했다. "침묵이 반드시 비밀을 지키는 일이라고는 생각하지 않습니다." 그는 느릿느릿 말을 이었다. "부모는 자식에게 말하지 않는 것들이 많지요. 자신들의 성생활에 대해서라든지. 저는 그것이 반드시 도교적 접근이라 보지는 않습니다. 아마 그저 잊고 싶은 것들이겠지요. 또, 중국에서는 부정적인 것을 입에 올리지 않아야 한다는 믿음이 널리 퍼져 있습니다. 그렇기에 암 이야기는 하지 않지요. 영화 〈페어웰〉을 보셨습니까?" 〈페어웰〉은 할머니에게 내려진 폐암 선고를 당사자에게 숨기기로 결정한 룰루 왕 감독 가족의 이야기를 담은 자전적 영화로, 골든글로브상을 받고 BAFTA 후보로 지명되기도 했다. 할머니의 여명은 고작 6개월이었지만 가족은 그 사실을 숨겨야 할머니가 더 잘, 오래 살 수 있으리라 생각한다. 이런 접근법은 효과가 있었던 것 같다. 실제 룰루 왕의 할머니가 암 진단을 받은 지 8년이 흐른, 이 글을 쓰는 시점에도 그분이 아직 살아있기 때문이다.

장 교수는 이는 (중국에서만도 여럿 존재하는) 단일 신앙이 아니라 긍정과 미신의 문화가 낳은 것이라고 했다.

"중국인들이 죽음을 입에 올리지 않는 이유도 바로 그 때문입니다. 어떤 일을 구체적인 말로 표현하면 현실이 되니까요. 그렇지요? 죽음에 대해 이야기하는 것은 어떤 의미에서 죽음을 실현시키는 것이라 볼 수 있습니다. 신년이 다가올 때 부정적인 이야기를 하지 않는 것도 같은 이유지요. 늘 긍정적인 좋은 말만 해야 하는 겁니다. 말은 현실이 되기 때문입니다. '쑤쿠(訴苦, '쓴 맛을 삼키다'라는 뜻—옮긴이)'라는 말을 들어본 적 있으십니까? 슬픔을 받아들이고 삼킨다는 의미입니다."

"그렇군요." 나는 조금 더 질문을 이어가 보기로 했다. "하지만 슬픔을 삼키는 것이 과연 좋은 일일까요? 괴롭기만 할 것 같은데요. 또, 힘든 일을 전하면서도 배움을 얻을 수 있지 않나요?"

"글쎄요… 서양에서는 '치유해야 해, 통제권을 잃어서는 안 돼'라는 접근 방식을 취하죠. 저는 그것이 특권적 위치에서 나온 것이라 생각합니다." 장 교수는 또다시 길게 침묵하다가 말을 이었다. "세상 사람들 대부분에게는 트라우마와 괴로움이 닥칩니다. 거의 모두가 그런 것을 이겨내며 살아가지요. 트라우마는 예외적인 한순간의 경험이 아닙니다. 그렇기에 트라우마의 부작용으로 건강 문제가 생긴다면, 중국인들은 음, 그렇군, 합니다. 사람들은 누구나 고통을 겪고, 누구나 병에 걸리니까요. 달리 생각하는 사람들은 특권을 가진 이들뿐이지요."

자신의 특권을 지적받은 선량한 자유주의자라면 대개 그렇듯, 나는 수치심으로 기가 죽어버렸다. **특권**이란 꼭 나쁜 말처럼 들린다. 하지만 어쩐지 장 교수의 말이 내게는 잘 와닿지 않았다. 내 고통을 설명하고 인정하려는 욕망이 특권의식이라면, 힘없는 사람들은 정의를 실현할 자격조차 없다는 것일까? 그럼에도 전화를 끊을 땐 마치 "얘야. 넌 너무나도 미국인이구나" 하며 꾸짖는 가족들의 목소리가 들리는 것만 같았다.

2주 뒤, 나는 새너제이주립대학교에서 사회학·다학제 간 사회과학을 연구하는 히엔 둑 도Hien Duc Do 교수와 대화를 나눴다. 도 교수 역시 내가 책임을 지우는 대상이 잘못되었다고 주장했지만, 이번에는 그것이 내 특권의식 때문은 아니었다. 먼저, "망각"은 문화적인 것이라기보다는 속 편한 해리의 한 예라는 것이 그의 주장이었다. 좋은 지적이었다. 나 역시 살아남기 위해 어린 시절 중 큰 부분을 기억에서 지워버리지 않았나? 도 교수는 그것이 아시아계 미국인에게 국한되는 것이 아님을 입증하고 싶어 하는 나의 문화적 집착을 없애줬다. "위대한 세대"(대공황기인 1901~1927년 사이에 태어나 2차 세계대전에 참전한 세대를 가리킨다 — 옮긴이)에 해당하는 백인 미국인 중 대다수도 노르망디 해안에서 보낸 시간에 대해서는 말하고 싶어 하지 않는다는 것이다. 나의 자메이카계, 멕시코계, 또는 WASP 계층 친구들의 부모님 역시 가족의 비밀을 깊은 숲속 구덩이 속에 묻어버리는 생존 메커니즘을 택하기도 했다.

도 교수는 아시아 문화의 탓으로 돌리기보다는, 우리 공동체가 소속된 미국 문화가 이런 비밀의 영속에 중요한 역할을 했다고 생각해 보기를 권했다.

"미국 사회에는 동화되어야 한다는, 잘 해내야 한다는, 그리고 사회의 부정적인 측면을 드러내서는 안 된다는 압박이 존재합니다." 도 교수가 말했다. "우리가 성공할 수 있도록 미국이 도와줬으니, 감사할 줄 아는 난민이 되어야 한다는 것이지요. 우리가 경험한 트라우마와 두려움을 드러내는 것은 배은망덕한 일로 받아들여지기에, 성공에 집중하고 모범적 소수자라는 신화의 압박에 동조하는 것이 더 쉽지요."

미국이 멜팅 팟melting pot이라는 이름으로 불리는 데는 그만한 이유가 있다. 사회 체계가 우리로 하여금 망각하고 섞이라고 부추기기 때문이다. 피드몬트 힐스 고등학교에 다닐 때 백인 영어 교사가 내준 과제 중 아시아계 미국인이 쓴 책이라고는《조이 럭 클럽》뿐이었다. 아마 백인 여성이 쓴 중국인 가족의 이야기인《대지》도 읽었던 것 같은데, 고정관념으로 가득 차 있어 짜증이 났다. 역사 시간에는 미국 독립전쟁부터 2차 세계대전까지를 다루었다. 베트남전쟁이나 한국전쟁에 대해서는 배운 적이 없다. 학생 중 최소 4분의 1이 베트남계라는 점을 감안하면 역사 교사들이 수업을 꾸려볼 법도 한데 말이다. 오늘날까지도 베트남계 난민의 자녀인 내 친구들은 공산주의자들이 북쪽에서 왔는지 남쪽에서 왔는지도 모른다.

워싱턴 DC에 있는 베트남전 참전용사 기념관에는 미군과 함께 싸운 베트남 군인들의 이름은 찾아볼 수 없다. 여러 전쟁에서 참호 속에 함께 자리했던 한국, 이라크, 캄보디아, 몽족 군인들의 이름도 마찬가지다. 미군들이 도움을 받은 뒤 그곳에서 죽도록 버리고 온 아프간 통역사들을 위한 기념비는 존재하지 않는다. 그들을 기억하는 것을 우선순위로 삼지 않은 것이다.

그러나 폴 길로이Paul Gilroy의 말대로, "고통의 역사는 오로지 그 피해자들에게만 할당되어서는 안 된다. 그렇다면 고통의 생생한 기억이 지워지는 동시에 트라우마의 기억도 사라지기 때문이다."[33]

베트남전 참전용사 기념비에는 수록되지 않은 베트남인들의 이름. 그러나 기나긴 검은 벽에서 2마일 떨어진 곳에 있는 분홍 간판의 힙한 레스토랑에서는 "에다마메 파테"를 곁들인 호화로운 비건 반미를 14달러에 맛볼 수 있다.

비엣 타인 응우옌의 《아무것도 사라지지 않는다: 베트남과 전쟁의 기억》에서는 새너제이나 오렌지카운티의 리틀 사이공 같은 이민자 공동체가 자본주의의 약속을 통한 의도적 망각의 예시라고 이야기한다. "부유한 소수자들이 결집할수록 그들은 더 많은 부동산을 소유하고, 더 큰 영향력을 축적하며, 더욱더 가시화되고, 다른 미국인 역시 더욱더 이들을 긍정적으로 인식하고 기억하게 된다. 소속감이 그리움을 대체한다. 공동체의 일원이라는 신분이 망각의 자리를 대체한다."[34]

이를 가장 잘 드러내는 예 중 하나가 샌프란시스코에 있는 차이나타운의 존재일 것이다. 캘리포니아의 중국계 이민자들은 1800년대 후반 극심한 중국인 혐오 정서에 시달렸다. 1871년, 로스앤젤레스에서 중국인 이민자 열여덟 명이 살인과 린치의 희생자가 되었다.[35] 1877년, "안티 쿨리(coolie, 막노동꾼을 뜻하는 말로 이 시기 대거 이주해 육체노동에 종사하던 중국인 남성들을 비하하는 말이다—옮긴이)" 무리가 샌프란시스코 차이나타운을 급습하고 불을 질렀으며 중국인 남성 네 명을 살해했다.[36] 이 지역은 1906년 지진이라는 최후의 타격을 겪었는데, 샌프란시스코 소방서는 부유한 지역에 자원을 집중시켰고, 차이나타운에는 불이 번지는 것을 막기 위해 다이너마이트를 설치했다. 이후 룩 틴 엘리Look Tin Eli라는 지역 사업가가 한 번도 중국에 가본 적 없는 스코틀랜드 출신 건축가 T. 패터슨 로스를 고용해 차이나타운을 재건했다. 로스는 수백 년 전의 중국 풍경을 찍은 사진과 고대의 종교적 모티프에서 영감을 얻었다. 고급 레스토랑은 세련된 티크 가구와 상아 부조로 채워졌고, 이후 뮤지컬 〈꽃북의 노래Flower Drum Song〉에서 그려지게 될, 아름다운 아시아 여성들의 벌레스크 쇼로 화룡점정을 찍었다. 로스는 관광객의 구미에 맞는 이국적인 "동양풍 디즈니랜드"[37]를 창조해 미국에 사는 중국인들의 이미지를 드높이고자 했다. 그리고 그의 시도는 성공적이었다. 험프리 보가트, 로런 바콜, 로널드 레이건, 빙 크로스비 같은 유명인들이 차이나타운의 식당과 나이트클럽 단골이 되었다.[38] 중국인들을 자신들의 일자리를 빼앗아가는 쿨리로 바라보던 사람들은 이제 그들을 매혹적이고 신비로운 외국인의 모습으로 페티시화했다.

그러나 이런 안전에는 대가가 따른다—그 과정에서 중국계 미국인의 자기정체성에도 이러한 페티시화된 관점이 물들게 된 것이다. 샌프란시스코 차이나타운은 어린 시절 내가 알던 유일한 중국의 모습이었다. 20대 초반, 실제 중국의 집은 지붕을 두꺼운 초록 기와와 용으로 장식하지 않는다는 사실을 알고 깜짝 놀랄 정도였다. 꼭 배신당한 느낌이었다. 나 역시 깜빡 속아 스스로를 망각하고 만 것이다.

도 교수가 학생들에게 기억하기 위한 노력의 일환으로 부모님으로부터 가족의 역사를 수집하라는 과제를 내주는 것도 이 때문이다. 영리한 방법이다. "학생들에게, 부모님께 학업을 위한 과제라고, 과제를 하지 못하면 낙제한다고 말하라고 합니다. 그러면 부모님도 협조할 가능성이 높아지지요. 그럼에도 동시에, 그들이 결코 하지 않는 이야기도 있다는 것을 알아야 합니다. 하지만 그 간극은 각자가 채워나갈 수 있지요." 도 교수는 학생들에게 "베트남을 떠날 때 배에는 몇 명이 타고 있었어요? 몇 명이나 미국에 성공적으로 도착했어요?"처럼 거리를 두며 질문하는 법도 가르친다. 만약 그 여정을 150명이 시작했으나 마지막에 남은 사람이 50명이었다면, 학생들은 부모님이 지닌 트라우마를 완벽하게 이해할 수는 없을지 모르나, 부모님이 지닌 슬픔의 그림자를 추론할 수는 있다.

나는 내가 특권을 지닌 미국인이라고 생각하고, 오늘날 피드몬트 힐스 고등학교에 다니는 학생들도 마찬가지일 것이라 생각한다. 그러나 나는 이 10대 청소년들이 자신의 특권을 제멋대로 휘두른다고 생각지는 않는다. 여전히 내 눈에 그들은 취약한 존재다. 또, 어떤 면에서 미국이 그들에게 준 특권의식이 그들에게 긍정적인 역할을 하고 있다고 본다.

그날 새너제이의 피드몬트 힐스 고등학교를 떠나기 전, 나는 내 삶을 구해준 뉴스룸에 잠시 들렀다. 맥이 최신 제품으로 바뀌었을 뿐 예전과 완전히 똑같은 모습이었다. "애들아, 졸업생 선배님이 오셨다. 지금 뉴욕에서 진짜 기자로 일하고 있는 선배지!"
새로운 저널리즘 담당 교사가 나를 소개했지만 학생들은 내게
아무런 신경을 쓰지 않았다. 그들의 눈은 인디자인에 못 박힌 그
대로였다. 좋은 아이들이었다. 나는 뉴스룸을 돌아다니며 신문을
만들고 있는 학생들의 어깨너머로 화면을 보았다. 내 눈을 사로
잡는 헤드라인이 하나 있었다. 〈다른 정신 상태: 현실감 소실과
비인간화〉

　마치 유리창 너머로 세상을 바라보는 것과 같이 정서적으로
폐쇄된 정신 상태는 위험한 스트레스 대처 방법이고 우울과 불
안의 증상일 수 있다는 기사였다.

　"이 기사를 쓴 건 누구지?" 내가 묻자 학생들은 감지 않은 머
리에 후디 차림으로 구석에 앉아있던 한 여학생을 가리켰다. "정
말 멋진 기사야. 이런 건 어디서 배웠니?"

　"건터 선생님이 알려주셨어요." 여학생은 수줍게 웃었다. 건
터 선생님이라, 이본이구나. 나는 다시 화면을 바라봤다.

　기사는 이렇게 끝맺었다. "비인간화와 현실감 상실을 겪고 있
다면 심호흡을 하며 생각의 속도를 늦춰라. 당신은 통제력을 지
니고 있다. 증상이 사라지지 않는다면 정신 건강 전문가에게 연
락을 취하라. 수많은 사람들이 이런 감정을 경험했으니, 겁내지
말고 도움을 요청하라. 당신은 혼자가 아니다."

31장

우리 가족은 비교적 최근에 전통으로부터 멀어지기는 했으나, 나는 중국의 선조들이 '도' 속에 내가 따라갈 수 있는 빵 부스러기를 떨어뜨려 놓았으리라고 확신한다. 선조들은 도를 통해 지식과 정보를 한 세대에서 다음 세대로 전할 수 있다고… 우리가 태어나기도 전에 죽은 조상들이 돌아와 후손들을 지혜의 길로 인도해줄 수 있다고 믿었다. 그들은 죽은 조상이 우리, 후손 안에서 살아가며 자신이라면 했음 직한 선택을 하도록 힘을 줄 수 있다고 믿었다.

우리 선조들은 주기율표라든지 세포, 양자이론 같은 것은 몰랐다. 내 조부모는 염색체가 무엇인지도 몰랐을 것이다. 그들은 **어째서** 그 모든 것이 진실인지 알 수 없었다. 그저, 진실이라는 것을 알았다. 그리고 우리도 안다 – 그들이 옳았음을.

2013년 에모리 의과대학교 연구자들은 수컷 쥐를 연구했다.[39] 실험에서는 쥐들에게 벚꽃 향기를 맡게 한 뒤 전기 충격을 주었다. 쥐들은 벚꽃 향기에서 위험을 연상하게 되었다. 결국 쥐들은 냄새를 미량 농도까지 식별할 수 있게 됐다. 쥐들의 뇌 속 후각수용체의 크기가 커졌다. 냄새를 식별할 수 있도록 **변화한** 것이다. 연구에 따르면 쥐의 정자에서도 변화가 나타났다.

그 뒤, 쥐에게 새끼가 생기자 연구자들은 다음 세대 쥐들에게도 벚꽃 향기를 맡게 했다. 이 쥐들은 벚꽃 향기를 맡은 적도, 전기 충격을 받은 적도 없었지만 우리 속으로 벚꽃 향기가 퍼지자 덜덜 떨고 펄쩍 뛰었다. 다음 세대 쥐들이 부모의 트라우마를 물려받은 것이다.

2011년 취리히대학교 뇌과학연구소가 수행한 또 다른 연구에서는 새끼 쥐들을 어미와 떼어놓아 스트레스 상황에 노출시켰다.[40] 유기된 쥐들은 불안과 우울을 경험했는데, 여기까지는 당연한 일로 보인다. 충격적인 것은 이 분리가 다음 세대 쥐에게 끼친 영향이다. 트라우마를 겪은 쥐들이 새끼를 낳고, 그 새끼가 또 새끼를 낳았다. 3세대 쥐들은 부모와 떨어지지 않고 보살핌을 받으며 쥐로서는 만족스러운 삶을 살아갔다. 그러나 불안과 우울은 3세대에 걸쳐 연속적으로 이어졌다.

우리가 겪는 트라우마가 자녀, 심지어 손주에게까지 전해질 수 있다는 과학적인 근거가 있다. DNA는 우리의 코 모양, 눈 색깔, 특정 질병에 걸릴 가능성을 결정하는 유전 부호다. 그렇기에 신체가 스스로를 만들고 또다시 만들 때 우리 몸의 모든 세포는 실제로 우리의 DNA를 "읽고" 그것을 청사진 삼아 신체를 만들어나간다. 하지만 모든 세포가 기다란 DNA 전체를 읽어내는 것은 아니다. 모든 세포 안에는 DNA 또는 우리의 게놈과 DNA 맨 위에 놓인 화학적 표지층인 에피게놈epigenom 둘 다 들어있다. 에피게놈이란, 말하자면 세포가 실제 읽어야 하는 유전자가 무엇인지를 표시하는 요약정리본 같은 것이다. 따라서 에피게놈은 어떤 유전자가 실제로 우리 몸에 발현될지를 결정한다. 어떤 유전자를 켜고, 어떤 유전자는 끄는 식으로. 게놈과 에피게놈 모두 다음 세대로 유전된다.

우리가 DNA에 대해 생각할 때 떠올리는 코 모양이나 눈 색깔은 DNA 전체의 2퍼센트를 구성하는 데 지나지 않는다. 나머지 98퍼센트는 정서, 성격, 본능을 결정하는 비부호화 DNA다. 비부호화 DNA 위에 달린 에피게놈은 스트레스와 환경에 무척 민감하다. 신체가 끊임없는 강한 스트레스, 그러니까 교통사고나 심한 독감이 아닌, 장기간 지속되는 트라우마에 적응하면 에피게놈이 변화한다. 예를 들면, 트라우마로 인해 벚꽃 향기에 반응하는 유전자가 켜질 수 있다. 아니면 감정을 통제하는 유전자가 꺼질 수 있다. 두려움을 느끼는 유전자가 켜질 수도 있다.

2015년 마운트시나이 아이칸 의과대학교의 트라우마 스트레스 연구소 소장 레이철 예후다Rachel Yehuda는 스트레스 억제를 통제하는 FKBP5 유전자를 분석했다.[41] 연구 결과, 홀로코스트 생존자와 그 후손들은 공통적으로 FKBP5 유전자의 같은 위치에 같은 에피게놈 태그를 지니고 있었다. 예후다는 나아가 이 유전자를 홀로코스트를 겪지 않은 비유럽 유대인들의 유전자와 비교해봤다. 홀로코스트를 겪지 않은 이들의 유전자 태그에는 변화가 없었다. 홀로코스트라는 트라우마가 생존자… **나아가 그 후손들**

의 FKBP5 유전자에 DNA 메틸화를 일으킨 것이다.

놀라운 연구들은 여기서 끝이 아니다. 맥길대학교의 마이클 미니Michael Meaney는 이미 일어난 DNA 메틸화를 **되돌리는** 것이 가능한지 연구했다.[42] 그는 성장기에 어미가 많이 핥아주지 않은 쥐들을 연구에 사용했다. 산만하며 새끼에게 무관심한 어미가 키운 이 쥐들은 불안한 성격으로 자랐다. 미니는 불안한 쥐들의 뇌에 에피게놈 표지를 빼낼 수 있는 용액을 주입했다. 그리고… 실험은 성공했다. 쥐들이 더 이상 불안해하지 않은 것이다. 이들의 스트레스 반응은 완벽하게 정상으로 돌아갔다.

안타까운 일은, 인간에게는 뇌에 주입할 수 있는 이런 용액이 존재하지 않는다는 것이다. 설령 있다 한들 그 결과를 감당할 수 있을까? 몇 세대에 걸쳐 쓰인 배선장치를 제거하는 일은 컴퓨터를 공장 초기화하는 것과 비슷할 것이다. 그렇다면 내 기본 설정은 무엇일까? 나는 **어떤 사람**으로 바뀌는 것일까?

우리의 뇌가 적응하는 이유는 신체를 더욱 잘 보호하기 위해서다. 때로는 그 반작용으로 스트레스 반응이 과활성화된다는 치명적인 결과가 생겨나기도 한다. 그러나 어떤 적응은 실제 우리의 건강에 이득이 된다.

스웨덴의 외베르칼릭스Överkalix시는 전 세계에서 가장 오래되고 자세한 출생, 사망, 작물 기록을 보유하고 있다. 수 세대를 거슬러 가는 이 기록은 보기 드물게 풍부한 데이터 집합이다. 이

데이터를 해석한 과학자들은 매혹적인 상관관계를 발견했다. 외베르칼릭스에는 풍년과 흉년이 존재했고 때로는 기아를 불러온 대흉년이 있었다. 그런데 아이들이 아홉 살에서 열두 살 사이 기아를 겪은 경우, 그들의 손자 세대는 **평균 수명이 30년 늘어났다.** 당뇨병과 심장병 발병률 역시 현저히 낮았다. 반면, 아홉 살에서 열두 살 사이에 배불리 먹은 아이들의 후손은 심장병에 걸릴 확률이 네 배 더 높았고 기대수명도 뚝 떨어졌다. 방식은 이상하지만 굶주림이라는 트라우마로 인해 후손의 유전자는 **보다 큰 회복탄력성을 가진**, 더 건강하고, 더 높은 생존 가능성을 지닌 것으로 변했다.[43]

부모에게 당한 학대로 인해 일어난 그 어떤 종잡을 수 없는 메틸화가 내 에피게놈을 공격한 건지는 모르겠지만, 오로지 가차 없는 양육만이 지금의 나를 만든 것은 아닐 것이다. 내 몸의 모든 세포는 내가 겪은 학대뿐 아니라 내가 알지 못하는 수 세대에 걸친 트라우마, 죽음, 탄생, 이주, 역사의 암호로 가득 차 있다. 내가 수년간 앤티를 통해 그저 단편적으로만 수집했던 순간들 말이다.

우리 가족은 그 역사를 지우고자 했다. 그러나 내 몸은 기억한다. 내 직업윤리, 바퀴벌레를 무서워한다는 것, 흙 맛을 싫어하는 것, 그런 것은 룰렛을 돌리듯 무작위적으로 생겨난 특성이 아니다. 전부 이유가 있어서, 필요해서 내게 주어진 것들이다.

나는 내 뼈가 아는 것들을 표현할 언어가 갖고 싶다. 그들로부터 물려받은 선물을 이용해, 그들은 할 수 없는 이해와 용서를 하고 싶다.

하지만 산코파(Sankofa, 뒤를 돌아보는 형상의 새 상징물로 아프리카 디아스포라에서 중요한 상징으로 쓰인다—옮긴이)처럼 뒤를 돌아보아도 아무것도 보이지 않는다. 나는 도둑맞은 과거를 되찾고 싶다. 미래를 써나가려면 그것이 필요하다.

마지막으로 말레이시아를 방문해 내가 애초부터 가장 사랑받는 아이가 아니었다는 말을 들은 지 고작 몇 달 뒤에 앤티가 갑작스레 세상을 떠났다. 이제는 아무리 궁금해도 우리 가족의 역사에 대해 더는 물어볼 수가 없어졌다. 그러나 그때의 방문에서 우리가 나누었던 대화의 녹음 파일은 **여전히** 내게 있다. 예전에 쓰던 하드드라이브를 뒤져 파일을 찾아낸 나는 중간중간 등장하는 광둥어를 제외하고 내가 이해할 수 있는 부분을 모두 옮겨 썼다. 나는 이 녹취록과 함께 싱가포르 내셔널 아카이브가 소장한 구술사를 참고해 내 가족이 삼켜야 했던 쓰디쓴 것들이 무엇인지를 알아갔다.

나는 앤티와 할머니가 겪은 전쟁이 2차 세계대전뿐인 줄 알았지만 그렇지 않았다. 그들이 경험했던, 역사가 잊고 싶어 하는 비밀스러운 전쟁이 또 하나 있었다.

2차 세계대전 당시 일본 식민지였던 말레이시아의 정글 속에서 공산주의 게릴라 세력이 결집했다. MNLA, 즉 말라야 민족해

방군은 포르투갈에서 시작해 네덜란드, 이후 영국, 일본에 이르기까지 수백 년간 이어지던 식민정부의 압제에서 벗어나고자 했다.

또다시 영국이 식민지배에 들어서자 이들은 12년간 총력전을 벌였다. 그럼에도 영국은 이를 전쟁이라 부르지 않았다. 그들은 이 충돌에 "말라야 비상사태"라는 이름을 붙였는데, 전쟁이라는 이름을 붙이면 보험사가 주석과 납 광산, 고무와 야자 플랜테이션 농장 같은 수많은 자산에 대한 손해를 보상해주지 않기 때문이었다. 그러나 실제로는 이 충돌에서 수천 명의 군인과 5천 명의 민간인이 사망했다. 영국이 이 전쟁에서 승리한 것이 미국이 베트남 전쟁을 시작한 계기가 되기도 했다. 말레이시아에서 영국군이 쓴 전술은 미국이 베트남 정글에서 황인종과 맞서 벌인 전쟁의 본보기가 되어준 것이다.

MNLA는 대부분 중국계 말레이시아인이었고 이들에게 동조하는 중국인들이 정글 변두리 숲속에 두고 가는 식량과 돈으로 살아남았다. 이 때문에 영국은 중국인이 MNLA에게 식량이나 돈을 공급하는 일을 불법화했으며, 나아가 정글 인근에 살던 40만 명의 중국인을 강제 퇴거시켰다. 이 중국인들은 "새 마을new village"이라고 불리는 곳에 재정착해야 했는데, 통금이 있고 가시철조망으로 둘러싸인 이곳에서는 자유를 위해 싸우는 해방군들에게 나눠줄 몫이 없을 만큼만 식량을 배급했다. 현재 온라인 브리태니커 백과사전은 새 마을을 "시골 중국인들을 위한 노변 이전 정착지"라고 부른다.[44] 다른 출처들은 이곳을 보다 직설적인 이름으로 표현한다. 포로수용소라고 말이다.

식량 공급이 끊기자 MNLA는 절박해져서 정글 인근의 집이
며 사업장을 찾아가 돈과 음식을 내놓지 않으면 민간인을 죽이
겠다고 위협했다. 고무 플랜테이션 농장에서 일하던 내 할아버지
는 열대우림 한가운데, 즉 MNLA의 본거지라 할 만한 곳에서 나
무를 베었다. MNLA가 플랜테이션 농장을 찾아가 위협하자 농
장 사람들은 자신들의 안전(및 최소한의 수익)을 지키기 위해 항복
하고 식량을 내주었다. 그러나 결국 영국이 이 배신 행위를 알아
내고 말았다. 책임을 뒤집어쓸 사람이 필요했고, 그 불쌍한 사람
은 하급 노동자였던 내 할아버지였다. 영국은 할아버지를 재판에
회부하는 대신 곧바로 체포해 3년간 감옥에 가두었다. 그 당시
고모들은 너무 어렸기에 감옥에 가기 이전의 아버지에 대한 기
억이 거의 없었다. 내가 할아버지가 감옥에 간 정확한 이유를 물
으면, 말라야 비상사태를 속속들이 알지는 못했던 큰고모는 그저
"나중에 인터넷으로 찾아봐라" 할 뿐이었다. "공산주의자들이랑
관련된 일이라는 것밖에는 모른다."

감옥에서 돌아온 할아버지는 이가 다 빠져있었다. 영양실조
때문인지 주먹으로 두들겨 맞은 탓인지 우리 가족 중 그 사연을
아는 이는 아무도 없었다. 하지만 셰드 무드 카이루딘 알주니에
드Syed Muhd Khairudin Aljunied는《급진주의자들: 식민지 말레이시
아에서의 저항과 투쟁Radicals: Resistance and Protest in Colonial Mala-
ya》에서 MNLA 동조자들이 수감되었던 감옥의 참상을 이렇게
그려낸다.

"조명은 캄캄하고 변소 냄새가 코를 찌르는 이곳에는 빈대와

쥐가 득실거려 수감자들이 제대로 쉴 수조차 없었다. 수감자들은 물이 제공되지 않는 방 안에서 용변을 봐야 했고 오물은 매일 아침에만 버릴 수 있었다. (…) 말레이시아 급진주의자들에게는 식량과 마실 물이 주어지지 않았으며 언어폭력은 한 번에 몇 시간씩 이어졌다."[45]

집으로 돌아왔을 때 할아버지는 전과는 다른 사람이 되어있었다. 출장을 다니는 그러저러한 영업사원이 되어서 집에 있는 일이 거의 없다시피 했고, 드물게나마 집에 **있을** 때면 술과 노름에 절어 딸들에게 잔인한 말을 퍼붓곤 했다.

감옥에서 할아버지의 에피게놈은 어떻게 훼손되었던 걸까? 이 상처 난 세포를 내 아버지에게 물려주고, 아버지는 그것을 다시 내게 물려준 것인지가 궁금하다.

증조할머니와 마찬가지로 할머니와 앤티도 이 집안을 벌어먹여 살리는 가장 노릇을 하게 되었다. 또, 증조할머니처럼 그들도 생계 수단으로 불법 도박장을 차리려 했다. 할머니는 복권 사업도 몇 가지 벌렸지만 첫째인 타이쿠마가 일곱 살일 때 불법 영업으로 체포당하고 말았다.

타이쿠마는 그 자리에 무력하게 서서 하나뿐인 부모가 수갑을 차고 경찰에게 끌려가며 비명을 지르는 모습을 보았다고 한다. 앤티는 어머니가 떠나는 모습을 보며 잇새로 쯧 하는 소리를 냈다. "뭐야, **저거** 심상치 않네." 앤티는 무표정으로 농담을 했다. "아마 감옥에 가나 보지!" 앤티다운 퉁명스러운 말투로.

다행히 할머니는 감옥에서 하루 이틀을 보낸 뒤 보석으로 풀

려났다. 그 뒤로는 좀 더 합법적인 일들에 몸담다가 마침내는 유리공장의 감독으로 일하게 되었다. 앤티도 이런저런 일을 해 가계에 보탬이 되었다. 그리고 두 사람이 키운 아이들은 자라서 중산층이나 상류층에 해당하는 성공을 거두었다. 삼촌 중 하나는 의사가 되었고, 어떤 고모는 은행원이, 또 다른 고모는 외교관의 아내가 되었다. 아버지는 기술 분야에 몸담게 되었다. 그리고 다음 세대에 내가 태어났다.

그리고 이렇게 입 안 가득 베어 문 쓴맛은 내 유전 부호의 절반밖에 차지하지 못한다. 절반조차 되지 못한다. 그 밖에도 남은 것이 많다. 증조할아버지는 할아버지가 어릴 때 돌아가셨다-내가 할아버지의 가족사에 대해 아는 것은 사실 그게 전부다.

어머니 쪽 가족에 대해서는 아무것도 모른다. 어떤 잔혹한 역사가 어머니를 그토록 사나운 사람으로 만들었을까? 어머니가 어렸을 때 형제 중 하나가 죽었다는 사실은 안다. 어머니가 스무 살 때 외할아버지가 돌아가셨다는 것도. 하지만 그보다도 더 전에, 어머니의 생모는 자기 아이를 입양 보내지 않았던가? 너무 가난해 키울 수 없었던 걸까? 어머니의 가족은 어쩌다 말레이시아에 정착하게 된 것일까? 어머니는 말라야 비상사태 시기에 태어났다. 혹시 어머니가 입양된 게 말라야 비상사태와도 관련 있는 일이었을까? 어머니가 혼혈처럼 생겼다고 말하는 사람들도 때로 있었다. 어머니는 강간으로 태어난 아이였을까? 중국인을 혐오하는 영국 군인과의 짧은 하룻밤에서 생긴 아이? 그렇다면 내 어머니의 어머니는 출생 전 부정적인 호르몬의 영향을 받았던 걸까? 어머니의 정서 불안이, 낳아선 안 되는 아이를 임신한 어떤 여성의 불안감으로 거슬러 올라갈 수 있을까? 너무나도 쓰디쓴 것들. 가지고 다니기에는 너무나 많은 칼들.

그러니 나 역시 그것들을 품고 살아가는 것도 당연하다.

4부

당신이
내 인생을 망쳤어요

32장

전화가 자꾸 걸려왔다. 복합 PTSD 진단을 받기 1년 전인 2017년 초였다. 도널드 트럼프 취임 직후라 〈디스 아메리칸 라이프〉 뉴스룸은 터져나갈 기세였고, 끝도 없이 이어지는 회의들 속에서 자꾸만 누군가가 회의실 문을 벌컥 열고 들어와 새로 도착한 끔찍한 뉴스 속보를 전달해줬다. 이 난장판의 한가운데서 아버지는 내게 전화를 걸어댔다.

문자 메시지로 통화 약속을 잡아 달라고 부탁했지만, 아버지는 절대 그렇게 해주는 법이 없었다. 예고도 없이 오전에 전화를 걸어오는 바람에 회의 중 양해를 구하고 전화를 받아야 했다. 아버지가 자진해서 한 주에 몇 번이나 전화를 걸어오는 건 처음 있는 일이었다. 아버지가 힘든 시간을 보내고 있었던 탓이다.

아버지가 아기 때부터 길렀던 의붓자식들은 나이를 먹자 비디오게임에 중독된 반항적인 청년들이 되었다. 아버지의 아내는 일터에서 받는 스트레스로 힘들어했다. 이 모든 것이 그를 우울하고 불안하게 만들었다. 아버지는 내게 전화를 걸어 그런 일들을 털어놓고는 슬프다고, 외롭다고, 어떻게 해야 할지 모르겠다고 했다. 나는 아버지의 말에 귀를 기울이며 조언했고, 가족과의 의사소통에 더 신경 쓰라고 권하기도 했다. 나는 늘 아버지의 상담사 역할을 해왔으니까. 아버지의 의붓자식들은 나보다 더 나은 어린 시절을 보내 마땅하니까. 아버지가 내가 필요하다고, 대화를 나눌 사람이 세상에 나뿐이라고 자꾸만 말하니까.

전화 통화를 하기 시작한 초기에 아버지는 비로소 누군가를 사랑한다는 것이 얼마나 어려운 일인지 알아가고 있다고 했다. "어떤 행동을 **하는** 것만으로는 부족해…. 상대가 함께 있고 싶어 할 만한 사람이 **되어야** 하는 거더라." 아버지는 놀랍다는 투로 내게 말했다. "친절하게 말해야 하는 거야…. 상대를 얼마나 아끼는지… 실제로 소리 내서… **말해야** 한다고."

대단하네, 셜록 홈스라도 되는 줄. 이 나이에야 그런 결론을 내렸다는 사실이 어처구니가 없었다.

"아무튼" 아버지는 말을 이었다. "그것… 내가 대화 방식을 바꿔야 한다는 것… 그것 때문에 불안해진다. 누구한테 말을 하기 전부터 걱정이 되거든. 말을 잘못하기라도 하면 어쩌지? 그런 생각만 하면 구멍이라도 파고 기어들어 가서 딱 죽고 싶다. 이야기를 할 만한 사람이 너뿐이구나. 오로지 너뿐이야. 죽고 싶다. 늘 생각해. 죽는 게 나을 것 같다고."

부산하기 그지없는 미드타운 맨해튼의 길거리, 회사 주변을 빙빙 맴돌며 통화를 하는 중이었는데도 부모가 애매하게 자살을 입에 올린다는 사실은 내 트리거를 자극했다. 나는 휴대폰에 대고 고함을 질렀다. "그런 말을 나한테 하면 **안 되죠!** 너무 이기적이에요! 저한테 그런 압박을 주면 **안 된다고요!** 아빠 인생의 무게를 왜 나한테 얹어요? 불공평해요!" 지나가던 작은 개와 할머니가 어리둥절한 눈으로 나를 바라봤다.

"알았다." 아버지는 피로한 목소리였다. "알았다, 알았다고."

마음을 가라앉히기까지는 시간이 조금 걸렸지만, 진정된 뒤 나는 예전에 우리가 험담하곤 했던 지인 이야기를 꺼냈다. "헨리 기억나시죠? 그 사람은 노력 같은 건 할 줄 몰랐잖아요. 평생 남들 기분이나 나쁘게 하면서, 자기를 돌아보는 법이라고는 없는 나쁜 놈으로 살았어요. 만약 헨리가 거울을 봤다면 지금 아빠의 눈에 비치는 바로 그 모습이 보였을 거예요. 변해야 한다는 걸 깨달았을 거예요. 또, 자기가 남을 대하는 태도가 어떤지 깨닫고 마음이 편치 않았겠죠. 하지만 헨리는 영영 모를 거예요, 거울을 들여다보지 않을 테니까. 적어도 아빠는 자기 모습을 돌아봤잖아요. 용감한 일이에요. 물론 변화는 어렵죠. 그래도 불가능한 건 아니에요. 그저 연습이 필요할 뿐."

나는 상담 치료에서 배운 것을 아버지에게 전해주느라 30분을 썼다. 내가 20대일 때 누가 내게 해주었더라면 좋았을 말들. 실수를 통해 배운 것들. 내가 아버지처럼 구느라 했던 실수들.

"네 말이 맞네." 아버지는 놀란 것 같았다. "그래, 네 말이 다 맞다. 어쩌다 네가 부모가 되고, 내가 자식이 되어버린 거지?"

어째서 아버지는 여태까지 우리의 관계가 쭉 그런 식이었다는 걸 몰랐을까?

나는 이만 끊어야겠다고 말했다. 벌써 너무 오래 자리를 비웠다. "알았다." 아버지는 내키지 않는다는 말투였다. "그래도 이런

345

상황을 통해 배운 게 있다면, 내가 너와 관계를 회복하고 싶다는 거다. 너한테 더 잘해주고 싶어."

"정말 그렇게 생각하신다면… 지난 세 통의 전화 통화를 하는 동안, 저한테 어떻게 지내냐고 물어본 적 있어요? 저에 대한 질문을 단 하나라도 한 적 있어요?"

"아니." 아버지는 인정했다.

"왜 그랬어요? 누군가를 좋아한다면 어떻게 지내는지 묻는 것도 중요해요."

"하지만 네가 잘 있다는 걸 내가 알잖냐. 성공했고, 조이도 있고." 아버지는 그렇게 반박했다. "네가 괜찮은 걸 아는데 뭣 하러 물어보냐."

일터로 돌아가는 길, 나는 엘리베이터 내부의 가짜 목제 패널 벽에 힘없이 몸을 기댔다. 그냥, **슬펐다**. 누군가의 아버지라는 것이 어떤 의미인지, 내 아버지가 아주 기본적인 개념조차도 모르는 것 같다는 사실이 슬펐다.

아버지와 나는 오래전부터 우리 관계가 서로에게 어떤 의미인지를 놓고 고심한 것 같다. 어린 시절, 비록 아버지가 내게 먹을 것과 살 집을 주고 수학 숙제를 도와주기는 했어도, 늘 내가 아버지를 돌봐야 할 것 같다는 기분이 들었다. 어른이 된 뒤에는 서로 타협점을 찾을 수가 없었다. 우린 서로 모르는 사람들일까? 지인일까? 물론 우리는 의무라는 성가신 유전적 끈으로 묶여있는 사이다.

어떤 면에서 나는 아버지에게 빚을 지고 있다. 우선 태어나게 해줬다는 점에서 그렇다. 또, 어린 시절 경제적으로 뒷받침해줬다는 점도 있었다. 아버지는 대학 학자금을 내줬고, 내가 이런저런 잡다한 일을 하며 어지간한 책과 음식은 슬쩍해서 해결하긴 했지만 스무 살에 대학을 졸업할 때까지는 집세도 내줬다. 계산기를 두들기자면 20대 때 아버지가 내게 사준 저녁 식사 값들도 다 더해야 할 것이다. 생일이 있는 달이면 아버지는 트레이더조에서 식료품을 100달러어치 사줬다(비록 내 생일이나 내 나이를 정확히 기억하지는 못했지만 말이다). 고등학교 때는 비싼 카메라를, 대학교 때는 캠코더를 사줬다. 내 핸드폰은 몇 년이나 아버지의 가족 요금제에 묶여있었다. 아버지가 나에게 쓴 수천 달러로 죗값을 다 치렀다고 할 수 있나? **하지만 나는 주립대학교에 갔잖아.** 나는 속으로 생각한다. **게다가 2년 만에 조기 졸업했잖아. 졸업한 뒤에는 아버지한테 손을 벌린 적도 없었어.** 나는 계산하고 또 계산한다. 인색한 계산법을 통해 아버지를 사랑해야 한다는 의무에서 벗어날 수 있도록.

종종 아버지와 6개월씩 연락을 끊는 기간이 찾아오곤 했다. 심하게 싸우다 결국 앞으로 다시는 말을 섞지 않겠다며 내가 고함을 지르는 것으로 끝날 때가 아주 많았다. 그럼에도 나는 늘 아버지에게 돌아갔다. 몇 달간 연락하지 않은 끝에 아버지가 저녁을 사주겠다고 부를 때, 주로 무언가 힘든 일이 있어서 대화할 사람이 필요할 때, 나는 매번 그 제안에 응했다. 식사가 끝나면 언짢고 퉁명스러운 기분으로 집에 돌아가곤 했다.

억지로 식사 자리에 끌려온 수많은 남자친구들은 애초에 왜 굳이 아버지를 만나러 가는 거냐고 물었다. 수많은 심리치료사들이 아버지가 나에게 들이는 노력이 최소한에 지나지 않는데도 어째서 관계를 끊지 않느냐고 물었다. 하지만 그럴 때마다 나는 늘 당신들은 이해 못 한다는 말로 받아쳤다. 이건 내 선택이라고. 내 의무라고. 아시아인들은 **원래** 그렇다고.

물론 내가 하는 도리라는 것은 식사 자리에 나가는 것까지가 끝이었다. 저녁 식사를 하는 내내 나는 아버지의 미간에 맺힌 땀, 턱에 묻은 음식물을 지적하고, 아버지가 지독한 방향치라고 비난했다. 사소한 짜증에도 심하게 반응했고, 아버지더러 멍청하다고 했으며, 주문하는 데 시간이 오래 걸리거나 말을 더듬으면 참을성을 잃고 코웃음을 쳤다. 나는 분노를 감추려고 온 힘을 다했다. 나와 헤어질 때, 아버지에게 그토록 잔인하게 구는 모습을 보고 언젠가 자신들에게도 그만큼 잔인해질 것 같았다고 말한 전 남자친구가 둘이나 있었다.

오랫동안 나는 아버지가 죽는 꿈을 반복해서 꿨다. 꿈에서 나는 내가 충분히 노력하지 않았고, 아버지가 세상을 떠나버리기 전 갈등을 해결하지 않은 것 때문에 깊은 후회와 죄책감을 느꼈다. 꿈속의 나는 아버지의 장례식에서 관을 향해 몸을 던지며 흐느꼈지만, 잠에서 깨면 그런 감정들이 도무지 공감되지 않아 혼란스러웠다. 무의식중에 느끼는 애도와 평소에 느끼는 강한 무관심 중 어떤 감정이 진짜인지 판별할 수 없었다.

둘 중 어느 쪽이건 간에, 난 잘하고 싶었다. 용서할 수 있기를 바랐다. 용서란 아버지가 내게 잔뜩 사준 찐 생선, 튀긴 오징어, 여린 완두순과 함께 찾아오는 것이라 믿으며 식사를 하고 또 했다. 힘이 들어간 주먹은 식탁 아래 감췄다.

그렇게 드물게 함께 식사를 나누던 어느 날, 아버지가 뜻밖의 말을 했다. 긴 침묵 끝에 더듬거리며 입을 열었다. "어쩌면 내가 네 인생을 망쳤는지도 모르겠다."

아버지가 이만큼이나 자신의 잘못을 인정한 적은 처음이었다. 너무 큰 흰색 폴로 셔츠를 입고 있는 아버지는 너무 작아 보였다. 애초부터 취약한 사람이기는 했으나, 이제는 겉보기에도 약해 보였다.

"운이 좋으시네요." 내가 말했다. "제가 잘 컸으니까요."

그럼에도 아버지는 무언가 내게 갚아야 할 일이 있다는 생각이 들었던 모양이다. 몇 달 뒤, 내게 이렇게 물었다. "너랑 더 가까워지려면 내가 어떻게 하면 되겠니?"

"모르겠어요." 내가 대답했다.

"목록을 만들어 보렴. 네가 바라는 것들의 목록을 만들어서 나한테 주면 그대로 하겠다."

나는 목록을 만들지 않았다.

목록을 만들지 않은 건 그 안에 어떤 것들을 써넣어야 할지
혼란스럽기만 했기 때문이다. 어떻게 해야 우리 사이가 **고쳐지
나?** 과거를 보상할 방법이 존재하기나 할까? **제 생일을 기억해 주
세요? 제가 힘들어할 때 옆에 있어주세요? 시간 날 때 절 보러 오세
요? 딱 한 번의 크리스마스라도, 아니, 젠장, 그냥 별것 아닌 휴일이
라도, 저랑 함께 보내주실 수 있나요? 전화나 문자 메시지로 안부를
물어주세요? 아빠가 한 일을 축소하면서 제가 과거에 집착한다고 우
기는 대신, 잘못한 것들을 전부 솔직하게 인정하세요? 저에게 얼마나
큰 상처를 줬는지 인정하세요?**

목록을 만들지 않은 건 목록을 만들라는 말에 화가 났기 때문
이다. 어째서 매번 내가 노력해야 하나? 아버지는 두 의붓자식에
게는 사랑과 애정을 줬다. 그들에게 내 아버지는 주로 집에 함께
있어주는 아빠, 매일 요리를 해주고, 학교에 데려다주고, 운동 경
기를 하면 보러 가는 아빠다. 아버지와 말레이시아에 갔을 때 그
가 의붓자식들과 하는 통화를 언뜻 들은 적이 있다. 내 귀에는 낯
설기만 한 부드러운 목소리로 그들에게 사랑한다고 말했다. 보
고 싶다고 말했다. 자기 인생을 주제로 긴 독백을 늘어놓지도 않
았다. 그 대신 학교 성적이 어떤지, 지난번 골프 시합에서 몇 점
을 올렸는지, 점심으로 뭘 먹었는지 물어봤다. 그는 자기 자식들
을 진심으로 사랑했고 나는 아버지가 그 사랑을 표현하는 모습
을 지켜봤다. 누구를 진정으로 사랑한다면 목록 같은 건 필요 없

다. 누군가를 정말 사랑한다면 그 사람을 위해 해주고 싶은 일들이 자연스레, 수도 없이, 넉넉하게, 조건 없이 뿜어져 나올 테니까. 그러나 나에 대한 아버지의 사랑은 언제나 조건부였다. 그러니 지금 그가 내놓은 것 역시 또 하나의 조건인 셈이다. 내가 너를 사랑하도록 만들려면 너는 목록을 작성해야 한다. 어째서 내가 아버지에게 나를 사랑하는 법을 가르쳐 줘야 하나?

그리고, 인정하기 부끄러운 일이지만, 목록을 만들지 않은 건 두려워서였다. 내가 원하는 걸 모두 쓰고, 아버지가 그 모든 것을 하더라도, 모든 걸 바로잡으려고 시간과 돈과 에너지를 한없이 쓰더라도, 여전히 그에게 내 사랑을 돌려주기가 두려울 것 같아서였다. 나는 용서하지 못할 터였다. 그러면 진짜 나쁜 건 **아버지가** 아니게 될 것이다. 더는 아닐 것이다. 이제 나쁜 쪽은 내가 될 터였다.

아버지가 내게 자주 전화하기 시작한 지 몇 달이 지나고 나는 아버지 아내의 이메일 주소를 물어봤다. 이제는 그럴 때도 되었다는 생각이 들었다.

나는 아버지의 아내에게 어머니가 나를 학대하고 곧이어 나를 버렸음을 설명하는 장문의 이메일을 썼다. 아버지가 떠났을 때 얼마나 고통스러웠는지도 썼다. 그걸 당신 잘못이라 생각했으며, 아직도 그 때문에 당신이 밉다고 썼다. 어떻게 내 아버지더러 당신 아이 둘을 보살피기 위해 자기 아이를 버리라고 할 수 있느냐고. 그러나 지난 10년 치의 고통에 대해 사과할 의향이 있다면 우리도 지난 일을 잊을 수 있을 것 같다고.

우리는 이메일과 전화 통화를 두어 번 나누었고, 그러면서 그 사람은 내 어머니가 나를 학대했다는 사실을 전혀 모르고 있었음을 알게 됐다. 어머니가 나를 버렸다는 사실도 몰랐다. 아버지가 떠난 뒤 내가 혼자 살았다는 사실도 몰랐다. 아버지는 내가 자신에게 고함을 지르고 자신을 존경하지 않는다는 것 말고는 내가 처한 상황을 전혀 설명해 주지 않았으며, 그 당시에 그 사람은 내가 하는 그런 행동으로부터 어린 두 아들을 보호해야겠다는 생각뿐이었다고 했다. 솔직히 말하면 내 생각은 조금도 하지 않았다고, 후회를 담아 인정했다. 미안하다고 했다.

상상했던 것만큼 화가 나지는 않았다. 그저 한 아이를 전혀 생각하지 않았다는 게, 그 수많은 아버지의 날이며 추수감사절마다 내가 어디에 있는지 묻지 않았다는 것이 속상할 뿐이었다. 하지만 그 사람이 아는 것은 아버지가 말해준 것들이 전부였다.

두 사람은 그해 가을 뉴욕으로 나를 만나러 왔다. 아버지, 아버지의 아내, 그들의 두 아이, 그리고 조이와 나는 맨해튼에서 하루를 함께 보냈다. 나는 뉴욕 최고의 도넛 가게와 그럭저럭한 피자 가게에 그들을 데려갔고, 메트로카드 사용법을 알려줬으며, 미드타운의 거대한 빌딩들 사이로 그들을 안내했다.

착한 아이들이었다. 10대 시절은 물론 20대 내내 나는 그들을 경멸했고, 심리치료사들에게 그들이 내 아버지와 내 삶을 빼앗아간 "버르장머리 없는 꼬마들"이라고 불평하며 한탄했다. 그러나 실제로 만난 두 아이는 그저 아이들일 뿐이었다. 당연했다. 얌전하고, 호기심 많고, 뉴욕에 있는 거대한 유니클로와 베이프 매장을 보고 눈이 휘둥그레지고, 땅속을 진동시키는 지하철의 움직임이며 A트레인과 F트레인 사이의 복잡하기 짝이 없는 환승 절차에 잔뜩 들뜨는 순진한 아이들이었다. 아버지는 두 아이를 잘 키워냈던 것이다.

아버지의 아내가 고층 빌딩을 좋아했기에, 우리는 유니클로에 다녀온 뒤 엠파이어 스테이트 빌딩 꼭대기에 올라갔다. 안으로 들어갈 때 직원들은 방문객들을 거대한 그린스크린 배경 앞에 세워 놓고 사진을 찍었다. 결과물은 황금빛으로 빛나는 엠파이어 스테이트 빌딩 꼭대기에 서 있는 우리의 머리 위에 날짜가 박혀 있는 사진이었다. 관광객을 노린 게 분명한 부자연스러운 사진이었기에 나는 사진 촬영을 할 때 일부러 바보 같은 표정을 지었다.

빌딩 꼭대기에 올라간 우리는 근사한 도시 전망을 한껏 즐겼다. 거대한 빌딩들도 이렇게 높은 곳에서 보니 작기만 했다. 구름 한 점 없이 화창한 날이어서 먼 곳까지 환히 보였다. 두 아이는 연신 감탄해 댔다. 빌딩을 나오다가 기념품점을 지나는데, 직원들이 아까 찍은 사진을 판매하려 가지고 왔다.

사진 속에는 우리 모두가 나와 있었다. 모두 진정으로 하나가 된 가족처럼, 함께 있는 것이 기뻐 어쩔 줄 모르겠다는 듯 활짝 웃고 있었다. 그리고 그 속에 눈썹을 일그러뜨리고 지긋지긋하다는 듯 한쪽 손을 허리에 댄 채, 불만스럽다는 듯 입술을 삐죽 내밀고 있는 내가 있었다. 관광객들을 향한 장삿속에 넘어갈 마음은 추호도 없다는 표정이었다.

하지만 아버지의 눈에는 말도 안 되는 사진 가격도, 내 지긋지긋하다는 표정도 들어오지 않았던 모양이다. 우스꽝스러운 싸구려 사진을 보자마자 아버지의 얼굴이 환해졌다. 수십 년 만에 처음으로, 그가 원하는 것, 그가 사랑하는 이들을 한곳에, 한자리에 모아놓을 수 있다는 사진 증거가 등장한 셈이었으니까. 아버지는 5×7 사이즈로 인쇄해 사진틀에 넣은 이 사진을 샀다.

그날 저녁, 나는 코리아타운에 있는 내가 제일 좋아하는 식당으로 모두를 데려갔다. 고기가 듬뿍 든 맛있는 찌개와 한상 가득 다양한 반찬이 펼쳐지는 곳이었다. 매콤달콤한 잔멸치, 짭짤한 콩나물과 어묵, 냄새가 강한 김치, 갈비찜, 그리고 인삼과 찹쌀밥을 채운 삼계탕을 신나게 먹어 치우면서 아버지와 그의 아내는 그날 하루가 어땠는지 대화를 나눴고, 두 아이는 나와 조이에게 우리의 삶 이야기를 해달라고 보챘다.

"어떻게 그런 직업을 갖게 됐어요? 대학교는 어디에 다녔어요?" 작은아들이 물었다.

"캘리포니아대학교 산타크루즈 캠퍼스에 다녔고, 그 뒤에는 샌프란시스코로, 나중에는 오클랜드로 이사했어." 내가 대답했다.

"우와, 샌프란시스코에 살았어요? 오클랜드에도요?" 그가 반짝거리는 눈으로 나를 보며 되물었고, 곧 거품이 이는 탄산음료처럼 질문들이 마구 쏟아져 나왔다. "어땠어요? 샌프란시스코가 더 좋았어요, 아니면 오클랜드가 더 좋았어요? 샌프란시스코랑 뉴욕은 어떤 점이 달라요?"

나는 줄곧 미소를 거두지 않았다. 동생들에게 그곳의 음식과 날씨가 어떻게 다른지를 설명해줬다. 하지만 그러면서도 심장은 더 크게 뛰었고, 머리가 어질어질했다.

내 의붓동생들은 내가 샌프란시스코에 살았다는 걸 모른다고?

나는 대학을 졸업한 뒤 5년간 베이에어리어에 살았다. 그들의 집에서 차로 얼마 걸리지 않는 곳이었다. 나는 그 아이들이 학교에 간 동안 그 집을 찾아가곤 했다. 몇 년이나 아버지와 한 달에 한 번씩 식사를 했다. 아버지는 네 번이나 내 이사를 도우면서 좁아터진 아파트에서 또 다른 좁아터진 아파트로 똑같은 상자 20개, 책장, 책상, 매트리스를 옮겨주곤 했다. 그러면 그 시절 아버지는 자식들에게 자기가 어디에 간다고 말했을까? 아니면 그 아이들한테도 "친구"를 만나러 간다고 했던 걸까? 어떻게 내가 어느 대학교에 다녔는지 그 아이들이 전혀 모를 수가 있나? 어떻게 나에 관해 아무것도 모를 수가 있나?

집으로 돌아오는 지하철 안에서 조이에게 이런 이야기를 간단히 해줬다. 그렇게 가까운 곳에 살았는데 사실은 그토록 멀리 있었다고.

"그 애들이 안된 거지." 조이는 말했다. "살면서 너라는 큰누나가 있었다면 도움이 됐을 텐데." 슬픔과 분노가 내 뱃속에서 전

355

쟁 중인 두 마리 뱀처럼 서로를 물어뜯었다.

"그런 말 하지 마." 나는 간신히 그렇게 말한 뒤 감정을 애써 삼킨 다음 핸드폰의 십자말풀이 앱을 열었다.

이틀쯤 지난 뒤 깨달음이 찾아왔다. 모든 것을 바꿔 놓은, 도저히 견딜 수 없을 정도로 괴로운 깨달음이었다. 이번에는, **내가** 비밀이었다.

나는 오래전 잃어버린, 가족 중 그 누구도 이름조차 기억하지 못할 만큼 가볍고 얇은 존재였던 내 이부언니였다. 나는 할아버지가 감옥에서 보낸 세월이자, 어머니를 낳은 부모였다. 나는 어머니의 모호한 어린 시절이고 사라진 형제였다. 나는 고모들이 마룻널 사이로 립스틱 바르는 모습을 훔쳐보곤 했다던, 여장을 좋아하던 종조부였다. 나는 여자 애인을 사귀었다는 이야기가 도는, 그 누구도 입 밖에 내려들지 않는 종조모였다.

나는 당신이 묻어버린 트라우마다. 당신의 혀 밑에 숨긴 거짓말, 당신이 묻고, 없애고, 지우는 것, 건드리지 않는 한 잊어버린 척할 수 있는 그 무엇이다. 어머니는 새 남편과 테니스 동호회에서 활동하며 지역 토너먼트 시합에 나간다. 아버지는 두 아들과 아내를 데리고 하이킹을 간다. 페이스북 비공개 계정으로 훔쳐본 사진 속에서 그들은 새 가족들과 환하게 웃고 있다. 어머니의 사진에는 큼직한 다이아몬드 반지와 작은 개 한 마리가 등장한다. 아버지가 올린 휴가 사진 속에서 그는 두 아들과 웃고 있다. 그들의 삶은 완전해 보인다. 물론, 내가 존재한다는 사실을 잊을 때만 그러하다.

나는 피이고 죄다. 나는 내 부모가 한 후회의 총합이다. 나는 그들의 가장 큰 수치다.

아버지는 뉴욕 여행을 마치고 캘리포니아로 돌아간 뒤 액자에 담긴 가족사진을 문자 메시지에 첨부해 보내줬다. 그러나 이제는 그 사진이 전과는 다르게 보였다. 나는 꼭 그 사진에 포토샵으로 붙인, 음울하고 변칙적인 존재 같다. 도전적인 눈으로 카메라를 똑바로 쏘아보고 있다. **난 아무 일도 일어나지 않은 척하지 않을 거야—죽었다가 그 어떤 대가도 치르지 않고 부활하기라도 한 것처럼.** 내 눈 속에는 지금까지 일어난 모든 일들이 담겨있었다.

뒤에 남겨진 사람은 그 무엇도 잊지 않는 법이니까.

넉 달 뒤, 복합 PTSD 진단을 받았다. 이제 나의 과거는 흘러넘치고, 폭발하고, 뜨거운 유해 물질을 지금의 삶 위로 뿜어내는 화산 같다. 머릿속에 떠오르는 것은 온통 과거뿐이었다.

나는 아버지에게 **드디어 공식적인 진단을 받았어요**라는 제목의 이메일을 보냈다. 이메일 본문에는 복합 PTSD에 대한 위키피디아 페이지 링크를 첨부했다.

그 당시 위키피디아 페이지에는 이렇게 쓰여 있었다. "복합 외상 후 스트레스 장애(C-PTSD; 복합 트라우마 장애라고도 함)는 개인이 벗어나기 어렵거나 벗어날 수 없는 상황에서 장기간 반복된 대인 간의 트라우마에 대한 반응으로 발병할 수 있는 정신 장애다."

그다음 단락. "C-PTSD는 학습된 반응의 집합이며, 수많은 중요한 발달 과업을 완수하지 못할 때 생긴다. 이는 유전이 아닌 환경에 의해 발병한다. 자주 혼동되는 다른 진단들과는 달리 C-PTSD는 태생적인 것도, 기질적인 것도, DNA에 바탕을 둔 것도 아닌, 양육의 부재로 인해 유발되는 장애다."

양육의 부재.

나는 이메일에 인사말을 쓰지 않았다. 서명도 덧붙이지 않았다. 그 드넓은 여백에 첨부한 것은 링크 한 줄이 전부였다. 내가 쓰지 않았으나, 그 여백에 담은 말, 내가 전하고 싶었던 말은, **당신이 내 인생을 망쳤어요. 당신이 내 인생을 망쳤어요. 당신이 내 인생을 망쳤어요.**

아버지에게서는 답장이 오지 않았다. 내 덕에 가족과의 관계도 회복되었으니, 내게 연락하지 않은 지도 몇 달이나 되었다. 나는 기다리고 또 기다렸다. 전화는 잠잠했다.

33장

절연estrangement이란 스위치를 올리거나 내리는 식으로 이루어지는 거라고 생각했다. 그러나 워싱턴대학교 커뮤니케이션학부 조교수 크리스티나 샤프Kristina Scharp에 따르면 그렇지 않다. 샤프는 학계에서 절연을 연구한 몇 안 되는 학자 중 하나다. "절연이 완전한 단절 또는 최종적인 것이라 생각하는 건 절연에 대한 오해 중 하나라고 생각합니다." 그가 NPR과의 인터뷰에서 한 말이다. "절연은 더 소원할 수도, 덜 소원할 수도 있는 연속체에 가까운 것이며, 실제로 사람들은 적절한 수준의 거리를 유지할 수 있게 될 때까지 여러 번 거리를 유지하려 노력하기도 합니다." [46]

샤프의 연구에 대해 알게 된 건 친구 캐서린 세인트 루이 덕분이었다. 캐서린은 유능한 기자이자 편집자다. 어디서나 존재감을 발휘하지만 그것은 180센티미터나 되는 키 때문만은 아니다. 캐서린은 음식을, 자신의 스토리를, 의견을, 친절을 타인에게 내어줄 때 강력한 존재감을 보여준다. 처음 캐서린을 알게 된 것은 트위터에서였고, 프리랜서 일에 대한 이야기를 나누기 위해 브루클린 시내의 밝고 고급스러운 커피숍에서 처음 만나게 됐지만, 우리 둘 다, 우리 사이에 가족과의 절연 경험을 중심으로 새로운 우정이 싹트리라는 것을 직감했다. 캐서린은 이 주제로 많은 기사를 썼으며 절연한 가족에 대한 연구도 많이 했다. 캐서린의 작업은 그 자신이 아버지와 절연한 경험에서 영향을 받은 것이었다. 또, 캐서린은 가족 간의 절연이 엄청난 금기처럼 다뤄지지만 실제로는 상당히 흔하다는 것도 알려줬다.

"정말이에요?" 그때 나는 캐서린에게 물었다. "하지만 친한 친구 두어 명이랑 캐서린한테서 들은 것 말고는 그 누구한테서도 가족과 절연했다는 이야기를 들은 적이 없는걸요."

"지금까지 40명도 넘는 사람들에게 같은 말을 했는데 모두 스테파니와 똑같이 반응했어요." 캐서린은 그렇게 말하며 미소를 지었다. "그렇기 때문에 사람들 앞에서 이 주제를 이야기할 필요가 있는 거죠."

캐서린은 아이티 출신 이민자인 아버지와의 고단한 관계에 관해 이야기를 들려줬다. 딸이 누구보다 잘되기를 바랐고, 학교생활도, 직장생활도 잘 해내기를 바랐던 동시에, 딸에게 공포심을 안겨주고 딸을 비하하기도 했던 아버지였다. 아버지와 연락을 끊기로 마음먹는 일은, 뜨겁게 달아오른 스토브를 건드리지 않기로 마음먹는 일과 같았다고 했다. 아버지에게 다가갈 때마다 손을 데었다. 그래서 어느 시점부터 자신의 피부를 보호하기로 결심하는 수밖에 없었다.

나는 캐서린에게 아버지와의 관계를 어떻게 해야 할지 고민중이라고 말했다. 나의 과거라는 거대한 돌무더기에서 기어 나오려 하는 지금 아버지와의 관계를 이어가는 건 상상조차 되지 않왔다. 그럼에도 죄책감은 여전했다. 어린 시절 나를 테크 뮤지엄이며 바닷가에 데려가줬던 아버지, 손오공 이야기를 들려주고 매일 밤 재워줬던 아버지에게 대한. 우리 둘 다, 아버지가 나를 사랑한다 믿었던 시절에 대한. 이민자의 책임이라는 무게 역시 이 저울을 짓누르고 있었다.

"이민자의 경험에는 무언가 담겨있거든요." 캐서린이 말했다. "제 아버지에게도 분명 아동기 트라우마가 있었어요. 엄청났죠. 아버지에게 들은 아이티 시절 이야기는 이런 식이었어요. '학교에서 잘못을 하면 엄마한테만 두들겨 맞은 게 아니다. 온 동네 사람들한테 두들겨 맞았지! 동네 사람들이 전부 찾아와서 "왜 그랬어?" 한단 말이지.'" 여기까지 말한 캐서린은 주먹질하는 시늉을 했다. "아버지가 저를 때린 적은 없었어요. 그러나 아버지는 '나는 널 때린 적도 없잖아. 신체적 학대도 그리 대단한 게 아닌데, 언어폭력이 뭐가 어때서?' 하는 식으로 생각하셨죠."

"아, 맞아요." 나는 맞장구를 치면서 한쪽 다리를 초조하게 덜덜 떨었다. "이런 일에 대해 내가 어떤 기분을 **느껴야 한다**, 어떤 기분을 느껴도 된다, 하는 생각을 극복하기가 쉽지 않아요."

"문화가 우리에게 그렇게 가르쳤거든요. 이민자들만 겪는 문제는 아니에요. 미국인들은 누구나 자식들이 자라서 어른을 보살피기를 바라요. 특히 여성이요. 그거 아세요? 과학 학술지들이 알츠하이머병과 치매 환자들의 돌봄을 맡은 이들에게 붙인 용어가 있어요. 바로 **도터 케어**daughter care죠."

"왜 딸들만 돌봄을 도맡을까요?" 나는 그렇게 물었지만, 캐서린이 내게 날카로운 눈길을 던지는 바람에 말끝을 흐릴 수밖에 없었다.

"아시잖아요."

나는 쓴웃음을 터뜨린 뒤 말을 이었다. "맞아요. 캐서린은 부모와 절연한 60명의 사람들을 인터뷰했는데요." 나는 말을 더듬었다. "이런 연구가 있는지는 잘 모르겠지만, 음, 캐서린의 경험에 따르면, 그 사람들은 절연 후에 자유로워졌다고 느꼈나요?"

"아뇨." 캐서린은 단호하게 대답했다. 나는 다음 말을 기다렸다. 그러나 캐서린은 더 이상 말을 잇지 않았다.

"아니라고요…?" 심장이 쿵 내려앉는 기분이었다. "자유로워진 게 아니라면… 그 뒤로… 더 행복해졌나요?"

캐서린은 크래커를 우물우물 먹으며 어깨를 으쓱하더니 "딱히요" 했다.

내 실망스러운 표정을 눈치챈 듯 그가 설명했다. "있잖아요, 전 절연이 누군가를 기쁘게 해줄 수 있는 일이라고 생각하지 않아요. 가족과 절연해야만 하는 게 행복한 일도 아니죠. 그건 그저 **꼭 필요한** 일이었을 뿐이에요. 전 스테파니가 가족과 절연하는 것이 자신에게 필요한 일인지를 알아내는 게 중요하다고 생각해요. 해도 되는지, 하면 안 되는지를 말해줄 수는 없어요. 제가 해줄 수 있는 말은 그렇게 **하는** 사람이 스테파니 혼자가 아니라는 말뿐이에요."

복합 PTSD 진단을 받고 몇 달 뒤인 2018년 여름, 나는 아버

지에게 한 번 더 이메일을 보내 내게는 치유를 위한 시간이 필요
하고, 나와 소통하고 싶다면 중재자, 가능하면 심리치료사가 함
께하는 자리에서만 하겠다고 알렸다. 그 뒤 9월, 나는 오클랜드
시내에서 아버지와 마지막으로 만날 약속을 잡았다. 나는 아버지
에게 내가 동네에 왔으며 내 물건 몇 가지를 챙겨가고 싶다고 연
락했다. 오래된 일본 인형 몇 개와 졸업앨범들 따위였다. 이번이
마지막 만남일 거라는 말은 하지 않았지만 지난번에 보낸 이메
일을 생각하면 그런 거나 마찬가지였다. 아버지는 문자 메시지로
만날 장소를 물어왔고, 나는 아무 거리 이름을 댔다. 내게 정서적
지지를 해주기 위해 조이도 나와 함께 갔다.

길을 건너는데, 맞은편에 아버지가 종이 쇼핑백을 들고 서 있
었다. 늙고 지친 아버지는 안경을 끼고 있었다. 아버지가 안타
깝다는 생각이 들었고, 벌써 죄책감이 느껴졌다. 아버지는 인사
를 건네면서도 나를 향해 인상을 찌푸리고 있었다. 나는 "오셨어
요?" 대답하면서 종이가방을 받으려 손을 뻗었다.

"시간을 좀 내준다면 잠시 앉아서 이야기를 나누고 싶구나."
아버지는 차디찬 목소리로 비꼬는 듯 말했다. 반 블록 떨어진 곳
에 카페가 하나 있어서 우리는 그곳에 자리를 잡고 앉았다. 나는
조이를 아버지와 단둘이 남겨둔 채 화장실부터 갔다.

나중에, 조이는 그때 아버지가 자신에게 이렇게 물었다고 알
려줬다. "자네는 이게 대체 다 무슨 일인지 알고 있나?"

"스테파니에게 직접 들으시는 게 좋겠습니다." 조이는 그렇게
대답했다.

"대체 무슨 일이 벌어지는 건지 모르겠군. 10년 전이라면 몰라도."아버지가 말했다. 아마 절연을 두고 한 말일 것이다. 내가 아버지와 곧 연을 끊을 것임을 알고 한 말일 것이다. 어쩌면, 이미 일어난 일이었을지도.

화장실에서 돌아오자, 벌써부터 싸움을 시작할 기세로 턱에 힘을 주고 있던 아버지가 말했다. "우선 내 말부터 들어라. 처음에 네가 그 말을 했을 때, 나 자신이 싫더구나. 그래서 나에 대해 **넌 나쁜 놈이다, 넌 끔찍한 인간이다**, 뭐 그런 생각을 했었다. 하지만 그다음엔 이런 생각이 들었지. **이건 나한테 정말 상처가 되는 일**이라고."

"**아빠한테** 상처가 되는 일이라고요?"본능적으로 냉소적인 목소리가 튀어나왔다.

"네가 그렇게 말할 줄 알았다. 난 그냥… 어쩌다가 이런 일이 일어난 건지 모르겠구나."

"모르겠다고요?"나도 모르게 아버지의 말을 끊고 끼어들었다.

"우선 내 말부터 좀 들어다오. 그러니까 이미 일어난 일을, 과거를 바꿀 수는 없는 것 아니냐. 나더러 어쩌라는 건지 모르겠다."

"이야기가 잘되지는 않을 것 같네요."내가 말했다.

"그래, 알았다."아버지는 그렇게 말하더니 성을 내며 자리에서 일어났다. "더는 할 말 없다."

나는 아버지를 멈춰 세웠다. "전 아빠가 심리치료사를 통해 저와 대화할 정도로 저를 존중해 주기를 기대했어요. 결국 지금까지 백 번은 했던 그 대화로 돌아가고 있잖아요."

"나도 **다섯 번이나** 심리치료를 받았다." 화가 난 아버지는 그렇게 말하며 다섯 손가락을 들어 보이더니 말을 이었다. "어쨌든 내가 너한테 하고 싶은 말은 잘 살라는 게 전부다. 난 이제 됐어. 대체 네가 어째서 나한테 이러는지도 모르겠지만, 신경 안 쓰련다. 난 됐다."

"왠지 모른다고요? 정말로 몰라요?"

"한 문장으로 말해다오. 딱 한 문장으로 듣고 싶다."

나는 천천히 대답했다. "아빠가 **절 사랑하지 않으니까요.**"

"사랑하지 않는다니, 무슨 뜻이냐? 그게 무슨 뜻인지 설명해 봐라."

"무슨 뜻이냐고요? 학대. 방임. 게다가 저를 이용했고…."

"내가 너를 **이용했다고?** 어디다가 이용했는데?"

"작년부터 저한테 연락해서, 우울하다고, 또다시 죽고 싶은 생각이 든다고 연락하기 시작했죠. 그때 제가 어떤 기분이 들었을지 생각이나 해 봤어요? 그 말을 하려고 **나한테** 전화했잖아요. 다른 사람도 아닌 **나한테요.** 또,"

"됐다, 그만해라." 아버지는 내 말을 끊었다. 더는 내 말이 듣고 싶지 않은 거였다. "우리가 친구인 줄 알았는데 내가 잘못 생각했나 보다."

"전 아빠의 친구가 아니에요." 나는 고함을 질렀다. "전 아빠의 **딸이잖아요.**"

문제는 바로 그거였다.

카페에 앉아있던 다른 손님들이 고개를 돌려 우리 쪽을 바라봤다. "알았다." 아버지는 내 쪽을 외면한 채 한 손을 들어 보였다. "됐어. 다 때려치워라. 잘 살거라."

아버지는 카페 밖으로 나가다가 돌아서서 조이를 보더니 말했다. "애를 낳거든 나 대신 뽀뽀나 해다오." 그러더니 아버지가 조이의 등을 철썩 때렸다. 조이는 몸을 홱 돌리더니 쏘아붙였다. "제 몸에 손대지 마시죠." 나는 조이의 팔을 붙들고 "내버려 둬" 했다.

아버지는 그대로 떠나버렸다.

나는 잠시 동안 말없이 허공만 쳐다보며 가만히 앉아있었다. 차마 입에 담지도 못할 일을 저지르고 말았다. 지금 나는 뿌리도 없이, 집도 없이, 분노와 독선으로 부글부글 끓으며 심연 바로 위를 떠다니고 있었다. 카페 안의 다른 손님들이 이쪽을 쳐다보는 게 느껴졌다. 그러나 하나도 수치스럽지 않았다.

"가자." 조이가 부드러운 목소리로 말하고는 나를 데리고 카페를 나섰다. 한 블록을 걷고 나자 뜨겁고 가쁜 숨이 차오르는 바람에 길 한가운데서 조이의 품에 뛰어들어 아이처럼 크게 흐느껴 울었다. "마지막까지도─지금까지도─왜 아빠는 그렇게까지… 어째서 아빠는 나한테 아무것도 해주지 않는 거야?" 나는 그렇게 질문했다. 그리고 지금도, 마지막까지도, 나는 **내가** 무엇을 해야 하는지 알았다. 아버지의 아내에게 문자 메시지를 보냈다. "오늘 제 아버지 기분이 좋지 않은 것 같아요. 아버지를 잘 살펴봐 주세요. 스스로를 해칠지도 모른다는 걱정이 들어요."

그것으로 끝이었다. 나는 아버지를 당신 자신으로부터 보호하는 일을 마쳤다.

캐서린 말이 맞았다. 절연한다고 자유로워지진 않았다. 기쁘지도 않았다. 행복하지도 않았다. 그저 **꼭 필요한** 일을 했다는 기분이 들 뿐이었고, 그마저도 자꾸만 의문을 품게 됐다. 아버지와 절연한 나는 이기적인 걸까? 잔인한 걸까? 그러다 나는 타오 응우옌Thao Nguyen의 노래 가사를 떠올렸다. **당신은 잔인한 아이를 만들었어. 당신이 저지른 짓을 봐.**

지금의 침묵은 내가 수년간 견뎌낸 외로운 크리스마스들과 크게 다르지 않은 것이었고, 우리 사이에 존재했던 침묵의 시간이 이어지고 더욱 철저해진 것에 지나지 않았다. 크게 달라진 점은 하나 있었다. 이제 아버지의 사랑을 얻어내기 위해 노력할 필요가 없다는 것이었다. 이제는 그저 영영 그 사랑을 받을 수 없다는 사실을 받아들이려 노력하기만 하면 된다. 그건 평화와는 거리가 멀다. 그래도 결국 이렇게 되었다.

34장

삶에서 부모를 도려내는 일은 나를 보호해 주기는 했지만 고쳐 주지는 못했다. 절연은 그 자체로 치유가 되지는 못했다. 그러나, 내가 새로운 관계를 구축할 수 있도록 장애물들을 없애 주긴 했다. 왜냐하면 지금부터가 어려운 부분이었으니까. 부모를 대체하는 것 말이다.

많은 이들이 복합 PTSD의 치유를 위해서는 반드시 친절하고 공감적인 양육이 필요하다고 믿는다. 자신의 부모가 그것을 해줄 수 없다면, 그렇게 해줄 새로울 부모를 찾아야 한다고 한다.

어떤 심리치료에서는 실제로 부모의 역할을 대신해줄 다른 이들의 목록을 만들기도 한다. 환자들이 돌아가며 서로의 "부모 노릇"을 해주는 집단 치료 공간도 있다. 새로운 대리 부모는 진짜 부모가 하지 않았던 사과를 하고, 어린 시절에 듣지 못한 너그러운 확언을 해준다. 당신이 자랑스럽다고, 당신은 타고나길 선하고 아름다운 사람이라고 말이다. 많은 이들에게 이런 활동은 종결을 허락해주고 스스로를 향한 새로운 믿음을 배양할 수 있게 해준다.

한편, 성인들이 **스스로** 재양육reparent하는 법을 알려주는 것을 중심으로 구성된 치료들도 있다. EMDR도 그중 하나다. EMDR 첫 회기에서 나는 어린 시절의 나를 안아주고, 그 아이를 학대에서 "구해"줬고, 너는 사랑받을 자격이 있다고 말해줬다. 그러나 그 뒤로 이어진 회기들은 그만큼 효과적이지 않았으며 나 역시 첫 회기에서 느낀 것만큼 충격적인 감명을 받진 못했다. 게다가 엘리너와 그의 워크시트, 끊임없는 기침이 거슬렸다. 3개월쯤 지난 뒤 나는 엘리너와의 치료를 그만두었다.

진단을 받은 지 7개월이 지났고, 여름이 가고 가을이 되었다. 대기 명단에 이름을 올려둔 것은 봄이었는데도, 국립정신치료연구소를 통해 수련 중인 트라우마 치료사를 적절한 가격으로 만나볼 때까지는 시간이 한참 걸렸다. 그렇게 만난 심리치료사, 일명 스웨터조끼 선생은 친절한 미소를 지니기는 했지만 나를 두려워하는 것만 같은 눈빛에 그 친절한 미소는 상쇄되고 말았다. 그는 다른 치료 양식들은 물론, 환자가 자신의 내면을 일종의 가족을 닮은 하위 인격들로 쪼개도록 하는 치료 형태인 내면가족체계치료(IFS)를 수련한 사람이었다. 예를 들어, 당신이 알코올중독자라고 하자. 그렇다면 술을 마시는 것이 당신의 정체성 전부를 이루는 것이 아니라고, 인격의 어느 한 부분만이 계속 술을 마시게 만드는 것이라 가정해볼 수 있다. IFS 전문가는 이 인격을 "소방관"이라고 부르는데, 소방관은 트리거에 반응하면 불을 끄려고 당신을 안심시키려 한다. 이때 소방관이 당신을 안심시키려고 쓰는 수단이 음주, 폭식, 약물 사용 같은 건강하지 못한 습관일 때가 종종 있다. 이런 틀을 사용해 분석하면 소방관을 당신 내면의 "가족" 중 한 부분으로 볼 수 있고, 나아가 그가 온 사방에 맥주를 흩뿌리는 것을 용서할 수도 있다. 따지고 보면 소방관은 당신을 진정시키려 노력하는 것뿐이고, 당신에게도 어느 시점에는 소방관이 필요했을 것이다. 하지만 한편으로는 이제 소방관을 은퇴시키고 "가족" 중 좀 더 건강한 구성원이 당신을 돌보는 역할을 하게 만들 수도 있다. 치유 과정에서 IFS를 통해 큰 도움을 받았다는 사람들이 많았기에, 나도 한번 시도해 보기로 했다.

스웨터조끼 선생은 내가 가진 하위 인격들의 캐리커처를 그려보라고 했다. 나는 줄넘기하는 여자아이를 끄적끄적 그렸다. 나의 철딱서니 없고 유쾌한 면을 나타내는 인격이었다. 팔이 여섯 개 달린 북한의 교통통제관은 집요한 관리자였다. 미트로프를 들고 있는 스텝포드 와이프(영화 〈스텝포드 와이프〉에 나오는 인물상으로, 완벽하게 순종적인 아내로 보이지만 실제로는 그렇지 않은 인물들―옮긴이)는 양육자였다. 검을 휘두르는 아리아 스타크(〈왕좌의 게임〉 등장인물―옮긴이)를 닮은 인물은 전사, 그리고 시커먼 진흙탕은 애정결핍에 시달리는 나의 슬픈 면이었다. 스웨터조끼 선생은 나더러 이 하위 인격들에게 말을 걸고, 칭찬하고, 이들이 해준 일을 고마워하라고 했다. 하지만 이들과 친구가 된다니 도저히 넘을 수 없는 장벽이 느껴졌다.

"이 진흙탕에게는 무슨 말을 하고 싶으십니까?" 스웨터조끼 선생이 물었다.

"음… 글쎄요. 전… 진흙탕을 별로 좋아하지 않아서요. 영영 사라져 버렸으면 좋겠어요. 그러니까… 난… 미안하지만 언젠가는 네가 바싹 말라 사라져 버렸으면 좋겠어."

스웨터조끼 선생은 짜증이 난 표정이었다.

"이게 아닌가요? 마음에 안 들어 하시는 것 같아요. 제가 뭘 해야 하는 건지 조금 더 자세히 알려주실 수 있나요? 제가 **해야 하는** 말이 있을까요?" 내가 물었다.

그러자 그는 억지스러운 미소를 지으며 어깨만 으쓱했다. 그는 자신이 어색한 침묵을 유지하면 내가 결국 너무 불편해서 말을 쏟아내지 않을까 기다리면서, 애써 입을 다물고 있는 중이었다. 나는 이 기법을 잘 알았는데, 나도 인터뷰를 진행할 때 늘 쓰는 전략이었기 때문이다. **이봐요, 내가 쓰는 전략이 나한테 통할 리가 없잖아요.** 나는 그를 빤히 쳐다봤고, 우리는 그렇게 눈싸움을 했다. 그의 눈빛이 점점 겁에 질린 사슴처럼 불편해지기 시작했는데, 그의 눈에 담긴 두려움을 보면 볼수록 어쩐지 그에게 총구를 겨냥하고 싶어졌다.

"이 과정을 신뢰하셔야 합니다." 마침내 그가 말했다. "신뢰하지 않는다면 효과를 볼 수 없을 거예요. 이 과정에 대한 회의는 어디에서 온 것일까요? 일단, 타인을 신뢰하기가 왜 어려운지를 탐구해 보고 싶으십니까?"

"저는 제가 왜 타인을 믿지 못하는지 이미 **알고 있어요.** 그저 망할 진흙탕한테 대체 무슨 말을 해야 하는지 모르는 거라고요."

이제 와 돌아보면, 내가 진흙탕에게 말을 걸 수 없었던 것은 나 자신에게서 가장 싫어하는 부분을 마주하고 받아들이기가 겁나서였던 것 같다. 아니면 비록 머릿속에서 만들어낸 가족이라 할지라도, 가족에게 의존하는 것에 거부감을 느낀 건지도 모르겠다. 아니면 그저 어떤 사람들은 상상으로 만든 무생물과 대화하는 걸 좋아하지 않는 건지도 모르고. 어쨌든 IFS는 딱히 나와 맞지 않았다. 각 회기가 끝나고 치료실을 떠날 때마다 머릿속에서 목소리가 울려 퍼졌다. **바보 같은 일이었어. 시간 낭비야. 아니면 네가 너무 멍청해서 이해를 못 하는 건지도 모르지.** 나는 그 목소리가 내 어머니의 것임을 알았다. 그럼에도 그 목소리가 입을 다물게 만들 수는 없었다.

가끔 기분을 북돋아줄 일이 필요하면 명상 수련에 참가했다. 몇 번은 〈블랙미러〉 에피소드에서 그대로 꺼내 놓은 것처럼 기가 질릴 만큼 힙한 명상 공간인 MNDFL에도 가봤다. 새하얗고 텅 빈 방에는 벽 전면을 차지하는 둥근 창이 나 있고 그 밖으로는 무성한 정원이 내다보였다. 젠트리피케이션화된 웰니스의 극한에 있는 곳이었지만, 피트니스 앱으로 싼값에 이용할 수 있는 수업 중 하나였기에 한번 가보았다.

그곳에서 참여한 수련 중 한 번은 명상을 지도하는 사람이 사랑스럽고 마음을 편안하게 하는, 영국 억양을 가진, 국적을 알 수 없는 아름다운 남성이었다. 틀에 박힌 캐스팅이랄까. 나는 다리 사이에 베개를 끼고 눈을 감은 채 그의 말에 귀를 기울였다.

"사랑이 무엇인지 정의해보고 싶어요." 그가 입을 열었다. 여태까지 내가 경험한, 정해진 틀을 따라 정해지는 게 보통인 안내 음성과는 사뭇 달라 흥미로웠다. "사랑은 여러분이 내재적으로 아는 그 무엇입니다. 사랑이 어떤 기분인지 여러분은 압니다. 타인에게 최선을 원하는 기분이자, 그 사람과 연결되어 있는 기분입니다. 그 사람의 결함에도 불구하고 상대를 받아들이는 감정입니다. 이제 여러분이 깊이 사랑하고, 또 여러분을 사랑하는 사람을 강하게 떠올려 보세요."

당연히 나는 조이를 떠올렸다. 조이에 대한 나의 사랑을 한껏 펼쳤다. 그의 다정함, 나를 안심시켜 주는 미소, 그가 내게 느끼게 해주는 무모한 확신감을 상상했다. 조이를 향한 내 사랑이 너무나 커서 금방이라도 내 품에서 빠져나갈 것만 같았다. 그렇게 우리는 잠시 사랑의 감정을 안은 채로, 각자가 기쁨을 뿜어내는 밝게 진동하는 존재가 되어 그 자리에 앉아있었다.

"좋습니다. 이제, 이 감정을 다시 한번 떠올려 보세요. 이 따뜻하고, 근사하고, 사랑스러운 감정을요. 그 감정을 여러분의 가슴으로, 발로, 얼굴로, 뱃속으로 느껴봅니다. 이 감정의 질감을 알아차립니다. 감정의 형태를. 감정의 기쁨을. 자, 이제는 그 감정을 자기 자신에게로 가져가면서, 여러분이 사랑하는 사람이… **당신**을 향해 같은 감정을 느낀다는 사실을 떠올려 봅니다."

그건 좀 어려웠다. 하지만 조이가 집에서 나를 기다리고 있었다. 그는 그가 **언제나** 집에서 나를 기다리고 있을 것이라는 확신을 줬다. 그러니, 그건 **마땅히** 사실일 터였다. 나는 조이가 나를 향해 느낄 감정을 느끼려 애썼다. 그의 눈에 보일 나의 좋은 점들을 바라보려 애썼다. 그가 내 결함까지도 사랑한다는 사실을 알아차리려 애썼다. 그럼에도 쉽지 않아서, 눈에서 눈물이 줄줄 흘러내리기 시작했다. 결국 그가 나를 사랑하는 이유들을 나열하는 걸 그만뒀다. 나는 그저, 그가 나를 아주 많이 사랑한다는 것만을 알았다. 그건 얼마나 엄청난 선물인가. 나는 감사의 파도가 나를 휘젓고 지나가게 내버려 두었다. 이런 사랑을 받는 나는 얼마나 운이 좋은가. 얼마나, 얼마나, 얼마나 운이 좋은가.

잠깐의 시간이 지나자 강사가 다시 한번 입을 열었다. "자. 이제 이 따뜻하고 근사한 사랑의 감정을 그러모읍니다. 그리고 그 감정을 **자기 자신**에게 가져갑니다."

1년 전이었다면 결코 그 말대로 할 수 없었을 것이다. 너무 힘든 일이었을 것이다. 그러나 내가 EMDR에서 배운 것들이 다시 한번 내게 쏟아져 들어오기 시작했다.

EMDR 치료를 받는 동안 나는 동시에 존재하는 두 가지 버전의 나를 상상하는 법을 배웠다. 어린 시절의 나, 그리고 지금의 나였다. 나는 어린 스테파니의 감정과 내 감정을 느낄 수 있었다. 지금의 내가 가진 지혜로 어린 나를 위로해줄 수 있었다. 사랑을 주는 사람인 동시에 그 사랑을 받는 사람이 될 수 있었다.

지금 나는 EMDR에서 했던 것과 비슷한 시각적 상상을 하는 중이었다. 최근의 내 모습을 떠올렸다—처음 진단을 받고 힘들어하던 9개월 전의 스테파니. 지금 내 머리는 보라색이었지만, 나는 눈앞에 있는 나를 그때처럼 회색이 도는 푸른색 머리에 겨울 파카를 입고 있는 모습으로 상상했다. 그리고 그 사람을 보고, 그에게 커다란 사랑을 선사하는 순간, 역겨움 같은 건 느껴지지 않았다. 그저 공감과 연민과 슬픔을 느꼈다. 내 눈에 가장 선명하게 보이는 건 그 사람이 열심히, 정말 열심히 애쓰고 있다는 것이었다. 스테파니는 온 힘을 다해 **나아지려** 노력하고 있었다.

"너 정말 애쓰는구나." 나는 스테파니에게 말했다. "힘들어하는구나. 하지만 정말 잘하고 있어. 네가 해야 한다고 생각하는 일들을 하나도 빠짐없이 다 하고 있어."

그다음에는 또 다른 버전의 나들을 상상하기 시작했다. 마치 과거의 내 모습들로 이루어진 카드 한 벌을 펼쳐놓는 것만 같은 기분이었다…. 열두 살의 어린 나, 대학생인 나, 20대 초반의 나. 그리고 이 모든 스테파니를 한 장씩 넘겨대면서, 나는 자꾸만 같은 말을 되풀이했다. "넌 많이 힘들어하고 있지만, 정말 열심히 노력하고 있어."

강사가 내 독백에 끼어들었다. "그 사람을 안아주세요!" 나팔 신호를 울리는 것 같은 외침이었다. "그 사람을 받아주세요! 결함이 있는 모습 그대로 수용해 주세요."

그 일이 너무나 힘든 나머지 내 얼굴이 건포도처럼 쭈글쭈글하게 일그러졌다. 그럼에도 나는 심호흡을 하고 마른침을 꿀꺽 삼킨 뒤 뛰어들었다. 나는 2월의 나를 안아주었다. 그리고 지금의 나를 안아주려 했지만, 더 어려웠다. 나 자신의 의식에게 안기다니. 나는 온 힘을 다해 벽을 무너뜨렸다. 그건 마치 튤립 꽃봉오리 안에 몸을 웅크리고 들어가는 기분이었다. 과녁의 중심을 정통으로 맞추고 늘 바라왔던 상을 받는 기분이었다. 낯설었다. 완전했다. **좋았다.**

주변에서 명상하던 다른 사람들도 한숨을 쉬거나 숨을 참았다. 이 명상이 그들에게도 효능을 발휘하는 모양이었다.

스스로를 사랑하라. 아, 바로 그거였다. 환각제의 도움 없이 처음으로 느끼는 무조건적인 사랑이었다.

명상 공간을 나올 때는 평온한 기분이 아니라 새로운 투지로 가득 찬 기분이 들었다. 마치, 나 자신을 정서적으로 더욱 잘 보살필 의무가 생긴 것 같았다. 그날은 나 자신의 마음에 드는 점을 생각하면서 하루를 보냈는데, 친구를 위해 칭찬을 모아 책으로 만드는 것 같은 기분이라 어렵지 않았다.

그러나 이 명상 센터에서 얻은 최고의 수확은 명상을 하려고 자리에 앉을 때마다 만날 수 있는 낯익은 얼굴이었다. 잠시 햇볕을 쬐며 호흡을 한 뒤, 나는 조금 더 나이가 든, 1년 뒤 미래의 내 모습을 불러냈다. 미래의 내가 내 뒤에 앉아 온몸으로 나를 끌어안아 준다고 상상했다. 그에게는 지금의 나보다 조금 더 주름이 많다. 주근깨도 조금 더 많다. 헐렁하고 부드러운 옷을 입고 있다.

"안녕." 내가 말한다.

"안녕." 그가 말한다.

"오늘 나 슬퍼." 내가 털어놓는다.

"슬퍼해도 괜찮아. 지금부터 일주일 동안은 슬프지 않을 거야. 내가 널 사랑하고, 너는 최선을 다하고 있잖아." 그가 말하자, 나는 그 말이 맞다는 걸 알았다. 나는 그의 배에 등을 기댄다. 단단한 압력이 나를 받쳐주면서 나는 혼자가 아니라고 말해주는 것을 느낄 수 있다. 그는 내 머릿속 어머니의 목소리를 잠재웠다. 몸뿐 아니라 마음에서도 어머니를 몰아냈다.

미래의 내가 그 일을 해준 것은, 그가 제3의 부모로서 갖는 권한이기 때문이었다.

자기양육self-parenting 연습을 통해 나는 서서히 건강한 자기대화를 배워갔다. 하지만 이 말은 꼭 해야겠다. 나의 여러 친구들과 지인들이 재양육을 통해 도움을 받았지만, 대부분은 그 과정이 무척이나 힘들었다고 말했다. 재양육에는 시간, 집중, 평정이 필요하다. 이미 닳아서 편안해진 신경 경로를 피해 새로운 방향으로 나아가려면 지적, 육체적 노력이 필요하다. 아무리 그 노력의 대가로 기쁨을 누린다 해도, 때로 그 기쁨은 슬픔을 동반하기도 한다. 우리가 받아 마땅한 친절함을 자신에게 표현하다 보면 우리가 받지 못한 친절함을 떠올리게 하기 때문이다.

트라우마는 그저 얻어맞거나 방치되거나 모욕받는 데서 오는 슬픔이 아니다. 그것은 트라우마의 한 겹에 불과하다. 트라우마는 우리가 **가질 수 있었던** 어린 시절에 대한 애도이기도 하다. 주변의 다른 아이들이 가졌던 어린 시절. 넘어져 무릎이 쓸리면 안아주고 입 맞춰주는 어머니를 가질 수도 있었다는 사실. 아니면 집을 떠나는 대신 꽃다발을 들고 졸업식에 참석하는 아버지를 가질 수도 있었다는 사실. 트라우마는 어른이 된 우리가 스스로를 **양육해야만** 한다는 사실에 대한 애도다. 닭 요리를 태워버린 뒤 배가 고픈 채로 울음을 터뜨리기 직전, 부엌에 서서 어머니에게 전화를 걸어 이 이야기를 털어놓고 괜찮다는 위로를 들을 수도, 어머니의 요리를 가져와 달라고 부탁할 수도 없다. 그 대신 신발 끈을 단단히 묶고 삶의 고통스러운 퍼즐을 직접 맞춰 나가야 한다. 다른 선택지가 뭐가 있겠는가? 그 누구도 문제를 대신 해결해주지 않을 것이다.

그 슬픔—상실의 슬픔—은 심판의 슬픔과는 다른 맛이다. 심판의 슬픔은 본능적이고, 노엽고, 폭력의 맛이 난다. 이 슬픔은 복수나 정의를 통해 치유할 수 있을 것 같은 느낌이 든다.

그러나 잃어버린 어린 시절에 대한 슬픔은 갈망과 불가능한 욕망을 닮아있다. 텅 빈, 결코 채울 수 없는 허기를 닮았다.

나는 스스로에게 내겐 엄마도 아빠도 **필요하지** 않다고 되뇌며 평생을 살았다. 그런데 이제야 그 허기가 유치한 것이 아닌, 보편적이고 원초적인 욕구임을 알아가고 있었다. 우리 모두 누군가 우리를 돌봐주기를 바라지만, 그래도 괜찮다. 명상을 할 때 나타난, 헐렁하고 부드러운 옷을 입은 여자는 부모와 완전히 똑같지는 않고, 앞으로도 마찬가지일 것이다. 그러나 그는 나를 품에 안아주며 속삭인다. "널 사랑하고 싶어." 나는 그의 품에 몸을 맡긴다.

35장

가족을 필요로 하는 법을 배우는 법, 그러니까 그들에게 의지하고, 나를 그들에게 내어주는 법은 조이와 사귀기 위해 배워야 했던 기술이었다.

크리스마스가 다가오고 있었고, 조이와 나는 쇼핑몰(조이 어머니에게 선물할 스웨터), 베스트바이(조이 아버지에게 선물할 드론), 포비든 플래닛(조이 남동생에게 선물할 만화책), 편의점(조이 할머니에게 선물할 휘트먼스 샘플러), 베라미트(조이네 집 막내에게 선물할 액세서리), 쉬르라타블르(조이 형에게 선물할 요리 도구)까지 발걸음해야 했다. 그게 다가 아니다. 그 밖에도 고모, 삼촌들을 포함한 중요한 타인들을 위해 준비한 선물들을 열 개도 넘게 찾아와야 했다.

온 동네를 돌아다니며 힘들게 번 돈으로 어머니에게 선물할 스웨터를 산다니 줄잡아 말해도 이상했다…. 난 원래 크리스마스를 정말 싫어했으니까.

아버지가 떠난 뒤, 고등학교 졸업반일 때 처음으로 크리스마스를 혼자 버텼다. 크리스마스 축제가 열리는 시내로 차를 몰고 나가 막대기에 꽂힌 핫도그를 하나 샀다. 눈송이 모양 장식이 달린 대관람차에 탄 커플들, 반들반들한 초록색 크리스마스 열차에 타고 웃는 아이들을 쳐다봤다. 그러면서 생각했다. **다들 한심해.**
순록은 한심하다. 캘리포니아의 크리스마스를 눈송이와 연관 짓
는 것도 한심하다. 자본주의는 전반적으로 **한심하다.** 축제를 떠나
는 길에 나는 노점을 지나치며 큼직한 산타 모양 풍선을 하나 훔
쳤고(이유는 모르지만 막대기가 달려있었다) 그날 밤 내내 방에서 혼
자 울었다.

한동안은 친구들의 가족들과 함께 크리스마스와 하누카를 보
냈다. 하지만 아무리 나를 친절하게 반겨준들 소외된 기분을 느
끼지 않을 수가 없었다. 다정한 부모들이 부엌을 돌아다니는 아
이들을 꼭 안아주는 모습을 보았다. 그들은 "사랑한다, **미요**(스페
인어로 '내 아들'이라는 의미 —옮긴이)"라든지 "언제 이렇게 컸니, **부
벨레**(이디시어로 아이를 부르는 말—옮긴이)?"라고 속삭였다. 저녁
식사를 할 때는 오랫동안 전해진 가족 이야기를 나누었으며, 식
사가 끝나면 친구들은 형제자매들과 소파 위에 뒤엉켜 누워 시
간을 보냈다. 너무나 아름다운 풍경이었다. 그리고, 내 것이 아니
었기에 몹시도 괴로운 풍경이었다.
  결국 나는 명절 모임에 더는 가지 않게 되었다. 크리스마스
가 존재하지 않는 척하려 애썼다. 일을 하거나, 그림을 그리거나,
DVD를 보거나, 더운 물로 목욕을 했다. 나 자신에게 공들인 식
사를 대접하거나, 길 건너 보호시설에 치즈케이크를 가져다주고
담배를 피우거나 농담을 주고받곤 했다. 하지만 그렇게 시간이

흐르다가도 결국 나는 새벽 2시, 데스 캡의 〈언젠가는 너도 사랑 받을 수 있을 거야(Someday You Will Be Loved)〉를 반복 재생하고 있었다.

환각버섯이 등장한 뒤로 크리스마스는 훨씬 견딜 만해졌다. 다들 예수의 탄생을 축복하지만 **진짜** 영적 체험을 하는 것은 나였다. 그래도 추수감사절이 지나면 긴장감이 찾아왔고, 〈북 치는 소년〉이 들리면 TV 채널을 바꿨다. 크리스마스 조명을 너무 많이 보지 않으려고 일부러 먼 길을 택했다.

그런데 조이를 만나기 시작하면서 그 모든 게 변했다. 조이는 크리스마스를 정말, **진심으로** 사랑했으니까.

크리스마스가 찾아온 건 우리가 사귄 지 고작 몇 달 되었을 때였다. 나는 조이에게 말했다. "난 가족 중심으로 돌아가는 크리스마스 산업엔 관심 없어." 조이는 내 말에 귀를 기울이며 고개를 끄덕였지만 수상할 정도로 말이 없었다. 그다음에 조이의 집을 찾았을 때, 집 안은 완연한 크리스마스 분위기로 꾸며져 있었다. 스토브 위에는 팟로스트가 준비되어 있고, 조명과 가랜드, 그리고 조이의 부모님이 쓰던 트리 장식 상자 옆의 텅 빈 크리스마스 트리까지. 마치 라이프타임 채널의 크리스마스 특집 영화 속에 들어온 기분이었는데, 평소에는 그런 것들을 경시하는 나인데도 이번만큼은 달랐다. 이번에는 내가 다른 사람의 크리스마스에 끼어든 게 아니었다. 그 모든 것이 나를 위한 것이었다.

며칠 뒤, 조이는 내게 핫초콜릿을 한 잔 건네주며 나를 데리고 크리스마스 조명으로 유명한 동네를 구경하러 갔다. 일주일 뒤, 크리스마스이브가 되자 조이는 그의 가족들과 함께 이틀 내내 크리스마스를 기념하자며 퀸스의 부모님 집으로 나를 초대했다. 내가 도착하자 조이의 가족은 웃으며 내게 자신들을 소개하고, 반갑다며 안아줬고… 그러더니 조이의 아버지가 곧장 짠 내를 풍기는 젖은 봉투를 흔들어 보였다.

　"조개 요리하는 법 아니?"

　"음… 대충은요? 화이트 와인이랑 마늘을 넣은 조개 요리 같은 거?"

　"난 모르거든. 여기 조개가 있다. 어떻게 요리하는지도 모르면서 사 왔단다." 그러면서 조이의 아버지는 내 양손에 봉투를 떠넘겼다. "자, 네가 만들어 봐라."

　태어나서 맞이한 가장 요란한 크리스마스였다. 모두가 고요하고 따뜻하게 서로를 꼭 끌어안고 있으면 부모님이 때맞춰 오븐에서 요리를 내오는 그런 크리스마스가 아니었다. 그 대신, 조이의 동생들은 아무도 자길 이해해 주지 않는다고 고함을 질러 냈고, 아버지는 한물간 미디어가 어떻고 저떻다며 투덜댔고, 어머니는 안경을 어딘가에 두고 잊어버린 바람에 비틀거리며 여기저기 부딪쳐 댔고, 가지 요리는 혼돈과 드라마에 휘말렸으며, 가족이 키우는 개는 마룻바닥에 똥을 쌌다. 아니, 마지막 이야기는 사실이 아니다. 부엌이 공사 중이었기에 개는 마룻바닥 대신 깔아놓은 거대한 판지 매트 위에 똥을 쌌다. 조이의 가족은 똥을 닦

아내는 대신 공작용 칼로 똥 주변의 판지를 네모 모양으로 잘라
내 버리고 계속 돌아다녔다. 어지간한 사회적 규칙은 창밖, 저 멀
리, 어쩌면 다른 동네까지 내던져 버린 것만 같은 곳이었기에 어
색해할 겨를이 없었다. 리모델링 때문에 모두 커피테이블을 가운
데 두고 거실 바닥에 둘러앉아 식사를 해야 했지만, 음식은 넉넉
하고 맛있었으며 조이의 가족들은 유쾌하고 다정한 데다가 **내가
함께 있다는 사실에 정말 기뻐했고** 또다시 엉망이 된 무언가를 치
우러 가느라 내 옆을 지나갈 때마다 황급히 그 말을 반복했다.

크리스마스이브 밤에는 모두가 늦게까지 깨어 서로에게 줄
선물을 만드는 것이 조이네 가족의 전통이었다. 상대가 만들고
있는 선물을 미리 보면 안 되기에 모두들 방에 들어갈 때마다 큰
소리로 자신이 왔음을 알렸지만, 결국 어쩔 수 없는 사고가 일어
나 고함 소리가 들려오곤 했다. 고함 소리가 멎고 모두 잠든 것은
새벽 4시였다. 아침이 되자 잠에 취해 포장한, 어마어마하게 사
려 깊은 선물들이 눈사태처럼 쌓여있었다. 조이가 내게 준 선물
은 클라다 링(사랑을 뜻하는 하트, 충성을 뜻하는 왕관, 우정을 뜻하는
두 개의 맞잡은 손 형상으로 이루어진 아일랜드 전통 반지 —옮긴이), 그
리고 막 피어나는 우리 관계에 대한 설렘을 담은 아름다운 러브
레터였다. 조이는 내가 크리스마스를 좋아할 수 있도록, 나아가
크리스마스가 상징하는 가치를 사랑할 수 있도록 특별한 시간을
만들고자 애썼다. 내가 가족에 속해 있는 걸 편안하게 느끼게 해
주고 싶었던 것이다.

조이의 노력이 성공한 것은 그의 가족 역시 나를 편안하게 해

주려 총력을 기울인 덕분이었다. 조이의 형제자매들은 내게 차와 만화책과 액세서리를 선물로 주었다. 조이의 할머니는 자꾸만 심한 아일랜드 억양으로 짓궂은 농담을 해댔다. "너 참 착하다, 스테파니! 너희 둘은 아직 한 번도 안 싸웠겠지? 방금 싸웠다고? 그럼 얼른 화해부터 해라. 그게 제일 재밌는 부분이니까." 그러면서 할머니는 내게 눈을 찡긋하며 팔꿈치로 쿡 찔러왔다. 조이의 어머니는 조이에게 내가 제일 좋아하는 파이가 무엇인지 미리 물어본 뒤 특별히 나를 위해 만들어 줬다. 라즈베리 배 파이였다. 또, 너무 커서 가져가기도 힘들 만큼 선물을 한 무더기 주었다. 주방용품, 향수, 립스틱, 모자, 양말, 스웨터는 물론 상상할 수 있는 따뜻하고 귀여운 온갖 물건들이었다. **너무 과한** 선물이어서, 큰돈을 쓴 어머니에게 죄송한 마음이 느껴졌다. 하지만 선물을 열어보는 우리를 보며 조이의 어머니는 환하게 웃었다. 어머니가 곱게 포장한 선물을 풀어보는 사람들을 바라보는 것이야말로 그분의 삶에서 가장 기쁜 일 중 하나인 게 틀림없었다.

조이 가족의 돌봄은 크리스마스가 지나고도 이어졌다. 어느 날, 조이의 어머니가 내게 가족에 관한 사연을 묻더니 이렇게 말했다. "뭐, 그 사람들은 잊어버리려무나. 이젠 우리가 네 가족이야. 너도 우리 가족이고." 조이의 형제자매들은 생일 파티는 물론 가라오케 바에 놀러 갈 때도 나를 초대했고 비밀 이야기도 해줬다. 낡은 가구를 내게 주고, 플레이리스트를 공유했고, 자기들이 좋아하는 만화를 같이 보자고 강권했다. 우리는 매년 여름 업스테이트 지역으로 가 성대한 파티를 열었고 숲속에서 줄다리기를 하기도 했다. 가족에 대한 불안을 조이의 어머니에게 말했을 때, 어머니는 눈물을 글썽거리며 내 손을 잡고 말했다. "나는 영영 널 떠나지 않겠다고 약속하마."

함께 보낸 두 번째 크리스마스에서, 조이의 어머니는 여태까지 내가 가족 모임에서 입기에는 너무 노출이 심하다고 생각했던 옷 한 아름(하지만 그분이 내가 귀여워 보이기를 바라고 내 엉덩이를 뽐내기를 바란다면야 상관없다는 생각이 든다), 조이와 나의 집에 둘 머그컵이며 가전제품, 샐러드 볼을 비롯해 다른 가족들의 말도 안 되는 후한 마음씨와 뒤섞인 온갖 물건들을 선물로 줬다. 조이는 이번에도 "크리스마스를 좋아하게 되는 게 좋을걸" 캠페인을 이어가며 직접 만든 나무 시계를 선물로 줬다. 그날 이후 우리는 앞으로 함께할 10년간의 미래를 그려가게 되었다.

이렇게 나의 진단, 실직, 명상으로 범벅된 미친 한 해를 무사히 보낸 우리는 이제 곧 세 번째 크리스마스를 함께 보내게 될 터였다. 나는 조이가 또 어떤 장난을 보여줄까 설레었다. 하지만 선물을 모두 열어보고 포장지를 구겨서 봉투 안에 집어넣은 뒤에도 여전히 조이의 선물은 없었다. 그때, 조이가 가족 모두에게 봉투를 하나씩 건넸다. 봉투 안에는 퍼즐 조각이 하나씩 들어있었다.

오래전, 아이들이 어렸던 시절 어느 크리스마스에 조이의 아버지는 단서를 따라 선물을 찾는 복잡한 보물찾기를 계획했다.

아이들은 전부 보물찾기에 홀딱 빠져서 그 뒤로 서로에게 보물 찾기 행사를 열어주곤 했다. 그 해에는 조이가 가족 전통을 잇기로 했다.

우리는 두 팀으로 나뉘어 보물을 찾기 시작했다. 각 가족 구성원마다 각자의 단서가 주어졌다. 첫 번째 단서는 〈해리 포터〉에 나오는 소망의 거울을 찾아 거울에 비친 모습을 바라보라는 것이었다. 그다음에는 〈릭 앤 모티〉에서 유래한 농담, 다시 체스 퍼즐, 그다음에는 음표의 높낮이를 바꾸는 단서가 주어졌고, 우리는 C-A-B-B-A-G-E라는 단어에 도달했다. 그 속에 다음 단서가 숨겨져 있다고 했다. 3시간짜리 보물찾기를 하는 내내 우리는 단서에 따라 자물쇠를 따고, 술을 홀짝이고, 성경에서 단서를 찾고, 수학 문제를 풀어야 했다. 그러다 보니 모두가 계단 위에서 서로 만나게 되었다.

조이의 형이 쓰던 방문에는 커다란 뉴욕 지도가 붙어있었고, 양옆에 인덱스 카드 몇 장이 붙어있었다. 각 카드에는 우리 관계의 중요한 순간들이 나열되어 있었다. 조이가 처음으로 내게 사랑한다고 말한 순간, 그가 나를 데리고 간 뉴욕 시내 여행, 나의 예전 집. 그제야 나는 알아차렸다. 퍼즐을 풀자, 마지막 단서가 나왔다. 내가 혼자 조이의 할머니 댁으로 가야 한다고 했다. 나는 덜덜 떨며 울기 시작했고, 아무리 찾아도 신발이 보이지 않았다. 그래서 조이의 어머니가 나를 벽장 쪽으로 조심스레 데리고 가서 당신의 어그 부츠를 신겨줬다. 나는 내내 긴장감과 흥분감으로 딸꾹질을 해대면서 할머니 댁을 향해 걸었다.

조이는 할머니 댁 거실, 가족사진들이 붙은 벽 옆에 서서 나를 기다리고 있었다. "이 사진 속 사람들 모두가 너를 정말 사랑해." 내가 과호흡에 시달리며 눈물을 줄줄 흘리는 가운데 그가 나직하게 말했다. "그리고 그럴 만한 이유도 충분하지. 넌 정말 멋진 사람이야. 그리고 너만큼 날 편안하게 해주는 사람은 아무도 없어. 내가 네 집이 되어주고 싶어, 영원히. 네가 내 가족이 되어주었으면 좋겠어. 나와 결혼해 줄래?" 조이가 한쪽 무릎을 꿇더니 벨벳 상자를 열었다. 그 속에는 너무나도 아름다운 반지가 들어 있었다.

나는 고함을 질렀다. "맙소사, 조이, 이건 아니지! 이거 다이아몬드잖아! 엄청 비싼 거 아니야? 큐빅 지르코니아를 샀어야지!"

그러나 그러면서도, 나는 좋다고 대답했다.

조이의 가족 모두가 집에서 우리를 기다리고 있었다. 조이의 형제들 모두가 마음을 다해 나를 꼭 안으며 맞이해줬고, 조이의 남자 형제 중 한 명은 이렇게 말했다. "스테파니보다 내 동생을 아껴줄 더 좋은 사람은 떠오르지 않아요. 또 내 가족이 되고, 내 삶에 들어오게 될 더 좋은 사람도 없을 것 같아요." 조이의 어머니는 나를 안고 내 어깨에 고개를 묻은 채 울음을 터뜨리더니 샴페인을 땄다. 조이의 할머니는 내 손을 꼭 잡아주고는 그대로 소파에 앉은 채 내 옆에서 잠들었다.

선물은 반지가 아니었다. 심지어 청혼도 아니었다. 조이의 선물은 지난 3년간 이어진 바비큐 파티와 방 탈출 게임과 라즈베리 배 파이, 유월절 기도와 한밤의 영화 상영회였다. 조이의 선물은 내가 이사를 하거나 설거지를 하거나 어떤 보드게임을 사야 할지 결정하는 데 도움이 필요할 때마다 언제나 나를 도와줄 누군가가 있었다는 사실이었다. 나를 자신들의 일부로 생각하는, 믿을 만한 사람들로 이루어진 가족이 조이의 선물이었다. 어딘가에 소속되었다는 느낌이었다. **넌 우리 가족이야.**

그 뒤로 며칠이나 잠을 이룰 수가 없었다. 너무 행복했다. 도저히 믿기지가 않았다. **어떻게 이런 일을 할 수가 있지? 어떻게 나처럼 미친 사람과 평생을 함께하기로 할 수 있는 거야?** 스스로에게 자문하다 보니, 경이감과 함께 깨달음이 찾아왔다. **드디어 누군가가 나를 보살펴 주고 싶게 된 거야. 누군가가 나를 이렇게 많이 사랑해 주게 된 거야. 누군가가 내 곁에 머무르고 싶어 하는 거야.**

나는 어둠 속에서 몸을 돌려 조이의 다정한 얼굴을 바라봤다. 잠들어 있었는데도 그는 내 몸짓에 반응하듯 내 쪽으로 몸을 굴려 나를 꼭 안아줬다.

5부

괴물을 기다리는 사이,
나는 춤을 춘다

36장

2019년 1월, 진단을 받고 거의 1년이 지났을 무렵, 마침내 여태까지 고생한 대가를 즐겨도 된다는 생각이 들었다. 사랑하는 남자와 약혼했다. 프리랜서 일은 마침내 궤도에 올랐다. 꾸준한 일감이 생겼고 소득도 직장을 그만두기 전과 비슷해졌다. 또, 자기진정 기법들도 효과를 발휘하고 있었다. 대체로 의심보다는 감사를 느꼈다. 주변 사람들도 훨씬 친절해진 것 같았다. 카페에서 공짜 스콘까지 받았다! 지하철에서 말을 걸어오는 사람들도 있었다! 그 이유를 알기까지는 시간이 조금 걸렸다—나는 예전보다 덜 두려운 채로 세상을 돌아다니고 있었던 것이다. 나는 웃었고, 믿고 있었고, 열려있었다.

유타주에서 열리는 선댄스영화제를 향하며 야심차게 새로운 한 해를 시작하기로 했다. 라디오 스토리를 위한 라이브 공연을 펼칠 예정이었다. 그곳에 있을 때 어린 시절 가장 친한 친구였던 캐시를 만나 자연을 즐길 것이다. 온천욕을 하고, 어쩌면 스키도 타고. 나는 이번 여행이 다가올 한 해를 상징하기를 바랐다. 두려움이 아닌 모험으로, 고립이 아닌 우정으로, 자기혐오 대신 성공으로 가득한 해 말이다.

비행기를 타려고 델타항공의 터미널을 헤치고 지나가는 순간, 아무런 예고도 없이 찌르는 듯한 격렬한 통증이 찾아왔다. 너무나 갑작스럽고 또 충격적인 통증에 발걸음을 우뚝 멈추자 슈트케이스만 혼자 저만치 굴러갔다. 월경 중이기는 했지만 월경통은 아니었다. 누군가 내 몸속에 낚시바늘을 찔러넣고 걸음을 옮길 때마다 끌어당기는 것처럼 날카로운 아픔이었다.

여행 내내 아픔이 간헐적으로 찾아왔다. 걸으면 통증이 심해졌지만 진흙투성이 온천에 들어가 있으면 누그러졌다. 여행에서 돌아온 뒤 여성의학과를 찾았다. 의사는 몇 가지 검사를 했다. 피검사, 초음파 검사, 그리고 몸속에 카메라를 쑤셔 넣고 아주 많이 꿈지럭거리는, 불쾌한 자궁 스캔까지. 검사가 모두 끝난 뒤 의사는 나에게 일어나 앉으라고 하더니 사무적인 목소리로 말했다. "음, 자궁내막증인 것 같습니다."

"뭐라고요? 그게 뭔데요?"

"음, 자궁내막이 자궁 외부로 자라나는 거예요. 나팔관 주변, 골반 주변, 때로는 허리 쪽 장기나 근육 주변으로 자라기도 하죠. 수술을 위해 몸을 열어보기 전에는 확인할 수 없는 병입니다. 치료법도 없고요. 그저 고통을 완화시키고, 자궁내막이 과도하게 자라지 못하도록 호르몬을 투여하는 방법도 있어요. 그러다가 정말 심하게 악화된다면 내막 절제 수술을 하는 방법도 있지만, 그런 일은 가능하면 없어야겠죠."

내 머릿속에 처음으로 떠오른, 그리고 곧이어 입 밖으로 튀어나온 말은, "전 복합 PTSD 환자예요. 그게 원인일까요?"

"자궁내막증은 여성 열 명 중 한 명이 경험하는 병입니다. 이상할 것 없는 흔한 질병이에요. 그리고 정신 건강 이야기는 정신과 의사한테 찾아가서 하세요. 저한테 하지 마시고요."

그 직설적인 말에 나는 움찔했지만, 이미 예전에도 비슷한 말을 들은 적 있었다. "정신과 의사한테 말하세요. 당신의 뇌는 육체적 건강과는 아무런 관계가 없어요." 그 말이 완전히 틀린 게 아니라는 걸 아는데도 소중한 몇 분을 써서 그 의사에게 트라우마가 뇌와 신체의 시스템에 영향을 미친다는 강의를 해주자니 자의식 과잉이 아닌가 싶었다.

의사는 자궁내막증이 진행되면 월경 기간이 점점 고통스러워질 것이라고 했다. 나는 이미 월경 기간을 힘들게 보내고 있지만, 그래도 그건 주로 정신적인 문제였다. 월경 전 주에 심한 분노와 우울을 유발하는 심각한 월경 전 불쾌 장애를 겪어온 지 오래였다. 그런데 앞으로는 정서적인 **동시에** 육체적인 통증까지 느끼게 된다는 모양이었다. 음, 의사는 자궁내막증의 진전을 늦추기 위해 월경을 완전히 멈추도록 하는 게 좋겠다고 했다.

"월경을 어떻게 멈추게 하는데요?"

"피임약을 먹는 거죠." 의사는 나를 쳐다보지 않은 채 컴퓨터에 무언가 입력했다.

"잠깐만요, 저는 피임약 알레르기가 있어요. 몇 번 복용했는데 매번 온몸이 발진으로 뒤덮였어요. 흉터가 남을 정도로 심했죠."

"자궁 내 피임기구는요? 구리 루프를 삽입했다고 쓰여있네요. 미레나는 어때요?"

"미레나는 우울감을 유발해요. 미레나를 삽입했던 두 달 동안 자꾸 자살 충동을 느꼈어요." 나는 나직하게 대답했다. "피임기구를 제거하는 게 나을까요? 그러면 도움이 될까요? 그러니까, 이 피임기구 때문에 월경 기간이 더 힘든 거 맞죠?"

"그럴 필요는 없어요. 구리 루프에서는 호르몬이 나오지 않기 때문에 제거해도 달라질 건 없습니다. 음. 좋아요. 그러면 강제로 조기폐경을 유도해야겠네요. 루프론 주사를 처방해 드리죠. 피부 열감, 기분 변화 같은 것들을 유발하겠지만 월경은 멈출 겁니다."

의사의 매너는 최악이었다. 마치, 그 모든 게 아무것도 아니라는 것처럼 말했다. "잠깐만요!" 나는 머릿속을 샅샅이 뒤졌다. 나는 피임약을 종류별로 거의 다 시도해 보다시피 했지만 어떤 약을 먹어도 우울해졌다. 하지만 정해진 시점보다 약 20년 일찍 폐경을 맞는 것 역시 정신 건강에는 그리 좋지 않을 게 분명했다. 도저히 무엇을 선택해야 할지 알 수 없었다. 신체 건강과 정신 건강 중 무엇을 우선해야 하는 걸까? 당연히 신체 건강과 정신 건강이 밀접하게 얽혀있다는 걸 나는 알았다. 정신 건강이 흐트러지면 당연히 신체 건강도 좋을 수 없다. 정신 건강에도 영향이 가겠지만, 약물치료를 삼가고 고통을 참을까? 아니면 신체 건강을 위해 약물치료를 받되 정신 건강이 망가지는 걸 감수할까?

"저한테 선택지가 있기는 한 걸까요? 꼭 무슨 조치를 해야 하는 건가요? 다른 방법은 없을까요?"

"약물치료를 시작하지 않는다면 아픔은 점점 커져서 결국 참기 힘들 정도가 될 거예요. 이 점에 있어서는 제 말을 믿으세요."

의사는 그렇게 말하며 웃었다. "너무 아파서 아픔 말고는 **아무것도** 생각하기 힘들다는 환자들이 한둘이 아니에요. 분명 엄청나게 고통스러울 겁니다."

"알았어요." 나는 포기하기로 했다. "몇 년 전에 누바링(월경 기간에만 착용하는 자궁 내 피임기구의 상표명 — 옮긴이)을 쓴 적이 있었어요. 그때도 굉장히 우울하긴 했지만 그래도 제가 시도해 본 호르몬 조절 중에는 그나마 나은 편이었던 것 같아요. 방법이 그것뿐이라면…."

"방법은 그것뿐이에요. 잘됐네요! 누바링 처방전을 써드리겠습니다."

"죄송하지만 선생님은 이해 못 하시는 것 같아요. 잘된 게 아니라고요. 저는 앞으로 굉장히 우울해질 거예요." 차가운 회색 진료실 안에서 종이 가운을 걸친 채로 나는 몸을 꿈지럭거렸다.

"우울해지시면 졸로프트 처방전을 써드리죠. 그거면 해결될 겁니다." 의사는 쾌활한 어조로 말하더니 다음 환자를 만나러 진료실을 나가버렸다.

인생을 완전히 바꿔버리는 이 소식에 다리가 달달 떨린 나머지 나는 택시까지 타고 집으로 간 뒤 "자궁내막증"을 검색했다. 어느 연구에 따르면 아동기 트라우마에 시달리는 여성은 고통스러운 자궁내막증에 걸릴 확률이 80퍼센트 더 높다고 했다.

당연히 그렇겠지.

일반적으로 PTSD가 남성들의 전유물로 여겨지는 것은 우리 사회의 엄청난 성차별적 아이러니다. PTSD는 **전사들의** 질병이자, 해외의 어느 위험한 사막이나 정글에서 전투를 벌인 경험으로 인해 얻게 된 정신의 어두운 그림자다.

그러나 실제 통계가 보여주는 사실은 그 반대다. 여성은 남성보다 PTSD를 겪을 확률이 두 배 높다. 여성 중 10퍼센트가 살면서 PTSD를 겪을 것으로 예상되는데, 이는 남성의 경우 고작 4퍼센트라는 것과 대조된다. 하지만 여성의 정당한 트라우마를 인정하게 만든 전 세계적 #MeToo 운동 이후에도 트라우마 치료를 위한 노력은 충분하지 못했고, 전쟁의 영광이 남긴 그림자 속에서 한발 늦게 찾아온 생각으로 남았다. 매번 그런 식이었듯이.

주디스 허먼은《트라우마》에서 여성이 현대 정신분석의 발전에 주요한 역할을 했음에도 우리의 고통은 매번 방치되고 무시되었다고 주장한다. 대화 치료의 최초 환자는 선두적 정신분석가인 요제프 브로이어의 환자였던 안나 O.였다. 안나는 트라우마가 정신병으로 발전할 수 있음을 이해하는 데 핵심적 역할을 했다. 지크문트 프로이트는 여성의 "히스테리"가 아동기 성폭력에서 기인한다는 가설을 처음 세운 사람이지만, 그 가설대로라면 그가 정신분석을 수행하던 비엔나의 호화로운 동네가 성적 학대자와 아동 성추행범이 넘쳐난다는 의미라는 것을 알고 나서 그 이론을 철회했다.[47]

100년이 지난 지금도 과학계는 여성과 트라우마가 맺는 관계를 숨기려 든다. 불과 얼마 전까지만 해도 쥐로 트라우마 실험을 하는 PTSD 연구자들은 **수컷** 쥐만 실험에 이용했다. 그러나 암컷 쥐로 트라우마 연구를 시작한 뒤, 그들은 전기 충격에 대한 암컷 쥐들의 반응이 수컷들과 크게 다르다는 사실을 알았다.[48] 수컷 쥐들이 전기 충격을 받았을 때 꼼짝도 하지 못하고 가만히 있는 것과는 달리 암컷 쥐들은 탈출하고자 내달렸다. 여성 신체에 대한 과학적 연구의 부족은 PTSD가 인간 남성과 여성에게서도 완전히 다른 양상으로 발현된다는 점 때문에 의미심장하다.

증상을 살펴보면, PTSD를 가진 남성은 분노, 편집증, 과장된 놀람 반응을 보일 가능성이 크다. 여성은 회피하거나 기분장애, 불안장애를 갖게 될 가능성이 크다. 여성은 주로 자신의 감정을 통제하는 데 집중하는 반면 남성은 문제 해결에 집중한다. 여성은 스트레스 상황에 종종 보살핌과 어울림tend-and-befriend 반응으로 대응하는 반면 남성은 투쟁 또는 도피fight-or-flight 반응으로 대응한다. 여성은 전반적으로 남성보다 더 많은 사회적 지지를 필요로 하고, 정신치료의 효과도 더 많이 본다. 또, 자책을 많이 하는 경향이 있다.[49]

그러나 남성과 여성의 PTSD 경험에 존재하는 차이를 확실히 아는 사람은 없다.

매사추세츠 종합병원의 인지신경과학자이자 강사인 조 앤드리아노Joe Andreano는 특히 월경 주기 중에 일어나는 뇌의 변화를 연구했다. "학술대회에서 만나는 여성들이 나에게 이 연구를 한다는 게 용기 있는 일이라고 말하는 경우가 많습니다." 그는 내게 이렇게 털어놓았다. "그러고 나면 그들이 제 연구를 용기 있는 것으로 바라본다는 사실에 약간 겁을 먹게 되죠. 그러니까, 뭘… 두려워해야 하는 거죠?"

참고로, 나는 과학계의 남성인 앤드리아노가 연구 주제를 대하는 태도에는 과학적 객관성, 여성 경험에 대한 연민, 그리고 학술대회에서 월경전증후군에 대한 농담을 하는 동료 남성 과학자들에 대한 적대감이 잘 버무려져 있다고 생각한다.

남성 과학자들이 그런 농담을 하는 건, 앤드리아노가 연구를 통해 중간황체기(배란 후 월경 주기의 후반부)에 월경하는 여성의 정서적 자극 수준이 높아지고 정서와 기억 사이의 연관관계가 더 긴밀해진다는 사실을 알아냈기 때문이다. 이 발견은 "여자들이 월경전증후군 때문에 히스테리를 부린다"보다는 더 복잡한 것이다. 두 가지가 연결되어 있다는 것은, 만약 여성들이 불운하게도 이 기간 동안 학대를 당하면 그 학대가 우리의 기억에 더 깊이 새겨지고 뇌 속에 부호화될 수 있다는 의미다. 이런 기억은 긍정적인 기억보다 부정적인 기억으로 자주 돌아가게 되는 부정적 기억 편향을 불러일으킬 수 있다. 요점을 정리하자면, 월경 주기의 특정한 시점에 트라우마를 경험하는 경우 PTSD나 우울증에 더욱 취약해질 수 있다는 것이다.

"그러나 편도체는 내분비 조절과 스트레스 반응 조절에도 역할을 합니다." 앤드리아노가 내게 설명했다. "그렇기에 이런 변화는 비단 행동이나 기억에서만 일어나는 것이 아닙니다. 신체 호르몬이 스트레스에 반응하는 방식에도 변화가 생기지요. 스트레스 호르몬과 성호르몬 체계는 서로 긴밀하게 연관되어 있습니다.

둘 중 하나가 변하면 다른 하나에도 영향이 생깁니다. 성호르몬이 교란되면 스트레스 호르몬도 교란되고, 나아가 또다시 성호르몬이 더욱 교란되는 식이지요."

"무한한 순환에 갇힌다는 말씀이시군요." 나는 그에게서 들은 말들을 종합해 이런 결론을 내렸다.

"그렇습니다."

이제야 이해가 되기 시작했다. 여성들은 월경 주기의 특정한 시기에 트라우마에 더욱 취약해진다. 나아가 이 트라우마는 여성들이 건강하지 않은 성호르몬 변화에 취약해지게 만든다. 그 사실은 트라우마를 겪은 아이들이 2차 성징을 더 빨리 겪는다는 사실로 입증할 수 있다. 또, 어린 시절 트라우마를 겪은 여성들은 고통스러운 자궁내막증을 겪을 가능성이 80퍼센트 더 높다.[50] 월경 전 불쾌 장애를 겪을 가능성도 더욱 크고, 자궁근종이 생길 가능성도 더 크다.[51] 임신 능력에도 영향을 미칠 수 있다.[52] 산후우울증,[53] 폐경기 우울증에 걸릴 위험성도 더 높다.[54]

드디어 운명이 문을 두드렸다. 수많은 책들이 경고했던 열감과 건강 위험을 겪을 나이가 될 때까지 기다릴 필요가 없었다. 그것들은 벌써 내게 다가왔으니까.

자궁내막증 진단을 받은 뒤, 나는 친구 젠에게 전화해 울먹였다. "이제야 행복해지는 줄 알았는데. 이제 막 모든 게 해결되려는 찰나였는데. 이제야 **치유하고** 있었는데. 그런데 다시 누바링을 삽입해야 하게 됐어. 분명 우울해질 거야. 다시 출발점으로 돌아가고 말 거야."

내가 아는 사람 중 가장 공감능력이 뛰어난 젠이 전화기 너머에서 나와 함께 울어주기 시작했다. "오, 스테프." 젠은 코를 훌쩍이며 한숨을 쉬었다. "너 정말 열심히 했잖아. 지금까지 많은 걸 배웠고. 그러니까 그렇게까지 가혹하지는 않을지도 몰라."

하지만, 실제로는 그만큼 가혹한 일이었다.

누바링을 삽입하자 예상대로, 그것도 지독하게 우울해졌다. 외음부 통증이 너무 심해서 탐폰도 사용할 수 없을 정도였다.

우울감을 잠재우기 위해 렉사프로를 복용하기 시작했다. 내가 복용한 세 번째 선택적 세로토닌 재흡수 억제제였다.

평생 동안 사람들은 약을 먹으면 내가 "고쳐질" 거라 생각하며 약물치료를 권했다. 대학 시절, 프로작을 먹으면 머릿속이 멍하고 집중할 수가 없어 약을 끊자 한 친구는 단약하는 것이 내가 "충분히 노력하지 않고" 또 내 정신 건강을 최우선으로 두지 않고 있다는 의미이기에 더는 나를 돌봐줄 수 없다고 말했다.

10년이 지난 뒤, 또 다른 친구 한 명도 나의 끝없는 불만에 지쳐버려서 항우울제를 먹으면 내가 "덜 이기적인 사람이" 될 수 있을 거라고 했다. 그 당시 내 심리치료사이던 서맨사는 약을 먹는 게 좋은 생각이 아니라고 했다. 내 문제를 해결해 나가는 것이 중요하지, 무감각하게 만들어 버려서는 안 된다고 했다. 그러나 나는 이기적인 사람이고 싶지 않았기에 서맨사의 말을 무시하고 웰부트린을 복용하기 시작했다. 웰부트린은 공황발작을 악화시키고 조증 상태를 유발했다. 다행히 분당 심박수가 100 이상으로 치솟았음을 깨닫고는 곧장 단약했다.

웰부트린을 끊은 뒤, 그리고 복합 PTSD 진단을 받은 뒤, 나는 상당한 시간을 들여 선택적 세로토닌 재흡수 억제제가 PTSD, 우울증, 불안을 한번에 해결하기 어렵다는 내용의 연구 결과들을 읽었다. 친구들 중에는 약 없이는 잠을 자거나 일을 하는 것은 물론 하루를 제대로 보낼 수 없는 이들이 여럿 있다. 약이 자신에게 잘 맞는다면 먹으면 된다. 더 힘이 되겠지! 하지만 약의 효과를 보지 못하거나 오히려 약 때문에 상태가 더 나빠지는 사람들도 무척 많다. 임상 실험에서는 항우울제가 플라시보 효과를 뛰어넘지 못한 경우가 절반이 넘었다. fMRI 기술로 무장한 뇌과학자들은 이제 우리가 태생부터 화학적으로 불균형했다고 가정하는 건 알보다 닭을 우선시하는 일임을 알고 있다. 트라우마는 우리 뇌의 구조, 그리고 화학 반응과 호르몬 반응을 변화시키기 때문이다. 그렇기에 상황이 바뀔 것이라 기대하며 뇌에 반대 작용을 하는 호르몬을 집어넣는 치료는 더 이상 하지 않는다. 그 속에 잠재한 근원적인 문제인 트라우마를 치료하려 한다.

그래서 나는 무척이나 망설이며 렉사프로를 먹었다. 또, 약물의 효과가 없다면 스스로를 탓하지 않겠다고, 또 내 몸에 맞지 않는 약을 계속 쓰면서 건강을 위험에 빠뜨리지 않겠다고 단단히 마음을 먹었다. 처음에는 렉사프로를 먹어도 조금 나른해지는 것 말고는 딱히 변화가 없는 것처럼 느껴졌다. 몇 주 뒤, 몸 상태가 확실히 조금 나아진 게 분명해졌는데, 그건 내가 잠을 아주 많이

자기 때문이었다. 나는 하루에 10시간씩 자면서도 하루에 두 번
은 책상에 앉은 채로 꼬박꼬박 졸았다. 저용량으로 약을 복용하
기 시작한 뒤 두어 달이 지났을 때, 나는 동네 저쪽에 있는 공원
으로 차를 몰고 가서 딱 5분 경치를 감상할 생각이었다. 그러다
가 나도 모르게 2시간이나 잠들어 버렸다. 이 정도로 심각한 졸
음이 주야장천 쏟아지다니 위험하다는 생각이 들었다. 그래서 나
는 약을 끊고 내 슬픔을 여태까지 얻은 다양한 도구로 관리해 보
기로 했다.

하지만 그 도구들을 예전만큼 쉽게 사용할 수가 없었다. 우울
함 때문에 높아진 스트레스로 관절에 염증이 생겨 회복 요가건
뭐건 요가를 할 수 없을 정도였다. 이제는 명상도 가능한 선택지
가 아니었다. 바디스캔을 하려고 자리에 누우면 다른 부위의 통
증이 너무 요란해서 양 손바닥에 닿는 공기에 집중할 수가 없었
다. 음성 가이드가 있는 고통 완화 명상을 시도해 보기도 했지만
도움이 되지 않았다. 내 몸에, 과정에 집중하는 것이 마치 두려움
과 배신감, 분노의 파도를 불러일으키기라도 한 것 같았다. 내 온
몸을 돌아다니는 염증에 대한 두려움, 임박한 죽음에 대한, 또 다
른 ACE 점수 통계가 될 거라는 두려움. 그리고 한 번도 내 것처
럼 느껴진 적 없었던 신체로부터 그 어느 때보다도 더 분리되고
싶다는 배신감. 그리고 분노―어머니의 손이 또 한 번 나를 아프
게 하려고 시공간의 법칙을 거슬러 다가오고 있는 것만 같았으
니까. 뺨을 맞고 바닥에 쓰러졌을 때, 옷걸이로 두들겨 맞았을 때
느꼈던 아픔은 여전히 사라지지 않았다. 그 아픔은 여태 관절과

자궁 속 깊은 곳에 숨어있었다. 나는 여전히 벌을 받고 있었다.

도구가 없는 데다가 호르몬제 복용으로 더욱 악화된 복합 PTSD 증상은 그 어느 때보다도 더 강해져 다시금 돌아왔다.

나는 최선을 다했다. 정말이다. 맞서 싸우지조차 않고 유사流沙 같은 복합 PTSD의 손아귀 속으로 다시 끌려 들어간 것이 아니다. 앤 라모트Anne Lamott가 쓴 책들, 수전 콜론Suzan Colón의 책 《요가 마인드Yoga Mind》를 읽었고, 에솔렌 연구소(영적 성장을 위한 워크숍과 프로그램을 제공하는 캘리포니아의 휴양 센터 —옮긴이)며 지역 선禪 센터가 제공한 팟캐스트를 매일같이 들었다. 내 세계가 오로지 생존만을 생각할 수 있을 만큼 협소해진 상황에서도, 생존이면 충분하다는 사실을 이해하려고 노력했다. 살아있다는 사실을 한껏 느끼려고 노력했다. 해초를 넣은 오트밀을 먹을 때 마음챙김 먹기를 하려고 노력했다. 미국의 비구니 페마 초드론Pema Chödrön이 쓴 글도 읽었는데, 그 글에서는 "내가 느끼는 고통의 결과로 인해 인간됨의 의미를 더욱 잘 알게 되었는가?"라고 질문해 보라고 제안했다. 고요함의 가치를 이야기하는 제니 오델의 《아무것도 하지 않는 법》을 읽고 내가 무엇을 **할 수 없다** 해도 괜찮다고, 이는 오히려 과로라는 자본주의 문화를 향한 격렬한 제안일 수 있다고 생각하려 애썼다. 바깥에 앉아 새들을 바라보며 많은 시간을 보냈다.

심리치료도 계속했다. 음, 한동안은 말이다. 나더러 내 성격들을 그림으로 그려보라고 했던, 트라우마 학교의 스웨터조끼 선생과 치료를 시작한 지 몇 달이 되던 시점이었다. 그는 치료를 처음 시작할 때 6개월 내로 기분이 상당히 나아질 거라고 장담했지만, 약속한 6개월이 거의 다 되어가는데도 내 상태는 최악이었다. 그래서 어느 날 나는 치료실에 들어가자마자 내 몸을 내가 통제할 수 없다는 사실이 얼마나 화가 나는지 고함을 질러대기 시작했다.

"그래요. 힘들 겁니다. 스스로를 돌보려 최선을 다하고 있지만, 이 상황이 억울해서 절망감을 느끼고 계시는군요." 그는 특유의 신중한, 치료사다운 말투로 그렇게 말했는데, 그 말투 때문에 화가 나서 미칠 것만 같았다. "EMDR을 해보시겠습니까? 아니면 진정 기법을 한번 시작해 볼까요?"

"대체 우리가 이 치료에서 하고 있는 게 뭔가요?" 나는 그에게 쏘아붙였다. "선생님께 이 질문을 수도 없이 했는데, 오늘은 제대로 된 대답을 듣고 싶어요. 제 치료 계획은 어떻게 되죠? EDMR을 하면 정확히 어떻게 되어야 하는 건데요? IFS를 하면요? 아니면 CBT를 하면요? 이 문제를 해결할 다른 방법은 도저히 없는 거죠? 그러니까, 우리는 어떤 단계에 있는 건데요? 다음 단계는 뭐예요? 대체 언제쯤 효과를 보는 거예요? 제 숙제는 뭐고, 치료 계획은 뭐예요?"

"스테파니가 왜 계획이 있어야 한다고 느끼는지 이야기해 봅시다." 그가 말했다. "스테파니는 이 과정을 신뢰하지 않는 것 같아요."

"이 과정에 대해 조금 더 이해하고 나면 믿음이 더 생길 것 같은데요."

"어쩌면 지금 느끼는 불신의 뿌리는 스테파니가 가진 신뢰 문제, 그리고 저에 대한 신뢰에 있을 것 같기도 합니다. 지금 느끼는 감정이, 어쩌면 스테파니가 가진 강박적인 통제욕이 수면 위로 떠올라서인 건 아닌지 이야기해 볼까요?"

내가 사용할 수 있는 트라우마 도구가 하나라도 남아있어서 다행이었다. 이제 와 생각해 보면, 아마 그게 가장 중요한 도구였던 것 같기도 하다. 바로, "이건 저에게 필요한 게 아니에요. 안녕히 계세요" 하고 말할 수 있는 능력이다.

여러 의사들이 내가 제정신이 아니라고, 약을 먹고 발진이 생기고, 미레나를 삽입하고 우울해진 게 정신신체 증상이라고 했다. 여러 의사들이 내 구리 루프에는 호르몬 부작용이 없기 때문에 내 기분에도, 자궁내막증에도, 호르몬에도 영향을 미칠 수 없다고 했다. 여러 의사들이 내게 틀린 진단을 내리고, 내가 내 몸에 대해 모른다고 가스라이팅한 대가로 수백 달러를 받아 갔다.

그러나 이번에는 의사들이 내 현실을 부정하게 내버려두지 않을 생각이었다. 나는 완전히 질려버렸으니까.

그날 이후로 심리치료사를 더는 만나지 않았다. 내가 받는 치료의 속성에 관한 정보와 구조를 알고 싶어 하는 것은 병으로 취급받아서는 안 되는 것이었다. 그건 정당한 요구고, 존중받아 마땅했다.

또, 정신 건강에 대해서는 정신과 의사와 상담하라고 말했던 여성의학과 의사도 더는 만나지 않았다.

그러고 싶지 않았다. 나는 내 말에 귀를 기울이는 사람들이 필요했다.

나는 골반통 장애가 전문 분야인 새로운 여성의학과 의사를 만났다. 새 의사가 요구한 접수 서류를 작성하는 데는 다른 의사들의 서류보다 시간이 오래 걸렸는데, 한 섹션 전체가 트라우마, 그리고 학대 경험 여부를 다루고 있었기 때문이다. 상담을 위해 마주 앉았을 때 의사가 한 첫 번째 질문은 "어떤 학대였습니까?"였다.

내가 놀란 표정을 짓자 의사가 말했다. "괜찮아요. 원치 않는다면 말하지 않아도 좋습니다."

나는 씩 웃었다. "아니, 아니, 그럴 리가요! 말하고 싶어요! 꼭이요! 그냥 놀란 거예요!"

에밀리 블랜튼 박사는 성급하지 않았다. 시간을 들여, 한 시간 꼬박 나를 조심스럽고 꼼꼼하게 검사하고 설명해줬다. 장갑을 벗으며 그가 말했다. "제 생각엔 지난 20년간 스테파니가 고질적인 염증에 시달린 건 자궁내막증의 결과인 것 같아요. 오랜 스트레스와 염증으로 골반 부위의 근육이 손상됐는데 그 결과가 이제야 나타난 거죠. 그러니까 쥐가 난 걸 몇 년이나 방치한 거라 보시면 됩니다."

블랜튼 박사는 누바링을 그 뒤로 두 달 정도는 더 착용하게 했지만, 다음번 검진에 내가 아픔과 우울에 시달리는 모습으로 나타나자 조금도 망설이지 않았다. 그는 내 고통을 부정하지 않았다. 또, 내가 치료로 인해 나아지는 반응을 **반드시** 보여야 한다거나, 아픈 게 내 탓이라고 느끼게 만들지 않았다. "자, 이제 이 치료 계획은 그만둘 거예요." 블랜튼 박사는 명랑한 목소리로 말했다. "우울해지는 치료법을 따르지는 않을 거예요. 정서적 고통 역시 신체적 고통만큼이나 힘들어요. 우린 **나아지기** 위해 치료하는 거잖아요."

블랜튼 박사는 누바링을 제거하라고 한 뒤 골반저근 강화 치료를 시작하게 했다. 매일 15분씩의 스트레칭이었다.

한 달 만에 나아지기 시작했다. 얼마 뒤, 블랜튼 박사는 내 구리 루프를 제거했다. 그러자 아픔을 견딜 만할 정도로 증상이 상당히 줄어들었다. 그리고, 구리 루프를 삽입하고 10년 만에 처음으로 월경 전 불쾌 장애가 상당히 완화되었다. 형편없었던 그 의사를 떠날 용기가 없었더라면 지금쯤 난 폐경을 겪고 있었을 텐데 말이다.

또, 서투르기 짝이 없던 스웨터조끼 선생을 떠날 용기가 없었더라면 나는 내가 간절히 필요로 하던 치유를 선사해 준 심리치료사를 영영 만날 수 없었을 것이다.

37장

"트라우마가 한 사람에게 미치는 악영향의 핵심은 자신이 사랑받을 자격이 없다고 느끼게 한다는 것입니다." 헤드폰 속 목소리가 말했다. 나는 다음번 병원으로 향하는 지하철 안에 있었지만, 그 말이 너무나 맞는 말 같아서 적어놓으려고 가방을 급히 뒤져 노트를 찾았다. 펜을 집어넣으려는데 또다시 적어둘 만한 말이 들려 다시 끄집어낸 다음 무릎 위에 노트를 두고 열심히 써내려 갔다.

종종 내게 짧은 시나 링크를 보내주곤 하던 친구 젠이 나에게 이 팟캐스트를 알려줬다. 마운트시나이 헬스 시스템이 만든 〈회복탄력성으로 가는 길 Road to Resilience〉이었다. "아동기 트라우마의 기다란 팔"이라는 제목의 이번 에피소드에는 복합 PTSD 생존자인 코미디언 대럴 해먼드가 출연해 마운트시나이 병원의 정신과 의사 제이컵 함과 대화를 나누었다. 해먼드 같은 유명인이 공개적으로 이 병을 평범한 것으로 만들어 준다는 것도 좋다. 그러나 나를 들뜨게 한 것은 함 박사였다. 그는 트라우마에 대해 여태 내가 들은 것 중 가장 뛰어난 명언들을 자꾸만 내뱉었다. 특히 〈헐크〉 이야기가 마음에 와닿았다.

함 박사의 설명대로라면, 브루스 배너는 어린 시절 학대를 당했고, 그 결과 트라우마 인지 분노가 발달했다. 그 뒤 감마선에 노출되며 그 분노는 실제 초능력이 된다. 함 박사는 헐크가 트리거를 자극당한 사람과 완전히 똑같은 반응을 보인다고 했다. 분노가 커지면 지능지수가 낮아진다. 말도 할 수 없고, 제대로 된 사고를 할 수 없고, 자기 인식을 잃는다. 그에게 중요한 것은 눈앞에 있는 것, 그리고 자기보호뿐이다. 또, 헐크로 변한 상태에서 곧바로 빠져나올 수도 없다. 헐크를 달래고 잠재우는 데는 시간이 필요하다.

"제가… 헐크를 좋아하는 건, 그가 빌런이 아니기 때문입니다. 헐크는 오히려 세계관 내에서 가장 멋진 슈퍼히어로 중 하나잖아요." 헤드폰 속에서 함 박사가 말했다. 트리거를 자극당한 우리 안의 헐크가 튀어나오는 순간, 우리는 반사적으로 이런 생각을 한다. **안 돼. 화가 나고 있어. 또 괴물로 변하고 있잖아. 안 돼, 멈춰, 헐크! 저리 가!** 하지만 함 박사의 접근 방식은 완전히 다르다. 그는 자기 안의 헐크에게 부드러운 목소리로 말한다고 한다. "저는 이런 말을 하려고 합니다. '헐크, 돌아온 거야? 내가 곤란에 빠졌다고 생각하는 거야? 아, 나를 너무 사랑해서 지켜주고 싶어 하는 네가 참 고마워.'"

"헐크와 친구가 되세요." 함 박사는 힘주어 말했다.

나는 아직도 헐크가 무시무시한 분노와 함께 튀어나올 때마다 엄청난 수치심을 느꼈다. 하지만 함 박사가 알려준 방식으로 생각하니 안도감이 들었다. 분노가 늘 악한 것만은 아니라는 것.

올바르게 사용하면 생산적일 수도 있다는 것.

함 박사는 때로 우리 사회가 헐크를 용인해 줄 필요가 있다고 말을 이었다. 각자의 헐크를 타인에게 설명해 주는 것이 좋다고 했다. 가까운 사람들에게 이렇게 말하라고 말이다. "때로는 헐크가 화를 내며 뛰쳐나와. 하지만 헐크가 사라지는 순간, 나도 돌아올 거야. 그렇다고 내가 곧 헐크 그 자체라고 오해하지는 말아줘."[55]

내 삶에 존재하는 모든 사람들이 내 과거를 조금 더 잘 이해해 준다면 무척이나 안전한 기분이 들 것 같았다. 곧장 이 팟캐스트를 모든 친구에게 전달하고 싶어졌지만, 금세 생각을 고쳤다. 의문점이 너무 많았던 것이다. 어떻게 사람들에게 내 헐크를 참아달라고 부탁할 수 있을까? 이기적이라고 생각하지는 않을까? 그래서 나는 집에 도착하자마자 함 박사가 어떤 사람인지 검색해봤다. 그는 마운트시나이 병원 아동 트라우마 및 회복탄력성 센터의 센터장이었다. 나는 그에게 내가 트라우마를 연구하고 있는 기자이며, 복합 PTSD의 효율적인 치료에 대해 더 알고 싶고… 헐크 비유에 대한 질문이 있다는 이메일을 썼다. 8분 뒤, 다음 주에 자신의 연구실로 찾아올 수 있느냐는 그의 답장이 도착했다.

마운트시나이 병원의 삭막한 황갈색 복도 어딘가에 제이컵 함의 작은 연구실이 있었다. CB2(인테리어 업체의 이름 — 옮긴이)

카탈로그에서 튀어나온 것 같은 인테리어를 가진 연구실이었다. 모던한 회색 가구들, 편안하면서도 힙한 청회색 벽, 나무로 된 장식용… 정확히 이름을 알 수 없는 이런저런 물건들까지. 상점에서 집어 들어 살펴보다가 너무 비싸서 도로 내려놓는 그런 물건들 말이다. 트라우마 관련 도서, 간식, 어린이 환자들을 위한 게임으로 가득 찬 큐브형 책꽂이, 스탠딩 데스크.

함 박사는 따뜻함과 망설임이 뒤섞인 태도로 나를 맞이했다. 미소 띤 얼굴에 날씬한 몸매, 안경, 그리고 한국인다운 매끈한 피부. 서른다섯 살인지 쉰 살인지 도저히 알 방법이 없었다. 그는 모든 것이 유리로 만들어지기라도 한 것처럼 우아한 몸짓으로 연구실 안을 돌아다녔다.

그와는 대조적으로 나는 연구실의 회색 소파에 풀썩 소리를 내며 주저앉아 배낭에서 녹음기를 꺼낸 다음 곧바로 본론으로 들어갔다. 팟캐스트 잘 들었어요, 정말 팬이예요, 정말 흥미진진했어요, 그 헐크 이야기 말이에요! 우와! 네, 이쪽에 앉으세요. 네, 입은 마이크에서 이 정도 떨어져 있으면 됩니다. 아침 식사는 하셨어요? 목소리가 너무 좋으시네요!

그다음 나는 질문을 쏟아부었다. "제가 트라우마 관련 책을 여러 권 읽었는데, 트라우마를 겪은 아동의 삶에 개입하는 전략들은 아주 많은 것 같았던 반면 성인, 특히 복합 PTSD를 앓는 성인들에 대한 분명한 해법은 많지 않은 것 같아요. 바이오피드백이나 EMDR, CBT, IFS, MBSR을 비롯한 온갖 약자들로 이루어진 기법들은 단일 트라우마에는 도움이 되지만, 복합 PTSD를 가진 사람들에게는 그리 믿을 만하지 않은 것 같아요. 선생님은 임상의로서 복합 PTSD를 가진 사람을 만날 때 어떤 식으로 시작하세요? 어떻게 치료하시죠?"

"저는 트라우마에 대해 다섯 가지 방식의 근거기반 치료 수련을 마쳤습니다. TFCBT, 애착, 자기조절 및 유능감, STRONG이라고 불리는 일군의 치료법들, 그리고 아동-부모 정신치료가 그것입니다. 하지만 지금은 현대 관계정신분석학적 접근을 취하고 있지요. 또, 저는 트라우마로부터 자유로운 다양한 경험적 상태, 자기 상태를 훈련할 수 있는 것은 관계를 통해서라고 믿습니다."

나는 다 알아들은 척 고개를 주억거렸다. "아….'

함 박사로부터 더 많은 이야기를 끌어내고 싶었지만, 그의 설명에는 자꾸만 더더욱 혼란스러운 설명들이 덧붙곤 했다. 함 박사는 다양한 종류의 조율이며 전전두피질 기능 저하와 애착 문제의 관계에 대해 추상적인 말들을 늘어놓았다. 또 자꾸만 자신이 "통렬함에 대한 이끌림"을 실행해 왔다고 말했는데, 그건 마치 나 역시 해야 하는데 못 한 일인 것처럼 느껴졌다. 익숙한 용어며 표현을 쓰는데, 어째서 하나도 이해가 되지 않는 거지? 무슨 말인지 모르겠다고 솔직하게 털어놓으면 실력 없는 기자처럼 보이려나?

"네, 그런데, TFCBT… **그게 효과가 있나요?** 그러니까, 그중에서 제일 **효과가** 좋은 건 뭔가요? **답이** 뭘까요?" 나는 멍청한 질문을 던졌다. 그러자 또다시 다양한 양상으로 아마도-어쩌면-상황에 따라-식의 추상적인 말 돌리기가 이어졌다.

혼란 속에서 45분을 보낸 뒤, 나는 준비해 온 질문 목록을 막막한 심정으로 내려다보았다. 어쩌면 이 인터뷰는 무의미한 시간이 될지도 몰랐다. 나는 마지막 희망을 담아 질문했다. "제가 어떤 질문을 해야 복합 PTSD를 가진 사람에게 도움이 되는 말씀을 해주실까요?"

함 박사는 안경 너머의 눈을 가늘게 뜨며 나를 빤히 바라봤다. 그 강렬한 시선 앞에서 나는 본능적으로 멈칫했다. 그가 말을 이었다. "자, 큰 그림을 생각하느라 결국 아무 데로도 나아갈 수가 없는 순간이 오면, 지금 눈앞에 일어나는 일에 집중해야겠다는 생각이 듭니다. 그러니 지금은 당신의 절망이 어떤 것인지 이해하고 싶네요. 스테파니는 자꾸만 상황이 변할 수 있느냐는 큰 질문을 던지고 있어요. 그런데, 어쩌다 이런 상태에 놓인 걸까요? 스테파니는 트라우마를 이겨내기 위해 10년간 노력했고, 온갖 연구를 했지만… 그 연구가 도움이 되지 않는다고 말해요. 여기까지 들었을 때 제가 궁금한 건, **스테파니의** 괴로움이 무엇이냐는 겁니다. 어째서 견딜 수 없지요? 무엇이 바뀌기를 바랍니까?"

"음, 흠. 제 **괴로움**이 무엇이냐고요? 음… 어…." 나는 인터뷰 대상이 나에게 마이크를 돌리는 일에 전혀 익숙하지 않았다. 심호흡을 했다.

"저는… 제 기본 상태가 불신, 두려움, 그리고 뭐랄까… 말하자면 **우웩** 같은 상태라는 생각이 들어요. 그리고 그 **우웩**이라는 건 굉장히 우울한 것에서부터 일종의 해리 상태로 돌아다니는 것에 이르기까지 다양하죠. 그런 것들이 자꾸만 저를 가로막아요. 이를테면 회의에 참석했을 때 제가- 그러니까-" 나는 한숨을 쉬었다. "아직도 모든 사람이 저를 미워한다는 의심과 믿음이 자꾸만 쏟아져요."

"왜 그렇게 느낄까요?"

나는 다시 이 대화의 방향을 추상적인 쪽으로 되돌려 놓으려 애썼다. 차터 스쿨(정부의 재정지원을 받지만 독자적으로 운영되는 일종의 공립 대안학교 ─옮긴이)이, 세대 간 트라우마가, 무언가 다른 것, 나보다 대단한 것이 문제라고. 하지만 함 박사는 자꾸만 내 눈을 소름끼칠 정도로 빤히 바라보면서 질문을 다시금 내게로 돌렸다. 왜 그런 질문을 했습니까? 이전에는 어떤 시도를 해 봤습니까? 실패했을 때는, 스스로를 용서했습니까? 함 박사와의 대화는 지금까지 내가 겪어본 어떤 인터뷰와도 달랐기에 너무나도 당혹스러웠다. 1시간하고도 반이 지났을 때도 나는 내가 알게 되거나 이해한 것이 단 하나라도 있는지 알 수 없었고, 여전히 어떻게, 어째서 나에 대해 이렇게 많은 이야기를 한 것인지도 알 수 없었다.

내가 취재를 하려고 꺼내 놓은 물건들을 챙겨 일어나려는데, 함 박사가 망설이는 표정으로 나를 바라보다가 물었다. "한 가지 여쭤보고 싶습니다. 이게 윤리적인 행위인지는 모르겠어요. 동료들에게 물어보고 확인해야 할 것 같습니다. 그래도 호기심이 생기네요. 제가 당신을 치료해도 되겠습니까? 무료로요."

"네?!"

"우리의 치료 회기를 녹음하는 대신 스테파니를 무료로 치료

해 드리겠습니다. 그렇게 치료가 끝이 나면 녹음본으로 무언가를
하실 수 있겠지요." 그는 자신이 오디오 스토리텔링에 큰 매력을
느끼고, 오래전부터 이를 활용해보고 싶었다고 설명했다. 예전에
도 허락을 구하고 환자와의 상담을 녹음했는데 그 녹음본이 다
른 사람들의 치료에 도움이 되었단다. 내 열의와 치료 의지가 크
다는 것, 또 내가 이를 활용해 타인을 교육할 수 있는 오디오 분야
전문가라는 점이 마음에 들었다고 했다. 물론, 내가 나의 상담을
타인에게 공개할 마음이 있다는 전제 아래 묻는 것이라고 했다.

"4개월간 해볼 겁니다. 효과가 없다면 언제든 멈추셔도 되고
요. 또, 그만두셔도 아무런 질문을 하지 않겠습니다. 부담도, 의무
도 없습니다. 또, 음성 녹음본의 소유권은 100퍼센트 스테파니에
게 있어요. 사용하고 싶은 게 있다면 얼마든지 사용하시고, 불편
한 부분이 있다면 제외해도 좋습니다. 스테파니가 절대적 통제권
을 가지는 거죠. 그리고 치료가 끝났을 때 석연치 않은 부분이 있
다면 음성 녹음본을 사용하지 않으셔도 좋습니다. 그저 흥미로운
실험이 될 가능성이 있다는 생각이 들어서 드리는 말씀입니다."
함 박사가 말했다.

함 박사의 제안을 듣는 순간부터 나는 벌써 마음의 준비를 마
쳤다. 나한테는 뛰어난 심리치료사가 필요했다. 물론, 함 박사는
약간 괴짜 같았다. 그럼에도 동시에 처음 만난 순간부터 믿을 만
하고, 친절하고, 매력적인 사람이라는 생각이 들었다. 또, **실제로**
불편할 정도로 내 말을 잘 들어주는 사람 같았다. 게다가 나는 내
치료 내용이 공개되는 데는 개의치 않았다. 예전에도 심리치료

를 받을 때 녹음을 해도 되느냐고 물은 적이 있었는데, 나는 흥미
로운 일이라 생각한 반면 심리치료사들은 매번 거절했다. 하지만
녹음을 해서는 **안 되는** 이유가 있나? 단 한 가지 이유도 떠오르지
않는다.

"좋아요!" 마침내 나는 대답했다. "좋아요! 한번 해보고 싶어
요. 하지만 그냥 궁금해서 여쭤보는 건데… 원래는 비용이 얼마
나 드는 치료인가요?"

"시간당 4백 달러입니다." 함 박사는 겸연쩍다는 듯 대답했다.

"**시간당 4백 달러라고요!**" 나는 그의 말을 되받아 고함을 질렀
다.

"저는 센터장 일을 전일제로 하고 있습니다." 함 박사가 설
명했다. "그래서 치료에 쓸 수 있는 시간이 제한적입니다." 그
는 이미 마운트시나이 병원의 젊은 환자들을 위한 트라우마 및
물질남용 프로그램을 만들고, 할렘의 흑인 남성들과 뉴욕 내
LGBTQ+ 공동체들을 위한 트라우마 센터를 만들고, 병원의 박
사후과정 연구원과 직원들을 교육시키느라 주당 40시간 이상을
쓰고 있었다.

다음 날 함 박사는 동료들과 상사와 상의해 보았다고 연락했
다. 환자인 내가 불편할 수 있는 방식으로 이 작업물을 사용하라
는 그 어떤 압박도, 조종도 없는 한 나에게 무료 서비스를 제공해
도 괜찮다고 했단다.

흔치 않을 뿐 아니라 믿기지 않을 정도의 행운이었다. 만나기
힘든, 진짜 전문가가 나를 치료한다니. 그것도 무료로. 계산기를

두들겨 봤다—총 6천 5백 달러어치의 치료였다! 문득 망설여졌다. 이 일이 윤리적인지, 내게 너무 큰 특권이 주어지는 게 아닌지 걱정이 됐다. 이런 식으로 자신의 정신 건강에 투자할 여유가 있는 사람이 얼마나 될까? 그러나 살갗 아래를 그슬리는 것 같은 고통이 의심을 잠재웠다. 나는 간절히 나아지고 싶었다.

"그렇게 하죠." 나는 대답했다.

어떤 심리치료사들은 치유를 위해 알아야 할 것을 첫 번째 상담에서 전부 배울 수 있다고 믿는다. 남은 시간은 그저 첫 번째 상담에서 나눈 대화의 파편들을 실습하고, 그것들이 우리 안에 근원적인 믿음으로 새겨질 때까지 같은 배움을 되풀이하는 주제와 변주로 채워진다는 것이다. 내가 여태 경험해 본 그 어떤 첫 상담과도 달랐던, 함 박사와의 첫 치료는 정확히 그런 식이었다 (환자들 대부분은 그를 제이컵이라고 불렀지만 나는 처음부터 장난삼아 그를 "박사님" 또는 "함 박사님"이라고 불렀는데 그 호칭이 쭉 이어졌다).

이 시점에 나는 이미 열 명쯤 되는 많은 심리치료사들을 만나 본 뒤였기에, 첫 상담이 어떤 식으로 이루어지는지 잘 알았다. 심리치료사에게 이 치료 경험에서 원하는 바가 무엇인지 이야기한다. 그다음에는 내가 얼마나 망가진 존재인지를 알려줄 수 있도록 내 삶의 이야기를 축약본으로 들려주고, 상대는 공감한다는 듯 고개를 주억거린다. 마지막으로 현재의 어려움에 관해 조금 이야기한 뒤 진짜 치료는 다음 상담을 위해 남겨둔다.

함 박사와의 첫 상담은 처음엔 이 프로토콜을 그대로 따르는 것 같았다. 그는 내게 치료 목표가 있느냐고 물었다. 있었다. 당연히 있었다. 나는 치료 목표를 하나의 완전한 문서로 정리해서 왔으니까.

"전반적으로 제가 치료를 필요로 하는 이유는, 저는 제가 복합 PTSD 진단을 핑계로 타인을 이용할지도 모른다는 걱정 때문에 진단 이후 자기혐오와 불안정이 더 커지고, 사회성은 줄어든 것 같아요." 나는 연습한 대로 대답했다. "제가 진단과 맺는 관계, 그리고 이 진단이 저로 하여금 자신을 이해하게 하는 방식을 변화시키고 싶어요."

"이 진단이 대인관계에 어떻게 유해한 영향을 미치는지 여쭤봐도 될까요?"

"자꾸 **의식하게** 돼요. 항상이요. 제가 하는 나쁜 행동들을요. 예를 들면, 저는 사람들을 '안전한' 사람 아니면 '안전하지 않은' 사람으로 나누는 경향이 있어요. 그러다가 싫어하는 사람이 생기면 그 사람을 안전하지 않은 사람이라고 여기며 관계를 이어갈 수 없게 돼요. 또, 상대의 기분이 언짢아질 때면 저는 상대가 느끼는 불편함을 견딜 수가 없어요. 그래서 나서서 해결하려 들죠. 또, 어떤 사람들 말로는 제가 모든 걸 자기중심적으로 해석하는 경향이 있다고 해요. 또, 저는 부정적이고 늘 인생에 대해 불만을 토로해요. 또, 스스로를 진정시키는 일에 아직 서툴러서, 늘 위기에 처한 것만 같은 기분을 느껴요."

내가 이렇게 설명하는 내내 함 박사는 고개를 끄덕였다. 이미 익숙한 설명인 모양이다. "많이 들어본 이야기네요, 꼭─전형적이거나 고전적인 증상 같아요. 하지만 그런 말을 하기 망설여지는 건, 스테파니가,"

"문제는 그거예요! 이 병이랑 제가 제대로 된 관계를 맺지 못하는 게 바로 그 때문이에요. 복합 PTSD를 가진 사람들은 곁에 두기 힘든 사람이라고 쓰인 책들을 정말 많이 읽었어요. 그게 참 괴로웠어요. 꼭 2등급 인간이 된 것 같은 기분이 들었거든요. 진단을 받기 전에도 저에게 문제가 있다는 사실은 당연히 알았지만, 그래도 저 자신을 손도 못 쓸 정도로 나쁜 사람이라 생각하지는 않았던 것 같아요."

"그러면 진단을 받고 난 뒤 자신이 어째서 그렇게 행동하는지를 이해할 수 있었지만, 그 행동을 바꾸기 위해 할 수 있는 게 별로 없다는 괴로움을 느끼게 되었단 말씀이군요."

"또, 진단을 받고 나서 제가 바꾸어야 하는 것들이나 제가 지속하는 나쁜 패턴에 대해서 훨씬 잘 알게 되었어요. 하지만 고쳐야 할 것들이 너무 많아서 짓눌리는 기분이 들었어요. 분명 너무나 큰 잘못을 저지를 거라는 생각이 들어서, 친구들과 대화조차도 쉽사리 하기 힘들었어요. 늘 제가 사랑받기 힘든 사람일까 봐 두려워했던 것 같아요. 그런데 이제는 제가 사랑받기 힘든 사람인 이유가 과학적으로 입증된 거잖아요. 그렇기 때문에, 이 치료에서 제가 얻고 싶은 핵심 목표는 복합 PTSD라는 진단을 새롭게 재구성할 수 있는 능력을 얻는 거예요."

"그렇군요." 함 박사는 마치 감탄스럽다는 듯 미소 띤 얼굴로 말했다. "대단합니다. 스테파니가 여태까지 정말 희망적인 진전을 이루어 왔다고 말하고 싶어요. 그러면, 지금까지 이룬 변화의 예를 들어보시겠습니까?"

"음, 한 달 전, 고모와 보낸 시간이 상당히 자랑스러웠어요." 나는 이야기를 시작했다.

한 달 전, 나는 이른 신혼여행 삼아 조이와 함께 싱가포르와 말레이시아의 친척들을 만나러 갔다. 어느 날 우체국 근처를 지나치다가, 고모가 조이에게 소포를 하나 건네주며 우체국에 가서 부쳐달라고 부탁했다. 조이가 차에서 내리자마자 고모는 나를 향해 말했다. "얘야, 네 시댁 식구들이 아무리 잘해준다고 해도 그 사람들은 **진짜** 가족이 아니니 절대 믿으면 안 된다. 그 사람들 앞에서는 내 앞에서 하는 것처럼 행동해서도 안 되고, 그 사람들이 보는 앞에서 조이와 절대 싸워서는 안 된다. 다들 네가 아닌 조이 편을 들 테니까." 이렇게 시작된 이야기는 **진짜 가족**에 대한 기나긴 설교로 이어졌다. 진짜 가족은 하나뿐이고, 어떠한 모욕을 주더라도 가족이라면 용서해야 하며, 그렇기에 나도 아버지를 용서해야 한다는 이야기였다.

조이가 차에서 내린 시간은 도합 10분밖에 안 됐는데, 그가 돌아왔을 때 나는 성이 나서 흐느끼며 두 손에 얼굴을 묻고 "알지도 못하면서!" 하고 고함을 지르고 있었다.

"무슨 일이야?" 조이는 얼빠진 눈으로 빠르게 우리 두 사람을 번갈아 보았다. 하지만 아무도 조이에게 신경을 쓰지 않았다.

그 대신 고모는 잇새로 쯧 소리를 낸 뒤 이렇게 말했다. "와,

아버지 일 때문에 아직까지 그렇게 속이 상하냐? 그게 언제 적 일인데? 아픔을 통해 더 강하고 좋은 사람이 될 줄도 알아야지."

"저기, 스테파니는 이미 그렇게 하고 있어요. 스테파니는 더 강한 사람이 되려고 온 힘을 다해 노력하고 있다고요." 내가 심하게 우느라 대답할 수 없었기에 뒷좌석에 있던 조이가 망설이는 어조로 끼어들었다.

"그래, 알았다. 알았다. 아이야, 그래, 얘야. 그만 울어라. 치킨 라이스나 먹으러 가자꾸나."

트라우마를 떨쳐내기 위한 여정을 시작하기 전이었다면 고모의 말은 분명 내 하루를 엉망으로 만들어 버렸을 거라고 나는 함 박사에게 말했다. 1시간 내내 운 다음에 앙심을 품고, 그다음에는 앙심을 품은 나 자신을 혐오했을 것이라고. 그리고 여행이 끝날 때까지 트리거를 자극당한 상태로 지냈을 것이라고 말이다. 하지만 나는 차창 밖으로 보이는 색깔들을 세고, 호흡을 고른 다음, 잊어버리기로 했다. 몇 분 만에 나는 평소 상태로 돌아가 농담을 하면서 즐겁게 시간을 보냈다.

"좋아요, 그것도 **괜찮지만**…." 함 박사는 회의적인 말투였다.

우리의 첫 상담이 묘한 방향으로 흘러가기 시작한 것은 그때였다.

"우선 이야기해 볼 테니 계속 듣고 싶으면 말씀해 주세요. 일단, 스테파니는 그라운딩 기법을 잘 쓸 줄 알지만, 그것만으로는 충분하지 않습니다. 그저 '좋아, 잊어버리자' 하는 것으로 끝낸다면 그라운딩 기법 중에서 통제 부분만을 하고 재연결 부분은 하지 않는 것이거든요. 스테파니가 우선 고모에게 왜 그런 식으로 말씀하셨는지를 이해하고, 그 말이 왜 그렇게 괴롭게 느껴지는지를 이해해 보았으면 좋겠습니다."

다른 심리치료사들이었다면 이쯤에서 나를 격려해 주고 내가 발전했다고 칭찬해 주었을 것이다. 그런데 함 박사는 내 말을 듣는 즉시 나에게 반박해 왔다. 당황스러웠고, 솔직히 말하면 언짢았다.

"왜 그 말이 괴롭게 느껴지는지는 알아요." 나는 곧바로 응수했다.

"그래요, 말해보세요."

나는 고모 세대에서 중국의 시어머니는 무시무시하기로 악명이 높았기 때문에 그런 사고를 나에게 투사한 것이라고, 하지만 고모는 내 시어머니가 될 보석 같은 그분을 만나본 적도 없다고 말했다. 또, 그 일이 있기 전까지 고모와 내가 과거에 했던 싸움들을 나열하고, 고모가 늘 내 부모 편을 들었다는 이야기도 했다. 그런데도 함 박사는 자꾸만 내가 이야기를 이어가기를 유도했다. "그다음에는요? 그래서요? 무엇이 스테파니의 아픈 곳을 건드린 걸까요?"

결국 나는 그 말을 뱉었다. "제 아픈 곳은, 제가 평생 원했던 게 바로 가족이라는 거예요. 무조건적인 사랑을 받는다는 게 어떤 기분인지 늘 알고 싶었어요. 그런데 조이의 가족에 속하게 되는 기쁨이 그런 것과 비슷했어요. 그런데 고모는 '아니야, 조이와 결혼한다고 해도 넌 여전히 그걸 얻을 수 없어, 그 사람들을 믿지

마, 아무도 믿어서는 안 돼'라고 말했고요. 그러니까. 제 아픈 곳은 가족에 대한 집착이었고, 고모가 그 점을 나쁘게 말해서였던 것 같아요." 그 말을 하는데 눈물이 고였다.

여태까지 의자에 앉은 채 앞으로 상체를 기울이고 내 말을 듣고 있던 함 박사가 마침내 등받이에 등을 기대며 원하는 걸 얻었다는 듯 미소를 지었다. 그런 함 박사에게 약간 화가 나기도 했다. 그래, 그는 뭔가 돌파구를 얻었다고 생각하겠지만, 내게 이 이야기는 전혀 새로운 정보가 아니었다. 나는 아무것도 얻지 못했다. 그래서 나는 조금 더 의미 있는 주제로 화제를 바꾸기로 했다. 내 연애라든지, 가족사에 대한 이야기를 더 하고 싶었던 것이다. 그런데 몇 분 만에 함 박사가 내 말을 끊었다.

"이 말을 꼭 해야겠어요. 고모가 건드린 아픈 곳이 어디였냐고 물었을 때 스테파니는 사랑받고 싶었을 뿐이라고 대답했죠. 그건 정말 감동적이었습니다."

"아, 그래요." 나는 짜증스럽게 대답했다. "그러니까 박사님은 제가 해리를 겪고 있다고,"

"아, 아닙니다. 사실 제가 하고 싶은 말은 스테파니와, 음… 저는 그저… 세상에, 미안해요." 함 박사는 마치 어떻게 이야기를 진행해야 할지 혼란스럽다는 듯 말을 멈췄다. "제 말은, 때로 스테파니는 과잉 각성 상태라 제가 하려는 말을 다 알고 있는 것처럼 행동합니다. 그래서 제 말에 끼어들려고 하는 것 같다는 생각이 들어요."

"죄송해요." 나는 기어드는 목소리로 대답했다. **맙소사! 내가**

그랬단 말야! 난 정말 남의 말에 귀 기울일 줄 모르는구나! 이것도 복합 PTSD의 특성이겠지!

"그런데 어떨 때는 스테파니가 정말 솔직하고, 또, 뭐랄까… 가슴이 미어지는 말을 할 때가 있어요. 사랑받는 기분을 느끼고 싶다고 말했던 그 순간이 정말 좋았습니다. 저도 눈물이 났고, 공감이 되었거든요. 그런 순간들이 찾아왔다 사라지는 걸 스테파니도 느끼나요?"

"과잉 각성 상태요?" 내가 되물었다. "죄송해요. 전 전혀 눈치도 못 챘어요."

"스테파니는 방금 미안하다고 했어요." 함 박사는 한숨을 쉬었다. "아, 이런. 마치 아까 전, 복합 PTSD가 스테파니의 인간관계를 망가뜨린다고 말했을 때와 똑같아요."

"혹시 그 이유를 아시겠어요?" 내가 머뭇거리며 물었다. "제가 좀 이상한가요?"

"그런 뜻이 아닙니다."

"아, 알았어요. 음… 제가 때로 예민하기도 해요."

"괜찮습니다. 저도 때로 좀 거칠죠." 긴 침묵. "이 상담이 어떻게 느껴집니까?"

"괜찮아요. 평범한 것 같아요. 하지만, 음… 아까 박사님이 통제만으로는 충분하지 않다고 했을 때, 충분하지 않다는 건 무슨 뜻이지? 내가 대체 뭘 더 해야 한다는 거지? 생각하면서도 궁금하기는 했어요. 그 말을 대들 듯이 하긴 했지만 호기심이 느껴지는 동시에 방어적이 됐어요. 머릿속에 그 두 가지 경향이 다 있었어요."

"그래요, 저는 완벽하게 이해됩니다." 함 박사가 말을 멈췄다. 나는 지금 정확히 무슨 일이 벌어지고 있는 건지 혼란스러운 심정으로 가만히 앉아있었다. 한참 만에야 그가 말했다. "제가 더 효과적으로 전달할 수도 있었을 텐데."

"에이, 수많은 사람들이 박사님의 전달력 때문에 찾아오잖아요." 내가 말했다.

그 순간, 함 박사는 또다시 안경 뒤의 눈을 크게 뜨고 신난다는 듯 상체를 홱 기울였다. "방금 정말 흥미로운 순간이었습니다. 한번 끝까지 분석해 볼까요?"

나는 함 박사가 방금 코에서 엄청나게 큰 코딱지라도 꺼낸 것 같은 표정으로 그를 쳐다보았다. "음… 그러죠?"

"이번에도 저보다 한발 앞서갔네요! 스테파니는 갑작스럽게 그런 말을 했어요. 분명 저를 격려해 주려는 말이었죠, 그렇지요? 왜 그런 말을 하셨나요? 그런 말을 했다는 사실을 알아차리셨습니까? 어떤 생각으로 그런 말을 한 거죠?"

나는 함 박사가 별것 아닌 것을 과잉 분석하는 게 우스꽝스러워서 웃음이 나왔다. "박사님은 소통을 더 잘할 수 있었으면 좋았겠다는 말씀을 하셨고… 저는 박사님을 위로하고 싶었던 거죠!"

"그러니까, 스테파니가 저를 돌보기 시작한 겁니다! 그것도 마치, **말도 안 되는 소리예요, 사람들은 박사님에게서 위로받으려고 여기까지 오잖아요!**라고 말하는 듯한 에너지를 담아 그 말을 했어요."

"그 정도는 아니었던 것 같은데요? 음⋯." 나는 또 웃었다. "제가 말을 좀 바보 같이 하는 경향이 있기는 해요, 특히 아직 잘 모르는 사람과 함께 있을 때는요."

"바보 같은 말이 아니었습니다. 사실을 말하는 것 같은 어조였어요!" 함 박사가 말했다.

그렇다, 난 이쯤에서 **완전히** 영문을 알 수 없어졌다. 내 어조가 무슨 상관이 있는 거지? "그럼⋯ 그런 어조로 말을 하면 반감을 불러온다는 뜻인가요?"

"맙소사! 아니, 절대 아니에요! 저는 스테파니의 말을 판단하려는 게 아닙니다! 함부로 판단해 버리면 탐구의 길이 막혀버리는걸요!" 함 박사가 외쳤다. "저는 그저 스테파니가 생각해 볼 지점을 짚어주려는 거예요. 그런 말을 할 때, 어떤 **기분을** 느끼는지 생각해 보기를 바라요. 왜냐하면 저는 그 말이 순수하게 저를 안심시키려는 말이라고는 생각하지 않거든요."

도대체 뭔 소리람? 내가 어떤 **기분을** 느끼냐고? 그 잠깐의 순간 내가 어떤 기분을 느꼈는지 알 도리가 있나? 함 박사가 실망한 것 같아서 좋은 말을 해준 것뿐이다. 물론 **나의** PTSD를 치료하는 시간에 하기엔 좀 이상한 일이기는 했지만, 뭐 어때. 나는 잠시 생각에 잠겼다. "저 역시 의사소통을 잘하는 방법에 대해서 쭉 생각해 왔으니까, 박사님과 저를 동시에 안심시켜주고 싶었던 것 같기도 해요. 그리고 또, 그런 말투로 이야기했던 건, 제가 아마⋯ 피곤해서일까요?"

"아! 바로 그겁니다!" 함 박사는 자리에서 벌떡 일어설 기세로 외쳤다. "스테파니는 피곤한 거예요! 스스로를 지지하느라 지친 거죠."

"맞아요, 할 일이 많죠. 의사소통을 잘하려고 노력하려면요." 지금이 바로 그 예다.

"그 지점을 세밀하게 분석해 보니 기분이 어떻습니까?"

"맙소사. 제가 하는 모든 일을 이렇게 세밀하게 분석하면⋯ 영원히 안 끝날 것 같은데요? 하지만 분석하는 목적이 뭐예요? 더는 그 행동을 하지 말라고요?"

"아니죠! 세상에, 아니에요!" 함 박사는 넌더리난다는 듯 얼굴을 잔뜩 일그러뜨리고는 고개를 저었다. "정말 당혹스럽군요! **이번에도** 제가 스테파니를 판단한다고 생각하시네요."

"죄송해요." 내 입이 반사적으로 움직였다.

"이번에도 스테파니는 한발 앞서서 **이렇게 하면 안 되나요?** 하고 물었어요."

나는 어깨만 으쓱했다. 하지만 난 마치 함 박사가 나를 비난하고 있는 것 같은 기분이었다. 아니, 그냥 이상하게 굴고 있는 거였나? 도대체 함 박사가 뭘 하려는 건지 알 수가 없었다. 내가 어떤 반응을 보여야 하는 거지? 막막해서 일단 발 디딜 곳을 찾아야겠다는 생각이 들었다. "왜 하필이면 제가 박사님의 기분을 좋게 해드리려고 했던 말을 세밀하게 분석하려는 거죠?"

"그 말은 우리가 하고 있는 경험과 들어맞지 않았으니까요. 우리의 의사소통에서 잠깐씩 균열이 생겼습니다. 그리고 균열은 언제나 그 속에 있는 무언가를 드러내게 되죠. 그렇기 때문에 우리는 판단하기보다는 호기심을 가지고 탐구하는 연습을 할 겁니다. 또, 이 과정에서 스스로에게 더 친절해지기 시작할 거예요. 이해가 되십니까?"

"예… 이해가 돼요." 나는 대답했다. 어느 정도는 그랬다. 물론, 일시적 균열이라는 이야기는 잘 이해가 안 됐지만, 마지막 부분, 나 자신에게 더 친절해질 거라는 말은. "저는 제가 어떤 행동을 하게 되는 원인이 궁금해요. 그런데 그 원인을 알고 나면, **아, 그래서 내가 이렇게 하는 거구나!**가 아니라, **젠장, 그래서 이런 일을 하는구나, 멍청이 같으니,**라는 생각이 들어요."

나를 향해 고개를 끄덕이는 함 박사의 웃는 눈은 **그래요, 바로 그겁니다,**라고 말하고 있었다. 그의 강렬한 눈빛이 또다시 나를 파고드는 것 같았다. "정말 흥미로운 건, 사람들은 대개 PTSD 진단을 받은 뒤 해방감과 용서받은 기분을 느낀다는 점입니다. 양극성장애나 우울증 같은 병과는 달리, PTSD는 그게 자신의 잘못이 아니라고 말해주는 유일한 진단명이죠. 핑곗거리가 되어주는 겁니다. 그런데 스테파니는…."

나는 어깨를 으쓱했다. "전 그냥 변명을 싫어하는 성격이라서요."

얼마 뒤, 우리의 대화는 잦아들고 긴 침묵이 찾아왔다. 침묵을 깬 건 나였다. "그러면요, 박사님. 전 이제 뭘 하면 되나요?"

"음, 제가 들은 바대로라면 스테파니는 무조건적인 사랑을 바라되, 그래도 시간 낭비는 하기 싫어하는 사람입니다. 제가 스테파니를 더 나아지게 만들고 잘못을 지적할 정도로 신경 써주기를 바라나요? 제가 엄격한 동시에 온화하기를 바라나요?"

대놓고 그런 말을 한 적은 없었지만, 맞다—내가 원하는 게 **바로** 그거였다. 그러나 함 박사의 말을 듣자니 너무나 불가능한 것처럼 들렸다. 모순되는 것들이 저마다 관심을 끌고자 경쟁하고 있었다. 나는 몸을 꿈틀거려 카우치 위에서 최대한 몸을 작게 옹송그렸다. "너무 애정결핍 같나요?" 나는 기어들어 가는 목소리로 물었다.

"아니, 아닙니다. 사실 스테파니가 진정으로 원하는 건 바로 그거니까요." 함 박사는 자신감 넘치는 목소리로 결론을 내렸다.

음, 괜찮을 것 같았다. **정말** 괜찮을 것 같았다. 하지만 함 박사한테 과연 그럴 수 있는 능력이 있으려나?

38장

함 박사의 연구실을 떠난 나는 지난 1시간하고도 반을 어떻게 요약하면 좋을지 알 수 없었다. 하지만 지금까지 겪은 다른 심리치료와는 달리, 나는 이번 치료를 통해 무언가를 할 수 있었다. 나는 곧바로 함 박사의 연구실 근처 카페를 찾아 방금 우리가 나눈 대화의 음성 파일을 컴퓨터에 업로드한 뒤 자동 녹취 서비스에 집어넣었다. 몇 분 뒤, 방금 나눈 대화의 녹취록이 완성되었다. 나는 이 녹취록을 구글 독스에 붙여 넣어 함 박사와 공유한 뒤 처음부터 끝까지 읽기 시작했다.

놀랍게도 직접 대화를 나눌 때는 혼란스럽기만 하던 대화가 글로 읽으니 조금 더 이해되기 시작했다. 대화를 나누는 동안에는 함 박사가 끼어들어 내게 방금 한 말을 설명하라고 할 때마다 나는 그가 무작위적으로 아무 때나 끼어든다는 인상을 받았다. 그런데 우리가 나눈 대화를 쭉 읽어보고서야, 내가 자신을 깎아내리는 말을 할 때마다, 갑자기 상대에게로 화제를 바꿀 때마다, 또 내가 주제와 상관없는 말을 주절거리기 시작했을 때, 두어 번 정도 함 박사가 내 말에 끼어들었음을 알았다. 녹취록을 읽고 있는데 화면에 메모가 나타났다. 함 박사가 녹취록에 메모를 달고 있었던 것이다. "멋진 요약입니다." 대화의 시작에 앞서 내가 원하는 바를 설명한 부분에 그는 이런 의견을 달았다. 그리고 내가 나중에 했던 말 중 한 부분에 형광펜 표시를 하고 이런 메모를 달았다. "스테파니가 처음으로 선수 쳐서 끼어든 부분이 여기예요." 자기의심이 두 번 등장한 부분에는 "이건 두려움 때문이고요!"라고 썼다.

나는 함 박사에게 이메일을 보냈다. "저도 의견을 달아도 되나요?" 1분도 채 지나지 않아 답장이 왔다. "당연하지요!"

우리는 함께 방금 나눈 대화를 좀 더 상세하게 채워 넣었다. 함 박사는 여백을 활용해 자신이 했던 여러 번의 참견과 의견들의 이유를 설명했다. 나는 그에게 짜증이 났던 순간들을 지적했고, 그는 너그럽게 웃으며 내 지적을 수용했다. 그는 자신이 지나치게 나를 밀어붙인 부분에 대해 사과했고, 나는 어쩌면 더 뿌리깊은 무언가가 내 안에서 일어나고 있을지도 모른다는 생각이 드는 부분을 지적했다. 녹취록에 의견을 다는 과정에서, 내가 때로 함 박사가 하는 말을 이해하지 못할 때 대화에서 탈선해 주제를 바꾸곤 했다는 사실을 알아차렸다. 또, 혼란스러울 때 정확하게 다시 말해달라고 부탁하지 않았다는 것도. 오히려 나는 반사적으로 상대가 나를 비난하고 있다고 짐작했다. 나는 앞서나가거나 그의 말에 끼어들었고, 곧이어 잘못된 행동을 사과했다. 자신에 대해 나쁜 말을 많이 했다. 앞뒤가 맞지 않는 말을 장황하게 늘어놓은 부분도 여러 번 있었다. 한번은 다른 것도 아니고 조이의 직업에 대해 횡설수설했다는 것을 발견한 나는 이런 메모를 달았다. "대체 제가 무슨 말을 하고 있는 거죠? 전 어디 있는 거죠?" 그러자 함 박사가 답글을 달았다. "**맞습니다!** 그것이 해리의 영향이지요."

하. 흥미롭군. 난 왜 해리를 겪었을까? 스크롤을 올려보았다.

무의미한 말을 지껄이기 직전, 나는 신체적 학대를 당한 이야기를 하면서 어머니가 내 목에 칼을 들이댔던 사건을 평소처럼 짧고 유쾌하게 이야기하고 있었다. 아하. 트라우마에 대해 이야기하기 위해 의식을 꺼버렸던 거다. 그 상태로 말을 이어가다 갈피를 잃어버리고, 내 입에서 무슨 말이 나오는지도 모른 채 지껄여 댔던 거다. 정말 신기하네!

나는 함 박사의 치료 형태가 **정말 마음에 들었다.** 함 박사가 대화 중에 내 행동을 곧바로 지적했더라면 나는 아마 방어적으로 굴거나 혼란스러웠을 것이다. 하지만 대화 내용을 구글 독스에 올려놓고 편집하고 있자니 기분 좋은 거리가 느껴졌다. 우리의 상호작용에 객관성이 생겼다. "그는 이렇게 말했고, 그녀는 이렇게 말했다"는 식의 이론의 여지가 없도록 모두가 진실을 볼 수 있게 펼쳐놓은 셈이었다. 또 덕분에 내 치료는 내가 가진 결함에 집착하는 우울한 시간이 아니라 탐구할 만한 흥미로운 프로젝트가 되었다. 내가 쓴 초안을 구글 독스에 띄워 놓고 실력 있는 편집자들과 함께 이런 식으로 메모를 하고 편집을 할 때, 나는 상대방의 의견을 개인적인 공격으로 받아들이거나 기분 나빠하지 않았다. 우리는 내 글을 더 좋게 만들기 위해 협력하고 있었으니까. 지금 이 시간 역시 우리가 나눈 대화에서 내 트라우마를 **편집해**

끌어내는 것만 같았다. 내가 가진 저널리스트의 본능을 자극하는 일이었다.

심지어 함 박사가 내 어조라거나 단순한 화제 전환 같은 사소한 사안에 맹렬하게 매달리는 것조차 그리 신경 쓰이지 않았다. 함 박사가 지적한 상황 네 번 중 세 번은 **실제로** 알아차릴 만한 가치가 있는 흥미로운 무언가가 있었기 때문이다. 물론 그 역시 변덕을 부리거나 실수할 때도 있었다. 한번은 상담을 진행하던 중 그가 "눈물을 글썽이는군요! 왜 우는 겁니까!" 하고 외쳤다. 그래서 나는 이렇게 대답했다. "어… 그냥 하품한 건데요." 하지만 때때로 일어나는 과잉 분석 역시, 면밀한 읽기를 하다 보면 피할 수 없는 결과라는 것을 나도 알게 되었다.

나는 대학 시절 웬만한 보고서는 모두 A를 받았다. 책을 읽고 주제를 비교하거나 문화적 분석을 하는 종류의 과제였다. 그러나 시를 읽거나 어떤 작품 속 한 단락을 면밀하게 읽고, 저자가 사용한 단어 하나라든지 구문론적 패턴과 관련된 의도를 해석해서 보고서로 쓰는 과제를 할 때면 늘 실망스러운 점수를 받았다. 내가 좋아하는 과제는 조지프 헬러가 《캐치-22》를 통해 말하고 있는 관료제의 부조리함이나 전쟁의 참상을 분석하는 것이었다. 개별 단어에는 본질적인 의미가 없었다. 그것은 그저 더욱 광범위한, 보편적인 개념에 다가가기 위한 도구일 뿐이다. 그러나 강사들의 생각은 달랐다. **책 전체가 아니라 한 단락에 대해서 쓰세요.** 이런 평가를 받고 나면, 나는 강사들을 찾아가 책 한 권의 맥락에서 단락 하나만 떼어내 생각할 수는 없다고, 그러면 그 의미는 사라지고 만다고 주장했다. 하지만 그들은 내 주장에는 끄떡도 하지 않고 점수를 올려주지도 않았다.

그런데 함 박사는 마치 스테로이드를 복용한 문헌 집착증 환자 같았다. 그는 〈라이프〉 잡지마저도 꼼꼼하게 읽는 사람이었다. 내가 이 말을 하자 함 박사는 또다시 들떴다. "마치 닫힘괄호기호')'로 시작하는 E. E. 커밍스의 시를 읽었을 때가 떠오르는군요. **내 뇌에 지금 무슨 일이 일어나고 있는 거지?** 그 시를 본 순간, 지금까지 살아가고 생각하던 방식은 전부 끝났다는 생각이 들었어요. 닫힘괄호기호라니. 그리고 이제부터는 이 시의 세계에서 살아가게 된다고 말입니다!"

나는 함 박사를 향해 웃었다. "맞아요. 그리고 그 시를 읽었더라도… 저는 그런 생각을 못 했을 거예요."

그런데 알고 보니. 면밀히 읽기를 거부하면 놓치는 것이 참 많았다. 나는 내가 가진 결함들을 병적이며 과장된 것으로, 객관화해 바라보는 것이 불가능한 것으로—**나는 타인의 말에 귀를 기울이는 걸 잘 못해**—생각하느라 너무 많은 시간을 썼다. 대화를 나눌 때 귀를 기울이지 못하는 순간들을 알아차리지 못한 채 공포에 질려 가만히 있을 뿐이었다. 그런데 이 대화를 글로 펼쳐놓은 뒤에야 비로소 그것들을 눈으로 볼 수 있었다. 나는 12쪽에서 함 박사의 말을 가로막고, 명확하게 말해달라고 하는 대신 부정적인 결론으로 비약했다. 4쪽에서, 나는 방어적인 표현 대신 좀 더 개방적인 표현을 쓸 수도 있었을 것이다. 25쪽에서는 내 어조 때문에 대화가 닫혀버렸다. 그리고 어쩐지 구글 독스라는 형식 덕분에 이런 실수들을 견디기가 좀 더 쉽게 느껴졌다.

의견 작성을 통해 트라우마를 탐구하면서 나는 예전 심리치료사에게서 그토록 바라던 방향성을 얻을 수 있었다. 내가 필요로 하던 방향이었다. 함 박사가, 필요로 해도 괜찮다고 하던 방향. 그리고 이 과정을 이루는 협력적인 방식이 내게 통제감을 주었다.

과거에 만난 치료사들은 자신이 모든 것을 알고 있고 모든 것을 볼 수 있는 오즈의 마법사라도 되는 태도로 임하는 경우가 종종 있었다. 그들은 "왜 그런 느낌이 든다고 생각합니까?"라고 물었다. 하지만 내가 커튼 뒤를 슬쩍 엿보면서 그들의 과정을 살펴보려 하면 이들은 이의를 제기했다. 그와는 대조적으로 함 박사는 나를 기꺼이 엔진실까지 데려가 구경시켜 줬다.

"저는 이 지점에서 스테파니의 표정을 추적하다가, 제가 완전히 실수를 저질렀다는 걸 깨달았죠." 어떤 부분에서 그는 이런 의견을 써넣었다. 짧은 개인적인 이야기를 들려줬던 다른 부분에서는 이렇게 메모했다. "저는 성장통을 겪은 당신과 공감할 수 있도록 저를 드러내 보였습니다."

함 박사는 상담이 진행되는 동안 자신이 가진 취약성을 인정했다. 그러나 취약성을 드러낸다고 해서 그의 능력이나 신뢰도가 떨어져 보이지 않았다. 오히려 그 반대였다. 함 박사를 더욱더 믿을 수 있었다. 그가 내 행동을 교정해 주는 것이 편안했고, 한편으로는 그가 과하다 싶은 생각이 들 때면 반박해도 된다는 기분도 들었다.

2회기 상담에서 나는 그에게 지금까지 내가 만난 심리치료사 들과는 전혀 다르다는 말을 했다.

"그건 제가 그런 심리치료사들의 환자로 있을 때 저 역시 힘 들었기 때문입니다." 함 박사가 털어놓았다. "겁이 났어요. 안전 하다는 느낌은 전혀 들지 않았죠. 환자와 치료사가 가진 힘의 차 이가 얼마나 큰지를 자꾸 상기하게 되고요. 사람들과 정말 효과 적으로 작업하고 싶다면, 계속해서 힘을 내려놓아야 합니다. 겸 손하게 굴고, 실수를 하고, 헤매고, 그런 것들을 편안하게 느낀다 는 의미입니다."

함 박사가 헤매는 바람에, **나** 또한 헤매는 게 쉬워졌다. 첫 만 남에서 나는 혼란스러울 때마다 **으흠**이라든가 **그렇군요**,라고만 말했다. 똑똑하고 유능한 기분이고 싶었고, 그가 하는 말을 이해 한 것처럼 행동하고 싶었다. 하지만 이제는 그런 태도가 아무런 도움이 되지 않는다는 사실을 알았다. 그렇기에 2회기 상담에서 는 질문을 열 배쯤 많이 했고, 조금이라도 헷갈리는 것이 있으면 심문하듯이 질문을 퍼부었다. 그가 나에게 쏟아붓는 전문용어를 전부 설명해 달라고 부탁했다. 또, 그날, 내가 고모에게 **사실은** 어 떻게 행동했어야 하느냐고 물어봤다. 왜 색깔을 세는 일이 함 박 사가 보기에는 **괜찮은** 정도일 뿐, 충분히 좋지 않느냐고도.

함 박사는 자신이 고모 이야기에 "나쁜 놈처럼" 접근했다고, 너무 빨리, 지나치게 비판했던 것 같다고 했다. 그러면서도 이렇 게 말했다. "제가 생각할 때 가장 도움이 되는 일은 다른 사람과 재연결reconnect하는 것입니다. 자기조절은 무척이나 **고립된** 행동이거든요. 그건 그저 생존이에요. 마치 이렇게 말하는 것과 같아요. '당신과 연결되는 법을 실제로 배울 생각은 없지만, 적어도 당신 때문에 언짢은 정도를 조절할 능력은 있었으면 해.' 그런데 저는 스테파니가 구석에서 혼자 자기조절을 하고 있길 바라지 않아요. 수치심을 느끼면 숨고, 틀어박히고 싶어집니다. 하지만 그러는 대신, '당신은 누구죠? 지금 나에게서 뭘 필요로 하는 거죠? 또 난 당신에게 뭘 필요로 하는 거죠?'라고 물을 수 있는 상태에 있다면 어떨까요?"

만약 내가 트리거를 자극받지 않았더라면 고모에게 무슨 말을 했을까? 그런 질문들을 모두 할 수 있을 만한 시간과 정신력이 있었더라면? 아마 이런 말을 했을 것 같다. "고모가 시댁 식구들과의 사이에서 힘든 경험을 겪었다는 건 이해하고, 그 점에 대해서는 안타까워요. 하지만 저는 조이의 가족들을 사랑하고, 미국에서는 **그들이야말로** 제 유일한 가족이에요. 그러니까 그들이 제 진짜 가족이 아니라는 말은 저한테 상처가 돼요. 그런 말을 하는 대신, 제가 조이의 가족들과 맺는 긍정적인 관계를 지지해주었으면 좋겠어요." 이 말에 고모는 좋은 반응을 보였을까? 아니면 나더러 입을 다물라고 했을까? 언제나처럼 울화를 터뜨렸다가 그대로 묻어버리는 대신 우리의 유대감을 강화할 수도 있었을까? 어쩌면, 내가 고모에게 나를 보여주려 노력해 볼 수도 있지 않았을까?

"잘 풀리면, 서로와 다시금 연결되고 마지막에는 고모를 안아주는, 느끼할 정도로 사랑이 넘치는 결말을 맞을 수도 있었겠죠."

함 박사는 말했다. "아니면, 스테파니가 필요로 하는 바를 말했지만, 고모는 바라던 반응을 해주지 **않았을** 수도 있었을 겁니다. 또, 고모에게 화가 나고 실망했으나 그래도 괜찮을 수도 있겠죠. 왜냐하면 고모가 왜 그런 행동을 했는지를 아니까요. 또, 고모에게 그런 반응을 보인 자신을 용서하고, '나는 고모로부터 이보다는 더 많은 걸 원해'라는 사실을 인정할 수도 있었겠고요."

"**저 자신과의** 재연결인 셈이네요." 내가 느릿느릿 입을 열었다. "그것도 중요한 거죠?"

"그렇습니다."

그게 함 박사의 이론이었다. 복합 트라우마는 반복되는 속성을 가졌기에 근본적으로 관계 트라우마일 수밖에 없다. 즉, 복합 트라우마는 타인과의 나쁜 관계가 유발한 트라우마인데, 여기서 타인들이란 상처를 주는 게 아니라 나를 아끼고, 내가 믿을 수 있어야 했던 대상들이다. 이는 복합 트라우마를 가진 사람들의 경우 타인을 신뢰하면 안 된다는 사고가 굳어져 있기 때문에, 미래에 그 누구와도 관계 맺기 더 힘들어진다는 뜻이다. 함 박사는 관계 트라우마를 치유하는 방법은 타인과 관계의 춤을 연습하는 것뿐이라는 결론을 내렸다. 단순히 자조도서를 읽거나 혼자 명상을 하는 것만으로는 충분치 못했다. 바깥으로 나가 사람들과 관계를 유지하는 연습을 하면서, 부서져 버린 믿음을 다시 강화시켜 세상이 안전한 곳이 될 수 있다고 믿을 수 있어야 했다.

"관계는 스포츠와 같아요. 근육에 새겨지는 기억이고, 행위로 이루어진 것입니다. 테니스 교재를 읽는 것만으로 테니스 치는 법을 배울 수는 없어요. 실제로 상대방과 테니스 시합을 아주 많이 해봐야 가능하죠. 대인관계에서의 시합이랄까요!"

구글 독스가 스포츠 은유를 한 발짝 더 멀리 가져갔다. 함 박사는 스쿼시를 즐긴다. 스쿼시에 있어서는 엄청난 경쟁심을 갖고 임한다. 하지만 다른 선수들이 그저 몇 시간씩 쉬지 않고 연습한다면, 함 박사는 게임을 전부 기록했다. 스쿼시룸 구석에 작은 카메라를 설치한 뒤, 게임이 끝난 다음 영상을 보면서 실수한 부분, 자세 교정이 필요한 부분을 확인했다. 덕분에 함 박사의 실력은 빠른 속도로 늘었다. 내 상담을 다시 귀로 들어보는 것 역시 같은 기법을 사용하려는 의도였다.

"스테파니는 아주 용감한 일을 하고 있는 거예요." 함 박사가 말했다. "자신이 테니스 치는 모습을 볼 수 있는 사람은 많지 않거든요. 자의식이 지나치게 강한 사람들이 많으니까요."

이런 치료 방식에 치를 떨며 내빼는 사람들이 많다 해도 이해가 갔다. 나 역시, 처음 라디오 일을 시작할 때 내 목소리에 익숙해지기까지 몇 달이나 걸렸으니까. 그 당시엔 내 이상한 숨소리며 혀짤배기소리 때문에 불안하기도 했다. 그러나 내가 그런 직업에 종사했기 때문에 이 과정은 익숙하게 느껴졌다. 두 번째 상담이 끝날 무렵, 나는 몇 달 만에 처음 느끼는 에너지로 함 박사에게 말했다. "기분이 좋아요! 낙관적인 기분이에요!" 고작 2주째인데도 마치 실제 대화에 적용할 수 있는 탄탄한 기법을 익힌 기분이었다. 내 주변 사람들을 더욱 잘 사랑할 수 있는 현실적이고도 확고한 방법들이었다.

며칠 뒤, 나는 캐시와 전화 통화로 안부를 나눴다. 캐시는 직장 동료가 짜증 난다는 이야기를 하려다가 말끝을 흐렸다. "아, 신경쓰지 마. 아무것도 아니야. 그건 그렇고, 네 일은 요즘 어때?" 가장 먼저 떠오른 반응은 방금 들은 말은 잊어버리고 대화를 이어가야겠다는 것이었다. 하지만 나는 잠시 멈췄다. 새로운, 고양된 의식 덕분에 캐시가 말끝을 흐렸다는 걸 알아차릴 수 있었던 것이다. 그러니 캐시가 하려던 말을 이어가야 했다. 그다음에 든 생각은 캐시를 위로하기 위해 알지도 못하는 그의 동료에 대한 불평을 늘어놓거나, 나아가 험담을 해야겠다는 것이었다. 그러나 나는 이렇게 물었다. "아니야, 잠깐만. 아까 하려던 직장 동료 이야기는 뭐였어? 그 사람 때문에 어떤 기분이 드는데?" 내가 공간과 기회를 내어주자, 캐시는 회사에서 느끼는 두려움에 관한 아주 취약한 생각들을 내게 나눠줬다. 내가 그대로 지나쳐서 대화를 앞질러 가버렸더라면 절대 들을 수 없었을 이야기였다. 대화가 끝나자 캐시와 더 가까워진 기분이 들었고, 캐시 역시 나에 대해 그렇게 느꼈으리라 생각한다. 몇 달 만에 처음으로 나는 자신감 있게 대화를 끝마쳤다. 좋은 사람처럼.

어쩌면 이번 치료는 효과가 있을지도 모르겠다.

442

39장

함 박사의 연구실에 가는 건 꼭 체육관을 찾아가는 기분이었다. 그곳은 정신과 마음을 훈련해 더 강하게 만드는 훈련장이었으니까. 또, 이곳은 더 젊은 사람들을 위한 또 다른 훈련장을 연상시키기도 했다. 몇 년 전 나는 〈디스 아메리칸 라이프〉 취재를 위해 모트헤이븐 아카데미Mott Haven Academy라는 곳을 찾았다. 브롱크스에 있는 이곳은 대부분의 학생들이 위탁 보호를 받고 있는 청소년들이 다니는 차터스쿨이었다. 나는 학교 측 허락을 받아 종일 이곳의 학생들을 관찰했고, 일반적인 학교와 이 학교는 무척이나 다르다는 사실을 곧장 알 수 있었다.

운동장을 가보니, 수십 명의 아이들이 축구를 하고, 그네를 타고, 정글짐에서 고함을 지르고, 대부분 서로를 미친 듯이 뒤쫓으며 달리고 있었다. 당연히, 평범하기 그지없는 운동장이었지만, 무언가 살짝 어긋난 듯한 느낌이 들었다. 잠깐의 시간이 흐른 뒤에야 나는 무엇이 다른지 알아차렸다. **외톨이가 없잖아?** 웬만한 운동장에는 구석에서 혼자 조용히 그림을 그리거나 책을 읽거나 혼자 줄넘기를 하는 외톨이 한두 명이 있기 마련이다. 그런데 이 운동장은 모두가 커다란 하나의 무리에 속해 있는 것만 같았다. 그중에서 딱 한 사람, 여덟 살쯤 돼 보이는 남자아이가 혼자 서서 앞을 노려보고 있었다. 내가 빤히 바라보는 가운데 그 아이는 속에서 무언가 부글부글 끓기라도 하는 듯 점점 더 표정이 어두워졌다. 그러더니 마침내 그 아이는 운동장 반대편으로 가서는 바닥에 떨어져 있던 1미터도 더 되는 나뭇가지를 주워 술래잡기 놀이를 하고 있는 아이들을 향해 집어 던졌다. 나뭇가지는 아이들을 비껴갔고, 아이들은 묘한 표정으로 그 아이를 쳐다봤다. 그러더니 조금 더 먼 곳으로 옮겨가 놀이를 계속하기 시작했다.

운동장 감독관이 아이에게 다가갔다. 방금 아이가 저지른 행동은 분명 다른 사람을 다치게 할 수 있는 폭력적인 행동이었다. 그렇기에 나는 감독관이 아이가 더 이상 운동장에서 놀 수 없는 벌을 주거나, 아니면 교무실로 데려가 처리할 거라 예상했다. 하지만 감독관은 아이 앞에 무릎을 구부리고 앉더니 물었다. "기분이 안 좋은가 봐. 무슨 일이니?"

"친한 친구가 다른 애들이랑 놀아요." 아이는 고개를 푹 떨군 채 눈물을 막 떨어뜨릴 것 같은 표정으로 말했다. "맨날 같이 노는 친구라서 화가 나요."

감독관이 아이의 친구를 불렀다. "니코!" 그러자 니코가 이쪽으로 달려왔다.

"오늘 네가 다른 아이들이랑 놀아서 제러미가 속상하대. 제러미, 니코가 더 이상 친구로 지내고 싶지 않을까 봐 걱정되는 거니?"

제러미는 감독관과 눈을 마주치지 않은 채 보일 듯 말 듯 고개를 끄덕였다.

"아, 당연히 난 아직도 네가 좋아." 니코가 미소를 짓더니, 무슨 그런 걱정을 하느냐며 안심시키는 말투로 말했다. "그냥 오늘은 평소랑 다른 일을 해보고 싶었을 뿐인걸."

"친한 친구로 지내면서 가끔은 다른 애들이랑 놀아도 괜찮아, 그렇지? 그렇다고 서로 좋아하지 않는 건 아니잖아." 감독관이 말했다.

"맞아, 넌 여전히 내 친구야, 제러미!" 니코가 씩씩한 말투로 확인해줬다.

제러미가 마침내 고개를 들었다. "나도 네가 좋아, 니코." 그러자 운동장 감독관은 그 자리를 떠났다. 고작 몇 분 사이에 제러미는 달라졌다. 축구를 하는 아이들을 향해 달려가서는, 남은 몇 분 동안 다른 아이들과 어울려 신나게 공을 드리블하며 운동장을 뛰어다녔다.

트라우마에 대해 말하고 싶다고? 아무리 그래도 위탁 보호 시스템을 견뎌낸 아이들만큼 심각한 트라우마는 아닐 것이다. 위탁 보호 아동 중 51퍼센트는 4점 이상의 ACE 점수를 얻었는데, 위탁 보호를 받지 않은 아동 중에서 ACE 점수가 4점 이상인 아동은 13퍼센트에 불과한 것과 대조적이다.[56] 위탁 보호 아동들이 아동기에 열 군데가 넘는 위탁가정을 전전하는 일은 드물지 않으므로 이들은 진정한 가정이 가지는 안정감을 느낄 수 없게 된다. 한 연구에 따르면 위탁 보호 아동은 성적 학대를 당할 가능성이 10배 높았다.[57] 물론, 이렇게 고통스러운 아동기는 아동이 성장한 이후까지 영향을 미친다. 다섯 군데 이상의 위탁가정을 거친 위탁 보호 아동 중 90퍼센트가 형사사법제도의 심판을 받게 된다.[58]

모트헤이븐의 초점이 다른 학교들과 다른 것은 이러한 통계들 때문이다. 모트헤이븐은 학력이 아니라 학교 내에서 **공동체**를 형성하는 것을 최우선 목표로 삼는다. 아이들이 안전하다고 느끼는 동시에, 집에서는 얻을 수 없는 안정적이고 사랑이 담긴, 가족적인 구조를 가질 수 있는 공간을 만드는 것 말이다. 그렇기에 이곳의 훈육 체계는 통상적인 것과는 완전히 다르다.

교실에서 아이들은 책상에 엎드리거나, 연필로 책상을 두드리거나, 심지어는 수업 중간에 일어서서 돌아다녀도 벌을 받지 않는다. 사실 적극적으로 수업에 귀를 기울이거나 참여하는 한, 일어서거나 자리를 바꿔도 상관없다. 만약 너무 힘들다면 아이들이 잠시 쉴 수 있는 조용한 장소들도 있다. 양해를 구한 뒤 교실을 떠나 포근한 담요로 이루어진 작은 요새나 빈백 의자가 있는 곳으로 가서 잠시 자기진정을 위한 시간을 보내면 된다. 학생들이 학교와 학교 외의 삶에서 힘든 점을 이야기할 수 있도록 특별히 마련된 시간도 일주일에 몇 번이나 있다. 또, 대부분의 아이들은 적어도 일주일에 한 번 심리치료사를 만난다.

아이들이 말썽을 부리면—아이들, 특히 트라우마를 겪은 아이들은 예사로 말썽을 부린다—행정 직원들은 처벌보다는 치유와 관계 유지에 초점을 맞춘다.

제러미에게 다가간 운동장 감독관은 제러미가 못되게 굴고 싶어서 말썽을 부리는 게 아니라는 사실을 알고 있었다. 제러미에게 무슨 일이 있다는 사실을 알아차린 것이다. 그는 아이에게 무슨 일이 있냐고 물어본 뒤, 제러미가 그저 무시당하고 싶지 않고 사랑받고 있음을 확인하고 싶을 뿐임을 알았다. 당연하게도 제러미의 불안은 안전하다고 느끼는 순간 씻은 듯 사라졌다. 또, 감독관은 친구인 니코를 부름으로써 제러미가 관계에서 생겨난 균열을 바로잡을 수 있게 해줬다. 니코에게는 똑같이 어린 친구의 두려움을 달래주는 법을 가르쳐줬다. "맞아요, 여기서는 싸움이 그저 **흘러가게** 두지 않는답니다." 감독관이 내게 해준 말이다. "아이들 사이의 다툼이나 싸움을 우리가 모두 중재한다는 점에서 여기는 다른 학교와 달라요. 우리는 억울한 마음이 점점 더 곪아가도록 내버려두지 않습니다. 모두가 안전하다 느끼기를 바랍니다."

이 글에서 윌로우라는 이름으로 부를 한 여자아이는 이렇게 말했다. "우리 학교에는 이 무리, 저 무리 같은 건 없어요. 우리 전부가 한 무리예요. 우리 학교 아이들은 누구나 각자의 문제를 안고 있어요. 또, 모두의 마음속에는 좋은 면이 있고요. 때로는 못되게 굴기도 하지만, 나쁠 때조차도… **좋은** 사람일 수 있어요. 엄청, 엄청 **좋은** 사람이요."

월로우는 니나 시몬과 카디 비의 팬이었다. 썰렁한 농담을 한 뒤 킥킥 웃는 걸 좋아하는 점이 꼭 덩치만 작은 아빠 같았다. 월로우와 직접 대화를 나눠보면 도저히 예상하지 못할 일이겠지만, 그 아이는 모트헤이븐에 오기 전에 분노 문제로 여러 학교에서 정학을 당했다고 했다. 교사를 공격하고 교실에서 의자를 집어 던지기도 했단다. 월로우는 모트헤이븐에 대한 기대가 별로 없었다. 예전에 다니던 학교처럼 잘나가는 여자애들이 자신의 머리 모양을 놀려대는 곳일 거라고 생각했다. 하지만 이곳에서는 친구들과 갈등을 겪더라도 기분 나쁘게 끝나는 법이 없다고 월로우는 내게 말해줬다.

몇 주 전, 월로우는 한 친구와 말싸움을 벌였다고 한다. 월로우는 친구에게 미쳤다고 했고, 친구는 그 말이 부적절하다며 수업이 끝날 때까지 월로우를 무시했다. 하지만 다음 날 월로우는 "아직도 화 났어?" 물었고, 친구는─학교에서 배운, 타인을 능숙하게 안심시켜주는 표현을 사용해서─이렇게 대답했다. "아니, 화 안 났어. 난 괜찮아, 난 네 친구니까."

이런 우정을 경험하며 월로우는 달라졌다. 성적도 올랐다. 예전에는 싫어했던 과목들이 좋아졌다. 예전에는 자신이 게으르고 무식하다고 생각했다. 그런데 고작 한 달 만에 월로우는 자신에 대한 새로운 서사를 갖게 됐다. 월로우는 글을 잘 썼고, 자신을 새로운 경지까지 밀어붙일 힘을 가진 아이였다. 또, 참을성이 뛰어났다. 어느 날, 다른 아이들이 자기가 하는 농담과 우스꽝스러운 행동을 무시하고 있다는 생각이 들자, 월로우는 구석에 놓인 빈백 의자로 가서 잠시 혼자 시간을 보냈다. "그런 생각을 했어요. **윌로우! 그냥 애들이잖아. 왜 이렇게 화를 내는 거야. 괜찮아.**" 윌로우는 자기진정을 할 수 있는 능력이 있고, 그건 꼭 선생님과 심리치료사가 가르쳐 준 덕분만은 아니었다. 그 애는 직감적으로 그 능력을 얻게 된 것이다. 우리 뇌의 공포 반사는 실존하지만, 그 반대의 작용 역시 그만큼 오래되고 강력한 것이다. 한 가지 핵심 요소가 존재할 때 우리의 몸과 뇌는 친절해진다.

"이 학교에 있으면 사람들이 정말로 저를 사랑하는 곳에 있다는 기분이 들어요."

제러미와 니코가 화해하는 모습을 볼 때 나는 애써 눈물을 참아야 했다. 두 아이는 정말 귀여웠지만… 한편으로는 두 아이가 지닌 기술이 놀랍기만 했다. 나도 저 아이들처럼 능숙해지고 싶었다. 어른들을 위한 모트헤이븐의 존재가 절실했다. 나는 어떻게 해야 저런 기술들을 배울 수 있을까? 누가 나에게 그런 것들을 가르쳐 줄까?

"오늘은 무슨 이야기를 하고 싶으십니까?" 내가 카우치에 풀썩 앉자 함 박사가 물었다.

나는 높낮이 없는 피로한 목소리로 대답했다. "지난 주말에 또 싸우는 바람에 힘든 시간을 보냈어요."

그날 밤 조이와 나는 외출했다가 집으로 돌아가는 지하철을 탔다. 하루 동안 있었던 일을 서로에게 이야기하고 있었는데, 오렌지색 좌석 위에서 자세를 고치던 조이가 얼굴을 일그러뜨렸다.

"괜찮아?"

"괜찮아." 조이는 별것 아니라는 듯 말했다.

"하지만 아픈 것 같았는데? 잠은 얼마나 잤어?" 나는 조이에게 꼬치꼬치 캐물었다. "아이 참, 내가 어제 일찍 자라고 했잖아!"

그러자 조이가 나를 향해 성난 표정을 지었다. 피로와 노여움이 담긴 표정이었다.

나는 몇 배나 더 성난 표정으로 조이를 쳐다보았다. "뭐야? 왜 그런 표정으로 쳐다봐?"

조이는 표정을 지우더니 고개를 돌리고 대화를 끝내 버렸다.

오래전 조이가 내 트라우마와 이에 따라오는 문제들을 "감당할" 수 있다고 약속했던 그때, 나는 그 말이 이런 일들을 아무렇지도 않게 받아들이겠다는 뜻이라 생각했다. 그를 과대평가했던 것이다. 조이는 좋은 사람이었지만 그렇다고 성인군자나 구원자는 아니었다. 그런 것이 되어야 할 의무도 없었다. 사귄 지 몇 년이 지나자 우리는 각자의 기벽을 예전처럼 별난 것이라 받아들이기보다는 다소 짜증스러워하게 되었다. 조이는 나의 잘못들을 대체로 떨떠름하게나마 참아줬지만 그에게도 한계는 있었다. 조이도 성질을 부릴 줄 알았고, 그의 참을성이 예상치 못한 순간에 뚝 끊어지면 나는 소용돌이치듯 나락으로 빠져들었다. 그날, 지하철 안에서 그랬던 것처럼.

"그 표정을 보면 스테파니에게는 어떤 일이 일어나지요?" 함 박사가 물었다.

"저는 그 표정이 정말 싫어요. 조이가 저에게 화를 낼 때마다 자꾸만, 점점 더 화가 나요. 왜냐하면 제가 입만 열면 우리의 관계를 망쳐버릴 말을 하는 것 같다는 기분이 들거든요."

"이런, 세상에." 함 박사가 얼굴을 찌푸렸다.

목적지에 도착했을 때, 나는 성을 내며 먼저 열차에서 내려버렸다. 금방이라도 쏘아붙일 기세인 나에게 조이가 다가왔다.

"내가 너한테 그런 표정을 지었던 건, 네가 한 말이 나한테는 상당히 무례하게 느껴졌기 때문에, 그에 걸맞은 무례한 반응을 보인 거야."

"그건 **네가** 무례하다고 해석한 거지. 난 무례하려는 의도는 없었어."

"무례했어. 나는 내 분노로 너를 자극하지 않으려고 신경을 곤두세워야 하고, 너는 네가 저지른 실수에 책임지지 않아도 된다는 거야?"

"맙소사." 나는 입속으로 그렇게 중얼거리면서도 거기까지만 하기로 했다.

다음 날, 조이와 나는 동네에 있는 작은 공원 옆을 지나 걸었다. 조이는 근처에서 커피를 한 잔 마시고 싶다고 했지만, 난 별로 좋은 생각이 아닌 것 같다고 말했다. 그러자 조이는 어제와 똑같이 **또 이러지, 그 무례한 말**이라고 말하는 것만 같은 매서운 표정을 지었다.

"뭐 하는 짓이야?" 내가 물었다. "어제 아무것도 아닌 일로 그렇게 화를 내더니 오늘도 그러잖아. 대체 왜 그러는데? 넌 뭐가 문제야?"

"뭐야, 내가 너에 대해서 매번 꼬치꼬치 캐물으면 어떤 기분이 들 것 같아? 너한테 '질 건강은 괜찮아?'라고 물으면 넌 기분이 좋을 것 같아?"

"난 상관없거든? 그냥 질 건강이 어떤지 대답하겠지! 내 똥에 대해 물어봐도 대답했겠지! 뭘 알고 싶은데? 농도가 궁금해? 아니면 색깔이?"

그러자 조이는 눈을 굴리더니 혼자 걸어가 버렸다.

머릿속이 어지러웠다. **지금 내가 느끼는 감정은 뭐지? 이 감정을 어떻게 전달하지?** "넌 나한테 못되게 굴고 있어. 내 감정을 생각하지 않고 있어." 내가 그를 향해 외쳤다.

조이는 비웃음을 흘리더니 "하!" 하고 소리쳤다.

나쁜 자식. "내가 너한테 무슨 짓을 했다고 그러는데?" 나는 고함을 쳤다. "대체 내가 무슨 잘못을 했기에 나한테 이러는 거야? 대체 내가 무슨 빌어먹을 짓을 했는지 말이라도 해달라고!" 양손에 얼굴을 묻은 채 연석에 풀썩 주저앉자, 토네이도처럼 울음이 밀려왔다. **잘한다, 공공장소에서 울음을 터뜨리다니. 입만 열면 모두가 날 미워하니 말도 제대로 할 수가 없어. 앞으로는 말 못 하는 동상처럼 한 마디도 안 하고 사는 게 낫겠어.**

"이러지 마." 한참 뒤에야 조이가 말했다. "야, 왜 이러는 거야." 하지만 동상은 대답하지 않는 법이기에, 나는 아무 말도 하지 않았다.

조이는 가만히 서서 나를 한참 바라보더니 물었다. "지금 무슨 생각해?"

"말하기 싫어. 전부 엉망진창이야." 나는 간신히 내뱉었다.

"내가 미워?"

"아니."

"나랑 결혼하기 싫어?"

"아니."

"내가 악당 같아?"

"아니! 아니라고!" 내가 울부짖었다. "아니야, 그냥 내가 너무 미워서 죽어버렸으면 좋겠어!"

함 박사에게 이 이야기를 했을 때, 그는 웃음을 터뜨렸다. "세상에나!" 심지어 웃음을 참으려는 기색조차 없었다. "죄송합니다. 참을 수가 없었어요."

당황스럽기는 했지만 나 역시 부적절한 순간에 껄껄 웃음을 터뜨린다는 이유로 지탄을 받곤 했기에 이해하기로 했다. "괜찮아요. 저도 우울한 이야기를 들을 때 웃곤 하거든요."

"아니, 그게 아니라… 스테파니가 바보 같은 말을 '죽어버렸으면 좋겠어'라고 끝마치는 게 우스워서요. 어리석은 트라우마 반응은 웃어넘기는 게 좋아요."

"그런가요?" 내게서 미소가 사라졌다. "저는 어리석다고 생각하지 않는데요."

"당연하지요." 함 박사가 진지해졌다. "맞아요. 엄청나게 고통스럽죠. 죽고 싶다는 건 견딜 수 있는 한계까지 다가갔다는 뜻이니까요. 하지만 스테파니는 이 일을 **자신이** 엉망진창이고, 온 우주에서 가장 반사회적이고 유해한 존재라는 또 하나의 예로 바꿔버렸어요. **그 점이** 우습다는 겁니다."

"그러네요."

우리는 잠시 말없이 앉아있었다. 한참 뒤에야 함 박사가 물었다. "그 이유가 뭘까요? 왜 그의 몸 상태에 대해 캐물어야 한다고 느꼈을까요?"

"통제욕 때문에요." 나는 한숨을 쉬었다. "분명 부모와 관련된 문제겠죠."

대부분의 심리치료사들은 이 부분을 파헤칠 기회를 놓치지 않고, 다시 내 가족사 이야기로 돌아가 실전 분석에 돌입한다. 그러나 함 박사는 이 순간에 집중하고 싶어 했다. "좋아요. 하지만 왜 그런 부분을 통제하고 싶은 기분을 느꼈나요?"

"왜냐하면… 조이가 교사 일을 시작한 뒤부터는 잘 챙겨 먹지도, 잠을 제대로 자지도 않았으니까요. 채점을 한다거나 수업 계획안을 짜느라 4시간밖에 못 자곤 해요. 하루에 17시간 일하는 날도 있는데, 그렇다고 일을 덜 하면 상사에게서 학생들을 소홀히 한다는 소리를 듣고요. 또, 조이한테는 자가면역질환이 있어서 스트레스를 심하게 받고 잠을 못 자면 증상이 심해져서 크게 앓기도 해요. 얼마 전부터 증상이 심해지고 있어서, 제가 자꾸만 일을 내려놓고, 잘 챙겨 먹고, 스스로를 돌보라고 잔소리를 해야 해요."

"조이의 안전이 걱정되는군요." 내 말의 의도를 알아차린 함 박사의 눈이 다시 커졌다. "또, 조이를 잃을까 봐 걱정되고요."

"맞아요." 나는 작은 소리로 대답했다.

잠시 생각에 잠겼던 함 박사가 갑자기 폭발하는 바람에 나는 깜짝 놀랐다.

"저였더라면 노발대발했을 겁니다! 자기 건강을 제대로 챙기지 않는데, 사랑하는 사람이라면 잔소리할 권리가 있죠. 어떻게 감히 그런 짓을 하느냐고요."

"아, 그럼 제가… 맞는 건가요?"

함 박사는 고개를 저었다. "아뇨. 스테파니가 계속 잔소리를 해야 한다고 말하는 게 아닙니다. 스테파니가 잔소리를 하는 건 좋은 의도에서 나온 것이기에, '잔소리를 한 내가 바보였어' 같은 말을 해서는 안 된다는 뜻입니다."

"음… 제 잔소리에도, 두려움에도 합당한 이유가 있는 거라면, 어떻게 하면 조이를 화나게 만들지 않고 그 의도를 전할 수 있는 걸까요?"

"상대와 솔직하게 대화를 해보세요. 이렇게요. '잔소리하려 했던 건 아니야, 미안해. 그렇다고 네가 내 눈앞에서 죽는 것도, 스스로를 돌보지 않는 것도 보고 있기 힘들어. 그러니까 날 위해 너 자신을 잘 돌봐줘.'"

"아. 알았어요. 한번 해볼게요." 썩 괜찮은 처방인 것 같았지만, 기분은 여전히 나아지지 않았다. 트리거를 자극받아서 미쳐 날뛰는 순간에 저런 말을 할 수 있을 것 같지 않았다. 또, 솔직히 말하면 아마 조이는 **저 말**을 듣고도 화를 낼 것 같았다.

나는 카우치에 놓여있던 쿠션을 끌어안았다. "어쩌면 이렇게 별것 아닌 일로 싸워대는 우리가 결혼을 해선 안 될 것 같다는 생각이 들기도 해요. 조이의 **얼굴** 표정만으로도 트리거를 자극받게 된다면요."

"바보 같으시네요." 함 박사는 또다시 웃기 시작했다.

"뭐라고요?! 아니… 그렇게 말씀하시면 안 되죠. 전 바보 같지 않아요."

"지금 바보 같이 **굴고** 계시지 않습니까." 그는 짜증이 날 정도로 싱글벙글 웃으며 말을 이었다. "중요한 건 싸움이 아닙니다. **화해죠.**"

화해라.

넌 여전히 내 친구야, 제러미. 괜찮아, 윌로우, 난 네 친구니까.

함 박사는 성인의 경우 화해는 더욱 복잡하며 거래에 가까운 과정이라고, 그럼에도 여전히 보람 있는 일이라고 말했다.

"트라우마를 겪은 사람들이 아는 것은 균열뿐입니다." 함 박사가 설명했다. "이 사람들은 자신을 학대한 사람에게 자꾸만 사과합니다. 하지만 **자신에게** 필요한 것에 대해서는 생각지 않아요. 이렇게 이루어지는 화해는 상호적인 것이 아닌 일방통행이 되고 맙니다."

나는 잠시 함 박사의 말을 생각해봤다. "그 말은… 저는 문제가 발생했을 때 사과해야 한다는 것밖에 모르기 때문에, 매번 '미안해, 난 엉망진창이야' 한다는 뜻이군요."

456

"바로 그겁니다. 일방적인 것이 아닌, 양방향의 화해가 이루어질 수 있도록 사과하는 방법을 모르는 거죠."

나는 함 박사의 말을 내가 이해한 대로 더듬더듬 입 밖에 냈다. "그러면 트라우마를 겪은 사람들은 끊임없이 사과하지만… 자신의 문제를 바라보고 고치지는 못한다는 거네요. 아니면 자꾸만 사과를 요구하고, 그러면서도,"

"타인을 인정하지 않는 거죠. 그렇습니다!"

"그래서 그들의 화해에는 섬세한 부분들이 결여되어 있다는 거군요." 나는 약간 놀라워하며 말했다.

"맞습니다. 용서란 타인에게 '넌 불완전한 존재고 그래도 여전히 널 사랑해'라고 말하는 사랑의 행위입니다. '우리는 서로를 포기하지 않을 거야, 우리는 시간과 노력을 들여 함께할 거니까. 그래, 내가 네게 상처를 줬어. 그래서 미안해, 그래도 넌 여전히 내 사랑이야' 하고 말할 수 있는 에너지를 가질 수 있어야겠죠."

"정말 괜찮은데요? 저도 양방향의 화해를 할 수 있는 사람이 되고 싶어요. 하지만 방법을 모르겠어요."

"그렇기에 스테파니가 제 앞에 있는 것이겠지요."

40장

진실이란 식별하기 어려운 것이다. 진실을 식별하기 쉬웠더라면 세상은 훨씬 더 평화로운 곳이었으리라. 그러나 우리는 모두 트리거, 욕망, 감정, 욕구로 이루어진 섬세한 꾸러미들이고, 우리 모두 나름의 방식으로 욕구를 숨긴다. 그렇기에 사람들이 무엇을 필요로 하는지를 잘못 이해하는 순간 갈등이 생겨난다. 갈등을 최소화하기 위해 중요한 건 진실의 어느 정도를 알아내는 것이다. 우리를 둘러싸고 **실제로 벌어지는** 일이 무엇인지 알아내는 것이다. 아나이스 닌이 한 것이라 알려져 있는 말대로, "우리는 사물을 있는 그대로 바라본다. 우리는 그것들을 우리의 모습으로 바라본다."

함 박사는 복합 PTSD는 나아가 우리의 기초적인 감각적 본능에 따른 인식까지도 가려버린다고 한다. 우리는 위험과 갈등을 예상하는 겁에 질린 존재들이므로, 우리의 눈에 보이는 것도 위험과 갈등뿐이다. 때로 우리는 실제로 벌어지는 일을 있는 그대로 보지 못한다.

그렇기에 함 박사는 달라이 라마가 "정서적 무장해제"라고 이름 붙인, "두려움이나 분노가 일으키는 혼란 없이 사물을 현실 그

대로, 분명하게 바라보는 일"이 중요하다고 말한다. 두려움을 바탕에 두고 협소하게 읽어나가는 복합 PTSD의 독해 속에 더 큰 진실, 겹겹의 진실이 존재한다는 것이다. 물론 언제나 모든 진실을 알 수는 없는데, 우리가 사랑하는 사람들이 자신의 진실을 인식하지 못할 때도 있기 때문이다. 중요한 건 이런 상호작용에는 진실에 대한 두려움이 아닌 **호기심**으로 접근해야 한다는 것이다. 함 박사는 어려운 대화를 할 때는 "**내가** 너한테 상처를 줬니?"가 아닌, "너는 무엇 때문에 상처를 받았니?"라는 태도를 취해야 한다고 했다.

치료를 진행하는 동안 함 박사는 나에게 이런 호기심을 직접 선보여 주기도 했다. 대화하던 중간에 그는 갑자기 자세를 꼿꼿이 하고는 천장을 바라보며 "내가 뭘 하고 있죠?"라든지 "지금 무슨 일이 벌어지고 있죠?" 하고 물었다. 내가 가만히 앉아 기다리고 있으면 그는 답을 알아냈다. "스테파니가 이의를 제기하는 바람에 심술이 난 것 같아요"라든지 "스테파니에게 공감하면서 기분을 나아지게 해주려고 애쓰는 것 같아요" 같은 답을 말하거나, "방금 무슨 일이 벌어졌고, 왜 스테파니의 표정이 바뀐 거죠?" 하고 묻기도 했다. 자신이 하는 생각을 이토록 숨김없이 솔직하게 보여주는 사람, 그리고 내가 하는 생각을 전부 알고 싶다는 부끄러움 없는 열의를 보이는 사람이 있다니 안심이었다.

함 박사와 내가 맞지 않는 부분을 찾아 몇 주간 구글 독스를 샅샅이 뒤진 끝에, 나는 마침내 내가 타인과의 의사소통에서 어떤 부분이 어긋나는지를 알아차리기 시작했다. 나는 함 박사에게 친구 두 명과 브런치를 먹었는데 그날 나눈 대화의 합이 잘 맞지 않았다고 말했다. 마치 억지로 대화를 이어가거나 대화하는 흉내를 내는 것 같은 기분이었다. "좋네요. 그 사실을 알아차리다니 다행이에요." 함 박사는 말했다.

디너파티를 열었다가 긴장하고 어색한 기분을 느꼈던 나는 실제로 무슨 일이 벌어지고 있었던 것인가 하는 진실을 찾아내기 위해, 함 박사에게 파티에 대해 자세히 말했다. 내가 파티의 호스트 노릇을 잘 못했나? 생각 없이 지나치게 수다를 떨었나? 내가 나쁜 사람인가? "잠깐만요. 여자 두 명, 남자 두 명, 그렇게 커플을 초대했던 겁니까?"

"여자 한 명, 남자 한 명이요."

"둘 다 싱글이고요?"

"어… 맞아요. 그런데 두 사람은 서로 관심이 없었던 것 같은데요?"

"싱글 남성과 여성을 한 명씩 초대했단 말씀이시지요? 그러면 꼭 서로를 엮어주려는 자리처럼 느껴졌을 겁니다. 어색한 분위기를 유발했을 거고요." 함 박사는 빙그레 웃었다. "이런 문제는 쉽게 해결할 수 있어요. 다음번에는 손님 수를 늘리세요."

때로는 이런 작은 깨달음을 곧장 받아들여 실행에 옮기기도 했다. 어느 날 조이의 형제가 저녁을 먹으러 와서는 얼마 전 손을 다쳤다고 했다. 나는 공감한다는 의미로 나도 엄지를 삐었다는 이야기를 하기 시작했다. 그가 대답 대신 끙 하는 소리를 내자 나는 생각했다. **음, 대화가 제대로 안 되고 있는걸. 그러면 내 작은 아픔을 다른 사람의 아픔과 비교하지 말아야겠어. 그가 바라는 건 자신의 아픔을 인정해 주는 것 같아.** 다음 날 나는 그에게 문자 메시지를 보냈다. "손을 다치다니 정말 안타까워요. 그럴 때 진짜 아프죠." 그다음에는 내가 즐겨 쓰는 칸나비디올 성분의 진통 연고 구매 링크를 몇 개 공유했다. 그는 내게 고맙다고 했다. **됐다, 이 반응이 더 적절했던 것 같아,** 라는 생각이 들었다.

하지만 곧바로 실행에 옮길 수 있는 이런 순간들은 얼마 되지 않았고 또 드물게 일어났다. 어느 날, 나는 함 박사에게 최근에 연인과 헤어진 친구 이야기를 했다. "몇 시간이나 친구의 이야기에 귀를 기울였는데도, 친구의 기분은 전혀 나아지지 않은 것 같았어요. 어쩌면 조언을 하는 대신 그냥 '와, 너무 힘들겠다' 하는 쪽이 나았을 것 같기도 해요. 아마 친구에겐 그런 말이 필요했을 거예요."

"아, 굉장한 통찰입니다! 그렇게 말했더라면 큰 도움이 되었을 겁니다."

"정말이에요? 젠장." 그 뒤, 나는 그때 그 순간에 친구에게 이 말을 해야겠다는 생각을 하지 못했던 걸 후회하며 줄곧 끔찍한 기분으로 함 박사와의 대화에 임했다.

"또다시 최악의 장소로 다가가고 있군요." 내가 그럴 때면 함 박사는 경고했다. "지금 스테파니는 트리거를 자극받은 상태예요. 그쪽으로 가지 말아요."

그가 이런 경고를 할 때마다 나는 맞받아쳤다. "아니에요. 최악의 장소라니 저는 거기가 어딘지도 모른다고요. 트리거를 자극받은 것도 아니에요." 그러면 그는 "알았습니다" 했고, 그러다 보면 나는 내가 트리거를 자극받은 것이 **맞다는** 사실을 깨닫고, 그 사실을 몰랐다는 것에 수치심을 느끼고, 아무도 모르는 곳에서 죽어버리고 싶다는 심정으로 그 자리에 앉아 엉엉 울었다. 그렇게 1시간 내내 나 자신을 질책하는 말을 쏟아내고 있다 보면 함 박사는 웃음을 숨기지 못한 채 나더러 바보 같다고 했다. 이유는 모르겠지만—아시아인들은 원래 그렇다는 말로밖에는 설명할 수 없었다—나는 함 박사의 반응에 기분 나빠하는 대신 "전 바보 같지 않아요, 어리석은 건 박사님이라고요! 멍청하긴!" 하고 고함을 질렀다. 그러면 우리 둘 다 웃음을 터뜨렸고, 나는 다시 치료를 시작할 수 있는 상태로 돌아와 있었다.

어느 날 밤, 나는 미술 수업을 듣는 꿈을 꾸었다. 그러다가 두 여자와 친구가 되었는데, 프레스코화로 해질녘 풍경이며 목장을 그리면서 점점 가까워졌다. 해변가 별장에 갔던 날 두 친구 중 하나가 자신이 이혼했다는 이야기를 했다. 그 이야기를 도저히 멈출 줄 모르고, 하고, 하고, 또 하는 바람에 나는 이렇게 말했다. "아, 그래, 힘들겠다. 그건 그렇고, 이 부분은 파란색으로 칠하는 게 좋으려나?" 그러자 꿈속 친구는 "너 정말 질린다! 다른 사람 말은 하나도 안 듣는구나! 다시는 너랑 대화하고 싶지 않아!"

하고 고래고래 소리를 지르더니 자리를 박차고 나가버렸다. 나는 "기다려! 잠깐만!" 외치며 울면서 친구를 쫓아갔다. 그러면서 속으로 생각했다. **안 돼! 내가 내 친구한테 제대로 대응하지 않았구나! 친구에게 필요한 것을 직감하지 못한 거야?**

꿈 이야기를 들었을 때도 함 박사는 웃었다. "대사가 너무 문어체 아닌가요?"

"그러니까요!" 내가 말했다. "제 무의식이 이렇게 정확할 필요는 없는데."

그러다 함 박사와의 치료가 6주째 되었을 때, 나는 한 영상을 보게 됐고, 그것이 이 치료의 분위기를 완전히 바꾸고 말았다.

유튜브를 통해 〈새터데이 나이트 라이브〉 옛날 방송분을 찾아보다가, 함 박사에게도 유튜브 채널이 있다는 사실을 알게 되었다. 채널에 들어가 동영상 목록을 살펴보면서 나는 낄낄 웃을 수밖에 없었다. 신뢰감은 넘치지만 약간 어수룩하고 전문 용어를 즐겨 쓰는 함 박사가 영상들에 아무도 클릭하고 싶지 않을 만큼 재미없는 제목들을 달아 놓았던 것이다. 나는 "조율된attuned 사랑을 통한 애착 트라우마 치유"라는 제목의 영상을 클릭했다.[59]

영상은 아버지와 딸이 함께 한 상담을 녹화한 것으로, 함 박사가 두 사람의 대화에서 중재자 역할을 맡고 있었다. 이미지 없이 검은 배경에 흰색으로 나오는 자막과 함께 녹음된 음성이 흘러나왔다. 굳이 상상하자면 딸은 20대, 아버지는 덩치가 크고 거친 뉴욕 토박이일 것 같았다. 딸이 아버지로부터 제대로 보살핌받고 있지 않다고 느끼기에 두 사람의 관계가 최상이 아니라는 건 금방 알 수 있었다(공감할 만한 일이었다). 아버지는 화가 나면 이성을 잃고 딸에게 버릇 없고 이기적이라고 호통을 쳤고, 그래서 딸은 필요한 것이 있어도 아버지에게 다가가지 못했다. 두 사람의 역동은 가족 구성원의 죽음으로 크게 악화된 것 같아 보였다. 그 구성원의 죽음에 부모가 너무나 고통스러워했으므로, 자녀가 자신의 감정을 처리할 수 있게 도와준 사람이 없었던 것이다. 이후, 딸이 불안이나 슬픔을 표현하려 할 때마다 부모는 그 감정을 무시하고, 딸이 드라마틱하게 군다고 비난하거나, 자신들의 고통이 딸의 고통보다 더 크다고까지 말하곤 했다.

딸은 처음에는 내키지 않는 듯 몸을 사렸다. 그러나 함 박사가 구슬리자 그는 울면서 떨리는 목소리로 말하기 시작했고, 오랫동안 참아온 게 분명한 분노와 슬픔이 눈사태처럼 빠르게, 통제할 수 없이 쏟아져 나왔다. "아빠는 그 뒤로 괜찮았지만, 전 아니었어요. 전 괜찮지 않았어요. 아빠의 슬픔을 떠안고 있었으니까요. 전 누구와 이야기하죠? 저를 위해 옆에 있어주는 사람이 있나요? 아무도 없다고요! (…) 전 상냥한 대우를 받거나 보호받을 겨를조차 없었어요. **아빠** 말을 들어주느라 바빴으니까요. 가장 절망스러운 건 아빠가 절 보호해 주고 싶어 한다는 걸 알지만 (…) 저한테 아빠의 보호가 필요할 때마다 (…) **아빠는 제 곁에 없다는 사실이에요!**"

처음에 아버지는 방어적인 태도를 보였다. 딸이 주장하는 말

464

들을 기억하지 못했다. 또, 찾아오지 않았는데 자신을 필요로 하는지 어떻게 알았겠는가? 마음을 읽기라도 하란 말인가? **아, 너무 익숙하다.** 내 아버지와 이런 대화를 백 번은 주고받은 게 떠오를 지경이었다.

그러나 딸과 함 박사가 함께 맞서자 결국 아버지도 자신의 잘못을 깨달았다. 방어의 갑옷에 금이 가더니, 이번에는 그가 절망에 몸을 던져버렸다. "난 인간관계를 엉망으로 망쳐버린다." 그는 어쩔 줄 모르는 말투로 말했다. "고함을 질러선 안 될 때 질러버려. 통제가 안 돼. 오래전부터 좋은 아버지가 되고 싶은 마음뿐이었는데." 긴 침묵 끝에, 숨죽인 고백이 터져 나온다. "그런데 난 좋은 아버지가 아니구나."

이 또한 익숙했다. 아버지와의 대화가 드물게 이 지점에 이르고 아버지가 울음을 터뜨리면, 나는 조금은 존중받은 것 같은 기분이 들었으나 만족스럽지는 않았다. 아버지의 자기혐오로 인해 내가 또다시 **그를** 위로하고 보살펴야 하는 입장이 돼버렸기 때문이다. 이 깨달음은 생생하면서도 불쾌했지만, 이번에는 그뿐만이 아니었다. 무언가 다르고, 더더욱 불편한 무언가가 느껴졌다.

이 영상을 보고 있자니 딸이 아니라 아버지에게서 내 모습이 보였던 것이다. **난 인간관계를 엉망으로 망쳐버린다.** 그는 자책과 자학의 구렁텅이에 풍덩 빠져버렸다. 그 사람은 도로 연석 위에 앉아 눈앞의 문제를 해결하는 대신 죽어버리겠다고 울부짖는 나였다. 나는 불편한 마음으로 손거스러미를 뜯어내며 영상에 귀를 기울였다.

이 가족에게는 다행한 일이었지만, 함 박사가 대화에 끼어들어 그러한 생각의 흐름을 가로막았다. "왜 그런 반응을 하시지요?" 아버지의 말을 끊고 끼어든 함 박사는 특유의 퉁명스러운 말투였지만 목소리는 부드럽고 온화했다. "그게 어째서 **따님에게** 보이는 반응이 되지요? 선생님은 따님에게 맞춰 조율하고 있지 않습니다. 비약하지 마세요. 실제 벌어진 일을 슬퍼하되, 자신이 나쁜 아버지라고 자책하는 데까지 가지 마세요."

그때 딸이 끼어들었다. "지금 제가 하는 말을 아빠가 **내가 잘못했어, 내가 최악이야** 하는 식으로 받아들일까 봐 겁이 나요. 결국 그 말들은 아빠 머릿속 어두운 곳, 아빠가 들은 나쁜 말들이 전부 **네가 잘못했어, 네가 최악이야** 하고 아빠에 대한 나쁜 말들로 바뀌어 버리는 곳으로 들어가겠죠. 하지만 전… 아니에요! 젠장! 아니라고요!" 딸이 무언가를 주먹으로 쾅 쳤다. "그게 **아니에요!** 아직 거기까지 안 갔다고요! 전 아빠에게 상처를 주려는 게 아니에요. **동기를 부여하려는 거라고요!**"

이쯤 되니 나는 이 아버지가 딸의 말에 사려 깊게 반응하리라는 믿음이 사라졌다. 이들 중 누구도 대화의 방향에 대해 낙관적으로 보지 않는 것 같았다. 딸은 아버지를 차마 쳐다보지도 못하겠다고 털어놓았다. 함 박사 역시 그에게 더 큰 고통을 주지 않고 대화의 방향을 이끄는 방법을 모르는 게 분명했다. "선생님이 따님의 아픔을 느끼고 여기 집중하셔야 한다는 생각이 듭니다. 방법은 모르겠지만… 마음으로 따님의 경험을 완전히 흡수해 보세요." 함 박사는 그렇게 말했지만, 나는 그가 초조하게 횡설수설하는 중임을 알 수 있었다. 모두가 오늘의 대화에서 딸은 자신이 원하는 것을 얻지 못하리라는 사실을 체념한 채 받아들이고 있었다.

그런데 그 순간―그 누구도 기대하지 않았던 순간에―마치 신의 손길이 그 아버지에게 닿기라도 한 것 같은 일이 벌어졌다. 머뭇거리고 겁에 질려 있던 그의 목소리가 문득… 깊어졌다. "저는 지금 그저 딸을 향한 커다란 사랑을 느낄 뿐입니다." 그렇게 말하는 그의 목소리는 여전히 떨리고 있었지만, 그건 자신이 해야 하는 말이 두려워서가 아니었다. 그의 목소리가 떨리는 건 이 충만한 사랑을 담을 말을 찾을 수 없어서였다. "그 애가 나를 바라보기를 기다리고 있어요." 그는 기쁜 목소리였다. 딸이 자신의 눈을 바라보지 못한다는 데 화를 내고 있지 않았다. 웃으면서 사랑하는 딸 앞에 자신을 드러내 보이고 있었다. 그는 은혜로움으로 가득 찬 상태였던 것이다. "지금 내가 느끼는 감정은 너를 안아주고 싶은 게 전부다. 내가 **여기 있단다**. 너를 위해 여기 있어. 너를 안아주려고. 네가 원하는 일은 뭐든 해주려고."

사실 중요한 건 그의 말 자체가 아니었다. 그 아버지의 목소리가 얼어붙은 것 같았던 방 안의 분위기를 순식간에 바꿔 놓았다. 불이 켜진 것 같았다. 딸의 분노가 녹았다. 딸은 아버지의 품에 안겼다. 그렇게 두 부녀는 서로를 끌어안고 흐느끼는 소리를 내며 울었다. 실제로 주고받은 말은 몇 마디 되지도 않았지만 무언가 치유에 가까운 일이 방금 벌어진 것이다.

"그게 정답이었습니다." 함 박사가 자랑스레 말했다.

나는 의자 등받이에 등을 기대고는 영상을 닫았다. 설리번 선생님이 펌프 아래에 헬렌 켈러의 손을 억지로 갖다 대고 '물'이라고 손바닥에 써넣는 모습이 그려졌다. 방금 본 영상은 꼭 설리번 선생님처럼 내게 물을 끼얹어 충격적인 진실을 깨닫게 해준 것이다.

처벌은 도움이 되지 않는다.

나는 일을 망쳐버린 것에 대한 이성적이고 필수적인 반응은 처벌과 수치심이라고 배웠다. 나의 제멋대로이며 끔찍한, 나의 자연스러운 행동 방식을 제자리에 붙들어 준다는 것이 처벌의 순기능이었다. 처벌을 통해 수치심을 느끼고 **더 나은** 사람이 될 수 있다고 말이다. 결국 "정의야말로 좋은 정부의 가장 단단한 기둥이며", 정의란 모두가 자신의 실수에 대한 대가를 치른다는 의미였다. 무언가가 잘못되었다면 분명 잘못한 사람이 있을 것이다. 이들을 탓해 마땅했다. 고통이 따라 마땅했다.

그런데 이제는 내가 틀렸다는 것을 알 수 있었다. 처벌은 상황을 나아지게 하지 못했다. 그것은 모든 것을 더 심하게 망치고 더럽힌다.

아버지가 자학을 한다고 딸의 용서를 받을 수는 없었다. 자학을 한다고 해서 죄가 사해지지도 않았다. 오히려 자기혐오의 감옥에 고립되는 바람에 가족으로부터 멀어지는 효과를 낳았다. 자학의 감옥에 갇힌 아버지는 딸이 필요로 하는 것에 귀를 기울일 수 없었다. 원하는 것을 줄 수도 없었다. 그는 엄청나게 자책하고, 고통받았지만, 이는 그가 잘못에 대한 보상을 하지 못하도록, 딸과의 관계를 치유하지 못하도록 방해했을 뿐이다.

처벌은 모트헤이븐의 월로우와 제레미를 비롯한 아이들을 다시 친구들 속으로 돌려 보내주지 못했다. 처벌은 배제하고 분리하는 것이다. 처벌은 관계와 공동체를 무너뜨린다.

어릴 때, 어머니는 늘 이렇게 물었다. "엄마가 더 좋니, 아빠가 더 좋니?" 나는 아주 어린 시절부터 누구의 기분도 상하게 하지 않도록 "둘 다 똑같이 좋아요" 할 줄 알았다. 물론 이 대답은 매번 두 사람을 안심시키기보다는 둘 다 실망시키는 것 같았지만.

이런 질문들은 즐거운 순간은 물론이고—모두가 부모님 침대에서 다 같이 뒹굴고 있는 아침이라든지—일종의 양육권 다툼 같은 것을 하느라 한밤중에 나를 침대에서 끌어내는 심각한 싸움의 와중에도 등장하곤 했다. 결국 어느 날 나는 완전히 이골이 나버렸거나, 아니면 피곤해졌던 것 같다. 그래서 어머니가 "누가 더 좋니?" 묻자 이렇게 대답했다. "아마도 엄마요. 엄마가 저를 더 많이 혼내시니까, 저를 더 사랑하는 거잖아요."

처벌이 사랑이 아니라는 것을 알기까지 이렇게 긴 시간이 걸렸다니 도저히 믿기지가 않았다. 따지고 보면, 처벌은 사랑의 반대였다.

용서가 사랑이다. 여유가 사랑이다.

영상 속 아버지는 자기처벌에서 벗어난 뒤에야 실제 무슨 일이 벌어지는지를 바라볼 수 있게 되었다. 검은 안경을 벗고 눈이 멀 정도로 밝은, 찬란한 빛 속에서 자신의 딸을 바라봤다. 너무나도 멋진 아이, 자신의 딸, 외롭고, 자신을 양육해줄 아버지를 필요로 하는 아이. 그제야 그는 자신에게 딸이 필요로 하는 그 무엇이든 줄 수 있는 힘이 있음을 알 수 있었다. 그가 **그 자리에 있을 수** 있게 만든 것은 수치심의 반대였다.

생각하고 또 생각해봐도, 결국 답은 하나가 아닐까? 사랑, 사랑, 사랑. 연고이자 치료제.

더 나은 사람이 되려면 나는 직관을 완전히 벗어난 일을 해야 했다. 스스로를 벌하면 문제가 해결될 거라는 생각을 거부해야 했다. 사랑을 찾아내야 했다.

다음 주, 내가 편집을 담당한 기자 중 한 사람이 나와 갈등을 빚었다. 그는 내 편집을 전혀 받아들이지 않았으며 미흡한 초안들을 세 편 연속으로 보내왔다. 내가 서술을 보강하라고 또다시 권하자, 마침내 그는 우리가 안 맞는 것 같다고, 다른 편집자를 배정받아야 할 것 같다고 이메일을 보내왔다. 그 이메일을 읽는 순간 나는 트리거를 있는 대로 자극당한 상태가 되고 말았다. **나는 무능해, 나는 망했어, 맙소사, 난 쓰레기야, 내가 더 친절하고 더 괜찮은 사람이었으면 저 기자도 날 미워하지 않겠지, 어떡해.** 본능적으로 모든 걸 차단하고 도망치고 싶다는 생각이 들었다. **저 기자가 나를 미워한다면 같이 일하지 않으면 되잖아. 잘됐어. 속이 다 시원하네. 다른 편집자를 구해보라지. 안녕.**

하지만 이번에는 자기처벌이 시간 낭비일 뿐이라는 사실도 알았다. 자기를 탓한다고 한들 아무것도 해소되지 않았다. 이 상황에서 **진짜 벌어지고 있는** 일은 무엇인가?

나에게는 이제 쓸 수 있는 도구가 잔뜩 있었다. 이 문제에 접근할 수 있는 방법도 여러 갈래였다. 나는 음식을 먹고 자리에 앉아 잠시 몸을 진정시킬 수 있도록 명상을 했다. 기분이 조금 나아졌지만 여전히 자기의심이 가시지 않았다. 그래서 내가 믿을 수 있으면서 5분간 다른 관점으로 이 상황을 확인해 줄 정서적 여유가 있는 사람에게 연락해—〈스냅 저지먼트〉 시절의 상사 마크였다—상황을 설명하고 의견을 물었다. 마크는 내가 정말 뛰어난 편집자라고, 그러나 세상에는 비판을 받아들이지 못하는 사람이 많다고 나를 안심시켰다. 이건 내 문제가 아니었다.

나는 잠시 그 말을 생각했다. 복합 PTSD를 가진 사람들은 문제가 자신에게 있다고 가정하는 경향이 있다는 게 기억났다. 이기적이거나 자기중심적이라서가 아니라 이 문제를 해결하는 데 충분한 통제력을 갖고자 하기 때문이다. 하지만 문제가 내가 아니라면, 그 기자는 무엇 때문에 힘들어하는 걸까? **그는** 무엇을 필요로 할까? 내가 줄 수 있는 것일까? 나는 내가 도움을 줄 수 없을지도 모르며, 그래도 괜찮다는 마음의 준비를 했다.

그가 보낸 이메일을 다시 한번 읽어보니 그 속에서 어마어마한 불안감을 읽을 수 있었다. 그 사람이 놓인 상황에 공감할 수 있었다. 부담스럽고 정신없는 마감에 시달리고 있고, 남은 인터뷰가 엄청나게 많을 것이다. 나는 그의 상황을 조금 더 이해해 보고자 통화 약속을 잡았다. 전화가 연결되자마자 그 기자는 수없이 많은 생각과 불만, 분노, 의심을 쏟아냈는데, 그때, 이번만큼은 그가 무엇을 원하는지 알겠다는 생각이 들었다. 나는 그에게 자꾸만 글을 고치라고 강요했지만 그가 **왜** 아무것도 고치지 않았는지를 물어보지 않았던 것이다. 이 기자에게는 그저 자신의 말을 들어줄 사람이 필요했다.

나는 그가 하고 싶은 말을 다 하도록 기다렸다. 말을 마친 그는 숨을 헐떡이고 있었다. 나는 그에게 말했다. "듣고 있어요. 제가 당신의 말에 귀 기울이고 있어요. 제가 알았으면 하는 것들이 또 있나요?" 상대가 흠칫하는 것이 느껴졌다. 그는 싸움이 시작될 것이라고 예상했지만, 내가 싸울 생각이 없다는 걸 알자 누그러졌다. 이제 그는 자신이 두려워하는 것들을 나열하기 시작했고, 자신이 겪고 있는 개인적인 문제들을 이야기했다. 나는 그렇게 또다시 15분간 그의 이야기를 들어주면서 그저 "듣고 있어요. 듣고 있어요. 이 문제를 해결하려면 뭐가 필요하죠?"를 반복했다. 우리는 업무 흐름을 조금 수정해서 온라인보다는 직접 만나서 편집하는 횟수를 늘리기로 했다. 통화가 끝날 무렵 기자는 자신이 보낸 최후통첩 이메일에 대해 사과했고, 다시 작업으로 돌아갈 준비가 되어있었다.

사소하지만 의미 깊은 일이었다. 개인적으로 거둔 커다란 승리였다. 이번만큼은 내가 진짜, 생생한 화해의 방법을 탐색함으로써 관계를 지켜냈으니까. 비굴해질 필요가 없는 화해였다. **섬세한** 화해였다.

472

한 번의 승리를 뒷받침 삼아 나는 세상의 다른 일들을 더욱더 자신감 있게 분석해 나가기 시작했다. 대화 속 미묘한 세부 사항이라거나 불협화음 같은 것들이었다. 사람들이 시선을 다른 데로 돌리거나, 만나자는 요청에 대답하지 않거나, 화제를 바꿀 때 그런 것들을 감지할 수 있었다. 불안하거나 죄책감을 느끼는 대신 나는 스스로에게 이렇게 되뇌었다. **괜찮아, 호기심이 중요해. 자책 말고 호기심.** 이런 변화는 사소하기 그지없는 것처럼 보였다. 그러나 태도의 아주 작은 변화만으로도, 이해하기 어려운 행동으로 가득하던 세계가 비밀스러운 존재의 차원이 눈앞에 드러나듯 환히 보였다. **음, 우리는 방금까지 B의 여동생 이야기를 하고 있었는데, 그가 갑자기 화제를 바꿨네—아, B는 여동생과의 경직된 관계에 대해 죄책감을 느끼는구나! A가 왜 갑자기 불편해하는 거지? 흠, 땅콩버터 이야기를 하기 시작하니 긴장했던 몸이 편안해지는 것 같군. 아하—알겠다! 직업 이야기를 하는 게 초조한 거야.**

어느 날, 친구 젠이 부모님 문제로 힘들다는 이야기를 하더니 급격히 화제를 바꿔 자꾸 내 안부를 물었다—왜지? 아… 나한테 징징거리는 게 불안해져서 그런 걸까? 지금 젠이 느끼는 감정을 어떻게 풀어주지? 나는 정신화mentalize와 메타소통metacommunicate 을 시도했다. 이것들은 함 박사가 알려준 거창한 용어들인데, 간단히 말하면 **지금 하고 있는 생각을 소리내어 말한다**는 뜻이었다. "네가 나한테 부담을 주기 싫어 나한테 주의를 돌리려고 하는 게 걱정된다. 무슨 일인지 알고 싶어. 지금 내 인생은 되게 별거 없어서, 지금은 네 안부를 알고 싶어!"

"좋아." 젠은 그렇게 말하더니 지금 겪고 있는 힘든 일들을 말하고, 내가 자신을 위로할 수 있도록 해줬다. 사랑하는 친구를 위해 공간을 내줄 수 있다는 게 특권처럼 느껴졌다.

함 박사는 우리의 치료 시간에도 모든 것을 꿰뚫어 보는 듯한 그 눈으로 내 머릿속을 빤히 들여다보며 미소를 짓고는 말했다. "오늘도 호기심이 많으시군요." 꼭 내가 제일 아끼는 환자라고 말하는 것 같은 기분이었다. 정말 기분 좋은 칭찬이었다.

물론 매일같이 호기심을 느끼는 건 아니다. 누군가 내게 무례하게 굴 때 내가 매번 그 사람의 태도를 조합해 조율의 춤을 연습하지는 않는다. 매번은 고사하고, 웬만한 경우에는 그러지 않는다. 하지만 내가 "당신은 무엇을 필요로 하는가?"라는 마법의 질문을 던질 정도로 호기심을 느끼는 일이 점점 더 늘어났다. 그 네 마디가 문을 열고 벽을 무너뜨렸다. 상대를 이해하게 되면 우리는 더 이상 홀로 둥둥 떠다니는 두 개의 따로 떨어진 존재가 아니게 된다. 우리는 주고, 또 받는다. 두 개의 수용적인 원자가 되어 혼란 속에서 서로를 꼭 끌어안는다. **내가 너에게 상처를 줬어. 네가 나에게 상처를 줬어. 너는 내 거야.**

그러나 **실제로는 무슨 일이 벌어지고 있는가**를 생각할 때 반드시 고려해야 할 일이 하나 더 있다. 질문으로 언제나 답을 얻을 수 있는 것은 아닌 무엇. 지금 벌어지는 일보다 훨씬 더 깊숙한 곳에 숨겨져 있는 무엇.

나는 조사를 하다가 PTSD가 유색인에게 미치는 영향을 연구한 에모리대학교의 신경심리학자 네가르 파니Negar Fani를 알게 되었다. 파니는 사생활과 일터에서 끊임없이 미묘한 차별을 경험한 흑인 여성들의 뇌를 스캔했고, 학대가 그들의 뇌 구조를 바꾸어 놓았음을 알아냈다.[60] 뿐만 아니라 이들의 뇌는 복합 PTSD를 가진 이들과 비슷한 구조적 변화를 겪었다. 여기서 인종주의가 PTSD를 유발할 수 있음을 알 수 있다. 네가르 자신도 이 연구를 시작하게 된 계기가 학계에서 나이 많은 백인 남성 동료들의 모욕과 미묘한 차별을 겪어낸 경험 때문이었다고 밝혔다.

이 연구 결과들에 더해, 인종주의적이거나 위협적인 언론을 소비하는 것이 개인의 정신 건강에 악영향을 미칠 수 있다는 연구도 여럿 있었다. 경찰이 무장하지 않은 흑인 남성을 쏘아 죽이는 영상을 본 흑인들이 불안과 우울을 겪은 사례가 보고되었다. 국경에서 부모와 헤어지는 생기 없는 눈을 한 아이들의 영상을 본 라틴계 사람들 역시 같은 일을 겪으리라 확신한다.

이 때문에 내가 무너진 타이밍을 다시 한번 생각해 보게 되었다. 매일같이 유색인에 대한 백인 우월주의와 폭력을 생각할 수밖에 없는 동시에, 상사의 편견과 학대에 시달리던 일터에서 그 일이 일어난 것은 우연이 아니었다. 시간이 지난 지금, 나는 유색인 기자들 다수가 나와 비슷한 시기에 비슷한 정신적 고통으로 뉴스룸을 나왔다는 사실을 알고 있다.

이는 비단 인종주의에만 해당하는 문제가 아니다. 퀴어, 장애인을 비롯한 억압받는 소수자 집단에 속한 사람은 자신의 정체성으로 인해 안전하지 못하다는 기분이 들 때 복합 PTSD를 겪을 수 있다. 빈곤도 복합 PTSD의 기여 요소다. 이런 요소들은 사람들에게 트라우마를 안기고 불안과 자기혐오를 유발하는 뇌의 변화를 일으킨다. 이들은 스스로를 거북하고, 게으르고, 반사회적이고, 멍청하다고까지 비난하지만, **실제로 벌어지는 일**은 우리가 백인우월주의와 계급에 따라 성공이 제한되는 차별적인 사회에서 살아간다는 것이다. 체계 자체가 가해자인 셈이다.

상사가 내게 "다르다"고 말했을 때, 나는 그것이 **망가졌다**는 뜻이라 여겼다. 지금은 그 말이 다른 뜻이었다고 생각한다.

41장

"즐거운 주말을 보냈는데, 그래서 기분이 안 좋아요." 내 말에 함 박사가 혼란스럽다는 표정을 짓자 나는 한숨을 쉬었다.

지난 토요일, 우리는 조이의 가족과 호사스러운 바비큐 파티를 열었다. 그다음 날, 나는 뉴욕에 있는 친구들과 저녁 식사를 했고 밤늦은 시간까지 맨해튼 거리를 걸어 다녔다. 이틀 연속으로 신나게 웃었던 거다. 그런데 친구들도, 꿈 같은 시간도 사라진 월요일이 되자 외로웠다. **복합 PTSD는 정말 한심하기 짝이 없어,** 나는 생각했다. **아무리 좋은 일이 있어도 자꾸만 나한테 외로운 기분을 안겨주잖아.**

수치스러운 일이었기에 나는 이렇게 말했다. "그러니까, 반나절 동안 저를 사랑하는 사람들 속에 둘러싸여 있었는데 그 뒤에 외로움을 느끼는 사람이 어디 있어요?"

"모두가 그렇죠." 함 박사가 대답했다.

"뭐라고요―하지만 그거 좀 이상하지 않나요?"

"아뇨. 원래 그런 법입니다. 스테파니의 몸이 머리보다 더 잘 알죠."

"그게… 정말이에요? 외로워하는 게 이상한 게 아니라고요?"

"네. 특히 삶이 행복할 때 그런 기분이 들죠. 주말 내내 최고의 음식을 맛보다가 갑자기 종일 물과 크래커만 먹는다고 생각해 보세요. 그럼 당연히, 뭐야? 좋은 것들을 다 놓치고 있는 거 아냐? 하는 생각이 들겠죠. 몸과 몸이 자연스레 느끼는 감정을 판단하려 들지 말아야 해요."

또 다른 날, 나는 트위터에 로그인한 뒤 엄청난 우울에 시달린 이야기를 털어놓았다. 동료들의 커리어가 발전한 걸 보니 불안해졌다. 나는 별 뜻 없는 말을 트윗했다가, 혹시라도 누군가 그 말을 공격적이라 느낄까 봐 곧바로 지워버렸다. 트위터를 보다가 트리거를 자극당하다니 정말 복합 PTSD답다고 나는 불평했다.

"소셜미디어는 스트레스를 주죠. 누구나 그렇습니다." 함 박사가 말했다.

"진짜요?"

"예, 그렇습니다. 또, 무책임한 트윗을 하고 나면 안 좋은 결과가 실제로 **생길** 수도 있죠. 그러니 겁을 먹는 게 하나도 이상하지 않습니다."

또, 별 대수롭지도 않은 일들 때문에 끔찍한 기분을 느꼈던 날들도 여러 번 있었다. 나는 그 감정들이 바보 같고, 이야기할 가치도 없다고 생각했기에 입 밖에 내고 싶지도 않았다. 오래전 우울해져서 블로그에 쓴 글을 다시 읽다가 슬퍼졌다는 말을 감히 어떻게 털어놓나? 아니면 지원했던 장학금에 떨어져서 슬퍼졌다는 말을?

그러나 함 박사는 언제나 내 속내를 꿰뚫어 보았다. 그런 날이면 그는 내가 무언가 숨기고 있다는 사실을 알아차렸다. 아무리 내가 현재에 충실하려 노력해도, 솔직하게 말하고 있지 않다는 사실을 알았다. 그래서 그는 자꾸만 무언가 잘못되었다고 나를 밀어붙였고, 결국 나는 그에게 이렇게 쏘아붙이곤 했다. "전 괜찮다니까요. 박사님이 뭐든 다 아는 건 아니잖아요. 박사님이 무슨 점쟁이도 아니고."

내 기분이 **좋았던** 어느 날, 함 박사는 내게 어린 스테파니를 상상하고 그 애를 돌봐주라는 제안을 했다.

"좋아요." 나는 무표정을 가장했다. "그 애한테 그건 네 잘못이 아니라고, 모든 걸 네가 다 통제할 수 있는 건 아니라고, 그래도 괜찮다고, 너한테는 너를 사랑하는 애가 있다고, 그딴 말들을 전부 다 해주죠 뭐. 아주 굉장하네요."

그러자 함 박사는 내 분노에 깜짝 놀라 나를 쳐다보았다. "잠깐, 잠깐, 잠깐만요. 방금 무슨 일이 벌어진 거죠?"

무슨 일이 벌어진 것이냐 하면, 이 엉터리 같은 도구들을 사용하는 데는 때로 엄청난 시간과 노력이 들며, 때로는 아예 아무런 효과가 없을 때도 있고, 또….

"그냥 피곤해요." 내가 말했다. "애초에 이런 일을 해야 한다는 것 자체가 화가 나요. 오랫동안 정말 열심히 노력했어요. 박사님을 만난 지도 몇 달째잖아요(정확히는 8주째였다). 그러니까 저는 언제 고쳐지는 건가요?"

함 박사가 빙글 돌더니 입을 열었다. "저기, 엄청나게 손발이 오글거리는 활동이 하나 있어요. 이렇게 말하자니 부끄럽기는 하지만, 좀 많이 감상적이기는 하거든요. 그래도 왜, 그림 그리고 만들고, 그런 거 좋아하지요? 원을 하나 그려보시겠어요?" 그가 나에게 종이와 펜을 건넸다.

나는 사나운 눈으로 그를 쏘아보았다. 평소 나는 그림을 그리거나 만드는 활동에 치를 떠는 편이었다. 하지만 그의 말에 굴복하기로 하고 종이와 펜을 받아들여 원을 그렸다. 적어도 새로운 활동이기는 했으니까. "네, 그렸어요."

"원 안에 스테파니가 허락하는 감정들을 그려보세요. 스스로에게 느껴도 된다고 허락하는 감정들이요. 원 바깥에는 허락하지 않는 감정들을 써보세요."

"알았어요." 나는 원 안에 이렇게 썼다. **행복. 때로는 분노.** 원 바깥에는 이렇게 썼다. **스트레스. 슬픔.** "저는 스스로에게 슬픔을 허락하지 않아요." 나는 종이 위에 글씨를 끄적이면서 말했다. "저는 유능하고, 저 자신의 서사를 통제할 수 있도록 허락해요. 무력하거나 멍청한 건 허락하지 않고요."

그러자 함 박사가 나를 보고 웃었다.

나는 잠시 원 바깥의 글자들을 채운 다음 빙글 돌려 그에게 보여주었다. "여기 있어요. 제 그림이 마음에 드세요? 웬만한 감정들은 다 바깥에 있네요. 그래도 여기, **똑똑하다**고 적힌 거 보이시죠? 그것도 원 한가운데에 엄청 크게 적혀 있어요. 제가 대체로 자신에게 허락하는 건 이게 다예요."

함 박사는 몸을 앞으로 기울이고는 눈을 가늘게 뜨고 내 그림을 보았다. "이 그림을 보니 '타이거맘'이 떠오르네요."

그 말에 나는 종이를 다시 내 쪽으로 빙글 돌려 다시 한번 보았다. 제기랄. 페이지 위에, 또 내 어머니가 나타나 있었다. "맙소사, 그러네요."

"자, 이 활동의 다음 부분으로 넘어갑시다. 스테파니에게 어린 아이가 있다고 생각하는 겁니다. 그 아이에게 어떤 감정을 허락할 건가요?"

나는 이 활동이 사실 어린 스테파니를 돌보라는 것을 살짝 바꾼 것일 뿐이라는 걸 알았지만, 그래도 함 박사의 말에 담긴 골자에는 힘이 있었다. 내가 나에게 이런 행동을 하는 것처럼 미래의 내 아이에게도 강요해 트라우마를 안기게 될까? "세상에." 나는 신음 소리를 냈다. "악몽 같아요! 너무 끔찍해요!"

"아이에게는 절대 그러지 않겠지요." 함 박사가 힘을 실어 말했다.

"그렇죠. 그러면 아마도." 그러면서 나는 모든 감정을 다 포함하는 커다란 원을 하나 그렸다.

"맞습니다. 무엇이든 허락하겠지요." 함 박사는 말없이 한동안 나와 가만히 앉아있었다. 그러더니 입을 열었다. "스테파니는 타이거맘처럼 혹독한 태도로 회복에 임하고 있어요. 자꾸만, 언제나 완벽하게 행복해야만 한다고 되뇌죠. 또, 슬프면 모든 게 망했다고 생각합니다. 그런 식으로는 진짜 **회복할** 수 없어요."

"그렇죠." 나는 작게 웅얼거렸다.

"회복은 그런 식으로 일어나는 것이 아닙니다." 또 침묵. "자—

제가 심장에 대한 이야기를 들려드리겠습니다."

그 말에 나는 데굴데굴 눈을 굴린 뒤, 또다시 순수한 불교 설화 같은 이야기를 들을 마음의 준비를 하며 혼자 피식 웃었다.

"아뇨, 진짜 심장 말입니다. 근육으로서의 심장이요." 함 박사가 말했다. "건강한 심장은 매번 같은 심박수로 뛰지 않습니다. 만약 늘 심박수가 똑같다면 그건 엄청나게 **건강하지 못한** 심장일 겁니다. 건강한 심장은 상황에 따라 적응하고, 적응이 빠를수록 더 좋습니다. 달리기를 시작하면 심장 역시 빠르게 심박수를 높이는 것이 이상적입니다. 그러다가 휴식할 때는 빠르게 심박수가 내려가야지요. 감정 역시 그렇습니다. 비극적인 일이 일어났는데도 행복한 기분이 들면 이상하지 않겠어요? 아니면 아무 반응 없이 가만히 있다고 해도 이상하겠지요. 비극적인 일이 일어나면 당연히 고통스러워하며 그 슬픔을 느껴야 합니다. 부당한 일을 당한다면 그것이 얼마나 화나는 일인지 느껴야 하고요. 그렇게 그 감정을 적절한 시간 동안 느낀 다음—그 일이 얼마나 심각한가에 따라 1시간일 수도 있고, 하루, 어쩌면 한 달일 수도 있겠지요—다시 휴식 상태로 돌아가는 겁니다. 기쁨 상태일 수도 있고, 뭐든지 좋습니다. 치유된다는 건 아무것도 느끼지 못하는 게 아닙니다. 치유된다는 건 적절한 때에 적절한 감정을 느끼고 나서도 다시 당신의 모습으로 돌아올 수 있다는 것입니다. 그게 삶이에요."

행복에 집착하는 우리 사회의 맥락에서 부정적 감정은 당연히 두렵다. 그러나 특히, 부정적 감정은, 현대 정신의학이 병적인 것으로 보는 완벽주의에 시달리는 이에게는 더욱더 해롭다. 처음 복합 PTSD에 관한 책들을 읽었을 때, 책들은 우리 같은 사람들을 **정서적으로 변덕스럽다**고 묘사했고 우리가 **자기진정**을 잘 못한다고 했다. 지난 2년간 나는 내가 황홀할 만큼 고맙고 기쁜 상태가 아닐 때마다 일종의 수치심을 느꼈다.

그런데 함 박사의 말대로라면 이 부정적 감정은 그저 감내하고 지워버려야 하는 것이 아니었다. 부정적 감정에는 목적이 있었다. 이로운 점들이 있었다. 그것들은 우리에게 무엇이 필요한지 알려준다. 분노는 행동에 영감을 준다. 슬픔은 애도를 처리할 때 꼭 필요하다. 두려움은 우리를 안전하게 지켜준다. 이 감정들을 완전히 뿌리 뽑는다는 것은 그저 불가능할 뿐 아니라─건강하지 못한 일이기도 하다.

부정적 감정이 해로워지는 것은 그 감정이 다른 감정들을 모두 가려버릴 때뿐이다. 너무나 슬픈 나머지 그 어떤 기쁨도 받아들일 수 없을 때. 너무 큰 분노를 느낀 나머지 타인과 함께하는 순간에도 마음이 누그러지지 않을 때. 진정으로 건강한 정신은 좋은 감정과 나쁜 감정이 균형을 이룬 모습이다. 로리 고틀립은 《마음을 치료하는 법》에서 이렇게 말한다. "많은 사람들이 종결을 위해 심리치료를 시작한다. 감정을 느끼지 않게 도와달라고 말이다. 그러다 그들이 결국 알게 되는 것은 다른 감정을 침묵시키지 않고 어떤 감정을 침묵시키는 방법은 없다는 것이다. 고통을 침묵시키고 싶다고? 그렇다면 **기쁨** 역시 침묵시키게 될 것이다."[61]

나는 이 앎에 대해 일주일간 생각했다. 양심 없는 운전자가 끼어들기를 하는 바람에 조이가 창밖에 대고 네 어머니도 못 알아볼 정도로 흠씬 두들겨 패주겠다고 고함을 질렀을 때 나는 잠시 스스로에게 스트레스와 불안감을 허락했다. 지금은 스트레스를 받는 상황이니까. 그러다 그 운전자가 가속 페달을 밟아 멀어질 때, 나는 내 불안감도 그 차와 함께 멀리 보내버렸다. 아픈 가족 구성원에 대한 나쁜 소식을 들었을 때는 시간과 공간을 들여 애도했다. 그때만큼은 그만한 공간을 스스로에게 허락하는 일에 가책이 느껴지지 않았다. 나는 죄책감 없이 텔레비전을 봤다. 죄책감 없이 쿠키를 먹었다. 훨씬 나았다. 그럼에도 불구하고 그 가족에 대한 슬픔을 여전히 느꼈다. 그럼에도 스스로에게 허락했다. **기쁨을.**

이런 순간들은 무척이나 사소해 보였다. 심지어 무시해도 될 정도로 느껴지기도 했다. 그러나 무언가 더 큰 변화가 벌어졌다. 마치 내가 느끼는 모든 부정적 감정이 훨씬 더 가벼워진 것만 같았다. 괴로워하는 시간이 짧아졌다. 부정적 감정이 발생하고, 잠시 후 잦아들었다. 예전처럼 강렬하고 주체할 수 없는 감정이 아니었다. 그러다가 그 감정은 바다를 향해 흘러가 버렸다. 무슨 감정이건⋯ 적절한 것으로 느껴졌다. 마침내 나는 개인적이고personal, 광범위하며pervasive, 영구적permanent이라는 무시무시한 세 개의 P를 무찌른 모양이었다.

다음 주에 나는 함 박사에게 말했다. "박사님이 제게 여러 가지를 허락하고, 많은 일들이 평범하다고 말씀해 주시는 게 큰 도움이 돼요. 전 삶의 모든 요소를 트라우마 탓이라 생각한 나머지 제가 하는 모든 일이 이상하게 느껴질 지경이었거든요. 모든 것을 병적인 증상이라 생각했죠. 그래서 트라우마의 어떤 부분이 인간적이고 평범한 일들인지, 또 어떤 부분이 실제로 문제인지를 구분할 수 있어서 좋아요."

"그런 감정들을 느껴도 괜찮습니다. 고통pain과 괴로움suffering 의 차이를 알고 계십니까?"

"음… 모르겠는데요."

"고통은 나쁜 일이 일어났을 때 적절하고 유효한 실제 아픔을 느끼는 것입니다. 괴로움은 그 고통에 또 다른 감정을 얹었을 때 일어나는 것이지요. 기분이 나쁘다는 이유로 기분 나빠하는 것 말입니다."

"이중 처벌이네요." 나는 함 박사의 말을 그렇게 정리했다.

"그렇습니다. 따라서 괴로움을 없앤다는 건 고통에 다른 감정을 더하지 않는다는 의미입니다. 디너파티가 잘 흘러가지 않았을 때 어색하고 불편하고 후회스러운 기분이 드는 건 적절한 감정입니다. 친구가 까다롭게 굴 때 짜증이 나고 화가 나는 것도 적절한 감정이고요. 스테파니는 그저 그 모든 걸 받아들이고 있는 겁니다. 그리고 그 감정이 사라지지 않으면 이렇게 물어보세요. 좋아, 왜 이 감정이 아직도 사라지지 않는 거지? 그다음에는 스테파니 스스로가 어마어마하게 지혜로운 직관을 지니고 있다고 생각하고, 그 직관에 귀를 기울이세요. 이게 뭐지? 지금 내 몸에서 일어나는 이 일이 뭐지? 내 몸은 내게 무엇을 가르쳐 주려 하는 걸까?"

나는 여자가 아니야. 나는 긴 칼이야, 하고 스스로에게 말하곤 했었다. 나는 그 칼을 난도질하듯 휘두르며 벨트, 골프채, 안 된다고 말하는 문지기들에게 굴복하기를 거부해 왔다. 살아남기 위해서. 원하는 것을 얻기 위해서.

하지만 칼로 살아간다는 것은 무기를 영영 내려놓을 수 없다는 뜻이다. 굴복이 가져다주는 황홀한 감각을 영영 경험할 수 없다는 뜻이다.

함 박사는 어떤 의미로는 나의 반反 어머니가 되었다. 내 머릿속 부모의 목소리에 능숙하게 맞설 수 있는, 부모를 닮은 자상한 존재였다(그가 잔소리가 심하고 우연히도 가혹한 아시아인이었다는 것도 도움이 됐다). 어머니는 내 뇌 속에 경계들을 만들어 놓았고, 허용되는 존재와 생각에 관한 규칙을 세워놓아서 내 의식이 위험천만한 좁은 통로를 걷게 만들었다. 나는 조금이라도 숨 쉴 공간을 만들고자 벽에다 칼을 휘두르며 살았다.

그러나 함 박사는 규칙을 무너뜨림으로써 그 장벽들을 완전히 거둬줬다. **모든 것이 허락되었어요. 할 수 있어요. 이렇게 해도 나쁜 사람이 되는 게 아니에요. 하고 싶은 대로 하세요. 굴복하세요.**

함 박사는 친구가 문자 메시지에 답장하지 않을 때 짜증을 내도 된다고 허락했다. 어느 날 아침, 나는 한 여성이 A트레인 앞으로 몸을 던지려는 모습을 목격했다(마지막 순간에 다른 여성이 그 사람을 붙잡았다). 나는 트리거에 사로잡혀 눈물을 줄줄 흘리며 함 박사에게 전화했고, 그는 내가 그날 종일 집에서 쉬면서 텔레비전을 봐도 된다고 허락했다. "오늘은 이 정도로 충분해요. 집으로 돌아가세요. 쉬세요." 그는 내가 디저트를 먹어도 된다고 허락했다. 이제는 더 이상, 더 나은 사람이 되고자 **칼로리가 너무 높잖아? 탄수화물은? 염증은?** 하는 생각으로 스스로를 향해 칼을 휘둘러 댈 필요가 없었다. 그 대신, 나는 가장 근본적인 본능에 굴복했다. **하지만 내가 그러기를 원한다면? 하지만 지금 당장 이렇게 하는 게 옳다고 느껴진다면?** 나는 쿠키를 먹었다. 두 개 먹었다. 새벽 3시에 침대로 가서 1시간 동안 울었다. 일주일간 억울한 마음을 품은 뒤에야 감정을 내려놓았다. 나쁜 일들을 다 해버렸다. 그래도 자책하는 마음이 들지 않았다.

또, 세상이 무너지지도 않았다. 오히려, 그 반대였다.

여전히 나는 생산적인 사람이라는 기분을 느꼈다. 뇌가 더욱 자유롭게 느껴졌으니 예전보다 더 생산적인 것 같기도 했다. 여전히 건강했다. 여전히 우정은 무럭무럭 자라났다. 아무도 죽지 않았다.

그렇게 통로가 넓어졌다. 내 삶에 여유가 생겼다. 원이 더 커졌다. 모든 것을 품을 수 있는 원이었다.

증오에 차 채찍을 휘두르던, 폭군이라는 내 내면의 내러티브를 함 박사가 (좀 더) 느긋한 서퍼의 인격으로 바꿔놓기까지는 15주, 그러니까 3개월이 조금 넘게 걸렸다. 마치 사랑이나 파산처럼 이 일도 처음에는 서서히, 그러다가 한꺼번에 일어났다. 지금 나는 아침 식사를 만드는 중이다. 늦잠을 자는 바람에 전화 한 통을 못 받았고, 지금은 오전 11시이며, 할 일이 있다. 하지만 나는 서두르지 않는다. 나는 감자와 양파, 고추를 함께 기름에 볶고, 달걀을 굽고, 고수를 썰어 아침으로 먹을 타코를 만들고 있다. 이 것들을 조심스레 섞은 다음 부스러뜨린 코티아(멕시코산 단단한 치즈의 종류—옮긴이)를 올린다. 정말 맛있다. 나는 씻고 싶을 때 씻기로 마음먹는다. 모든 것을 하고 싶을 때 할 것이다. 그래도 세상은 멈추지 않고 돌아갈 것이다. 타코는 맛있고, 나는 시간을 충분히 들여 타코를 음미한다. 그러다가 감탄한다. **와, 세상에. 결국 내게 주어진 이 삶은 엄청나게 근사해질 모양이야.**

42장

나는 조이에게 결혼식이 우리 둘만의 일이 되지 않기를 바란다고 말했다. 만약 결혼이 오로지 두 사람의 일이라면 그저 라스베이거스로 사랑의 도피를 벌여 원하는 대로 하면 될 터였다. 그러나 우리가 전채요리에 테이블 장식, 하객까지 갖춘 진짜 결혼식을 하는 이유는 공동체를 하나로 만들기 위해서였다. 나는 우리의 결혼식이 감사를 나누고 하나가 되는 과정이기를 바랐다. 조이도 나도, 시를 한 편 읽고 혼인서약에 대답하며 10분 만에 예식을 마치는 결혼식에 여러 번 가봤지만, 우리는 예식 자체가 중심이 되기를 바랐다. 이 예식이 상호적이고, 정서적이고, 우리만큼이나 우리의 친구들과 가족에게 맞는 방식으로 이뤄졌으면 했다.

뉴욕에서 이뤄지는 결혼식의 평균 비용은 7만 7천 달러다. 2019년 한 해 동안 내 소득은 많지 않았기에 그만한 돈을 들여 예식을 할 가능성은 전혀 없었다. 우리의 결혼식 예산은 그 10분의 1이었다. 친구들의 결혼식에는 매번 음식을 나눠주는 서버들이며, 의자를 가져다 놓고 센터피스를 디자인하는 웨딩플래너가 있었다. 나는 우리 역시도 결혼식을 꾸리려면 일할 사람을 여럿 고용해야 할 거라 생각했다. 그러나 조이는 내 말에 웃음을 터뜨렸다. "우리 집 식구가 열두 명이잖아." 말도 안 되게 호사스러운 내 계획에 놀란 듯 그가 말을 이었다. "그 정도면 일할 사람이 충분한걸!"

"내가 말한 **상호적인** 결혼식이란 건 그런 뜻이 아니야." 나는 조이의 말에 반박했다. "네 가족이 네가 쩨쩨하다 생각하지 않고 흔쾌히 도와주는 것까지야 괜찮지만, 나한테는 가족이 없잖아." 나는 결혼식에 사촌 한 명과 타이쿠마를 초대했지만 부모님은 초대하지 않았다. 고통스러운 결정이었지만 나는 그날 나를 사랑하는 사람들 속에 둘러싸여 있고 싶었다. "친구들에게 그런 부탁을 해도 될지 잘 모르겠어. 부담을 지우는 것 같잖아."

그러자 조이는 어깨를 으쓱했다. "분명 도와주겠다고 할걸? 그냥 물어봐!"

그래서 우리는 내 친구들과 그의 가족들을 총동원해 우리 결혼식을 장식할 종이학 천 마리를 접게 했다. 조이의 형제는 축가를 위해 **하프 연주를 배우기까지** 했다. 마침내 결혼식 날. 가족과 친구들은 식이 시작되기 전 일찍 결혼식 장소에 나타나 테이블과 의자를 설치하고, 내가 웨딩드레스 입는 것을 도와주고, 부케를 엮어주고, 가게로 달려가 풍선을 사 왔다. 죄책감과 감사한 마음이 뒤범벅된 채로 사람들에게 "이것 좀 해줄래? 미안해! 고마워!" 하고 지시를 내리는 내내 순수한 아드레날린이 끓어 넘친다.

그러다가 잠깐, 시간이 멈춘다. 하프의 선율이 들리자 나는 통로를 걸어 나간다. 조이가 포옹으로 나를 맞이한다. 우리는 야외, 종이학으로 만든 가랜드가 걸린 하얀 나무 아치 아래 나란히

서 있다. 9월이지만 우리는 정말 운이 좋다. 섭씨 25.5도에 해가 쨍쨍한 완벽한 날씨다. 결혼식이 열리는 정원에 산들바람이 불어 꽃송이가 한들거리고 나뭇가지들이 서로에게 소곤소곤 속삭인다. 조그만 초록색 애벌레 한 마리가 마이크 위를 열심히 기어오른다. 아주 뚱뚱한 고양이 한 마리가 조이에게 주뼛주뼛 다가오더니 귀엽게도 머리를 부비적거린다. 나는 떨리는 손으로 마이크를 쥐고 하객들에게 말한다.

"사랑은 오레오처럼 잘 계산해 나눠줘야 하는 한정된 자원이 아닙니다. 사랑은 줄수록 더 많은 사랑을 낳고, 그 사랑이 점점 더 많은 사랑을 낳습니다.

여러분 대다수가 아시겠지만, 저는 사랑 없는 어린 시절을 보냈고, 15년 전부터 고아나 마찬가지였어요. 때로는 여러분이 짐작하듯이 슬프기도 했습니다. 하지만, 대부분은 그렇지 않았어요. 혼자가 아니었으니까요. 오늘, 이곳에서 제가 혼자가 아닌 것처럼요.

친구들에게 말하고 싶어요. 가장 외롭고 고통스러운 순간에도 여러분의 사랑이 어둠 속을 밝혀주었습니다. 여러분의 사랑 덕분에 살 수 있었고, 여러분의 사랑이 저를 키웠어요. 친구들의 사랑을 받아들이며 더 나은 사람이 될 수 있었습니다. 조금씩 더 친절하고 다정한 사람이 되는 법을 배워갔고, 사랑이 늘 그러하듯, 여러분의 사랑은 점점 더 커지고 꽃을 피워 저 자신을, 그리고 타인을, 그리고 이 멋진 남자를 사랑하는 법을 알려줬어요…. 그가 받아 마땅한 크나큰 사랑을 주는 법을요. 그렇기에 친구 여러분이 지금 이곳에서, 여러분이 이뤄낸 일을 보고 있다는 사실이 제게는 더없이 감사한 일입니다. 여러분이 우리를 여기까지 오게 해줬어요. 고맙습니다.

또, 오늘부터 제 가족이기도 한, 조이의 가족에게 말하고 싶습니다. 사랑이 넘치는 진짜 가족이 어떤 모습인지 보여주셔서 정말 고맙습니다. 비록 혼돈과 고함 소리로 가득하고 바닥에는 개가 똥을 눈다 해도, 여러분은 너그럽고, 의리 있고, 서로에게 진정으로 마음을 다하는 가족이에요. 괴팍한 면도 있지만 여러분 모두 뿌리 깊은 친절함을 지닌 사람들입니다. 처음부터 여러분은 두 팔을 활짝 열고 저를 여러분의 사랑스러운 혼돈 속으로 맞이해 주었습니다. "이제는 너도 우리 가족이야"라고 말해줬죠. 할머니, 할머니의 어머니께서는 엄마를 잃은 아기를 데려와 자기 아들처럼 키우셨어요. 할머니는 그분을 친동생처럼 사랑했죠. 그렇게 몇 세대가 흐른 뒤에도 여러분 가족은 그 교훈을 잊지 않았습니다. 사랑은 더 큰 사랑을 낳았어요. 여러분과 함께 수다를 떨고, 용서를 나누고, 게임을 하고, 형제들과 어울려 웃고, 전화를 받아 '안녕하세요, 엄마'라고 말할 수 있다는 게 제게 얼마나 큰 의미가 있는 일인지 감히 말로 표현할 수조차 없어요. 오늘, 그리고 매일 이곳에 있어주셔서 고맙습니다. 그 대신 저도 최선을 다해 너그러움과 포용이라는 이 가족의 전통을 다음 세대로 전할게요."

나는 읽고 있던 종이에서 눈을 들었다. 코를 훌쩍이는 사람이 여럿이었다. 더스틴은 눈물을 줄줄 흘렸고, 캐시와 젠의 얼굴은 입고 있는 드레스와 똑같은 분홍색으로 물들어 있었다. 조이의 눈에도 눈물이 차올랐다. 조이는 하객 모두에게 의자 아래로 손을 뻗어보라고 말했다.

공동체를 중심에 둔 결혼식을 하고 싶다고 말했을 때, 조이는 내 말에 동의했을 뿐 아니라 결혼식에 참석한 사람들 하나하나에게 우리의 인생에 그들이 있어 감사한 이유를 알려주는 편지를 쓰자고 제안했다. 의자 밑에 붙어 있던 편지를 찾은 하객들이 놀라서 웅성거렸다.

누군가 외쳤다. "조이, 열어봐도 돼?"

조이가 양팔을 활짝 펼쳤다. "열어보세요!"

처음에는 조이의 아이디어가 정말 마음에 들었다. 그런데, 막상 편지를 쓰기 시작하자 어떤 편지들은 쉽게 쓰이지 않았다. 모든 편지에 나름의 어려움이 있었다. 어떤 우정은 유리로 만든 스노우볼처럼 섬세했다―상대적으로 얼마 되지 않은 사이라 너무 큰 부담을 주면 깨질지도 몰랐다. 또 어떤 우정은 너무나 커서 도저히 편지 속에 다 담을 수가 없었다―캐시 그리고 더스틴과는 아홉 살 때부터 친구였다. 또 어떤 우정은 대학 시절이나 20대 초반의 내게는 소중한 것이었지만 그 뒤로는 그때만큼 활발히 이어지지 않았다. 게다가 〈스냅 저지먼트〉 시절 상사인 마크 같은 관계도 있었다―마크를 정말 좋아하기는 하지만 우리는 대체로 악의 없이 서로 욕설을 주고받는 사이를 이어왔다. 마크는 내가 구두쇠라고 놀렸고, 나는 그가 다쳤을 때 안부 전화를 걸었다가 롤러스케이트를 타다 넘어져서 다친 것을 두고 줄곧 놀려댔

적이 있었다. "아저씨, 지금은 90년대가 아니라고요!" 그러자 마크가 맞받아쳤다. "정말 재밌네, 이 인간 말종 같으니." 내가 그를 얼마나 좋아하는지, 지나치게 감상적이지 않으면서 설득력 있게 이야기하려면 어떻게 해야 하는 걸까?

결국 나는 모든 편지에 진심을 담기로 했다. 온 힘을 다해 진실함과 솔직함을 끌어내, 내가 느끼는 사랑을 진지하게 표현하기로 했다. 감상적이라도 상관없었다. **마크는 제가 지어준 마크 삼촌이라는 별명과 딱 들어맞는 사람이에요. 늘 저를, 제 신경질적인 면을 참아주고, 저를 걱정하고, 저를 보호할 방법을 생각해 줘서, 제가 받아도 되는 것보다 더 큰 사랑과 친절을 보여줘서 고마워요. 마크 같은 삼촌이 있는 전 정말 운이 좋아요.**

우리는 모두에게 잠시 편지를 읽을 시간을 주고, 그제야 나는 이곳을 가득 메운 사람들을 돌아볼 짬이 난다. 사람들은 고개를 숙인 채 미소를 짓고, 웃고, 운다. 그러니까 그냥 우는 것이 아니라 얼굴이 다 일그러질 정도로 크게 운다. 더스틴은 이미 눈물로 푹 젖은 티슈를 다시 뭉치고 있다. 제대로 앉아있을 수 없어서 자기 남편의 어깨에 기댄 채다. 내 사촌은 그에게 새로운 티슈를 건네준 뒤 자기 몫으로 티슈를 또 꺼내 코를 푼다. 그 옆에 앉아있던 타이쿠마의 평온하고 흡족한 표정은 정말 오래간만에 본다. 만수르와 마크는 웃고 있다. 노아는 이를 잔뜩 드러내며 나를 향해 바보처럼 씩 웃는다. 젠은 코를 훌쩍이고 있다. 캐시가 눈물에 젖은 얼굴로 나를 바라보자, 우리는 그대로 수줍게 서로를 바라보며 함께 눈물 지었다. 살면서 처음으로 한 장소에 모두 모인 나의 공동체를 바라보며 생각한다. **세상에, 정말 좋은 사람들이야.** 그 사람들 하나하나가 사랑과 친절이 담긴 셀 수 없이 많은 행동들, 늦은 밤의 전화 통화, 갓 구운 빵과 쿠키, 차가운 맥주와 따뜻한 포옹을 상징하고 있다. 그들의 미소 너머에는 평생의 기쁨이 깃들어 있다. 처음으로 내 텅 빈 구멍이 가득 찬다. 넘쳐 흐른다.

편지를 쓴 게 다행이라는 생각이 든다. 더 많은 편지를 써주고 싶다. 여러분을 얼마나 사랑하는지, 수천 수백 가지의 방식으로, 그칠 줄 모르고, 매일같이 말해주고 싶다. 수억 개의 문자 메시지를 보내고 싶다. 손을 힘주어 꼭 잡고 싶다. 그들이 늙고 주름투성이가 되고 내가 백내장에 걸려 그들의 아름다운 얼굴을 더는 볼 수 없을 때까지 그들을 바라보고 또 바라보고 싶다.

PTSD는 늘 내게 내가 외톨이라고 말했다. 내가 사랑받을 수 없는 사람이라 말했다. 내가 유해한 사람이라 말했다. 하지만 이제는 분명히 알겠다, 그건 다 거짓말이었다는 것을. PTSD는 내가 실제로 벌어지고 있는 일들을 볼 수 없도록 내 눈앞을 가리고 있었던 것이다.

실제로 벌어지고 있는 일들. 이 사람들은 내가 포크를 놓는 방식에 지나치게 연연한다고 생각하고 있는 게 아니다. 더스틴은 센터피스를 만들면서 뜨겁게 달아오른 글루건에 데었던 일을 생각하고 있는 게 아니다. 캐시는 열다섯 살 때 내가 그 애를 쌍년이라고 불렀던 일을 생각하고 있는 게 아니다. 이 공간에는 죄책감도, 수치심도 없다. 그저 가장 순수한 사랑의 표현만이 존재한다. 서로를 잘 모르는 사이인 내 친구들은 나를 사랑하기 때문에, 나에게 사랑받는다는 기분을 느끼기 때문에 남들 앞에서 울고 있다. 기적이나 다름없는 일이다. 이 은혜로움의 교환이야말로 지금 실제로 벌어지고 있는 일이다.

나는 치렁치렁한 인조 속눈썹을 단 채 사람들 앞에서 울고 있다. 배에 가스가 차 드레스를 입은 배가 나온 걸 보니 피자는 먹지 말 걸 그랬다. 사진이 천 장쯤 찍힌다. 친구들, 그리고 몇몇의 낯선 이들 앞에서 나는 내 가장 취약한 모습을 펼쳐놓고 있다. 이렇게 소중한 존재가 된 기분은 처음 느껴본다. 이렇게 안전한 기분도 처음이다. 실제로 지금 벌어지고 있는 일들을 이토록 진실하고 자신감 있게 확인한 것은 처음이다.

혼인 서약의 시간이 왔다. 조이가 아직 무슨 말을 하기도 전인데, 그가 나를 바라보는 그 특별하게 부드러운 눈빛 때문에 눈물이 날 정도로 동요한다. "여기가 집이군요." 그는 뉴욕을 둘러보며 말한다. **"집에 오니 정말 좋네요!"** 조이의 과장된 말투에 사람들이 웃음을 터뜨리고, 곧 그의 매력적인 연설은 모두의 마음을 사로잡는다. 그는 우리 두 사람이 함께 짓고 고쳐 나갈 집이라는 개념을 중심으로 써 내려간 유창한 서약을 읊는다. 현실적이면서도 낙관적이다. 고되지만 축복이 함께할 미래에 대한 설렘으로 가득하다. "너만큼 나를 속속들이 바라보고 또 사랑해준 사람은 없었어." 혼인 서약의 마지막 부분에서 그가 말한다. "네게 충실할게. 네게 진실할게. 네가 나를 알아준다는 사실이 내 온 존재를 감동시키는 만큼 진실하고 싶어. 내 삶에서 가장 중요한 사람이 너라는 걸, 너는 사랑받는 사람이라는 것을 분명히 말하고 싶어. 그리고 이런 말들이 잊혀진다 해도 상관없어. 나는 하루도 빠짐없이 이 말 그대로 살아갈 테니까." 우리 모두 울며 웃는다.

이번에는 내 차례다. 나는 내 어린 시절 때문에 아주 오랫동안 무조건적인 사랑이 무엇인지 이해할 수 없었다고 조이에게 말한다. 그러나 이제 그것은 사실이 아니다. 그의 흔들림 없는 꾸준한 사랑이 나로서는 상상할 수 없었던 방식으로 나를 치유해 주었으니까. 그를 통해, 비록 실수를 저지르더라도 사랑받을 자격이 있음을 알았으니까. 싸우더라도, 화해할 수 있다. 조이의 사랑이 있기에 나는 나 자신을 무조건적으로 사랑하는 법을 알게 되었다.

타이쿠마와 조이의 할머니가 앞으로 나와 우리가 서로 교환한 반지를 건네줬고, 우리는 두 분을 꼭 안은 다음 반지를 받아든다. 그다음에는 혼인 서약에 대답하고, 입맞추고, 사랑하는 이들의 환호를 받으며 결혼식장의 다락방까지 올라간다. 그곳에서 우리는 손을 잡고, 눈물을 흘리고, 경이로워하며 잠시 시간을 보낸다. 이런 순간을 함께 만들 수 있었다는 사실 때문에, 내가 앞으로의 삶을 나눌 수 있는 제대로 된 짝을 골랐다는 걸 알겠다.

결혼식이 끝난 뒤에는 음식을 먹는다. 차이나타운에서 내가 제일 좋아하는 말레이시아 식당인 자야 888에서 사온 버터맛 커리팝, 짭짤한 돼지갈비, 매콤한 미고랭이 준비되어 있었다. 조이의 형제들이 나를 가족의 일원으로 맞이하며 느끼는 기쁜 감정을 담아 연설을 한다. 연설이 끝난 뒤 형제 중 하나가 나를 한쪽으로 데려가더니 말한다. "있잖아요, 스테파니는 가족 역할을 정말 잘해요. 벌써 엄청나게 좋은 친구가 된걸요. 이제 스테파니와도 남매나 마찬가지인 사이가 된다는 게 기대돼요."

밤새도록 사람들이 내게 다가와 이번 결혼식이 자신들에게 얼마나 큰 의미가 있는지, 멀리까지 온 보람이 있는지, 자신이 변한 것 같다거나, 적어도 사랑의 힘 때문에 얼마나 새로운 기운을 얻은 것 같은지 말해준다. 또, 이렇게 아름다운 시간을 만든 나 자신을 엄청나게 자랑스러워해야 마땅하다고 말한다. 그러면서 **그들에게 내가** 가지는 의미를 담은 사소한 이야기들을 해준다. 고등학생 시절 캐시가 아는 사람이라고는 없는 낯선 동네로 이사 왔을 때, 내가 매일 그 애한테 손편지를 써줬다고 했다. 더스틴의 할머니가 돌아가셨을 때는 내가 매일 밤늦게까지 그와 AIM 메신저로 대화를 해줬다고 한다. 타이쿠마와 나는 서양화된 말레이시아인으로 살아가면서 느끼는 고민을 서로에게 털어놓으며 끈끈해지는 시간을 가졌다. 수많은 이들의 가장 중요한 순간, 내가 그들 곁에 있었다. 자신들의 존재를 확인받기 위해 필요로 한 가족이 바로 나였다.

마크가 연설할 차례다. 그는 사람들에게 한때 나를 꼭 딸처럼 아꼈던 시절이 있었고, 이 연설문을 쓰는 동안 몇 번이나 눈물이 났다고 한다. 몇 년 전 자신이 힘든 시기를 보냈을 때 내가 매주 전화를 걸어 안부를 물었다고 한다. 내 기억 속 그 대화는 내가 주로 일이 힘들다고 불평을 털어놓고, 괴로운 연애 이야기를 쏟아내고, 더 많이 쉬고, 더 제대로 먹으라고 잔소리를 하는 게 주를 이루었는데 말이다. 그 당시에 그는 내 말들을 별것 아닌 것처럼 넘기곤 했었다. 그런데 오늘, 모든 사람들 앞에서, 마크는 그 통화들이 자신에게 무엇보다 큰 의미가 있었으며, 당시에 느끼던 두려운 감정들을 이겨낼 수 있도록 도와줬다고 말한다.

한 가지 가설이 떠오른다. 어쩌면 사실, 난 애초부터 망가지지 않았던 건 아니었을까?

어쩌면, 난 그저 인간이었던 건지도 모른다. 결함투성이에, 아직도 자라고 있지만, 그럼에도 빛으로 가득한 존재. 나는 쭉 엄청나게 많은 사랑을 받아왔을 뿐 아니라, 사랑을 주기도 했다. 나도 모르는 사이, 핸드백에서 미니 사이즈 초콜릿을 흘리고 다니는 것처럼 선함을 흩뿌리며 세상을 돌아다녔던 것이다. 어쩌면 정말 망가진 것은 내 눈에 비친 나의 모습이 아니었을까―엄격하고, 부당하고, 편협하고, 과도하게 비판적인 모습. 어쩌면 **실제로 벌어지는 일**이란, 내가 온갖 결함을 지닌 그 자체로 아름답기 그지없는 존재라는 것인지도 모른다. 그리고 나는 계속해서 아름답기 그지없는 존재로 살아간다. 부재중 전화에 언제나 다시 전화를 걸어오고, 맹렬하게 명예를 지켜주는 재미있고도 믿음직한 친구. 트라우마를 덜 겪은 사람이라면 결코 이해할 수 없을 방식으로 가족을 우선순위에 두고 그 가치를 중요시하는 헌신적인 자매이자 딸. 일터에 경박함과 장난기를 가져다주는 성실하고 유능한 직원. 나는 문자 메시지와 전화 통화, 확언의 말속에 깃들어 있는, 후한 사랑을 베푸는 사람이다. 사랑이 얼마나 강력한 힘을 발휘할 수 있는지 누구보다 잘 알기 때문이다.

사랑은 사랑을 낳는다로 시작하는 연설문을 썼을 때만 해도 그 것은 다른 사람들의 이야기를 통해 파악한 가설에 가까웠다. 그 러나 내가 그 말을 실제로 입 밖에 내는 순간, 마치 중국의 오래 된 마술이 힘을 발휘하기라도 한 것처럼 그 말은 진짜가 된 것 같다. 평생 사랑할 사람과 결혼한 것은 사실이지만, 그게 다는 아 니라는 기분이 든다. 마치 한 무리의 사람들 모두와 결혼한 것만 같은 기분이다. 서로에게 맹세의 서약을 할 때마다 점점 더 늘어 나는, 영영 끊어지지 않은 끈으로 나를 그들에게 동여맨 것만 같 은 기분이다. 사랑은 더 많은 사랑, 더더욱 많은 사랑을 낳고, 나 아가 상처보다 크고, 두려움보다 크고, 불화와 편견과 대수롭지 않은 단점보다도 더 큰 사랑의 담요, 사랑의 들판, 사랑의 세계 를, 시간도, 죽음도, 인간의 이해도 뛰어넘는 힘을 이룬다.

여기서 이야기를 마무리하는 것도 근사할 것 같다. 내 인생 최고의 하루에 깃든, 마침내 찾아온 행복한 결말로.

그러나 내가 복합 PTSD와 최종적인 화해를 하도록 도와준 것은 오로지 사랑만은 아니었다.

비극이었다.

43장

그러니까 세상이 끝나는 중인 거구나, 그럴 줄 알았다.

식품점에는 빵이 없고, 인산인해를 이루며 브로드웨이를 행진하는 이들로부터 시작된 인종차별에 대한 심판이 눈부신 유리로 된 시내의 오피스 건물들까지 가닿고, 혐오범죄가 차고 넘치고, 미국의 수도에는 무장한 시위대가 등장하고, 또, 그렇다, 사람들의 폐를 오래된 껌처럼 잘근잘근 씹는 교활한, 개 같은 코로나19 바이러스로 인해 수십만 명이 사망했다.

또다시 2017년으로 돌아온 것만 같으면서도, 너무나 지친 나머지 생방송 중에 환각 증상이라도 느끼는 것처럼 입을 헤벌리고 고개를 설레설레 저으며 "극도의 혼란 상태입니다" 하는 논평가들의 뉴스 보도가 끝없이 반복된다는 점에서는 그때보다도 더 나빴다.

하지만 지금, 나는 괜찮았다. 솔직히 말하면, 난 잘 지냈다.

나는 생산성을 발휘하고 있었다. 강의를 하고, 글을 쓰고, 위기에 빠진 친구들에게 응원의 그림을 보내고, 들불로 인해 대피하는 신세가 된 캘리포니아의 친구들을 위로하며 긴 전화 통화를 했다.

온라인의 사람들은 다들 자제력을 잃어갔다. 친구들은 집중 주기가 짧아져서 일은 물론 책 한 권도 끝까지 읽을 수 없다는 포스팅을 남겼다. 온종일 침대에 누운 채 흐느끼기만 한다고. 줌으로 친구들에게 연락하면 눈이 퉁퉁 부은 채 등장했다. 나는 그들에게 위로의 메시지를 보내고 안타까운 심정으로 "좋아요"도 눌러줬다. 그리고는 조이의 머리를 토닥인 뒤 잠들었다.

처음에는 내가 이렇게 괜찮다는 데 죄책감이 들었다. 내가 무사한 건 재택근무를 할 수 있어서였을까? 내게 특권이 있어서, 아니면 감수성이 빈약해서였을까? 내가 해리 상태라서였을까?

하지만 어떻게 생각하면⋯ 일주일 전, 산책을 갔다가 현금인출기 앞에 **위기가 지나갈 때까지는 사용 불가**라는 스티커가 붙은 것을 보았고, 장례식장 문간에 앉아있다가 또 하나의 보디백(시신을 담는 가방―옮긴이)이 안으로 실려 들어가는 것을 봤다. 나는 무력하게 그 자리에 멈춰 섰고, 마스크 속 내 입이 잔뜩 일그러지고 어깨가 들썩거렸다. 그런데도 나는 집으로 돌아가 대파와 감자가 들어간 맛 좋은 수프를 만들었고, 요거트를 한 숟가락 추가하니 정말 맛있었다.

2주쯤 흐른 뒤에야 나는 깨달았다. 아, 내가 공황에 빠지지 않은 것은 내가 이런 순간에 특화된 사람이었기 때문인 것이다.

함 박사의 말이 맞다면 PTSD란 평화 시에만 가능한 정신질환이다. PTSD라는 것 자체가 어느 순간에나 죽음을 맞닥뜨릴 준비를 한다는 의미니까. 내 부모는 내가 곳곳에 위험이 숨겨진 사악한 세계에 마주할 수 있도록 준비시켜준 셈이었다.

그러나 어른이 된 뒤 내가 살아간 세계는 그런 것이 아니었다. 내가 살아가는 곳은 식품점에 가면 17종의 다양한 케이퍼를 만날 수 있는, 휴식을 취하고 싶다면 시간과 상관없이 일랑일랑 향이 나는 비건 배스밤을 집으로 배달시킬 수 있는, 오리털 이불처럼 포근한 세계였다. 이곳에서 내 두려움은 자리를 잘못 찾은 편집증이었다. 팬데믹이 발생하기 전까지는 그랬다.

시신을 가득 실은 냉동 트럭이 장례식장 앞에 서 있고 아시아 여성들이 발로 차이거나 황산을 맞거나 총에 맞는 세계에서 내 PTSD는 장애가 아닌 초능력으로 변했다. 객관적으로 볼 때 PTSD란 곧 우리의 천재적인 신체를 생존할 수 있도록 진화시키는 적응 메커니즘이기 때문이다.

순식간에 나는 과잉 경계에 시달리는 게 아니라 평범한 정도의 경계심을 가진 사람이 되어 있었다. 나는 통조림의 배급량을 정하고, 채소를 기르고, 식품을 사 오면 욕조에 집어넣고 결벽에 가깝게 소독했지만, 그런 행동을 한다고 해도 나는 이제 괴팍한 사람이 아니었다. 오히려 책임감 있는 사람이었다.

"그것은 때로는 저주이지만, 때로는 축복입니다." 피츠버그대학교의 정신과 의사이자 신경학자 그레그 시글Greg Siegle이 내게 말했다. 시글은 복합 PTSD 환자들의 뇌를 연구한 뒤 내가 품었던 의혹이 맞다는 사실을 확인해 줬다. 복합 PTSD가 실제로 **자산**으로 간주될 수도 있다고 말이다. "전 그것을 초능력이라 부릅니다." 그의 말이었다. "사람들이 정신병이라 부르는 것들 중 대다수는 사실 길을 잘못 든 기술과 역량이지요."

내가 읽은 글 중 대부분은 PTSD를 앓는 사람들의 전전두피질이 위축되었다고 말했다. 즉, 트리거를 경험하면 뇌에서 논리를 담당하는 부분이 힘을 잃어 우리를 비이성적이고 복잡한 사고가 불가능한 사람으로 만든다고 했다. 그러나 시글은 그 연구에 오류가 있음을 알아냈다고 했다. 복합 PTSD 환자 다수에게서 오히려 그 반대 현상이 나타난다는 사실을 발견한 것이다. 강렬한 스트레스와 트라우마 상황에서 우리의 전전두피질은 실제로 훨씬 **더** 능동적이 된다.

일반적인 경우 위협적인 상황에 처하면 몸은 곧바로 반응한다. 심장이 피를 펌프질하기 시작한다. 목 뒤에서 솜털이 삐죽 솟는다. 달아날 수 있도록 다리에 피가 몰리게 하기 위해서다. 무엇보다도, 심장이 더 빠르게 뛰는 게 **느껴진다**. 그러면서 우리는 자신이 겁에 질렸다는 사실을 알아차린다. 이 때문에 우리는 더더욱 불안해지고, 따라서 심장도 더더욱 빨리 뛴다. 그러나 시글은 이렇게 말했다. "우리가 복합 PTSD에 대해 아는 바에 따르면, 스테파니는 극도의 스트레스 상황에서 전전두피질 기능 일부를 차단해 공포를 느끼는 진화론적 메커니즘이 일어나지 못하게 막는 동시에, 고도로 능동적인 사고를 할 수 있게 만드는 대처 기술을 가진 셈입니다. 그렇게 신체가 반응을 멈추는 것이지요."

다시 말하면, 강렬한 스트레스 상황에서 우리는 엄청난 해리 능력을 발휘한다. 심장이 극도로 빨리 뛰지도 않는다. 우리의 뇌가 신체로부터 스스로를 분리하기 때문에 우리한테는 불안이 가속되는 순환구조가 일어나지 않는다. 그 대신 우리의 전전두피질에 불이 들어온다. 그렇게 우리는 **극도로 이성적인** 상태가 된다. 극도의 집중력을 발휘한다. 차분하다. 시글은 이렇게 설명했다. "도망친다는 선택지가 없는 사람은 교활해져서 다른 일을 하게 되지요. 그러니까, 이 위기로부터 살아남기 위해 갖고 있는 모든 자원을 동원할 때라고 생각하는 겁니다."

복합 PTSD를 가진 사람들은 집에 바퀴벌레가 나타나거나 다른 이의 얼굴에 분노가 얼핏 스치는 것만으로도 지나치게 겁에 질릴 수 있다. 그러나 실제 위험 상황에서는 ─ 분노한 누군가가 당장이라도 누굴 죽일 수 있는 마체테를 손에 들고 이쪽으로 다가온다거나 ─ 다른 이들이 겁을 먹는 반면 우리는 문제에 정면으로 부딪친다. 많은 경우 사태를 해결하는 건 바로 우리다.

대학 시절 학교 신문사에서 일할 때, 인쇄비용을 충당할 만한 광고를 전부 따지 못한 달이 있었다. 학생 언론사 처장이 편집장, 광고 판매 담당, 그리고 나를 사무실로 불러 미친 듯이 화를 냈다. 우리가 무능하고 무책임하다고, 우리가 이 방면의 경력을 가질 일은 영영 없을 거라고 소리를 질러댔다. 편집장은 울었다. 하지만 나는 차분하고 평이하게 말을 이어갔다. 화를 내봤자 아무 도움도 안 된다고 말했다. 우리는 학생이고, 살면서 이런 실수를 저지르기에 적합한 때가 바로 학생 시절 아니겠냐고 했다. 죄송하다고, 하지만 이 문제를 해결하기 위해 당신의 도움이 필요하다고 말했다. 그러자 처장은 곧 우리에게 사과했고, 잘못하고 있

는 사람은 **자신**임을 인정했다. 그 자리를 떠난 뒤, 아직도 새빨개
진 눈을 훔치고 있던 편집장이 놀랍다는 듯 내게 말했다. "어떻게
그런 일을 해낼 수 있었어? 다른 사람도 아닌, **네가**?" 당시에는
우리 중 그 누구도 이해할 수 없는 일이었다. 하지만 지금은 다
이해가 된다.

또, 조이가 개수대에 냄비를 떨어뜨렸을 때는 내가 이성을 잃
고 화를 내지만, 그가 자기 가족과 고래고래 소리를 지르며 싸울
때는 내가 대화를 중재하는 역할을 할 수 있는 것 역시 이해가
된다.

어째서 세상이 산산히 부서지고 있는 지금 내가 차분하게 부서
진 조각들을 하나하나 제자리에 붙여넣고 있는지도 이해가 된다.

시글은 이 현상―어떤 상황에 완전히 적합한 감정을 느끼지
못하게 만드는 해리 상태―에 둔화 및 불일치 효과 감수성 증후
군Blunted and Discordant Affect Sensitivity Syndrome이라는 이름을 붙였
다. 이 증후군의 약자는? 바로 BADASS다.

"이런 상상을 합니다. 학대를 당하고 자기존중감을 완전히 잃
은 한 소녀가 병원에 들어갑니다. 그러면 의사는 그저 이렇게 말
하는 거죠. '음, 당신은 그냥 약간 BADASS(위험을 두려워하지 않는
자유분방하고 멋진 사람이라는 의미가 있다―옮긴이)인 것 같아요.' 제
가 바라는 미래는 그런 겁니다."

"이런 젠장, 제가 처음 진단을 받았을 때 선생님을 찾아갔다
면 진짜 큰 도움이 됐을 텐데요. 뭐, 어쩔 수 없죠." 그리고 나는
웃음을 터뜨렸다. 내 안의 BADASS가 이 대화에도 아무렇지 않

게 스며들었던 것이다.

　정신병의 안개가 타서 사라져 버리는 동시에 내가 가진 초능력을 이해하기 시작하면서부터, 나는 복합 PTSD에 상당한 장점들도 있다는 사실을 서서히 알게 됐다.

　2020년 여름, 레이시는 말도 안 되게 섹시한 남자와 사귀기 시작했다. 안타까운 일이지만, 말도 안 되게 섹시한 남자들이 대개 그렇듯 그 남자 역시 만나기 참 힘들었다. 수시로 약속을 취소하고 새로운 데이트 약속을 잡지 않을 뿐더러, 약속한 시간에 연락하지도 않았다. 매번 바쁘다는 핑계를 댔지만 약속을 지키는 법이 없는 그 남자 때문에 결국 레이시는 미친 듯이 화가 났다.

　"이게 정상일까요?" 레이시는 며칠에 한 번씩 내게 문자 메시지를 보냈다. "애정 결핍이거나 괴팍한 사람처럼 보이고 싶지는 않아요. 하지만 잠도 안 와요. 불안하고 화가 나서 견딜 수가 없어요. 머릿속에 온통 그 생각뿐이라고요."

　"완전 정상이죠! 당연히 그런 기분이 들 만도 하죠. 웬만한 사람들이라면 다들 기분 나빠할걸요. 하지만 레이시가 복합 PTSD를 앓는다는 건, 당신이 안정감과 신뢰를 특별히 중시한다는 뜻이기도 해요!" 나는 그렇게 답장했다. "그런 욕구를 느껴도 괜찮아요. 통제를 벗어난 욕구가 아니잖아요. 이런 욕구 또한 레이시의 욕구니까, 그 욕구를 상대에게 알려도 상관없어요. 그 남자가 당신의 욕구를 채워줄 수 있도록 바뀐다면 괜찮은 남자겠죠! 겁을 먹고 내뺀다면 그런 놈은 없는 게 낫죠."

알고 보니 그 남자는 온갖 여자들이랑 자고 다니는 양아치 중에서도 1등급 양아치였다. 하지만 날씨가 쌀쌀해질 무렵 레이시는 틴더를 통해 자신에게 더욱더 안전한 기분을 느끼게 해주는 남자들을 만나고 있었다. 레이시가 너무 바쁘거나 정신이 없어서 문자 메시지를 보내기 어려울 때마다 보내곤 하던, 열정적이고 진심어린 음성 메시지를 내게 남긴 건 그 무렵이었다.

"그 남자 때문에 불안해했던 거 기억해요?" 어딘가의 해변을 걷고 있는 듯 씩씩하고 숨 가쁜 목소리와 함께, 바닷바람이 마이크를 훑고 지나가는 소리가 들렸다. "사실 복합 PTSD 환자가 아닌 '정상' 친구들한테 모조리 연락했는데, 다들 이렇게 묻더라고요. '왜 그 남자한테 그렇게 집착하는 거야?' 하지만 스테파니는 내 감정이 사실은 그 남자 때문이 아니라는 사실을 곧바로 알아차렸어요. 내가 그 남자와의 소통에 있어 더 진실해지도록 조언해줬죠. 스테파니는 내가 지금껏 그 누구에게서도 받아본 적 없는 깊은 통찰력을 지닌 사람이에요. 심지어 심리치료사들도 그렇게까지는 못 해줬다고요! 또, 스테파니는 절대 내가 부끄러운 감정을 느끼게 만들지도 않아요. 스테파니와 이야기한 덕분에 정말 마음이 놓였고 지금도 그래요. 이제는 기분 좋은 데이트를 할 수 있거든요! 스테파니, 당신은 빛나는 갑옷을 입은 나의 기사예요!"

어떻게 생각하는가? 복합 PTSD로 힘들어하면서 나는 더 큰 공감 능력을 가진 사람이 되었다. 복합 PTSD 덕분에 타인에게 필요한 것이 무엇인지를 더 잘 알게 되었고, 또 타인을 위로할 수 있는 특별한 기술도 생겼다.

내가 가진 복합 PTSD의 부정적인 측면들에서조차도 희망의 가능성이 엿보인다. 때로 조이가 화를 내거나 언짢아할 때, 그의 고통을 참아주는 게, 그가 혼자 뚱해 있게 내버려 두는 게 힘든 건 사실이다. 나는 조이가 정확히 뭐가 문제인지 말해줄 때까지 꼬치꼬치 캐물으며 못살게 군다. 한번은, 나무열매를 살펴보는 다람쥐처럼 사사건건 간섭하는 나에게 진력이 난 나머지 조이가 이렇게 소리친 적이 있었다. "내 문제를 모조리 해결해 주려고 애쓰지 말고, 그냥 '그렇구나, 힘들었겠다' 해줄 수는 없어? 모든 문제에 다 해결책이 필요한 건 아니라고!"

하지만 조이는 며칠이 지나 기분이 나아지면 내게 고마워할 때가 많다. "네가 자꾸 끈질기게 물어보는 덕분에 아무에게도 하지 못하는 말들을 하게 돼. 또 내 감정에 대해 대화를 나누면서 내가 더 나은 쪽으로 변해가. 너만큼 나를 아껴주는 사람은 처음이야."

나는 복합 PTSD를 앓고 있음에도 **불구하고** 사랑받는 게 아니었다. 어떤 의미에서는, **그렇기 때문에** 사랑받고 있었다.

전 세계적 팬데믹 기간에 초능력을 선보인 사람은 나뿐만이 아니었다.

그해 여름 나는 줌을 통해 팟캐스트 강의를 진행했는데, 내

학생 중 한 명이 심각한 세균공포증과 강박장애를 앓는 한 여성과 대화를 나눴다. 그 여성은 오랫동안 집 밖에 나가지 못했으며 피가 날 때까지 표백제로 손을 씻었다. 친구들과 가족들은 그가 미쳤다고 생각했지만, 팬데믹이 시작된 뒤 몇몇 사람들이 그에게 사과 전화를 걸어왔다고 했다. "이제야 우리도 알겠어." 그때, 그 여성은 집 밖으로 **나가고** 싶다는 기분이 들었다고 한다. 모두가 자신만큼이나 세균에 집착하기 시작하자 오히려 온갖 것을 손가락으로 만지고 다니고 싶어졌던 것이다. 사람들에게 입 맞추고 싶은 기분이 들었다고 한다.

친구 수전은 자신의 복합 PTSD를 이해하지 못하는 부모와 오랫동안 긴장 관계를 유지했다. 하지만 격리 기간이 시작되자 부모는 무력감, 우울감, 공황을 표출했다. "그래요, 제가 매 순간 느끼는 기분이 바로 그거예요." 수전이 말하자, 부모도 그제야 이해할 수 있었다.

"물론 부모님이 내 고통을 전적으로 이해하는 것은 아니겠지만, 그래도 한층 더 이해에 가까워졌어. 내가 몇십 년 동안 부모님께 전달하고 싶었던 경험이 바로 그거였거든." 친구는 말했다. "물론 다른 사람들이 나 같은 고통을 느껴보길 바란 건 아니야. 하지만 과거 경험을 이야기할 때 이해받고 있다는 기분을 느끼는 것만으로도 수치심이 사뭇 덜어져."

지구 종말의 나날에 내가 잘 지내고 있는 마지막 이유는 바로 그것이다. 함 박사는 고통과 괴로움의 차이가 합당한 고통을 느끼느냐 아니면 그 고통에 결합된 수치심으로 괴로워하느냐의 차이라고 했었다. 뉴스에서 더는 버티지 못하고 울음을 터뜨리는 간호사들을 볼 때면 나도 따라 울었고. 그럴 때마다 나는 합당한 고통을 느꼈다. 더는 괴로움을 느끼지 않았다.

그건 마치 자유와 닮아있었다. 치유와 닮아있었다.

팬데믹 초기, 나는 식품점에 갈 때마다 검은 선글라스를 쓰고 스카프로 얼굴을 둘둘 싸맸다. 달걀이나 파스타가 동났을까 봐 겁이 났다. 그러면서도 또 다른 감정을 느꼈다. 일종의 익숙함이었다. 마치 이런 일을 이미 겪은 것만 같은 기분. 그런데 사실 나는 실제로 이런 일을 겪은 적이 있었다.

아버지의 유전 부호를 담은 할머니의 난자 안에는 아버지가 미래에 남길 자손의 유전 부호도 담겨있었다. 미세한 차원에서 바라보면 일제 강점기에 할머니가 가게에 갔다가 쌀이 동난 것을 발견했던 그때 나도 할머니와 함께 있었다. 할머니가 일본군 깃발을 바느질해 만들 때 나도 그곳에 있었다.

나는 내 경험을 감히 조상들이 겪은 엄청난 역사적 비극과 비교할 수 있으리라고는 상상도 한 적 없었다. 빈곤, 성차별, 인종주의. 세피아 색조의 폭탄과 그림자로 가득한 1, 2차 세계대전은 말할 것도 없다. 앤티가 내게 말해줬던 불가능한 인내력의 이야기에 걸맞은 삶을 나는 결코 살 수 없을 것이다. 나는 우리 가족의 계보에서 특권을 지닌 예민한 막내딸에 불과하다. 굳은살 하나 없는 손과 쉽게 변덕을 부리는 성미를 지닌 아이. 그러나 이제

나 역시 하나의 역사를 살아낸 것이다, 그렇지 않은가? 나 역시 나만의 힘과 우아함으로 살아남았다. 또, 나는 생존 그 이상의 일을 해냈다.

나는 맞서 싸웠으니까.

중국에는 "세상의 3분의 1은 하늘이 지배하는 것이고, 3분의 1은 환경이 지배하는 것이며, 3분의 1은 자기 손에 달린 것이다"라는 속담이 있다. 내가 이 자리에 있기까지는 전쟁, 운, 지참금, 부모, 나쁜 상사, 그리고 좋은 남자친구의 힘이 작용했다. 그러나 나는 내게 주어진 것들을 받아들였으며, 내가 가진 3분의 1을 이용해 몇 세대를 거치며 우리 가문에 흐르던 상처 중 일부를 치유할 수 있는 선택들을 했다.

나는 돌을 골라내고 잡초를 뽑았다. 다음으로 올 누군가에게 더 좋은 땅을 마련해줄 수 있도록 최선을 다했다.

유지니아 리Eugenia Leigh는 그의 시 〈금Gold〉(유지니아 리는 한국계 미국인 시인이다. 〈금Gold〉은 '금金'과 '갈라짐'이 한국어로 '금'이라는 동음이의어란 점에서 착상한 시다─옮긴이)에서 이렇게 쓴다.

말해다오

내가 내 아이들이
극복하고 살아남아야 할 그 무엇이 아니라고.

말해다오
내가 물려받은 폭력은 내 아들을
건드리지조차 못할 것이라고. 그렇다, 나를 죽이려 했던
그 모든 것들의 행렬이

영영 내 머릿속을 습격할지 몰라도, 이것만큼은
안다. 내 어머니의 모국어로는,
균열과 **갈라짐**을 뜻하는 말이
금을 뜻하는 말과 같다고.[62]

먼 훗날의 어느 날, 나는 내 딸에게 증조할머니로부터 물려받
은 옥을, 눈이 루비로 된 작은 금토끼를 보여줄 것이다. 이것들을
나중에 네가 물려받게 될 거라고 말해줄 것이다. 우리 가족이 어
떻게 살아남았는가 하는 이야기를, 전쟁 이야기를, 도박장 이야
기를, 그리고, 그래. 언젠가는 골프채 이야기도 해줄 것이다. 하늘
이 무너지면 이불 삼아 덮으라고 말해줄 것이다.

그리고 그 애한테 빛나는 것, 우리 중 누구도 갖지 못했던 것,
내 회복탄력성을 총동원해 오로지 나만이 줄 수 있는 그것을 줄
것이다. 그 모든 고통이 내게 준 것을. 그 애를 꼭 끌어안고 세상
그 무엇보다도 너를 사랑한다고 말할 것이다. 무슨 일이 있건, 언
제든 내게 의지하라고, 그러면 내가 고쳐야 할 것들을 고쳐주고,
때로는 그저 귀를 기울여줄 것이라고. 그리고 살아있는 한 내가
너를 떠날 일은 영영 없을 것이라고.

2022년 2월인 지금, 진단을 받고 4년이 흘렀다. 그런데 나는 스스로를 복합 PTSD를 치유한 사람이라 말하지 않는다. 심지어 회복 중이라고도 말하지 않는다.

나는 복합 PTSD라는 괴물이 자꾸만 교묘하게 모습을 바꾼다는 사실을 알게 됐다. 마침내 본모습을 보았다고 믿는 순간 연기처럼 흩어진 뒤 내 마음속 또 다른 깊은 틈으로 기어드는 괴물이다. 이제는 그 괴물이 한 달, 어쩌면 일주일, 아니면 2시간 뒤에 또 다른 모습으로 등장하리라는 걸 안다. 삶에서 단 하나 확실한 것은 상실뿐이며, 내 트라우마는 슬픔과 함께 다시금 수면으로 드러날 것이므로, 복합 PTSD 역시 사라지지 않을 테니까. 내 혀끝은 언제까지나 분노로 뒤덮여 있을 것이다. 언제까지나 금속판으로 심장을 감싼 채 걸을 것이다. 낯선 사람들 속에서는 미소가 사그라지고 내 두 발은 언제나 도망칠 준비를 하고 있을 것이다. 지난 수년간 내 관절은 녹슬고 부어오르기를 되풀이했다. 내 피에 고인 폭력을 모두 빼낼 수는 없다.

그 괴물이 돌아올 때마다 나는 싸우는 방식을 조금씩 달리해야 할 것이다. 이제 전쟁은 짧아졌고, 종종, 오래된 도구가 쓸모가 있다. 색깔을 세고, 호기심을 품고, 어린 시절의 나와 대화를 나누는 일들이 괴물에게 재갈을 물려 우리에 다시 집어넣는다. 때로 괴물에게 새로운 무기가 필요할 때도 있다ー새로운 형태의 IFS라든지 CBT, 새로운 만트라, 새로운 경계. 때로 그 괴물이 나를 크게 한입 뜯어먹는 바람에 내가 막을 겨를도 없이 관계가 망쳐지기도 한다. 때로는 최악의 상상과 해리라는 익숙한 구렁텅이에 떨어지기도 하고, 허우적거릴 만한 또 다른 불쾌한 늪을 찾아 내기도 한다. 그런 삽화 하나하나가 또 한 번의 큰 용기와 새로운 심리치료를 필요로 하는 과거, 현재, 미래를 가로지르는 하나의 오디세이다.

그러나 이제는 두 가지가 달라졌다. 내게는 희망이 있고, 또 주체성이 있다는 것. 아무리 절망적인 감정이라 할지라도, 내가 느끼는 감정들은 일시적임을 안다. 아무리 서툴더라도 내가 그 괴물의 주인임을 안다. 싸움이 끝날 때마다 네가 우뚝 서서 깃발 을 꽂는다는 것을 안다. 나는 살아있다, 나는 자랑스럽다, 나는 기쁘다, 아직도.

그러니 이것이 치유이고, 모호한 공포의 정반대인 **충만함**이 리라. 나는 분노로, 고통으로, 평화로, 사랑으로, 끔찍한 파편들과 절묘한 아름다움으로 충만하며, 이 모든 것들이 균형을 이루며 빙빙 돌아가게 하는 것이 내 평생의 도전이 될 것이다. 치유에는 끝이 존재하지 않는다. 완벽한 치유는 어디에도 없다. 그러나 상 실들과 함께 승리도 따라온다.

이제 나는 평생의 싸움과 그 한계를 받아들인다. 언제까지나 슬픔이라는 짐을 등에 짊어지고 살아야 할지라도, 나는 강해졌 다. 다리와 어깨에는 길고 단단한 근육이 자리 잡았다. 덕분에 짐 이 예전보다 훨씬 가볍게 느껴진다. 나는 더 이상 움츠린 채 세상 을 기어 다니지 않는다. 이제는 내가 진 짐을 단단히 추어올린다. 그리고 괴물이 찾아오기를 기다리는 사이, 나는 춤을 춘다.

감사의 말

제가 살아오는 동안 저에게 사랑을 나누어준 사람들에게 가장 먼저, 그리고 가장 깊이 감사하고 싶습니다. 여러분은 제게 사랑하는 방법과 신뢰하는 방법을, 존재하는 방법을 알려줬고, 끊임없이 제 말에 귀를 기울이고, 또 용서해 주었습니다. 여러분은 침실에서, 그리고 깜깜한 바에서 제 트라우마 이야기를 들어준 최초의, 그리고 상냥하고 너그러운 청중들이었어요. 이 책에 등장한 치유는 모두 여러분이 만들어 준 기반 위에 서 있는 것입니다. 오늘, 그리고 지난날의 사랑하는 친구들, 여러분은 당신이 누구인지 알아요. 저도 여러분을 사랑합니다.

글을 쓸 수 있는 자유를 얻도록 도와준 제 에이전트 제인 디스텔에게 고맙습니다. 밸런타인북스, 랜덤하우스, 그리고 제 편집자 사라 바이스에게도 정말 고맙습니다.

책을 만드는 모든 과정에 함께해 준 캣 초우에게 고맙습니다. 책 쓰기에 있어 제 영혼의 안내자가 되어줬어요. 초기 자문을 맡아준 리베카 스클룻, 수전 젤킨드, 아이작 피츠제럴드에게 고맙습니다. 초기 독자들인 젠 리, 해나 배, 네다 아프사마네시, 니나 지프킨, 알렉스 로린, 캐럴라인 선에게 고맙습니다. 이 책을 읽고 의견을 준 메이 라이언, 크리스틴 허먼, 대니얼 알라콘, 캐럴라인 클라우스엘러스, 매튜 테드포드, 크리스틴 브라운에게 고맙습니다. 뛰어난 실력으로 편집을 맡아 준 사이어 S. 알리아에게도 고맙습니다. 또, 이 책에서 제가 가장 좋아하는 장 몇 개를 탄생시킬 수 있게 해준 워크숍 〈난파선 속으로 잠수하기〉를 이끌어 준 사라 도먼에게도 고맙습니다.

이 책에 등장하는 과학적인 사실들에 큰 도움을 준 조지프 프리드먼에게 감사합니다. 보팔 펜, 다린 라이헤르터, 가드너 헬스, 네가르 파니, 웬디 디안드리아, 그레그 시글, 조 앤드리아노, 베카 샌스키, 릭 도블린, 캐시 토머스, 치 응우옌, 캐슬린 개리슨, 시몬 시우폴리니, 린다 그리퍼스, 베스 세멜, 리사 펠드먼 배럿을 비롯해 너그럽게 제게 시간을 내어준 과학자, 정신과 의사, 심리학자들에게 감사합니다. 학교에 방문할 수 있게 해준 모트헤이븐 아카데미 측에도 감사합니다. 자신의 이야기를 나눠준 아동기 트라우마와 복합 PTSD를 겪는 많은 분들, 저를 믿고 마음을 열어 주어서 고맙습니다. 레이시, 고마워요.

정성을 기울여 저를 치료해 준 제이컵 함, 에밀리 블랜튼에게 고맙습니다.

저에게 지원과 인맥을 제공해 준 정신 건강 저널리즘을 위한 로절린 카터 펠로십 팀 모두에게 고맙습니다.

2015년 "더 페이버릿"(〈디스 아메리칸 라이프〉에서 스테파니 푸의 경험을 이야기한 회차—옮긴이) 에피소드를 방송해 준 〈디스 아메리칸 라이프〉에 감사합니다. 그곳에서 저를 보호해 준 동료들에게 고맙습니다. 제 목소리를 적극적으로 지지해 주고 더 발전할 수 있도록 격려해 준 〈스냅 저지먼트〉에 감사합니다. 특히 아직은 부족했던 저를 지지해 준 마크 리스티크에게 고맙습니다─마크의 투자에는 보람이 있었어요. 저만의 이야기라는 선물을 주신, 고등학교 시절 저널리즘 선생님 켄 크로터에게 고맙습니다.

가장 오래된 친구 캐서린, 가족이라는 게 원래는 어떤 것인지 알려줘서 고마워. 더스틴, 지혜롭게 나를 긍정해 줘서 고마워. 열다섯 살 때, 내가 직설적으로 말하는 걸 불안해하던 시절 넌 이렇게 말했지. "아무도 진실을 말하지 않는 세상이라니, 상상이 돼?" 이 책을 쓰는 내내 내게 긍정적인 강화를 불어 넣어준 젠, 고마워.

타이쿠마 그리고 삼삼, 저를 믿어주고, 용서하고, 긍정해 주셔서, 저의 역사를 알려주셔서 고마워요. 끊임없는 가르침을 주신 앤티, 고맙습니다.

제가 사랑하기 쉬운 사람이라고 말해준 할머니, 마거릿, 고맙습니다. 마거릿, 보고 싶어요. 저를 가족으로 받아들여 주고 피를 나눈 가족처럼 대해준 디코, 지미, 케이티, 고마워요. 여러분은 내 치어리더이자 공모자예요. 고마워요.

이 책의 대부분을 쓰고 조사한 곳인 뉴욕공공도서관 본관, 그리고 밀크 앤드 풀 베드포드-스타이브센트 지점에 감사합니다.

그리고 마지막으로, 조이에게─이 책을 쓰는 내내 나를 보살펴 줘서 고마워. 온갖 치료, 온갖 명상, 온갖 양심에 대한 내 말을 끊임없이, 열린 마음으로, 너그럽게 들어줘서, 설거지와 빨래를 도맡아 줘서 고마워. 내게 내어준 믿음, 감정노동, 사려 깊은 비

평에 고마워. 사랑해줘서 고마워. 네가 없었더라면 이 일을 해내
지 못했을 거야.

미주

11장

1   피트 워커, "The 4Fs: A Trauma Typology in Complex PTSD,"
    Pete Walker, M.A., MFT, pete-walker.com/fourFs_TraumaTypology
    ComplexPTSD.htm#:~:text=This%20model%20elaborates%20four%20
    basic.referred%20to%20as%20the%204Fs.

2   @pascott79, "I had to google that 😲 but no..... doesn't look nice from
    what I've read 😔," Twitter, March 30, 2018, twitter.com/pascott68/
    status/979877430612525056.

12장

3   Seth D. Pollak and Doris J. Kistler, "Early Experience Is Associated with
    the Development of Categorical Representations for Facial Expressions of
    Emotion," Proceedings of the National Academy of Sciences of the United
    States of America 99, no. 13 (June 2002): 9072-76, pnas.org/content/99/
    13/9072.

4   Liz Kowalczyk, "Allegations of Employee Mistreatment Roil Renowned
    Brookline Trauma Center," The Boston Globe, March 7, 2018,
    bostonglobe.com/metro/2018/03/07/allegations-employee -mistreatment-
    roil-renowned-trauma-center/sWW13agQDY9B9A1rt9eqnK/story.html.

5   베셀 A. 반 데어 콜크 외, "Disorders of Extreme Stress: The Em- pirical
    Foundation of a Complex Adaptation to Trauma," Journal of Traumatic Stress
    18, no. 5 (October 2005): 389-99, doi.org/10.1002/jts .20047.

13장

6   Vincenr J. Felitti et al., "Relationship of Childhood Abuse and House- hold
     Dysfunction to Many of the Leading Causes of Death in Adults," American
     Journal of Preventive Medicine 14, no. 4 (May 1998): 245 - 58, doi .org/10.1
     016/S0749-3797(98)00017-8.

7   Felitti et al., 위의 글.

8   Felitti et al., 위의 글.

9   Monica Aas et al., "Telomere Length Is Associated with Childhood Trauma
     in Patients with Severe Mental Disorders," Translational Psychiatry 9, no. 97
     (2019), doi.org/10.1038/s41398-019-0432-7.

10   David W. Brown et al., "Adverse Childhood Experiences and the Risk of
     Premature Mortality," American Journal of Preventative Medicine 37, no. 5
     (November 2009): 389 - 96, doi.org/10.1016/j.amepre.2009.06.021.

11   로버트 F. 안다 외, "Inside the Adverse Childhood Experience Score:
     Strengths, Limitations, and Misapplications," American Journal of
     Preventive Medicine 59, no. 2 (August 2020): 293 - 95, doi.org/10.1016/
     j.amepre.2020.01.009.

12   안다 외, 위의 글.

13   Martin H. Teicher et al., "The Effects of Childhood Maltreatment on Brain
     Structure, Function and Connectivity," Nature Reviews Neuroscience 17
     (September 2016): 652 - 66, doi.org/10.1038/nrn.2016.111.

14   데이비드 케스텐바움 외, "Where There Is a Will," This American Life, May
     26, 2021. thisamericanlife.org/662/where-there-is-a-will.

15장

15   그레첸 슈멜처, Journey through Trauma: A Trial Guide to the 5-Phase Cycle
     of Healing Repeated Trauma. (New York: Avery, 2018)

16   Heather Kugelmass, "'Sorry, I'm Not Accepting New Patients':
     An Audit Study of Access to Mental Health Care," Journal of
     Health and Social Behavior 57, no. 2 (June 2016): 168-83. doi.o
     rg/10.1177/0022146516647098.

17   William Schofield, Psychotherapy: The Purchase of Friendship (New York: Routhledge, 1986).

18   Sari Harrar, "Inside America's Psychiatrist Shortage (Special Report)," Psycom, June 2, 2001, psycom.net/inside-americas-psychiatrist-shortage.

19   Alice LoCicero, "Can't Find a Psychologist Who Accepts Insurance? Here's Why," Psychology Today, May 2, 3019, psychologytoday.com/us/ blog/ paradigm-shift/201905/cant-find-psychologist-who-accepts — insurance-heres-why.

20   Frank M. Corrigan and Alastair M. Hull, "Neglect of the Complex: Why Psychotherapy for Post-Traumatic Clinical Presentations Is Often Ineffective," BJPsych Bulletin 39, no. 2 (April 2015): 86-89, https://www.google.com/search?client=safari&rls=en&q=doi+.org%2F10.1192%2Fpb.bp.114.046995&ie=UTF-8&oe=UTF-8.

16장

21   EMDR Institute, "History of EMDR," 2021년 10월 24일 접속, emdr.com/ history_of_emdr/.

22   "Complex PTSD and Dissociations," Study.com, October 20, 2015, study.com/academy/lesson/complex-ptsd-dissociation.html.

20장

23   Wanpen Turakitwanakan et al., "Effects of Mindfulness Midetation on Serum Cortisol of Medical Students," Journal of the Medical Association of Thailand 96, no. S1 (January 2013): S90-95, PMID: 23724462.

24   Tammi R. A. Kral et al., "Impact of Short- and Long-Term Mindfulness Meditation Training on Amygdala Reactivity to Emotional Stimuli," NeuroImage 181 (November 2018): 301-13, doi.org/10.1016/ j.neuroimage.2018.07.013.

25   Megan Lee, "Calming Your Nerves and Your Heart through Meditation," Science in the News (blog), Harvard University Graduate School of Arts and Sciences, December 15, 2009, sitn.hms.harvard.edu/flash/2009/issue61/.

26   "Grounding 101: Featuring 101 Grounding Techniques!," Beauty After
      Bruises, December 23, 2016, beautyafterbruises.org/blog/grounding101.

24장

27   Elizabeth F. Loftus and Jacqueline E. Pickerell, "The Formation of False
      Memories," Psychiatric Annals 25, no. 12 (December 1995): 720-25, doi.o
      rg/10.3928/0048-5713-19951201-07.

28   Erika Hayasaki, "How many of Your Memories Are Fake?," The Atlantic,
      November 18, 2013, theatlantic.com/health/archive/2013/11/how-many-of-
      your-memories-are-fake/281558/.

29   Greg Miller, "How Our Brains Make Memories," Smithsonian Magazine,
      May 2010, smithsonianmag.com/science-nature/how-our-brains-make-
      memories-14466850.

30   The World Factbook, s.v. "Vietnam," 2021년 9월 23일 접속, cia.gov/the-
      world-factbook/countries/vietnam/.

25장

31   주디스 허먼, Trauma and Recovery: The Aftermath of Violence—from
      Domestic Abuse to Political Terror (New York: Basic Books, 1997). 한국어판
      《트라우마─가정폭력에서 정치적 테러까지》, 최현정 옮김, 열린책들 (2012).

27장

32   C 팸 장, "When Your Inheritance Is to Look Away," The New Yorker, April 7,
      2020, newyorker.com/culture/personal-history/when-your-inheritance-is-
      to-look-away.

30장

33   Paul Gilroy, Against Race: Imagining Political Culture beyond the Color Line
      (Cambridge, Mass.: Belknap Press, 2000), 114.

34   비엣 타인 응우옌, Nothing Ever Dies: Vietnam and the Memory of War
      · (Cambridge, Mass.: Harvard University Press, 2016), 41. 한국어판《아무것도
      사라지지 않는다-베트남과 전쟁의 기억》, 부희령 옮김, 더봄(2019).

35   Kelly Wallace, "Forgotten Los Angeles History: The Chinese Massacre of
      1871," Los Angeles Public Library Blog, May 19, 2017, lapl.org/collections-
      resources/blogs/lapl/chinese-massacre-1871.

36   Katie Dowd, "140 Years Ago, San Francisco Was Set Ablaze during the
      City's Deadliest Race Riots," SFGATE. July 23, 2017, sfgate.com/bayarea/
      article/1877-san-francisco-anti-chinese-race-riots-11302710.php.

37   Richard Gonzales, "Rebuilding Chinatown after the 1906 Quake."
      Morning Edition, NPR, April 12, 2006, npr.org/templates/story/
      story.php?storyId=5337215.

38   Lisa Hix, "Dreams of the Forbidden City: When Chinatown Nightclubs
      Beckoned Hollywood," Collectors Weekly, January 31, 2014,
      collectorsweekly.com/articles/when-chinatown-nightclubs-beckoned-
      hollywood/.

31장

39   Brian G. Dias and Kerry J. Ressler, "Parental Olfactory Experience Influences
      Behavior and Neural Structure in Subsequent Generations," Nature
      Neuroscience 17 (2014): 89-96, doi.org/10.1038/nn.3594.

40   Isabelle C. Weiss et al., "Inheritable Effect of Unpredictable Marternal
      Separation on Behavioral Responses in Mice," Frontiers in Behavooral
      Neuroscience 5, no. 3 (February 2011), doi.org/10.3389/fnbeh.2011.00003.

41   레이첼 예후다 외, "Holocaust Exposure Induced Intergenerational Effects
      on FKBP% Methylation," Biological Psychiatry 80, no. 5 (September 2016):
      372-80, doi.org/10.1016/j.biopsych.2015.08.005.

42   마이클 J. 미니, Moshe Szyf, "Environmental Programming of Stress Responses
      through DNA Methylation: Life at the Interface between a Dynamic
      Environment and a Fixed Genome," Dialogues in Clinical Neuroscience 7,
      no. 2 (June 2005): 103-23, doi.org/10.31887/DCNS.2005.7.2./mmeaney.

43   Lars Olov Bygren et al., "Change in Paternal Grandmothers' Early

Food Supply Influenced Cardiovascular Mortality of the Female Grandchildren," BMC Genetics 15, no. 12 (February 2014), doi.org/10.1186/1471-2156-15-12.

44   Encyclopedia Britannica Online, s.v. "Malaysia," 2021년 10월 20일 접속, britannica.com/place/Malaysia/Settlement-patterns#ref1007463.

45   셰드 무드 카이루딘 알주니에드, Radicals: Resistance and Protest in Colonial Malaya (DeKalb: Northern Illinois University Press, 2015).

33장

46   크리스티나 샤프, "How to Navigate the Holidays When You're Estranged from Your Family," interviewed by Robin Young, Here & Now, WBUR, November 19, 2018, https://www.wbur.org/hereandnow/2018/11/19/holidays-family-estrangement.

36장

47   주디스 허먼, 앞의 책.

48   Tina M. Gruene et al., "Sexually Divergent Expression of Active and Passive Conditioned Fear Responses in Rats," eLife (November 2015), doi.org/10.7554/eLife.11352.001.

49   이는 시스젠더 여성과 남성에게 해당된다. 이 스펙트럼 내에서 트랜스, 논바이너리, 인터섹스가 어디에 해당하는가에 대해서는 충분한 연구가 이루어지지 않았다.

50   Holly R. Harris et al., "Early Life Abuse and Risk of Endometriosis," Human Reproduction 33. no. 9 (September 2018): 1657-68, doi.org/10.1093/humrep/dey248.

51   Donna Baird and Lauren Wise, "Childhood Abuse and Fibroids," Epidemiology 22, no. 1 (January 2011): 15-17, doi.org/10.1097/EDE.0b013e3181fe1fbe.

52   "How Childhood Stress Can Affect Female Fertility," ScienceDaily, Taylor & Francis, September 10, 2015, sciencedaily.com/releases/2015/09/150910091448.htm.

53   Karmel W. Choi et al., "Maternal Childhood Trauma, Postpartum Depression, and Infant Outcomes: Avoidant Affective Processing as a Potential Mechanism," Journal of Affective Disorders 211 (March 2017): 107-15, doi.org/10.1016/j.jad.2017.01.004.

54   "Trauma and Stress in Teen Years Increases Risk of Depression during Menopause, Penn Study Shows," Penn Medicine News, March 29, 2017, pennmedicine.org/news/news-releases/2017/march/trauma-and-stress-in-teen-years-increases-risk-or-depression-during-menopause.

37장

55   Jon Earle, "The Long Arm of Childhood Trauma," in Road to Resilience, podcast, mountsinai.org/about/newsroom/podcasts/road-resilience/childhood-trauma.

39장

56   "In Loving Arms: The Protective Role of Grandparents and Other Relatives in Raising Children Exposed to Trauma," Generations United, 2017, gu.org/app/uploads/2018/05/Grandfamilies-Report-SOGF-2017.pdf.

57   Gail Tittle, Philip Garnier, and John Poertner, "Child Maltreatment in Foster Care: A Study of Retrospective Reporting" (Urbana: Children and Family Research Center, University of Illinois, Urbana-Champaign, 2001), cfrc.illinois.edu/pubs/rp_20010501_ChildMaltreatmentInFosterCareAStudyOfRetrospectiveReporting.pdf.

58   Christian M. Connell et al., "Changes in Placement among Children in Foster Care: A Longitudinal Study of Child and Case Influences," Social Service Review 80, no. 3 (September 2006): 398-418. doi.org/10.10.86/505554.

40장

59   제이컵 함, "Healing Attachment Trauma through Attuned Love," August 18, 2017, YouTube Video, youtube.com/watch?v=gGoZAtb9I3M. (현재는

비공개 처리된 상태다-옮긴이)

60   네가르 파니 외, "Association of Racial Discrimination with Neural Response
      to Threat in Black Women in the US Exposed to Trauma," JAMA Psychiatry
      78, no. 9 (July 2021): 1005-12, doi.org/10.1001/jamapsychiatry.2021.1480.

41장

61   로리 고틀립, Maybe You Should Talk to Someone: A Therapist, Her
      Therapist, and Our Lives Revealed (Boston: Houghton Mifflin Harcourt,
      2019). 한국어판《마음을 치료하는 법》, 강수정 옮김, 코쿤북스 (2020).

43장

62   유지니아 리, "Gold," Pleiades: Literature in Context, Summer 2020.

괴물을 기다리는 사이

수천 개의
트라우마에서
나를 구하는 여정

지은이 스테파니 푸
옮긴이 송섬별

1판 1쇄 펴냄 2024년 11월 15일

펴낸곳 곰출판
출판신고 2014년 10월 13일 제2024-000011호
전자우편 book@gombooks.com
전화 070-8285-5829
팩스 02-6305-5829

종이 영은페이퍼
제작 미래상상

ISBN 979-11-89327-38-5   03180